allet ti beswch!
Ieuan
RHYS

Argraffiad cyntaf: 2013

Dymuna'r cyhoeddwyr gydnabod cymorth ariannol
Cyngor Llyfrau Cymru

Llun y clawr blaen: Catrin Arwel
Lluniau'r clawr ôl: John Waldron/BBC Cymru,
Andrew Scott, Paul Clapp
Cynllun y clawr: Y Lolfa

Rhif Llyfr Rhyngwladol: 978 1 84771 716 0

FSC

Cyhoeddwyd, rhwymwyd ac argraffwyd yng Nghymru gan
Y Lolfa Cyf., Talybont, Ceredigion SY24 5HE
gwefan www.ylolfa.com
e-bost ylolfa@ylolfa.com
ffôn 01970 832 304
ffacs 832 782

allet ti beswch!
Ieuan
RHYS

Cyflwynaf y llyfr hwn
i'm meibion, Cai a Llew

Rhagair

'Ieu... Ieu!... Ieuan!...'

Dwi'n cnocio ar ffenest stafell westy llawr cyntaf fy ffrind Ieuan Rhys ar daith tîm pêl-droed Cwmderi yn Aberteifi. Gwesty'r Llew Du.

'Ioan, achan, beth yffarn sy'n bo 'na ti?! Mae'n dri o'r gloch y bore!' medde Ieu wrth agor y ffenest.

'Fi'n gwbod, Ieu, sori boi.'

'Fel ddiawl ddringest ti lan fan hyn? A pam smo ti 'di dod mewn drwy ddrws ffrynt y gwesty?'

'Do'n i ffaelu, Ieu, wedd mab y ffarmwr yn aros amdana i,' gwenais yn ddireidus.

'Beth ti 'di neud nawr 'to? Wi 'di addo i dy fam a dy dad y bydden i'n edrych ar dy ôl di!'

'Wi'n gwbod, Ieu, sori boi.'

'Ma ishe ti ddysgu cadw fe'n dy bants, Ioan.'

'O, dere mlaen, Ieu. Fues ti'n dy arddegau unwaith fi'n siŵr,' cyhoeddais, 'many moons ago,' gan ystumio hen ddyn yn pwyso ar ffyn baglau.

'Ha blydi ha,' medde Ieu. 'Miwn â ti gloi a clo dy ddrws, y twpsyn shag wyt ti!'

Mae fy mherthynas i 'da Ieuan Rhys yn llawn o'r anturiaethau uchod, y rhan fwyaf ohonynt yn rhy goch i sôn amdanynt mewn rhagair parchus fel hwn. Ond peidiwch da chi â digalonni, fe gaiff ein hawdur eich diddanu a'ch difyrru â sawl antur syfrdanol drwy gydol ei hunangofiant bythgofiadwy, 'Allet ti Beswch!'.

Cefais y fraint o ddod i adnabod Ieu, wrth gwrs, pan oeddwn yn chwarae rhan Gareth Wyn yng nghyfres *Pobol y Cwm* ar ddiwedd yr wythdegau a dechrau'r nawdegau. Daethom ni'n ffrindie cloi iawn ar y gyfres, gan ein bod ni'n dau'n frodorion o

Gwm Cynon. Yng nghwmni Ieuan a'i gyfaill gore, Phyl Harries, a ffrindie doniol a difyr fel Hywel Emrys a Gwyn Elfyn, cefais fagwraeth anhygoel ar y sioe. Os bu Huw Ceredig, hedd i'w lwch, fel tad i mi yno, brawd mawr oedd Ieuan ar y gyfres. Mae brodyr mawr yn rhai sy'n estyn braich dros eich ysgwydd i annog neu godi calon, ond yn fwy aml na dim bydde hi'n fraich i fy arwain ar hyd llwybrau direidi!

Cofiwch, ry'n ni i gyd yn syrffedu nawr ac yn y man wrth wrando ar actorion yn siarad amdanyn nhw eu hunain a'u hanturiaethau a'u bywydau gwych. Duw a ŵyr, dwi wedi bod yn euog o hyn ar sawl achlysur gyda fy 'Dwi'n cofio pan ges i swper gyda *so and so*' neu 'Fel dwedodd Larry wrtha i rywdro...' ond gan Ieuan fe gawn gipolwg ar *psyche* actor yn ei holl ogoniant. Cawn deimlo'r ansicrwydd a'r diffyg hyder a'r iselder sy'n mynd law yn llaw â bod yn artist a chawn ein harwain gan ei naratif cwbl agored a gonest at yr hyn sydd wrth wraidd actor. Cawn weld pa mor greadigol y mae'n rhaid i actor fod o ddydd i ddydd er mwyn osgoi mynd yn orffwyll, a chawn weld fel y mae Ieuan wedi ymdopi â llwyddiannau a methiannau yn ei ffordd arbennig ei hun.

Cawn ddod i ddeall hefyd nad yw gyrfa actor wedi dod i ben gan nad ydym yn ei weld ar ein sgriniau gartref neu mewn sinemâu yn wythnosol. Fe ddewch o hyd i ni ar lwyfan, mewn cynyrchiadau lleol neu ryngwladol, ar lwyfannau pentrefi neu lwyfannau crand ein dinasoedd, wedi ein cuddio tu ôl i fygydau cymeriadau o'r drydedd ganrif ar ddeg, neu wedi ein tywallt i wisg menyw mewn panto blynyddol. Na, ddaw'r awydd na'r wefr o berfformio byth i ben.

Yn bwysicach na'r storïau a achosith i chi fwldagu chwerthin a'r rhai ddaw â deigryn i'ch llygad, fe gawn weld bod Ieu wedi ymroi nid yn unig i'w grefft a'i deulu ond i'w iaith. Mae Ieu wedi troedio'n ddidrafferth fel artist yn y ddwy iaith, ond ry'm ni fel cenedl yn gyfoethocach gan fod Ieu wedi ymroi i berfformio a'n diddanu ni yn y Gymraeg ar hyd ei yrfa.

Os cewch chi byth y fraint o ddod yn ffrind i Ieu, fe fydd ffrind am oes gennych. Neu os cewch y cyfle i'w weld drwy hap a damwain ar y stryd, neu mewn sinema neu gyntedd theatr (mwy na thebyg), peidiwch da chi â chlicio'ch bysedd nac ynganu rhyw eirie angharedig ynglŷn â'i ffrâm i dynnu ei sylw. Yn hytrach, gofynnwch wrtho'n dawel a fydde fe gystal â gorffen y llinell ganlynol o gerdd Gary Slaymaker. Bydd y wên ar 'i wyneb e'n bictiwr!

Rwy weithiau yn galaru ac weithiau'n teimlo'n dost,
Yr hyn sy'n codi 'nghalon yw...?

Ymlaen â'r direidi...

Ioan Gruffudd
Los Angeles
Medi 2013

... pâr mawr Maggie Post!

1

'Beth yn Union Wyt Ti'n Neud?'

'BETH YN UNION wyt ti'n neud?' medde Llew y mab ifanca un prynhawn wrth fy holi am fy swydd.

'Actor,' medde fi, gan feddwl ei fod yn gwybod hyn.

Aeth Llew yn ei flaen. 'Ie – ond jyst yn y theatr?'

'Nage jyst y theatr,' medde fi. 'Dwi'n neud teledu, ffilm, radio...'

Meddyliodd Llew am eiliad cyn dweud 'Teledu? Dim ond *Doctor Who* ti 'di neud!'

Mae plant yn dda am gadw'ch traed ar y ddaear – ddim cweit yn deall beth yw actor proffesiynol a pham dwi'n gadael cartre am gyfnodau hir i fynd â sioe o amgylch Cymru neu Brydain. Dwi'n cofio pan oedd Llew tua 3 blwydd oed ro'n i yng nghanol tymor pantomeim gyda'r digrifwr Owen Money, yn codi'n fore i gyrraedd y theatr erbyn 9 ac yn cyrraedd adre'n hwyr y nos am wythnosau dros gyfnod y Nadolig. Un bore Sul, gan nad oedd sioe tan 5 y prynhawn, des i lawr llawr a phan welodd Llew fi'n dod mewn i'r gegin am frecwast fe gododd ei ben. Edrychodd arna i, oedi ac yna dweud 'O ie – o'n i 'di anghofio amdanat ti!'

Un mlynedd ar bymtheg cyn geni Cai, a deunaw mlynedd cyn geni Llew, benderfynes i adael Coleg Cerdd a Drama Cymru yng Nghaerdydd â blwyddyn o'r cwrs perfformio yn dal i fynd. Ro'n i a fy ffrind coleg a'm partner cabare, Hefin Wyn, wedi cael bobo swydd fel Mr Urdd a'i ffrind yn Steddfod yr Urdd Aberafan, 1983 – Hef fel Mr Urdd a fi fel swog o Langrannog yn ei arwain o gwmpas y Maes. Yn ystod y cyfnod yma gaethon ni wybod gan undeb yr actorion ein bod ni'n gymwys i dderbyn cerdyn Equity dros dro. Roedd Hef a fi wedi mynd â phob cytundeb gaethon ni am y cabare at Equity ac wedi dwy flynedd roedd digon gyda ni i gael cerdyn dros dro. Yn y cyfnod yma roedd yn amhosib bod yn actor proffesiynol heb gerdyn Equity – dyma'r allwedd i ddrws gyrfa fel actor. Wrth gwrs, fe gafodd Thatcher wared ar y system yma yn ystod ei theyrnasiad gan adael i bob Tom, Dic a Harri ymuno â'r proffesiwn. 'Mond un rheswm arall pam nad oes 'da fi barch tuag ati hi a'i siort!

Yn ogystal ag ymddangos fel Mr Urdd a'i ffrind roedd gan Hef a fi slot awr o adloniant yn y Steddfod. Roedd y lleoliad wedi newid, gan fod y gwynt 'di chwythu'r babell adloniant i'r llawr. Felly yn yr Afan Lido oedd y gig. Daeth yr amser i berfformio. Dechreuodd y band chware'r gerddoriaeth agoriadol ac fe gamon ni ar y llwyfan. Yn y gynulleidfa roedd Manon, fy nghariad ar y pryd, Angharad Tomos, ei chwaer, a thua pedwar o blant! O diar! Doedd dim pwynt inni gario mlaen. Ein gig gynta fel aelodau Equity, ein gig gynta fel artistiaid proffesiynol, a neb 'na i'n gwylio. Y prif reswm dros y diffyg cynulleidfa oedd bod Edward H Dafis 'di penderfynu ailffurfio ar gyfer y prynhawn hwnnw ac yn perfformio ym Mhabell y Dysgwyr. Wrth reswm, roedd y babell yna'n orlawn. Newidies i o'r DJ a'r dici-bow 'nôl mewn i *jeans* a chrys-T yn eitha cloi a hastu draw i Babell y Dysgwyr i ddal diwedd Edward H.

Aethon ni ddim 'nôl i'r coleg fel myfyrwyr. Doedd arholiadau diwedd yr ail flwyddyn yn golygu dim i ni nawr bod cardiau Equity gyda ni. Naethon ni byth ffeindio mas beth oedd canlyniadau'r arholiadau chwaith. Ond er ein bod ni wedi gadael, aethon ni draw i Theatr y Sherman cyn diwedd y tymor academaidd i weld *dress run* o sioe y drydedd flwyddyn, *Godspell*. Tra ein bod yn eistedd yn y theatr stopiodd y cyfarwyddwr (pennaeth yr adran ddrama, 'Peter Palmer Head of Drama') yr ymarfer a gofyn i Hef a fi adael. 'Leave the theatre,' medde Peter. 'You two have nothing to do with us!' Wedi dwy flynedd o astudio yn ei goleg, dim llongyfarchiadau am ffurfio act ddwbwl, mynd mas i ddiddanu a chasglu cytundebau er mwyn profi i Equity ein bod ni o ddifri – na chwaith longyfarchiadau ar dderbyn ein cardiau. Na – *nothing to do with us!* Wel, diolch, Peter, am ddim byd!

Ymhen dim roedd Hef a fi'n gweithio mewn coleg arall oedd yn llawer mwy Cymreig ac ar ben hyn yn cael ein talu, a hynny fel *continuity extras* ar y rhaglen *Coleg* i HTV, cyfres sebon am hanes myfyrwyr a staff Coleg Glannau Hafren. Roedd nifer fawr o ffrindie yn chware prif rannau yn y gyfres – ffrind da o Gwmni Theatr yr Urdd, sef Stifyn Parri; tri o Rydfelen – Eryl Huw Phillips, Seiriol Thomas a Siwan Jones; a Judith Humphreys, oedd wedi bod gyda fi yn y Coleg Cerdd a Drama. Doedd maint y rhan ddim yn fy mhoeni. Roedd yn gyfle da i 'dorri mewn' i fyd teledu. (Ces ailgyfarfod â'r rheolwr llawr Twm Gwyn, oedd yn rheolwr llwyfan gyda Theatr yr Ymylon yn 1977 pan ges i gyfle i fod yn eu cynhyrchiad o *The Corn is Green*.) Derbyn siec yn y post yr wythnos wedyn am £42.50 – jyst am gerdded lan lofft heibio cymeriad Tony 'Bach' Llewelyn. O gofio taw dim ond £250 y tymor oedd y grant ges i gan Forgannwg Ganol roedd £42.50 am brynhawn o waith yn ffortiwn. Ar ôl derbyn y siec a'i bancio'n syth es ati i ysgrifennu at gynhyrchydd *Pobol y Cwm* i ofyn am waith tebyg.

Ymhen tamed bach derbynies alwad ffôn o'r BBC yn gofyn i fi fynd lan i Landaf i gwrdd â chyd-gynhyrchydd yr opera sebon. Roedd gan y gyfres ddau gynhyrchydd ar y pryd, sef Allan Cook a Gwyn Hughes Jones. Do'n i ddim yn gwybod bod Gwyn Hughes Jones yn fachan o Aberdâr ac yn gyn-ddisgybl i Dad yn Ysgol Ramadeg y Bechgyn yno. Ond nid Gwyn gwrddes i. Ges i gyfweliad gan Allan Cook, oedd yn synnu 'mod i wedi cael fy ngeni a'm magu yn Aberdâr, gan nad oedd acen y dre 'da fi. Sylweddolodd pam wedi i fi ddweud bod fy nheulu i gyd yn hanu o ochrau Pontarddulais a'r Hendy.

Cyn cyrraedd y BBC fe drawodd fi bod *Pobol y Cwm* yn cymryd y busnes wir o ddifri gan eu bod nhw'n cyfweld â'u *extras*. Ond nid am swydd fel *extra* roedd Allan 'di galw fi mewn ond ar gyfer rhan fach mewn dwy bennod. Ges i gynnig y rhan yn y fan a'r lle ond, chware teg i Cookie, wnaeth e ddweud y byse fe'n deall tasen i'n gwrthod gan taw dim ond mewn dwy bennod oedd y cymeriad yn ymddangos. Yn 1983 dim ond unwaith yr wythnos roedd gwylwyr yn cael ymweld â Chwmderi a doedd y gyfres ddim yn cael ei darlledu drwy'r flwyddyn chwaith. Ro'n i'n naïf ar y pryd, ac wrth edrych 'nôl dwi'n falch iawn 'mod i. Derbynies i'r rhan yn syth. Wedi'r cyfan, roedd *Pobol y Cwm* 'di bod yn rhan allweddol o'r byd darlledu Cymraeg ers y cychwyn yn 1974, ac roedd yn fraint cael cynnig hyd yn oed dwy bennod.

Plisman dros dro oedd y rhan, cymeriad o'r enw PC James. Roedd Sgt Jenkins, plisman Cwmderi (a chwaraewyd yn hyfryd gan yr hoffus Ernest Evans), bant ar ei wyliau a dyma Heddlu Dyfed-Powys yn hala'r *bobby* newydd 'ma i garco'r pentre am bythefnos. Doedd PC James ddim yn siarad Cymraeg a gallwch chi ddychmygu'r helynt roedd hyn yn ei greu. Un olygfa dwi'n ei chofio'n iawn oedd pan aeth PC James i'r siop i brynu beiro, a chwrdd â'r anfarwol Maggie Post (Harriet Lewis) am y tro cynta.

PC James: Can I please have a biro?
Maggie: Pa liw chi moyn, bach? Glas neu ddu?
PC James: Blue!
Maggie: O'n i'n meddwl 'ny. Smo chi'n siarad Cwmra'g, 'te?
PC James: No – but I understand quite a bit.
Maggie: Understand quite a bit? O'dd hen gi bach 'da fi erstalwm gwmws 'run peth!

Deialog sebon ar ei ore gan John Ogwen, a Harriet yn gyfrifol am greu un o'r cymeriadau mwya hoffus welodd *Pobol y Cwm* erioed. Roedd sgriptiau John Ogwen yn wych – deialog da oedd yn rhwydd i'w ddysgu, yn wahanol i sgriptiau ambell awdur.

Roedd PC James yn barod iawn i fwcio'r pentrefwyr, gan gynnwys Harri Parri (Charles Williams), am farcio ar linellau melyn dwbwl, felly doedd y *bobby* newydd ddim yn boblogaidd iawn, fel gallwch chi ddychmygu.

Wedi derbyn y rhan es 'nôl i fflat Manon yn Gold Street, Sblot,

11

ac adrodd yr hanes. Ro'n i mor hapus nes bod dagrau'n dod i'r llygaid. Ffaelu credu 'mod i 'di bod mor lwcus! Do'n i ddim yn sylweddoli ar y pryd y bydde'r ddwy bennod hynny'n para am 13 mlynedd, ac y bydde'r PC yn troi'n Sarjant ac yna'n Dditectif Sarjant a 'nôl yn Sarjant cyn iddo adael y Cwm i fod yn *security guard* yng Nghas-gwent!

Yn wir, roedd y ddwy bennod yna'n mynd i newid fy mywyd yn gyfan gwbwl. Y crwt o Drecynon ger Aberdâr yn cael ymuno â chast mor dalentog a chyfres mor boblogaidd! Wrth reswm, doedd yr 13 mlynedd ddim yn fêl i gyd, a dwi'n siŵr y gwna i ymhelaethu ar hynny yn ddiweddarach. Ond hwn oedd y cam cynta. Ro'n i mor hapus ac, ar ôl ffonio adre a dweud y newyddion, aeth Manon a fi mas i ddathlu gyda chwpwl o beints yn nhafarn yr Albany hanner ffordd lan Donald Street a gyferbyn â'n fflat i yn y Rhath. Treulies i sawl noson ddifyr yn y dafarn hon gyda T James Jones (golygydd sgriptiau *Pobol y Cwm* ar y pryd, ac un o'r goreuon hefyd, efallai) a'i lojer, Ifan Huw Dafydd (Dic Deryn). Roedd y ddau'n byw ar yr un stryd â fi. Ac yn y fflat drws nesa roedd Phyl Harries, a ddaeth yn ffrind mynwesol.

Roedd Jim Jones yn gefnogol iawn i fi pan ddechreues i ar y gyfres. Golygydd sgriptiau allech chi drystio oedd e – er byse ambell ddywediad o Gastellnewy' yn ffeindio'i ffordd mewn i'r deialog weithiau nad oedd yn iawn i dafodiaith Cwmderi. Ges i drafodaeth gydag e unwaith am y gair 'dringo' oedd yn y sgript. Fyse Mam adre byth yn dweud 'dringo' – gan fod Cymraeg naturiol gyda hi, byse lot o fratiaith yn cael ei defnyddio. 'Cleimo' coeden fysen i yn blentyn. Ond roedd Jim yn benderfynol 'mod i'n dweud 'dringo' a medde fe: 'Ti'n dringo coeden ond ti'n cleimo insiwrans!' Do's dim byd gwell na golygydd sgriptiau â synnwyr digrifwch. Bysen i'n derbyn barn a chyngor Jim bob tro, yn wahanol i rai. Yn aml byse'r unigryw Dilwyn Owen yn dod mas o'r sesiwn ymarfer lle roedd Jim wedi cywiro ei ynganiad ac yn dweud yn ei Saesneg crand – oedd yn debycach i Wil Chips, ei gymeriad yn *Fo a Fe*, na llais Jacob Ellis – 'I don't believe it... My God... The Bard is now telling me how to speak!'

Doedd Mam a Dad ddim yn hapus 'mod i wedi gadael coleg

cyn diwedd y cwrs. Ar ymweliad â Than y Mynydd, cartre Mam a Dad, y mages i ddigon o blwc i ddweud wrthyn nhw am y penderfyniad. Naethon nhw ddim gwylltio ond roedd hi'n amlwg 'mod i wedi eu siomi. Roedd yn rhaid i Dad dalu peth o'r grant 'nôl i'r sir – doedd dim ar ôl 'da fi. Ac roedd Dad yn dynn iawn gyda'i arian. Roedd e'n gwneud syms yn ddyddiol i weld ble roedd pob ceiniog yn cael ei hala. Doedd e ddim yn hapus. Ond roedd cael rhan yn *Pobol y Cwm* siŵr o wneud pethe'n well ar yr *home front*! Pan glywodd Mam y newyddion fe ddwedodd hi yr un peth â ddwedodd hi fwy neu lai weddill ei bywyd pan o'n i'n ffonio i ddweud pa job o'n i'n gwneud nesa. Mewn llais mam oedd yn becso nad oedd ei mab yn cael cam, medde hi: 'Odyn nhw'n talu ti?' Fel Llew, dwi ddim yn credu bod Mam erioed 'di gweld actio fel swydd iawn. Fe ofynnodd hi ar sawl achlysur ar ddechrau 'ngyrfa i: 'Pryd wyt ti'n mynd i gael jobyn teidi?'

Y gwir amdani yw 'mod i ddim ishe 'jobyn teidi'. Actor o'n i ishe bod ers o'n i'n ifanc (er i fi ddweud wrth ffrind Dad unwaith pan o'n i'n 14 'mod i ishe bod yn actor neu'n blisman!). Byse swydd naw tan bump yn hala fi'n wyllt. Na, dim diolch. Athro oedd Dad, athrawes oedd Delyth fy chwaer, a dyna oedd disgwyliadau'r teulu i fi. Mae parch mawr 'da fi at athrawon da, ond fysen i byth yn gallu bod yn athro. Roedd ymroddiad rhai athrawon ges i yn Aberdâr a Rhydfelen yn anhygoel, ac mae'r un peth yn wir am nifer o athrawon fy mhlant yn Nhreganna a Phlasmawr, ond mae ymroddiad athro yn wahanol i ymroddiad actor. Dwi'n gweld actorion ifanc yn dod mewn i'r busnes ac yn cael job mewn cynhyrchiad theatr, pantomeim neu ar gyfres deledu ac yna, pan ddaw'r cynyrchiadau hynny i ben ac maen nhw mas o waith am gyfnod, maen nhw'n newid eu meddyliau'n syth ac yn penderfynu dilyn gyrfa arall o fewn dim. Dwi'n credu bod ishe cymaint o ymroddiad i'r proffesiwn pan y'ch chi mas o waith ag sy 'da chi pan y'ch chi'n gweithio.

Cofio egluro i ffrind, oedd yn athrawes, am nerfusrwydd mynd i glyweliad. Ffaelodd hi ddeall pam byse actor mor brofiadol yn dal i deimlo'n nerfus. Tries i egluro iddi fel hyn: 'Meddylia di fel athrawes bod rhywun yn dod mewn i un o dy wersi bob chwech wythnos i edrych arnat ti'n dysgu, ac yna ar ddiwedd y wers yn penderfynu os wyt ti'n gymwys i gario mlaen i ddysgu. Dyna mae *jobbing actor* yn mynd drwyddo'n gyson.' Ond er fy mod i'n mynd drwy hyn yn aml, 'sen i ddim yn newid dim. Tasen i'n cael £10 am bob clyweliad dwi 'di gael pan ges i ddim cynnig y rhan bysen i'n gyfoethog iawn.

Mae bod mas o waith yn galed. Gall diffyg gwaith, ac yn sgil hyn diffyg arian, hala chi'n isel. Dwi wedi bod yn y sefyllfa yma sawl gwaith. Codi o 'ngwely yn y bore yn llawn hunandosturi gyda dim gwaith ar y gorwel. Gwylio *The Wright Stuff*, *This Morning* ac yna *Loose Women* ac erbyn i fi droi rownd mae'n hwyr brynhawn a dwi heb wneud dim yw dim. Mae hyn yn para gan amla am ddiwrnod neu ddau ac yn y pen draw dwi'n gwylltio 'da'n hun ac yn rhoi cic galed i'n hunan yn fy nhin, codi oddi ar y soffa a mynd ati i wneud rhywbeth am y peth. Ffonio pobol, ffonio'r asiant, ebostio, edrych drwy'r safleoedd castio niferus sy bellach ar y we. Mae hyd yn oed mynd mas o'r tŷ am wac neu am baned i Bontcanna gyda fy nghyd-yfwr coffi, William Gwyn (Billy White), yn gwneud i berson deimlo'n well. Y ffordd yma o feddwl, yn ogystal â Manon a'm ffrindie agos, sy 'di cadw fi i fynd dros y blynyddoedd.

Dwi'n aml yn meddwl beth fyse 'di digwydd tasen i 'di bodloni ar fod yn *extra* ar *Coleg* a pheidio ag ysgrifennu at y BBC. Wel, yn sicr, nid fi fyse 'di chware rhan Sgt James a sgwn i tasen i wedi cael rhan arall yn *Pobol y Cwm*, pa gymeriad fysen i wedi ei gael wedyn?

Mae sawl peth tebyg wedi digwydd i fi yn ystod fy ngyrfa. Roedd hi'n gyfnod tawel iawn i fi ar *Pobol y Cwm* tua 1993. Do'n i ddim ond yn ymddangos yn y gyfres rhyw unwaith y mis, os o'n i'n lwcus. Wrth reswm, dechreues i deimlo'n isel fy ysbryd. Doedd 'da fi ddim mo'r hyder i ddweud wrth y BBC 'mod i am adael y gyfres. Wrth edrych 'nôl mae parch mawr 'da fi i'r rhai wnaeth benderfynu symud mlaen ar eu liwt eu hunain: pobol fel Dewi Pws, Sharon Morgan, Ifan Huw Dafydd, Rhian Morgan, Buddug Morgan a Beth Robert. Dwi'n un sy'n poeni llawer, a do'n i ddim mor fentrus â'r actorion yma. Felly aros wnes i ac ymddangos nawr ac yn y man. Gan fy mod i'n dechnegol yn dal yn aelod o'r cast do'n i ddim yn cael cynnig gwaith arall fel actor ar S4C. Roedd arian yn mynd yn brin hefyd ond wrth ddarllen *The Stage*, papur wythnosol i actorion, weles i hysbyseb am *Casting Sheet*. Am £4 yr wythnos bysen nhw'n danfon manylion drwy'r post am unrhyw gynyrchiadau oedd yn digwydd cael eu castio yr wythnos honno. Roedd yn rhaid archebu gwerth tri mis ar y tro, ac er ei fod e'n arian nad oedd 'da fi ar y pryd, hales i siec yn y post y diwrnod 'ny. Pan ges i *Casting Sheet* drwy'r post ddeuddydd wedyn, yr hysbyseb gynta ar y daflen oedd hon: 'Wanted: Genuine Welsh Actors for Feature Film'. Ro'n i ffaelu credu'r peth, ond danfones i fy llun a fy CV yn y post at Michelle Guish, y cyfarwyddwr castio. Ymhen ychydig fisoedd ro'n i wedi cael rhan fel 'Genuine Welsh Actor' yn y ffilm *The Englishman Who Went Up a Hill But Came Down a Mountain*.

Tro arall oedd pan ges i gynnig gwneud gwaith *warm-up* i gyfres deledu Caryl Parry Jones gan HTV. Ro'n i wedi bod yn gwneud y math yma o waith yn gyson i'r cynhyrchydd Ronw Protheroe ar gyfresi fel *Sul y Ffôn*, *Bwrw'r Sul* a *Penwythnos Mawr*. Y gwahaniaeth mwya oedd bod cyfresi Ronw yn fyw, felly fy swydd i fel artist *warm-up* oedd cael y gynulleidfa mewn hwyliau da cyn i'r rhaglen gael ei darlledu – dweud sawl jôc, lot o dynnu coes ac, wrth gwrs, ymarfer y cymeradwyo a'r bloeddio. Unwaith, wrth drio cael y gynulleidfa i gymeradwyo, sylwes i ar y fenyw 'ma yn y rhes gefn oedd ddim yn clapio. Es i ati'n syth gan ddweud wrthi: 'Llaw dde, llaw chwith... dod â nhw at ei gilydd a'r sŵn gawn ni – beth y'n ni'n galw yn *showbiz* – CLAP!' Edrychodd hi lan ata i gan sibrwd: 'Dim ond un llaw sda fi!' Ro'n i ishe i'r ddaear agor a'm llyncu yn y fan a'r lle! Bues i jyst â dweud 'Wel stampwch eich tra'd, 'te', ond diolch i'r drefen wnes i ddim!

Ro'n i wrth fy modd yn gwneud y job yma. Roedd e'n gyfle i weithio gyda chriw gwahanol, a phobol fel Gareth Roberts (oedd yn byw ochr draw i ni gyda'i gyn-wraig, Menna) a Nia Ceidiog. Ond roedd cyfres Caryl yn wahanol. Roedd hi'n cael ei recordio a hyn yn golygu y byse sawl toriad yn ystod y cyfnod recordio, a phan oedd 'na doriad er mwyn i Caryl newid ei dillad, neu bod nam technegol, yr artist *warm-up* fyse wrthi'n cadw'r gynulleidfa'n hapus. Roedd angen lot o ddeunydd, lot fawr o jôcs, ac i fod yn onest do'n i ddim yn siŵr os oedd digon 'da fi i lenwi gymaint o amser. Bues i bron iawn â gwrthod y cynnig. Ond gan fod Manon a fi am fynd i Amsterdam meddylion ni y byse arian y *warm-ups* yn talu am y gwyliau. Felly gytunes i, ac oedd e'n bump noson o waith i gyd.

Aeth pethe'n dda ar y cyfan, ond un noson aeth llawer o bethe o le a ges i 'ngalw i lawr i'r stiwdio i gadw'r gynulleidfa'n ddiddig yn amlach na'r arfer. Redes i mas o ddeunydd a gorfod dechrau ar stoc o jôcs oedd yn eitha coch i fod yn onest. (Pam 'coch' yn y Gymraeg dwi ddim yn gwybod, achos tarddiad y 'blue joke' oedd bod gan y digrifwr Max Miller erstalwm ddwy act – jôcs glân o'r llyfr gwyn a jôcs brwnt o'r llyfr glas. Byse fe'n gofyn i'r gynulleidfa o ba lyfr y dymunen nhw'r jôcs y noswaith 'ny. A dyna eni'r *blue joke*. Felly dwi'n credu y byse dweud bod jôcs yn las yn fwy cywir!) Aeth y jôcs coch/glas lawr yn dda iawn. Roedd hyn yn profi bod cynulleidfaoedd parchus Cymraeg yn lico tam bach o *smut*!

Dwi'n cofio gwylio'r rhaglen yn cael ei recordio yn y stafell werdd a Caryl yn cyflwyno'r grŵp o ferched 'ma – do'n i erioed 'di gweld dim byd tebyg yn y Gymraeg o'r blaen. Tair merch olygus, yn canu ac yn dawnsio'n dda – ac yn gwisgo trowseri lledr! Dim ffrocie Laura Ashley? Dim crysau polo amryliw? Dim canu neis-neis, eisteddfodol? Haleliwia! Dyma ddechrau Eden – Emma, Rachel a Non. Ro'n nhw'n wych. Des i'n ffan o'r merched yn syth. Roedd Eden jyst y peth oedd ei angen ar adloniant Cymreig. Des i'n dipyn o ffrindie gydag Emma Walford ac fe wnaeth hi gyfadde i fi wedi'r cyfarfod cynta yna yn HTV ei bod hi wedi ysgrifennu yn ei dyddiadur y noson honno: 'OMG. Wedi siarad gyda Ieuan Rhys heno a fe wedi gofyn am fy rhif ffôn i.' (Ar gyfer trefnu gigs, wrth gwrs!) Roedd Phyl Harries a fi'n trefnu nifer o gyngherddau ac ati a bues i ac Eden yn teithio Cymru yn aml gyda sioeau byw S4C.

Ta beth, 'nôl at y *warm-ups* – do'n i ddim i wybod, ond roedd cynhyrchydd rhaglen Caryl, Rowenna Griffin, wedi gofyn i gynhyrchydd arall o HTV ddod i wylio fi'n gweithio. Sian Jones oedd ei henw hi ac roedd Sian ar fin cynhyrchu cyfres newydd sbon o *Sion a Siân*. Ar ôl gweld y *warm-up* ges i gynnig ganddi i wneud *screen test* ar gyfer swydd y cyflwynydd.

Cyfnodau prysur a chyfnodau tawel gyda rhagor o gyfnodau tawel, dyna ydy bywyd actor. Ro'n i'n gwybod taw fel hyn fydde hi pan es i i Goleg Cerdd a Drama Cymru a phan adewes i wedi dwy flynedd o'r cwrs.

2

'Bugger It – He's Coming Now!'

DYNA OEDD GEIRIAU Mam wrth y nyrs yn Ysbyty Abernant ger Aberdâr ychydig cyn amser cinio ar y 24ain o Ragfyr, 1961. Roedd y nyrs yn ei hannog i gadw fi mewn yn ei chroth, fel petai, yn hytrach na rhoi genedigaeth, gan fod babis dydd Dolig yn derbyn *hamper* arbennig.

Roedd Harold Macmillan yn Brif Weinidog, Frankie Vaughan ar frig y siartiau gyda'r gân 'Tower of Strength', *Coronation Street* 'di bod ar y teledu ers blwyddyn a phris tŷ ar gyfartaledd yn £2,500.

Roedd Dad, John Gethin Evans, yn enedigol o Langennech yn Sir Gaerfyrddin, gyda tad-cu Dad yn arweinydd Côr Llangennech. Ond magwyd fy nhad yn yr Hendy yn un o dri o blant David John a Mary Rosanna, sef Morwen, fe a Linda. Cadw siop sgidie oedd ei dad ar Bryngwili Road ar gyrion yr Hendy. Wedi i Da'cu ymddeol dwi'n cofio'r dyddiau braf tra oeddwn i'n blentyn yn chware gyda fy nghyfnitherod Rosalind, Anna a Nicola yn hen siop Da'cu – nefoedd ar y ddaear i bedwar o blant bach. Byse'r merched yn mynnu fy ngwisgo i mewn pob math o ddillad o'r bocs gwisgo lan, gan gynnwys ambell i ffroc! Buodd Linda, chwaer Dad, a'i gŵr Pwylaidd, Walter Piskorowskyj, yn byw yng nghartre'r teulu weddill eu bywydau. Uchafbwynt yr ymweliad â'r Hendy bob tro oedd cael defnyddio'r siglen roedd Wncwl Walter wedi ei chreu yn y garej a hefyd cael gwrando ar record Ryan a Ronnie, 'Ti a Dy Ddoniau'.

O Bontarddulais y daeth Mam, Thelma Rees, yn un o dair merch William a Rachel Rees – Gwenda, Hilda a hithe. Y ddwy chwaer hŷn yn nyrsio – un yn Burnley, gogledd Lloegr, a'r llall yn nyrs blwyf ym Mhontarddulais. Nyrs oedd Morwen, chwaer Dad, hefyd. Bu farw Morwen a Gwenda yn gymharol ifanc. Gwrddes i byth â nhw.

Buodd Hilda, chwaer Mam, hefyd yn byw yng nghartre'r teulu yn Heol y Waun, Pontarddulais, gyda'i gŵr Cliff a'u plant Richard, Anthea ac Alun. Roedd cefndryd y Bont yn wahanol i'r rhai yn yr Hendy gan eu bod nhw i gyd yn hŷn o lawer na fi, ac Alun yn aml yn fy mhryfocio gan ofyn pan o'n i'n ifanc pwy oedd fy nghariad ddiweddara ac ati. Roedd Richard ac Alun yn dda am chware pêl-droed ac yn aml yn cael cic abowt 'da fi ar y lawnt ffrynt – a fi prin yn cyffwrdd â'r bêl. Ro'n i'n gweld e'n od bod Alun yn galw fi'n 'wuss' o hyd – 'Alright, wuss?' 'Pwy yw dy *girlfriend* di 'te, *wuss?*' Sylweddoli flynyddoedd wedyn taw dyma ffordd yr ardal o ddweud 'butt', sef 'butty' neu 'buddy', yn golygu 'ffrind' neu 'mêt', ac yn tarddu o'r gair 'gwas'.

Er bod Alun saith mlynedd yn hŷn na fi ro'n i'n cael ei *hand-me-downs* yn aml. Hen siwt Alun wisges i i briodas fy chwaer Delyth! Doedd neb callach – wel, dim ond teulu'r Bont. Roedd Alun yn dynnwr coes a hanner a thrist oedd iddo gael trawiad ar y galon a cholli ei fywyd yn ifanc iawn yn 2010 (yn 56 oed) tra oedd e'n gweithio fel daearegwr peiriannol mas yn Sierra Leone. Roedd Alun wedi bod yn flaenllaw gyda'i waith gan gyfrannu at brosiectau fel ail Bont Hafren, Stadiwm y Mileniwm a'r A55.

O ochrau Workington yng ngogledd Lloegr y daeth William, tad Mam. Roedd Mam yn sôn yn aml am ei chefnder o'r ardal, Wncwl Benny, oedd wedi dysgu rhywfaint o Gymraeg wedi iddo gyfarfod â Saunders Lewis. Bu Saunders yn hala ambell lyfr Cymraeg ato er mwyn ei helpu. Dwi'n credu iddyn nhw gadw mewn cysylltiad gan fod Wncwl Benny wedi trefnu ambell steddfod lan yn Workington. Priododd William â Rachel, ei gyfnither gynta, ac ymgartrefu ym Mhontarddulais.

Daeth Mam a Dad at ei gilydd ychydig cyn yr Ail Ryfel Byd. Roedd y ddau ar fws ar eu ffordd i'r sinema yn Abertawe

– dechrau yn yr Hendy a mynd drwy'r Bont. Cwrdd ar y bws, a dyna ni am hanner cant o flynyddoedd, er nad oedd Mam 'di cymryd at Dad yn syth, gan feddwl ei fod yn *show off*!

Doedd rhieni Dad ddim am iddo fe briodi Mam, gan eu bod nhw'n meddwl y byse fe'n gallu ffeindio rhywun gwell. Roedd hyd yn oed arian ychwanegol i Dad yn ewyllys Da'cu os na fyse fe'n priodi Mam – a hyn gan ddyn oedd yn cadw siop sgidie yn yr Hendy!

Roedd gyda ni deulu estynedig dros bob man: Workington, fel sonies i, a Burnley wedi i Anti Gwenda symud yno. Er na chwrddes i erioed mohoni hi na'i gŵr Tom, wedi i Gwenda farw buodd Tom yn hala tocyn llyfr ata i bob Dolig tan iddo fe farw. Brawd William, tad Mam, oedd Wncwl Stanley, oedd yn byw yn Newcastle upon Tyne gyda'i wraig, Anti Doris. (Roedd Mam wastod yn synnu at Anti Doris wrth iddi wneud cinio dydd Sul. Byse hi'n cwcan y llysiau cyn rhoi'r cig yn y ffwrn!) Fe ymfudodd teulu o ochr Mam i America a setlo yn Indiana ac yn y misoedd dwetha dwi wedi dod o hyd iddyn nhw drwy help Facebook. Yn agosach at adre, roedd teulu gyda ni yng Ngodre'r Graig ger Pontardawe – bysen i'n aml yn mynd i dŷ Anti Bessie a Margaret, anti a chyfnither i Mam. Ond 'nôl yn ochrau'r Hendy roedd Anti Nalda yn byw, sef cyfnither Dad. Roedd Anti Nalda yn berson trwsiadus, wedi gwisgo bob tro fel tase hi ar y ffordd i'r capel a wastod â gwên ar ei hwyneb pan welen i hi. Dwi'n gweld merch Nalda bob hyn a hyn, gan fod Enid a'i gŵr Brian Davies (a fuodd yn chwarae rygbi dros Gymru ganol cae yn 1962/63) yn byw'n agos at Gaerdydd.

Un perthynas ro'n i'n ymfalchïo ynddo ond erioed wedi ei gwrdd oedd cefnder Dad, sef H Meurig Evans. Fe luniodd *Y Geiriadur Mawr* (arg. cynta 1958), ar y cyd â W O Thomas. Roedd e, fel Dad, yn frodor o'r Hendy ac wedi derbyn ei addysg ym Mhrifysgol Aberystwyth.

Athro Cerddoriaeth oedd Dad. Buodd e'n filwr yn Affrica yn ystod yr Ail Ryfel Byd, er bo Mam yn ei atgoffa fe'n aml taw dim ond yn y Pay Corps oedd e! Roedd Mam yn aelod o'r ATS (Auxiliary Territorial Service). Un o'i dyletswyddau oedd edrych ar ôl claf o'r enw Major David Langton, a aeth yn ei flaen flynyddoedd lawer wedyn i chware rhan Lord Richard Bellamy yn y gyfres deledu boblogaidd *Upstairs, Downstairs*. Bob tro y byse'r cymeriad yn ymddangos ar y teledu byse Mam yn ein hatgoffa 'Bues i'n carco fe yn ystod y rhyfel!'

Wedi i'r rhyfel orffen buodd Mam a Dad yn byw gyda'r teulu yn Heol y Waun yn y Bont. Ar Fedi'r 24ain, 1948, ganed eu plentyn cynta, sef David Rhys Evans, yn llofft gefn y cartre. Doedd gan Mam ddim digon o haearn yn ei chorff ac felly bu'n rhaid iddi yfed potel o stowt yn ddyddiol ar gyngor Dr O'Neil (tad Dennis, y canwr opera). Roedd hyn yn ddigon i droi ar Mam a phrin iawn y byse hi'n yfed alcohol wedi hynny, ar wahân i ambell *egg flip* amser Dolig. Doedd David ddim yn fabi iach. Fe'i ganed yn *blue baby*. Yn anffodus, doedd ei waed ddim yn cario digon o ocsigen i gelloedd ei gorff. Ymhen naw mis, ar ôl nifer o gymhlethdodau, bu farw David. Dwi'n aml yn meddwl, tase David wedi byw, pa mor wahanol fyse hi 'di bod i gael brawd hŷn. Rhaid bod hyn yn gyfnod anodd iawn i Mam a Dad ac yn gyfnod emosiynol iawn hefyd. Roedd Mam yn feichiog ar y pryd. Bedwar mis ar ôl colli David, ar Hydref yr 20fed, 1949, ganed merch fach iddyn nhw yn Ysbyty Gorseinon – Delyth Ann. Roedd cymhlethdodau fan hyn hefyd. Roedd llinyn bogail fy chwaer yn un byr ac er ei bod hi'n fabi iach dyma pryd ddwedodd y doctor wrth Mam na fyse hi'n gallu cael mwy o blant yn anffodus. Rhagor o newyddion trist, ond daethon nhw i delerau â hyn.

Roedd Dad bellach 'di penderfynu ei fod e am fynd i'r Brifysgol. Yn y cyfamser roedd yn rhaid iddo astudio ar gyfer arholiad oedd yn debyg i Lefel 'A'. Ac yna, fel myfyriwr hŷn, gafodd e le ym Mhrifysgol Aberystwyth. Symudon nhw o'r Bont i gartre newydd yn Nol-y-bont ger y Borth, Aberystwyth. Roedd Delyth yn flwydd oed erbyn hyn. Cerddoriaeth oedd prif bwnc Dad, gan fod cerddoriaeth 'di chware rhan bwysig yn hanes ei deulu dros y blynyddoedd. Ei is-bwnc oedd y Gymraeg, gyda T H Parry-Williams yn diwtor arno. Tra cadwai Mam y tŷ a magu Delyth roedd Dad yn astudio ac mi fyse'n dysgu'r piano i fyfyrwyr hefyd.

Flynyddoedd yn ddiweddarach ges i gyfle i gwrdd ag un roedd Dad wedi ei ddysgu yn ystod ei gyfnod fel myfyriwr. Ro'n i yn Aberystwyth yn perfformio yn y sioe gerdd *My Fair Lady* un haf pan ddaeth y gŵr bonheddig yma ata i ar ôl y sioe gan ddweud bod Dad yn arfer mynd i helpu ar ffarm ei deulu ger y Borth ac yn dysgu fe a'i chwiorydd i chware'r piano. Aeth y gŵr yn ei flaen i ddweud y byse Dad yn reidio beic drwy'r ffarm gydag ef a'i chwiorydd ar y beic hefyd. Do'n i erioed 'di clywed y stori yma o'r blaen a do'n i ddim yn gwybod bod Dad 'di bod yn dysgu'r piano i blant tra oedd e'n astudio yn y Brifysgol. Mawr yw 'niolch i i'r gŵr yma am gymryd yr amser i ddod i ddweud helo.

Tu fas i Ben-y-bont ar Ogwr y cafodd Dad ei swydd gynta fel athro wedi iddo raddio o'r Brifysgol. Buodd e'n gwneud ymarfer dysgu ym Mhen-coed ac yna cafodd swydd lawr yr hewl yn Nant-y-moel.

Roedd Dad yn ganwr o fri a chanddo lais bariton cyfoethog ac yn 1956 roedd yn rhan o bedwarawd oedd yn cystadlu yn Steddfod Genedlaethol Aberdâr ym mharc y dre. Yr wythnos honno doedd neb yn deilwng i ennill y Goron ond enillodd Mathonwy Hughes y Gadair, a Dyfnallt yr Archdderwydd yn ei gadeirio. Wel, nid Mathonwy Hughes oedd yr unig un i ennill. Daeth pedwarawd Dad yn gynta hefyd. Yn bwysicach nag ennill oedd y ffaith bod Dad wedi cwmpo mewn cariad ag Aberdâr. O'r eiliad yna fe benderfynodd chwilio am swydd ym mhrif dre Cwm Cynon. Erbyn mis Medi y flwyddyn honno roedd Dad yn athro Cerddoriaeth yn Ysgol Ramadeg y Bechgyn Aberdâr a fe a Mam a Delyth wedi ymgartrefu yn Nhrecynon.

Prynwyd tŷ a chartre ar waelod Harriet Street, gyferbyn â thafarn y Bridgend Inn. Bathodd Dad yr enw 'Tan y Mynydd' ar y tŷ. Cafwyd lle i Delyth yn ysgol gynradd Park School yn y pentre ac o fewn dim roedd bywyd normal wedi ei sefydlu yn Aberdâr. Daeth y 'normalrwydd' yma i ben bum mlynedd yn ddiweddarach pan aeth Mam at y doctor i gwyno am fola tost. Roedd hi'n bendant yn meddwl taw diffyg traul oedd yn achosi'r anhwylder, ond nid diffyg traul mohono ond beichiogrwydd. Ffaelodd Mam gredu'r peth. Roedd y doctor yn Ysbyty Gorseinon wedi dweud wrthi, ar ôl geni Delyth, na fydde'n bosib iddi gael babi arall. Ond dyna ddigwyddodd ac ar ddiwedd y flwyddyn 'ny ges i fy ngeni yn Ysbyty Abernant. Dwi'n falch taw bachgen o'n i gan fod Mam wedi penderfynu enwi'r babi ar ôl un o'i chyfnitherod o Indiana yn yr America, tasen i'n ferch – Vivian Mary! Enw addas iawn i long hwylio! Roedd Dad yn hoff o'r enw Ioan ond doedd Mam ddim, felly dyma gyfaddawdu gyda Ieuan, a Rhys oherwydd cyfenw Mam cyn priodi, sef Rees. Felly Ieuan Rhys Evans oedd yr aelod ola o deulu bach Tan y Mynydd.

Roedd yna aelod arall o'r teulu nad oedd yn berthynas iawn. Roedd gŵr a gwraig yn byw gyferbyn â Mam a Dad, sef Dolly (Dorothy) a Will Morgan. Do'n i ddim yn eu hadnabod fel yr enwau hyn. I fi, Bopa ac Ewa oedd y ddau. Wedi i Ewa farw roedd Bopa yn dod i'n tŷ ni fwy neu lai yn ddyddiol – dod draw am ginio ar benwythnosau, te mawr dydd Sul a phob gyda'r nos tan i'r *News at Ten* ddechrau. Clychau Big Ben a wig Reginald Bosanquet oedd ciw Bopa i fynd adre. 'Modryb Gymreig' oedd y term a roddwyd ar y math yma o berthynas. Roedd hi'n gymaint rhan o'n teulu ni â neb arall. I ddweud y gwir, weithiau bysen i'n neud mwy dros Bopa na fysen i dros Mam. Tase Mam yn gofyn i fi fynd i Siop Bob Loyns yn y pentre i 'nôl torth o fara bysen i'n gwrthod yn aml, ond ar y llaw arall, tase Bopa'n gofyn bysen i yn y siop cyn gallech chi ddweud Mother's Pride! Daeth Bopa gyda ni ar ein gwyliau i gyd – Porthcawl, Barri, y Rhyl, Skegness. O ie, anghofiwch wyliau tramor a Disneyland, doedd rheini ddim yn bodoli pan o'n i'n grwt. I garafán Da'cu yn Trecco Bay fysen ni'n mynd.

Aethon ni â'r gath i Borthcawl unwaith, gan ei bod hi'n disgwyl ar y pryd. Huddug Heseceia oedd ei henw hi. Ro'n i ishe ei galw hi'n Sooty ar ôl y pyped teledu enwog ond roedd Dad unwaith eto, chware teg iddo fe, ishe enw mwy Cymreig. Bathodd yr enw Huddug ac ychwanegu 'Heseceia' i fod yn ddoniol!

Daeth Anti Linda, Wncwl Walter a'r merched draw i'r garafán un diwrnod wedi i Huddug eni llond bocs o gathod bach. Daethon nhw â Spot y ci gyda nhw, heb wybod bod carafán Da'cu bellach yn *maternity unit* i gathod. Wel, os do fe! Unwaith

23

welodd Huddug y ci aeth hi'n wyllt. Neidio ar gefn Spot a sticio'i chrafangau ynddo nes ei fod yn gwichian, druan, fel tase rhywun 'di rhoi pocer twym lan ei din. Sefyllfa frawychus 'sech chi'n meddwl, ond wedi i ni gael y gath oddi ar y ci a mynd â'r ci mas o'r garafán, chwerthin wnaethon ni i gyd.

Hyd yn oed yn y garafán ro'n i'n perfformio pan oedd pobol yn ymweld â ni. Jack Walker (landlord y Rovers Return ar y pryd) oedd y ffefryn i'w ddynwared – prawf 'mod i 'di bod yn ffan o *Coronation Street* ers dwi'n gallu cofio.

Roedd gwyliau haf lawr ym Mhorthcawl yn gyfnodau braf. Darllen oedd Dad rhan fwya o'r amser, er y byse fe'n dod i'r traeth i nofio yn y môr gyda fi – neu oifad fel byse pawb yn tŷ ni yn ei ddweud. Ond Mam fyse'n mynd â fi am reid ar gefn asyn. A Mam, a dim ond Mam, fyse'n mynd â fi i'r ffair ac i'r *slot machines*. Weden i ddim bo Dad yn snob ond falle ei fod yn fwy *refined* na Mam – a ffair Porthcawl oedd y lle dwetha oedd e ishe bod, hyd yn oed gyda'i fab bach. On'd yw e'n od fel mae gwynt ac awyrgylch lle yn aros 'da chi am byth? Dwi'n aml yn mynd â Cai a Llew i ffair Porthcawl nawr ac mae atgofion plentyndod hapus yn llifo 'nôl.

Diolch i Mam a Dad ro'n i'n ymwybodol iawn o'r YMCA a hynny flynyddoedd cyn cân enwog y Village People. Ar wahân i garafán Da'cu ym Mhorthcawl, gwyliau gyda'r YMCA fysen ni'n eu cael ar Ynys y Barri, yn y Rhyl a Skegness. Gwmws fel Butlins neu Pontins ond gyda'r elfen Gristnogol yna'n y cefndir! Gan fod 12 mlynedd rhwng Delyth a fi, erbyn i ni ddechrau mynd ar y gwyliau 'ma doedd Del byth yn dod, felly ro'n i fel unig blentyn. Oherwydd hyn, wedi cyrraedd y canolfannau gwyliau fysen i'n gwneud ffrindie'n syth – mater o raid. Prin fysen i'n gweld Mam, Dad a Bopa am weddill yr wythnos. Bysen i'n chware gyda'n ffrindie, paratoi ar gyfer y gystadleuaeth gwisg ffansi a chymryd rhan mewn cystadlaethau 'It's a Knockout'. Roedd adloniant gyda'r nos, wrth gwrs, gyda disgos i'r plant, ond bysen i'n mynd gyda'm ffrindie i'r stafell tennis bwrdd i bryfocio'r merched hŷn.

Pan ddes inne'n hŷn ro'n ni'n cael gwyliau teuluol i lefydd egsotig fel Torquay a Bournemouth. Gwely a brecwast y tro 'ma!

Gan amla bysen ni'n cael cwmni Anti Peg, Wncwl Glan ac Elaine, eu merch ifanca. Doedd Peg a Glan ddim yn perthyn inni chwaith – ffrindie gore Mam a Dad o'n nhw. Roedd Glan yn ddyn hyfryd a hawddgar, glöwr a aeth yn ei flaen i fod yn rheolwr y pwll lawr yn Aberaman, a ges i ac Elaine gyfle i fynd i fwydo'r *pit ponies* oedd wedi ymddeol yna sawl gwaith. Gwraig tŷ – fel Mam – oedd Peg oedd yn hanu o ochrau Abertawe ac yn yr un dosbarth ysgol â Syr Harry Secombe.

Pan o'n ni ar wyliau yn Torquay neu Bournemouth ro'n i'n mynnu bo ni i gyd yn mynd i weld un o sioeau'r 'Summer Season'. Hwn oedd uchafbwynt y gwyliau i fi. Gweld Anna Karen, Bob Grant a Stephen Lewis (rhai o gast y gyfres deledu gomedi *On the Buses*) yn Torquay, mewn comedi o'r enw *Holiday on the Buses*, a Tessie O'Shea yn y cynhyrchiad *Move Over Mrs Markham*. Yn Bournemouth, mynd i weld sioe Freddie Starr. Oedd hyn yn addas i Mam a Dad? Ro'n i tua 14 erbyn hyn ac yn dwli ar y digrifwr. Mae un o'r jôcs wedodd e wedi aros yn fy nghof ers y noson honno. Dyma hi: tad yn dweud wrth ei fab ifanc bo fe 'di ffeindio condom tu ôl i'r *radiator* ac nad oedd e'n hapus. Y mab yn edrych yn syn ar ei dad ac yn gofyn 'Dad, beth yw *radiator*?' Er bod Mam a Dad wrth eu boddau â rhaglenni teledu Benny Hill, doedd y math yma o gomedi ddim yn apelio atynt, ac yn bendant doedd e ddim yn apelio at Anti Peg, oedd yn fwy crefyddol na Christmas Evans! A gan eu bod nhw mor grefyddol, ro'n nhw'n mynnu bo ni'n mynd i'r cwrdd ar fore Sul. Doedd 'da fi ddim diddordeb ac felly yr unig ffordd o beidio â mynd oedd rhedeg bant – a dyna wnes i un Sul. Daeth Dad ar fy ôl ar hyd strydoedd Bournemouth, fy nal a fy llusgo i'r capel at y gweddill. I fi, doedd crefydd ddim yn mynd gyda gwyliau haf o gwbwl!

Yr haf cynta wedi i fi adael Tan y Mynydd i fynd i Gaerdydd oedd y tro cynta i Mam a Dad fynd dramor ar wyliau – fel tasen nhw'n aros i fi adael cartre i arbed Dad rhag gorfod talu amdana i hefyd. Smo plant heddi yn gwybod ei hanner hi.

3

'Charles Street – Charles yn Siarad!'

ROEDD Y DDWY bennod o *Pobol y Cwm* 'di mynd yn iawn. Er, wrth edrych 'nôl, doedd fy mherfformiad ddim yn arbennig. Ro'n i'n ifanc – dim ond 21 – ac ar wahân i'r plant, fi oedd yr ifanca yn y cast. Ro'n i'n swil hefyd a dwi dal i fod yn swil dyddie 'ma. Anodd credu, dwi'n gwybod, ond mae'n hollol wir. Dwi'n siŵr ar adegau bod pobl yn meddwl 'mod i'n bod yn *rude*, ond dwi ddim – dwi jyst yn swil.

Enghraifft berffaith o hyn oedd yr haf cyn i fi ddechrau ffilmio *Pobol*. Roedd Manon a fi wedi ymuno â thaith Deddf Iaith Newydd Cymdeithas yr Iaith. Roedd yr orymdaith yn dechrau yn Steddfod Llangefni a'r protestwyr yn cerdded yr holl ffordd i'r Swyddfa Gymreig yng Nghaerdydd. Ymunon ni â'r daith yn Aberdâr, felly rhan gynta'r daith i ni oedd o Aberdâr i Bontypridd. Roedd bwyd wedi ei baratoi ar ein cyfer yn Ponty ond doedd dim llety. Problem! Cofies i fod Cwrs Haf Rhydfelen yn mynd mlaen ar y pryd, cwrs lle roedd disgyblion newydd dosbarth un yn cael treulio wythnos yn yr ysgol yn gwneud sawl gweithgaredd (fel mini-Llangrannog) a dod i nabod aelodau'r staff a'r chweched dosbarth. Felly ffonies i'r athro John Owen i ofyn a fyse rhai o'r Gymdeithas yn cael aros dros nos yn Rhydfelen. Cytunodd John a dyna wnaethon ni, gyda nifer o'r cerddwyr yn cael cysgu ar lawr y stafell athrawon, ond aeth Manon a fi i gysgu ar *camp beds* yn stafell y prifathro! Ta beth, pwy oedd ar y Cwrs Haf ond yr actores Eirlys Britton. Roedd Eirlys 'di bod yn aelod o gast *Pobol y Cwm* ers peth amser, yn chware rhan yr athrawes Beth

Leyshon. Er 'mod i'n gwybod bryd hynny 'mod i'n mynd i neud dwy bennod o *Pobol* o fewn ychydig wythnosau, ro'n i'n rhy swil i ddweud wrthi!

Roedd golygfeydd allanol *Pobol y Cwm* yn cael eu ffilmio lawr ym Mhontyberem bryd hynny. Tafarn y Boar's Head yng Nghaerfyrddin oedd y *base* a fanna wisges i'r iwnifform heddlu am y tro cynta. Cofio sefyll tu fas i'r dafarn yn smocio sigarét wrth aros i gar fynd â fi i Bontyberem. Feddylies i ddim am y wisg tan i fi weld ambell berson yn cerdded heibio yn edrych arna i'n syn o weld PC ifanc yn pwyso'n erbyn wal y dafarn gyda sigarét yn ei law.

Ar ôl cyrraedd Neuadd Pontyberem ces fy arwain at y *green room*, sef stafell ymlacio'r actorion. Yno roedd nifer o fawrion y cast – Islwyn Morris, Marged Esli, Harriet Lewis, Dilwyn Owen a Charles Williams. Ro'n i'n *nervous wreck*! Diolch i'r drefn, yr AFM (Assistant Floor Manager) oedd Gaynor Williams o Lanelli. Roedd Gaynor a fi wedi bod yn ffrindie ers amser – trwy ddyddiau Llangrannog a rhannu fflat yn Donald Street, Caerdydd. Roedd cael Gaynor o gwmpas y lle yn neud pethe'n haws o lawer, er 'mod i prin yn dweud gair pan o'n i'n eistedd gyda'r cast.

Yr olygfa gynta i fi ei ffilmio erioed ar *Pobol y Cwm* oedd un gyda Charles Williams (Harri Parri) a Dilwyn Owen (Jacob Ellis). Roedd Harri wedi parcio bws mini Brynawelon tu fas i siop Maggie, ond roedd llinellau melyn dwbwl ar yr heol tu fas y siop. Roedd yn rhaid i PC James roi tocyn iddo am barcio ar y llinellau melyn. Dim ond un olygfa, tua pedair tudalen o sgript. Roedd fy nghalon yn powndio ond fe lwyddes i gofio'r llinellau a dilyn cyfarwyddiadau'r cyfarwyddwr, Hugh Thomas.

Wedi'r ffilmio – a noson o yfed yn y Drovers yng Nghaerfyrddin gyda Hugh Thomas a Hywel Williams (rheolwr llawr), ac orie o chwydu yn nhŷ bach y stafell wely yn y Boar's Head – gorfod codi'n fore i fynd draw i'r Ivy Bush i gwrdd â Charles Williams i gael lifft adre i Gaerdydd. Pam nag o'n i'n aros yn yr Ivy Bush gyda gweddill y cast, dwi ddim yn gwybod. Roedd y daith adre yn un bleserus gyda Charles yn adrodd ei straeon digri.

Roedd ymarferion y golygfeydd yn y stiwdio yn cael eu cynnal mewn stafell fawr tu ôl i gapel Ebenezer ar Charles Street, Caerdydd, reit gyferbyn â drws cefn M&S. Yn aml – oherwydd enw'r stryd – byse Charles Williams yn ateb ffôn y stafell werdd gan ddweud 'Charles Street – Charles yn siarad!' Roedd Charles yn ddyn ffraeth iawn a des i mlaen yn dda 'da fe. Ond roedd e'n gallu bod yn filain hefyd. Ar y set, wedi'r ymarfer, byse fe'n troi at rywun fel Dilwyn Owen neu Islwyn Morris a dweud o dan ei wynt am actor arall yn yr olygfa, 'Fel'na mae o'n mynd i neud o, ia?' Ar ddechrau fy ail gyfres, tra o'n i'n ymarfer a mynd dros y llinellau yn y coridor gydag Ernest Evans, daeth Charles heibio a dweud o dan ei wynt, 'Ieuan, pennod neithiwr – dallt dim ddudus di!', a cherddded yn ei flaen i'r stafell ymarfer gan fy ngadael i'n syn. Daeth Ernest â gwên 'nôl i ngwyneb i trwy ddweud 'Jiw – smo fi byth yn deall *bugger all* ma fe'n gweud ta beth!' Ro'n i'n meddwl y byd o Ernest.

Roedd wythnos *Pobol* yn arfer dechrau ar ddydd Sul gydag ymarfer y bennod gynta, ac ymarfer yr ail bennod ar y dydd Llun. *Tech run* (sef cyfle i'r criw goleuo/sain/camerâu ac ati weld y golygfeydd) oedd ar ddydd Mawrth a *producer's run* (sef cyfle i'r cynhyrchydd weld y penodau) oedd ar ddydd Mercher. Yna lan i'r stiwdios yn Llandaf ddydd Iau i recordio'r bennod gynta, a'r ail ar y dydd Gwener.

Cofio bod yn y stafell werdd yn Charles Street ac unwaith eto'n edrych yn syn ar yr wynebau cyfarwydd oedd o 'nghwmpas, ond ddim yn dweud gair oni bai bo rhywun yn siarad â fi. Roedd angen i fi binsio'n hunan – o'n i ffaelu credu 'mod i yng nghwmni'r bobol 'ma ac yn cael y cyfle i weithio gyda nhw.

Ar fy niwrnod cynta yng Nghaerdydd, ac er bod pobol ifanc yn y cast, es i i gael cinio gyda'r to hŷn, gan fy mod wedi dod i nabod Charles ar ôl y diwrnod o ffilmio ym Mhontyberem. Charles, Islwyn Morris (Tush), Haydn Edwards (Dil, tad Reg) a Dilwyn Owen (Jacob Ellis) oedd fy nghwmni. Er bo nhw'n gwmni da ro'n i'n dyheu am fod gyda chriw ifancach. Ond eto, oherwydd swildod, do'n i ddim yn meddwl ei bod hi'n iawn jyst i ddilyn pobol fel Gillian Elisa gan 'mod i ddim cweit yn ei nabod hi'n iawn ar y pryd.

Roedd y diwrnod cynta yn stiwdios y BBC yn Llandaf yn brofiad rhyfedd. Ro'n i wedi bod yn yr adeilad sawl gwaith ac yn y stiwdio 'fyd. Bues i'n trefnu tripiau i'r stiwdios ambell brynhawn Sul – gang o ffrindie ysgol yn mynd lawr i fod yn gynulleidfa i *Rhaglen Hywel Gwynfryn*. Buodd Hef a fi'n perfformio ar raglen Hywel tra o'n ni yn y coleg. Cofio defnyddio jôc gyda'r *punchline* 'Bloomers Beti George' – *cutting edge of comedy*, myn yffach i!

Roedd gweld setiau *Pobol y Cwm* 'di gosod yn y stiwdio yn un 'stryd' o leoliadau yn anhygoel. Siop Maggie gyferbyn â set y Deri Arms, cartre Brynawelon gyferbyn â garej Jac Daniels (cymeriad Dafydd Hywel). Yr unig setiau fysen i'n cael gweithio arnyn nhw oedd siop Maggie a'r Deri.

Pan ddaeth y ffilmio i ben ar y nos Wener roedd pawb yn sôn am fynd i Glwb y BBC am ddrincs. Ro'n i mor ecseited yn cael cyfle i gymdeithasu gyda'r cast. Ond siom ges i pan ddiflannodd y rhan fwya ar ôl un drinc. Cofio datgan fy siom wrth Gillian Elisa. 'Jiw,' medde Gill, 'paid poeni – aros di 'da fi. Gewn ni amser da.' Daeth Manon lan i'r clwb i gwrdd â fi ac yna aethon ni ar *crawl* gyda Gill. O Glwb y BBC i Glwb HTV ym Mhontcanna ac o fanna i'r clwb Cymraeg newydd yn dre – Clwb Ifor Bach! Lando lan yn Champers ar ôl noson dda o yfed a noson dda i ddod â 'nghyfnod yn *Pobol* i ben. Fydda i wastod yn ddiolchgar i Gill am y noson yna.

Felly dyna ni – *Pobol y Cwm* ar ben ac ro'n i wir yn gobeithio bod jobyn arall i ddod cyn bo hir. Garies i mlaen am gyfnod i fod yn *continuity extra* ar *Coleg* a dod yn ffrindie gyda rhai o'r *extras* eraill, yn enwedig Paul ac Adrian Gregory a Linda Jenkins. Doedd dim asiant gyda fi ar y pryd – falle doedd cael un ddim mor angenrheidiol â ma fe heddi – felly roedd yn rhaid ffonio pobol a danfon CVs a lluniau yn gyson.

Roedd Peter Edwards, mab yr actor Meredith Edwards a chyfarwyddwr blaenllaw ym myd darlledu yng Nghymru yr adeg hynny, wrthi'n dechrau cyfres newydd i'r BBC, cyfres dditectif i S4C o'r enw *Bowen a'i Bartner*. Ges i gynnig rhan yn y bennod gynta – Rod, dyn drwg y bennod. Jeff Thomas oedd Bowen a Dorien Thomas oedd y partner. Roedd y gyfres yn brosiect cyffrous iawn – cyfres dditectif neu *private investigator* wedi ei lleoli yng Nghaerdydd, sydd erioed wedi cael ei hailddangos ar S4C. Falle'r unig raglen sydd ddim! Roedd Rod yn *hitman* gwleidyddol oedd yn trio lladd awdur Ffrengig yn ystod gêm ryngwladol rhwng Cymru a Ffrainc. Roedd hyn yn golygu ffilmio yn ystod y gêm ei hun. Am ecseitment! Ond aeth ambell beth o'i le. Roedd yn rhaid ffilmio golygfa ar ddiwedd y gêm gyda Rod yn cerdded yng nghanol y dorf oedd yn dod mas o'r stadiwm, yn chwilio am y Ffrancwr. Mewn golygfa flaenorol roedd cariad Rod – sef Judith Humphreys – wedi ei grafu ar ei wyneb a'r graith yn amlwg iawn ar ei foch. Gwaith da gan adran goluro'r BBC. Ond pan ddechreuon ni ffilmio, wrth i'r dorf adael roedd yn anodd neud dim gan fod cymaint o bobl yn dod lan ata fi i ofyn 'Ieu – be ti 'di neud i dy foch, boi?'

Daeth y diwedd i gymeriad Rod ar ddiwedd y bennod yn dilyn *chase* gan Bowen lan i do'r stadiwm. Nawr, dwi ddim yn un sy'n lico uchder a do'n i ddim yn hapus 'mod i'n gwneud y *chase* ar y to. Ond wnaeth Peter Edwards gadarnhau ei bod hi'n hollol saff lan 'na. Ar ôl cyrraedd y to a sefyll fanna bron iawn yn y cymylau dyma Pete yn dweud beth oedd y *scenario*. Byse Jeff yn rhedeg ar fy ôl i ar y *girders* haearn a phan o'n i'n cyrraedd ymyl y to ro'n i i fod i sefyll yn stond. Byse fe wedyn yn torri i'r cae islaw a byse rhywun yn taflu *dummy* yn gwisgo'r un dillad â fi dros yr ochr. Byse'r 'cwmpo bant' yn cael ei ffilmio ar ddiwrnod arall, gyda fi'n neidio oddi ar ford tu fas i'r BBC a'r camera yn edrych lan ata i wrth i fi neidio. Byse hyn yn creu'r argraff ar sgrin 'mod i wedi neidio oddi ar do'r stadiwm! Iawn, ro'n i'n gwybod beth oedd yn digwydd a bellach yn eitha hapus 'da beth o'n i fod i neud – hynny yw, nes i ofalwr y stadiwm ddweud wrth Jeff a fi: 'Remember to keep on the girders. If you come off it's only fibre glass and you'll go straight through!' Diolch yn dalpe! Fel allwch chi ddychmygu, doedd y *chase* ddim yn un cloi iawn!

Y peth pwysig am y gyfres hon oedd bod Pete wedi defnyddio llawer o actorion ifanc newydd a rhai ddes i'n ffrindie mawr â nhw dros y blynyddoedd. Roedd Gwyn Elfyn yn yr un bennod ac roedd yn rhaid i fi gico'i ben e mewn, gan bo fe 'di trio fe mlaen 'da 'nghariad i. Roedd Hywel Emrys yn y gyfres hefyd – dyma'r tro cynta i fi gwrdd ag e.

Bathodd yr awdur Sion Eirian a'i wraig Erica ffugenwau i ni gyd. Jeff Thomas oedd Mr Cyfrwys ac Alun Lewis (a aeth yn ei flaen i chware Vic Windsor yn *Emmerdale* am flynyddoedd) oedd Mr Swnllyd, gan bo chi wastod yn gwybod pan oedd Alun o fewn canllath i chi. Roedd Hugh Thomas, un o'r cyfarwyddwyr, wedi cael damwain gyda sosban *chips* ac felly, yn annheg iawn, Mr Pothell oedd e. Peter Edwards oedd Mr Duw ac, yn naturiol, Mr Lap oedd Hywel Emrys! Mr Mawr o'n i – dim syniad pam!

Wedi'r cyfnod yma glywes i bod *Pobol y Cwm* am i fi fynd 'nôl am gyfres arall. Ro'n i wrth fy modd. Linda Turner (Cytundebau) yn ffonio i gynnig chwe phennod i fi y tro 'ma, a chynnig ffi. Ro'n i wastod yn derbyn y cynnig cynta – ro'n i tam bach o *pushover* ar y pryd. Ond 'sen i'n onest, nid yr arian oedd yn bwysig i fi ond y gwaith.

4

'Gof'nna yn Gymra'g a Weda i Wrthot Ti!'

RHAID CYFADDE I fi gael plentyndod hapus iawn. Y broblem fwya i fi oedd bod fy rhieni lawer hŷn na rhieni fy ffrindie. Roedd Mam yn 42 yn fy nghael i. Roedd hyn, pan o'n i'n ifanc, yn gallu codi cywilydd. Ffrindie yn camgymryd Mam am Mam-gu a fi'n gorfod egluro taw nid fy mam-gu oedd hi. Hefyd – nid 'mod i'n poeni llawer ar y pryd – ond ddwedodd Mam na Dad erioed wrtha i eu bod nhw'n fy ngharu i. Dwi'n gwybod eu bod nhw'n fy ngharu wrth eu gweithredoedd ond wedon nhw fyth wrtha i. Dyna un rheswm pam dwi'n dweud hynny wrth fy mhlant yn aml. A dwi *yn* eu caru nhw – yn fwy na dim.

Ar y pryd roedd y capel yn bwysig i'r teulu. Roedd Mam a Dad yn aelodau yn Heol y Felin – capel y Bedyddwyr Cymraeg yn Nhrecynon. Yna cafodd Dad wybod bod angen organydd ar gapel Saesneg y Bedyddwyr lawr yn y dre, felly aeth e i helpu mas yng nghapel Carmel ar Monk Street yn Aberdâr. Byse Mam yn mynd ar ei phen ei hun i Heol y Felin a finne'n mynd yno i'r Band of Hope bob nos Fercher. Beth oedd y pwynt, dwi ddim yn gwybod. Dyna i gyd dwi'n cofio neud yw creu croesau mas o wellt! Ymhen hir dilynodd Mam fy nhad ac ymuno â Charmel ac i fanna es i i'r ysgol Sul. Fy unig atgofion yw lliwio lluniau beiblaidd gyda *crayons* a phobol yn chwerthin ar fy mhen pan fyse sesiynau darllen o'r Beibl. Do'n i ddim yn gallu darllen Saesneg yn dda ac roedd hyn yn ddoniol iawn i do hŷn y capel.

Wedi tân yng Ngharmel yng nghanol y saithdegau (dim

byd i neud 'da fi – onest!) fe brynwyd capel gwag Bryn Sion yn Nhrecynon, felly nawr roedd addoldy Mam a Dad 'mond lan rhewl o Dan y Mynydd. Bues i'n mynychu'r capel newydd yma, Carmel Bryn Sion, am gyfnod 'fyd ac o dan arweinyddiaeth y gweinidog, y Parch. Basil Hill, adeiladon nhw lwyfan yn y festri gyda *proscenium arch* (mas o bren tsiep) – gyda help Mansel Rees, tad fy ffrind Gwynfor – er mwyn cynnal cyngherddau ac ati. Nawr, roedd hyn yn apelio ata i. Cynhaliwyd sawl cyngerdd yno a hefyd dechreuwyd cynnal clwb ieuenctid o'r enw y 729 Club, gan ein bod ni'n cwrdd bob nos Fawrth rhwng saith a naw o'r gloch. Ond wedi i Basil Hill adael daeth gweinidog llawer mwy henffasiwn yn ei le a barodd y clwb ieuenctid ddim yn hir wedyn. Bwriad Mr Hill oedd cael rhywle i blant Trecynon fynd am ddwyawr bob nos Fawrth i chware tennis bwrdd, dartiau a gêmau bwrdd a gwrando ar recordiau. Pan ddaeth y gweinidog newydd, y Parch. Tudor Morgan, mynnodd fod yr awr gynta'n mynd i ddarllen y Beibl. Jyst y peth i blant yn eu harddegau! Fe gwmpodd y niferoedd yn gloi o tua 20 bob wythnos i ddau neu dri, ac o fewn dim daeth y clwb i ben.

Pan o'n i'n 6 mlwydd oed fe adawodd Delyth gartre, a hithe'n 18, i fynd i Goleg y Drindod, Caerfyrddin. Roedd Eirlys Britton, fu'n chware fy ngwraig Beth yn *Pobol y Cwm*, yn yr un flwyddyn â Del yn y coleg. Mae'n wir i fi gael fy sbwylio i raddau gan fy mod i wedi dod fel syrpréis i Mam a Dad. Ond ro'n i'n frawd bach fel pob brawd bach arall, yn aml yn mynd ar nerfau Delyth ac yn ei phryfocio. Ro'n i'n ei phryfocio gymaint nes ei gwylltio a chael slap ganddi neu, yn waeth fyth, byse hi'n cydio yn fy llaw a gwasgu ei hewinedd mewn i 'nghroen. Awtsh! Ro'n i'n frawd bach pryfoclyd ac yn ddiweddar ges i'n atgoffa o hyn ar sawl achlysur, yn enwedig ar ôl geni'r mab ifanca, Llew, sydd, yn ôl Del, yr un sbit â fi!

Ysgol Gynradd Gymraeg Ynyslwyd lawr yn Aberaman oedd yr ysgol y gwnaeth Mam a Dad fy anfon i iddi. Dwi dal ddim cweit yn siŵr pam nad aeth Delyth i'r ysgol gynradd Gymraeg (a oedd yng Nghwmdâr bryd hynny) – falle taw Park School oedd yr ysgol agosa i'r tŷ? Ar y diwrnod cynta yn Ynyslwyd aeth

33

Mam â fi lawr ar y bws ac yna fy ngadael i 'na, a fi 'mond yn 3 blwydd oed. Atgofion eraill o'r adeg yna oedd taw llun llew oedd y symbol ar fy machyn cot i a hefyd ar fy ngwely. Bob prynhawn byse'r athrawes yn darllen stori *Topsy and Tim* tra bo'r dosbarth i gyd yn gorwedd ar eu gwlâu (yn debyg iawn i *camp beds*). Cofio'r cynorthwyydd dosbarth, Mrs Ann While, yn aml yn llosgi'r sosban laeth oedd yn berwi ar y stof fach yn y dosbarth pan o'n ni blant yn ein gwlâu. Trio gwneud paned o goffi iddi hi a Miss Ann Jones oedd hi heb bo ni'n sylwi, ond unwaith i'r llaeth ddechrau llosgi agorai 18 pâr o lygaid bach i weld beth oedd yn digwydd.

Elwyn Morgan oedd y prifathro, dyn roedd gan bawb barch tuag ato. Er i fi gael y gansen ganddo sawl gwaith am fod yn ddrwg ro'n i dal yn edrych lan ato – yn wahanol iawn i blant heddi. Roedd e wastod yn rhoi'r dewis i ni blant: naill ai'r wialen ar ein penolau neu ar ein dwylo – chwarae teg iddo fe! Dwi'n siŵr unwaith i fi ddewis fy mhen-ôl ac wrth blygu dyma Mr Morgan yn sylweddoli bo 'da fi lyfr ysgrifennu wedi'i stwffio lawr cefn fy mhants! Daeth ein perthynas â'r prifathro yn agosach yn Safon 4 gan taw fe oedd yn gosod ein gwaith cartre ychwanegol yn ddyddiol. Am dri o'r gloch bob dydd, mas â ni i gyd i'r neuadd i gael ein gwaith cartre. Unwaith, pan oedd e'n gosod gwaith cartre Maths, cafodd Mr Morgan alwad o'r swyddfa ac aeth Bobby Prowle o Ben y Waun mas at y bwrdd du henffasiwn oedd yn gorffwys ar *easel* a thynnu'r pegiau mas tam bach. Roedden ni i gyd yn gwybod bod Mr Morgan, wrth atalnodi ar y bwrdd du, yn bwrw'r sialc yn galed a gydag arddeliad. Wrth gwrs, dyna ddigwyddodd pan ddaeth y prifathro yn ei ôl ac fe gwmpodd y bwrdd du oddi ar y pegiau a'r *easel* a glanio ar ei droed. Anodd iawn oedd peidio â chwerthin!

Mr Morgan hefyd ddysgodd ni gyd sut i oifad – i ddechrau yn y Rock Baths yng nghanol Aberdâr, pwll tu fas oedd yn uffernol o oer, ac yna, pan oedden ni yn Safon 4, ar ôl ysgol ar nos Wener, âi Mr Morgan â nifer fawr ohonon ni i'r pwll dan do cynnes yn Ysgol Gyfun Rhydfelen ger Pontypridd.

Ro'n i'n lico nifer fawr o athrawon yr ysgol gynradd. Valmai

Morgan, heb os, oedd fy ffefryn cynta. Ro'n i tua 5 mlwydd oed pan fues i am flwyddyn yn ei dosbarth. Cofio Valmai yn fy ngalw i mas i flaen y dosbarth unwaith, a hithe'n eistedd ar y pryd. Feddylies i ddim ac es i i eistedd ar ei harffed yn syth fel tase hi'n fam i fi. Roedd hi'n mynd i roi stŵr i fi am rywbeth ond wedi i fi eistedd weles i'r wên fawr yma ar ei hwyneb. Braf oedd cael mynd 'nôl i Ynyslwyd flynyddoedd lawer wedyn gyda sioe o dan ambarél Canol y Ffordd (cwmni theatr Phyl Harries a fi), a Valmai y pryd 'ny yn brifathrawes ond yn dal i edrych gwmws yr un peth.

Roedd yna athrawon da yn yr ysgol – Wendy Phillips, Robert John Thomas (tad yr actor Jâms Thomas), oedd yn canu fersiwn Gymraeg o 'Football Crazy' (ffefryn gyda ni'r plant), Miss Diamond (oedd yn dipyn o bishyn) a'r dirprwy, Eirlys Hatton. Hi hefyd oedd arweinydd Côr Capel Ebenezer y bu Mam yn aelod ohono. Yn ddiweddar ro'n i ar daith gyda sioe gerdd *The Thorn Birds* ac yn perfformio yn Theatr yr Alhambra yn Bradford. Daeth neges dros yr uchelseinydd gefn llwyfan: 'Stage door for Ieuan Rhys, stage door for Ieuan Rhys.' Pwy ar y ddaear oedd yn nabod fi yn Bradford? Pwy oedd yno ond Eirlys Hatton. Roedd hi ar wyliau gyda ffrind ac wedi sylwi 'mod i'n perfformio yn y theatr ac wedi dod i weld y sioe. Am syrpréis neis gan fenyw ac athrawes hyfryd. Ond yr athrawes gafodd fwya o ddylanwad arna i yn Ynyslwyd oedd Gwyneth Wiliam (Gwyneth Hunkin bellach).

Daeth Miss Wiliam i Aberdâr o'r Gogledd, a falle taw dyna'r tro cynta i fi glywed yr acen yma oedd mor wahanol i un pawb arall. Roedd hi'n athrawes eithriadol. Aeth blynyddoedd lawer heibio cyn i fi ddarganfod taw hi oedd y fenyw gynta i fynd i'r carchar dros yr iaith. Oherwydd ein hoffter ohoni hi fel person ac athrawes fe fuon ni'n weithgar iawn yn y dosbarth. Buodd hi'n dysgu ni yn Safon 2, 3 a 4. Weithiau ro'n i'n meddwl 'mod i'n ei lico hi ormod gan i fi ei galw hi'n 'Mam' sawl gwaith yn hytrach na 'Miss'! Hyd yn oed yn yr oed ifanc yna, roedd hyn yn *embarrassing*!

Un diwrnod yn yr ysgol daeth stori Feiblaidd yn handi iddi. Ro'n i wedi mynd â llyfr *Thomas the Tank* i'r ysgol. Am ryw reswm

fe benderfynodd Jacqueline Milton taw hi oedd pia'r llyfr. Buodd
'na gwmpo mas ac roedd yn rhaid egluro'r sefyllfa wrth Miss
Wiliam. Fi'n dweud taw fi oedd pia'r llyfr a Jacquie yn dweud
taw ei llyfr hi oedd e. Doedd Miss Wiliam ddim yn gwybod pa un
ohonon ni i'w gredu felly fe ddwedodd hi mai'r peth gore i wneud
oedd torri'r llyfr yn ei hanner ac i fi gael hanner ac i Jacquie
gael yr hanner arall. Fel bollt o fellt dwedes i 'Na! Peidiwch
torri'r llyfr!' Ges i'r llyfr 'nôl oddi wrth yr athrawes ac fe gafodd
Jacqueline Milton ei choroni'n gelwyddgi!

Gyda hi y buon ni i gyd i weld panto *Gweld Sêr!* Cwmni Theatr
Cymru gyda Wynford Ellis Owen fel y dylwythen deg Fairy Nuff.
Aethon ni hefyd i Gaerdydd i weld sioe Cwmni Theatr Caricature,
Culhwch ac Olwen. O ganlyniad i hyn buodd rhai ohonon ni'n
cystadlu yn Steddfod yr Urdd Pontypridd, 1973, gyda phypedau
ein hunain. Stori Blodeuwedd oedd ein sioe ni a finne yn actio
rhan Gwydion gyda'r pyped ro'n i wedi ei greu. Cofio hefyd sioe
deithiol Cwmni Theatr Cymru yn dod i'r ysgol a minne yn aros tu
fas i'r stafell athrawon wedi'r perfformiad i gael llofnodion Dewi
Pws a Sharon Morgan.

Ond mae dau drip ysgol yn sefyll yn y cof. Y cynta oedd trip
bws i Windsor ac i faes awyr Heathrow i weld awyren Concorde.
Un peth dwi'n cofio'n well na gweld Concorde y diwrnod hwnnw
oedd ein trip mewn cwch ar afon Tafwys yn Windsor. Fe basion
ni nifer o dai crand iawn ar lan yr afon a dwedodd Mr Morgan,
y prifathro, wrthon ni i gyd chwifio dwylo ar fenyw yn un o'r
gerddi, gan bo hithe'n chwifio arnon ni. Pwy oedd hi ond neb llai
na'r actores amryddawn Beryl Reid. Ie, hyd yn oed yn 10 oed,
roedd gweld actores enwog yn bwysicach i fi na gweld un o'r
awyrennau mwya anhygoel a fu erioed!

Ond roedd yna drip arall oedd am guro'r trip yma i Lundain,
sef trip i Gaerdydd i'r BBC, oedd ar Broadway yn y Rhath bryd
hynny. Ro'n ni'n cymryd rhan mewn rhaglen deledu o'r enw
'Nôl Mewn Pum Munud, sioe wirion yn llawn hwyl gyda Dewi
Pws, Huw Ceredig, Christine Pritchard a Victoria Plucknett. Yn
y gynulleidfa fues i am y rhan fwya o'r rhaglen ond roedd gêm
ar y diwedd gyda tua pedwar ohonon ni'n cystadlu. Y bwriad

oedd creu dilyniant geiriau ac os na lwyddech chi i ddweud gair oedd yn gysylltiedig â'r gair blaenorol byse un o'r cyflwynwyr yn torri cortyn a byse bocs llawn stwnsh yn cwmpo ar eich pen. Fi oedd y cynta i fynd mas, dwi'n cofio, a Huw Ceredig dorrodd y cortyn uwch fy mhen. Doedd dim ots 'mod i mas i ddweud y gwir achos ro'n i a gweddill y dosbarth wedi cael diwrnod i'w gofio gyda sawl uchafbwynt. Un oedd cwrdd â Morgan Morgans, awdur y llyfr a'r gyfres fach oedd yn rhan o'r rhaglen, sef *Sheriff Mogo a'r Tonypanshies*, a chael copi o'i lyfr wedi ei lofnodi. Ond yr uchafbwynt mwya i ni blant – wel, y bois i fod yn onest – oedd gweld Vicky Plucknett yn newid ei chrys-T yng nghornel y stiwdio, falle'r tro cynta i ni fechgyn ifanc weld menyw go iawn mewn bra. Ta beth, ar hyd y daith adre i Aberdâr, Victoria Plucknett oedd prif destun ein sgwrs – *pin-up* bois Safon 4 ysgol Ynyslwyd.

Roedd fy niddordeb ym myd y ddrama wedi dechrau'n gynnar. Bues i'n ail-greu dramâu *Marine Boy* (cyfres gartŵn o Siapan oedd ar deledu plant ar y pryd) ar yr iard amser chware ac yna, pan o'n i yn Safon 4, cael gafael yn sgript *Hansel a Gretel* a phenderfynu ei llwyfannu… neu ymarfer ta beth. Fi oedd yr unig fachgen oedd â diddordeb, gan bo'r bois eraill mas yn chware pêl-droed. Tasen i ond wedi aros ar yr iard 'da nhw falle 'sen i'n chware i'r Swans heddi! (Ddim yn meddwl rywsut!) Ta beth, fe welodd y prifathro ni'n ymarfer – fi oedd Hansel, wrth gwrs, gyda Sian Griffiths fel Gretel a Gaynor Bowley fel y wrach. Roedd Lynne Protheroe a Helen Knapman hefyd yn rhan o'r cynhyrchiad. (Ganed Helen Knapman ychydig o ddyddiau cyn fi yn yr un ysbyty a buodd Mam a mam Helen mewn gwlâu gyferbyn â'i gilydd.) Gan bo ni'n ymarfer yn gyson gofynnodd Mr Morgan i ni berfformio'r sioe o flaen yr ysgol i gyd un prynhawn. Dyma arwydd o athro da: gweld potensial, gweld bo ni'n ymroi i'r prosiect ac yna rhoi hwb anferth i ni. Dwi'n cofio ei pherfformio a chofio i weddill yr ysgol ei mwynhau ond dwi dal ddim yn gwybod pam ro'n i fel Hansel yn gwisgo crys-T gyda llun David Cassidy arno!

Ond chware pêl-droed o'n i'n dyheu am ei wneud tra o'n i'n ymarfer y delyn. Fi yn y stafell ymarfer yn edrych mas dros yr iard ar fy ffrindie yn cico pêl neu'n chware British Bulldogs! Do, tra o'n i yn Ynyslwyd ges i wersi telyn gan Mrs Betty Parry, athrawes beripatetig o Ferthyr. Doedd dim llawer o ddiddordeb 'da fi ac, wrth reswm, roedd angen ymarfer. Roedd amserlen ymarfer ar gael er mwyn penodi digon o amser i bob disgybl oedd yn chware'r offeryn. Hyd yn oed yn ystod streic y glowyr yn 1972, a'r wythnos dridie, roedd yn rhaid i ni blant hŷn yr ysgol gynradd fynd i'r ysgol a chael gwersi gan Miss Wiliam yn y cantîn a gwersi telyn yng nghegin y cantîn! Roedd gweddill yr ysgol 'di cau gan nad oedd glo ar gael i wresogi'r adeilad.

Roedd y cyfnod yma'n un cynhyrfus. Gan nad oedd Edward Heath, y Prif Weinidog Torïaidd, am ildio i'r glowyr aethon nhw ar streic gan ddod â Phrydain fwy neu lai i stop. Byse'r trydan yn cael ei ddiffodd yn ystod y nos heb rybudd. Fanna fysech chi'n gwylio'r teledu ac yna, am wyth o'r gloch, tywyllwch llwyr dros y wlad i gyd. Stoc o ganhwyllau'n handi yn y cwpwrdd a naill ai llyfr, comic neu radio â batri ynddo. Ond er ei fod yn gyfnod cynhyrfus i blentyn, hwn oedd dechrau'r diwedd i Heath, diolch i'r drefn, a gollodd e'r etholiad nesa i Harold Wilson a'r Blaid Lafur.

Tra o'n i yn ysgol Ynyslwyd golles i wythnosau lawer o ysgol gan i fi ymweld ag Ysbyty Rhydlafar yng Nghaerdydd ar ddau achlysur, unwaith pan o'n i'n 3 blwydd oed a'r eilwaith pan o'n i'n 6. Fe'm ganwyd gyda *tendon* yn fy nghoes chwith oedd yn rhy fyr ac yn achosi i fi gerdded ar flaen fy nhroed. Felly unwaith eto, gan fod Dad yn dysgu, dyma Mam yn mynd â fi ar y bws i Gaerdydd i'r ysbyty ac yn fy ngadael i yno. O'n i'n dechrau meddwl bo Mam a Dad yn trio cael gwared ohona i! Bues i mewn am tua pump i chwe wythnos. Cael fy ngwersi ysgol yna a chofio'r Sister yn stwffio cabij lawr fy ngwddwg, gan 'mod i'n gwrthod ei fwyta. Roedd y Sister yma gwmws fel fersiwn fain o gymeriad Hattie Jacques yn y ffilmiau *Carry On*. Yr un Sister oedd 'da fi yr eilwaith i fi dreulio amser yn yr ysbyty – gan na weithiodd y llawdriniaeth gynta, 'nôl â fi er mwyn iddyn nhw ailagor fy nghoes ac ymestyn y *tendon* unwaith yn rhagor.

Dwi'n cofio'r eildro yn well a chael aros lan yn hwyr i wylio

John Steed (Patrick Macnee) yn *The Avengers* ar y teledu. (Rhaid bod noswaith bant gyda'r Sister!) Roedd merch ar y ward yr un oedran â fi oedd yn ffaelu siarad gair o Saesneg, dim ond Cymraeg, a fi'n grwtyn 6 mlwydd oed yn gorfod cyfieithu popeth iddi hi. Daeth Elwyn Morgan, y prifathro, â jig-so Topo Gigio i fi fel anrheg a daeth Mr Pugh, gweinidog Mam a Dad, â grawnwin du, a fi'n dweud 'mod i ddim yn lico rhai du a gofyn alle fe ddod â rhai gwyrdd tro nesa! Gan ei bod hi'n adeg y Pasg wedes i wrth Mam a Dad beidio dod â fy wyau Pasg i'r ysbyty gan fod nifer o blant oedd eisoes wedi cael wyau wedi gorfod eu rhannu â gweddill y ward. Do'n i ddim am rannu â neb. (Magwraeth fel unig blentyn falle?) Pan es i adre i Drecynon roedd tua 20 wy Pasg yn aros i fi.

Smo Ysbyty Rhydlafar yn bodoli bellach ond flynyddoedd lawer wedi i fi fod yn glaf yno bues i 'nôl i'r ysbyty i ffilmio golygfa ar gyfer *Pobol y Cwm*. Teimlad od oedd cerdded ar hyd y coridorau hir ac roedd y lle'n gwynto gwmws yr un peth â phan o'n i'n blentyn. O ganlyniad i aros yn yr ysbyty a chael y llawdriniaeth roedd yn rhaid i fi ymweld â'r ysbyty yng Nghaerdydd am *check-up* bob blwyddyn, gan amla ym mis Ionawr. Roedd yr apwyntiad wastod yn y bore. Chware teg i Mam, byse hi'n trefnu'n flynyddol ein bod ni'n mynd i weld *matinee* pantomeim y New Theatre yng Nghaerdydd wedi'r ymweliad ysbyty. Fel dywed y Sais, *every cloud has a silver lining*. Fe weles i bobol fel Dick Emery, Jack Douglas a hefyd Norman Vaughan, digrifwr oedd yn boblogaidd ar y pryd am hysbysebu siocledi Roses gyda'r *catchphrase* 'Roses grow on you'. Aeth e yn ei flaen i gyflwyno *The Golden Shot* ar y teledu ac yn ddiweddarach fe ddyfeisiodd y gêm deledu *Bullseye*.

Ai dyma pryd ges i'r *bug* i fod yn actor neu'n berfformiwr fy hun? Dwi'n siŵr bod gan yr ymweliadau cynnar yma â'r New Theatre rywbeth i wneud â'r peth. Arhosodd y sioeau yma yn fy nghof a ches fy hudo gan y gerddoriaeth, y digrifwyr, y dawnswyr a'r golau llachar.

Fel plentyn ro'n i wastod yn perfformio. Bysen i'n meimio i recordiau pop y dydd, a phan oedd gan Mam a Dad bobol draw roedd yn rhaid i fi ganu cân neu ddynwared. Mae'n swnio'n ofnadwy wrth feddwl 'nôl ond wnaeth Mam a Dad erioed fy stopio i. *Syndrome* cyw ola'r nyth falle! Fysen i ddim ishe i 'mhlant i 'ddiddanu' ffrindie heddi. Bues i hyd yn oed yn gosod cadeiriau'r gegin mas yn yr ardd, neu mas y bac, ar un adeg a thrio gwerthu tocynnau *homemade* er mwyn i bobol ddod i weld y sioe. Werthes i erioed 'run tocyn!

Roedd bywyd 'nôl yn Nhrecynon yn wahanol iawn i fywyd yn ysgol Ynyslwyd. Cymraeg oedd iaith yr aelwyd, er 'mod i am gyfnod hir yn gwrthod siarad yr iaith 'da Mam na Dad. Fi'n siarad 'da Mam yn Saesneg a hithe'n ateb bob tro yn y Gymraeg. A fel hyn byse sgwrs gyda Dad: 'Dad, what time is it?' a Dad yn ateb: 'Gof'nna yn Gymra'g a weda i wrthot ti!' Dad yn gwylltio pan o'n i ishe newid y sianel deledu o Hywel Gwynfryn a Marged Esli yn cyflwyno *Bilidowcar* er mwyn cael gwylio *Crossroads*. Od i feddwl 'mod i'n mynd i ysgol Gymraeg ac yn gwrthod siarad Cymraeg adre a Delyth 'di mynd i ysgol Saesneg ei hiaith ond byth yn siarad Saesneg adre. Fi oedd yr unig un yn ein gang ni oedd yn siarad Cymraeg. 'Welsh Cake' oedd pawb yn fy ngalw. Doedd e ddim yn fy mhoeni i ar y pryd – 'se fe'n fy hala i'n benwan nawr, cofiwch!

Roedd plentyndod yn y chwedegau a'r saithdegau cynnar yn gyfnod braf. Mas yn syth ar ôl ysgol i chware. Wastod mas, byth yn nhai ein gilydd – hyd yn oed pan oedd hi'n bwrw ro'n ni'n chware yn y *bus shelter* cyfagos neu, well fyth, yn yr hen den a adeiladwyd gan blant hŷn flynyddoedd cynt. Chware o gwmpas y strydoedd tan iddi dywyllu ac yna gweld Mam ar waelod y stryd yn dod i 'ngalw i mewn.

Tra o'n i yn Ynyslwyd des i'n gyfeillgar ag Adrian Morgan, oedd yn byw yn y pentre nesa, sef Llwydcoed (er taw dim ond blwyddyn neu ddwy barodd Adrian cyn symud i Park School). Roedd yn rhaid i fi gerdded tua hanner milltir i dŷ Adrian ac fe ddes i'n ffrindie gyda'i frodyr, Geraint a David, a Susan ei chwaer. Roedd gan John, tad Adrian, hen gar Morris du mas ar waelod eu gardd lle byse'r ieir yn byw. Buon ni'n chware yn yr hen gar 'na am orie maith. Ar brynhawniau Sadwrn braf bydden ni mas yn yr awyr agored drwy'r dydd nes y bydde Audrey, mam Adrian, yn ein galw ni mewn am de: bara menyn, eirin ac *Ideal milk* a theisen Madeira bob wythnos. Pawb wedyn yn eistedd o flaen y teledu i wylio pennod o *Doctor Who* (Patrick Troughton) a phan ddeuai Jack Warner mlaen i gyflwyno pennod arall o *Dixon of Dock Green* gyda'i 'Evening all', pawb mas unwaith eto at yr hen gar a'r ieir! Aeth y gang yn fwy pan symudodd teulu Adrian i fyw yr ochr arall i Lwydcoed ac ymunodd Paul Jeffreys, Alan Williams, Alun Williams a Mansel Phillips â'r criw.

Bysen ni'n mynd am dro yn aml dros y mynydd i Ferthyr, hyd yn oed yn yr eira mawr; chware pêl-droed naill ai ar y cae pêl-droed neu weithiau ar y stad tai cyngor, lle byse pobol yn gweiddi arna i, gan wybod 'mod i o'r pentre nesa: 'Go and play outside your own house'; gwersylla, er byth dros nos; mynd am bicnics yn aml gyda bag o frechdanau jam, potel o ddŵr a Radio 1 a Tony Blackburn yn bloeddio'n uchel ar y radio bach, a thorri mewn i garafán oedd ar ben y mynydd – credu bod rhywun wedi dympio'r garafán fanna gan na welon ni erioed neb arall ar ei chyfyl; hongian o gwmpas y swings ym Mhenyard a chael *crush* ar ferch oedd tam bach yn hŷn o'r enw Deirdre, a aeth â fi am reid un diwrnod ar hyd yr hen reilffordd ar feic modur ei chariad. Gwmpon ni bant a chael lo's ond doedd dim ots 'da fi. Roedd cael cydio o gwmpas wast Deirdre yn werth y boen a ddaeth yn ei sgil! Cofio chware Dracula gyda boi oedd lot hŷn na ni, fe'n gwisgo fel cymeriad Bram Stoker o'r ffilmiau Hammer ac yn mynd i gwato yn y gerddi o gwmpas y stad ac yn hala ofon y cythrel arnon ni blant pan nad o'n ni'n ei ddisgwyl.

Ond doedd Michael Evans wedi gwisgo fel Christopher Lee neu Dracula ddim yn hala ofon go iawn arnon ni, ddim fel y gang o fechgyn hŷn o'r stad oedd yn dod i bigo arnon ni ac i fwlio ni bob hyn a hyn. Do'n i ddim yn hapus iawn pan oedd rhain o gwmpas, rhaid i fi gyfadde. Eu nod bob tro oedd difetha beth bynnag ro'n ni'n neud. Mae un o'r rhain – Snoddy neu Steven – yn yfwr cyson yng nghlwb y Cameo yng Nghaerdydd ac o bryd i'w gilydd dwi'n ei atgoffa dros beint am y cyfnod yma. Smo fe'n cofio dim, medde fe! Er gwaetha'r gang yma, roedd pob dydd yn llawn cynnwrf, direidi a hwyl. Yn aml roedd yn rhaid i Mam ddod i 'nôl fi gan fod amser 'di mynd yn angof. Doedd hyd yn oed tywyllwch nos ddim yn fy sbarduno i droi am adre.

Roedd gen i ddwy gariad yr adeg yma hefyd. Ro'n i tua 10 neu 11 oed. Susan Morgan oedd y gynta, chwaer Adrian. Yna daeth Ann Jenkins o Cemetery Road yn Nhrecynon. Dim ond cwpwl o weithiau gwrddes i ag Ann lan ym mharc Aberdâr. Mynd ar gwch ar y llyn ac eistedd am yn hir ar y Maen Llog a osodwyd yna pan fuodd y Steddfod yno yn 1956. Servini's oedd y man cwrdd wedi'r pictiwrs yn y Palladium ar fore Sadwrn, caffi Eidalaidd sy'n dal i fodoli yng nghanol Aberdâr. I blentyn dwi'n siŵr bod Palladium Aberdâr yn fwy deniadol na'r llall yn Argyle Street, Llundain. Fan hyn ro'n i bob bore Sadwrn gyda'r gang o Lwydcoed. Swllt i fynd mewn a gweld ffilmiau Laurel and Hardy ac un o ffilmiau'r Children's Film Foundation, *Ali and the Camel*. I orffen bob tro byse ffilm yn dangos band pres milwrol y Frenhines yn eu lifrai cochion yn chware 'God Save the Queen' a ni fel ffylied yn sefyll ar ein traed i ganu cyn rhedeg o 'na ac i Servini's am *ham roll* a *Coke float*, sef gwydriad o Coke gyda sgŵp o hufen iâ ynddo.

Ro'n ni'n lwcus bod dwy sinema yn Aberdâr. Yn ogystal â'r Palladium roedd y Rex, a ddaeth yn enwog oherwydd y ffilm *Rhosyn a Rhith/Coming Up Roses*. Roedd y Rex yn well sinema o lawer na'r Palladium a chanddi gyntedd *art deco* anhygoel. Fan hyn weles i'n ffilm James Bond gynta, *Diamonds are Forever* gyda Sean Connery. Doedd dim rhaid gadael y sinema wedi i'r ffilm gwpla – roedd ganddoch chi rwydd hynt i aros i weld y ffilm yr eildro. Wnes i hyn ddwywaith: *The Swiss Family Robinson* gyda John Mills oedd y tro cynta a'r ail oedd *Batman the Movie* gydag Adam West a Burt Ward, a chael stŵr 'da Mam a Dad am wneud, gan eu bod nhw'n poeni lle ro'n i. Tân ddaeth â ffilmiau'r Palladium i ben ac wedi hynny fe ailagorodd yr adeilad fel neuadd bingo. Dwi'n ffaelu'n lân â deall felly pam benderfynodd y Cyngor fwrw'r Rex i'r llawr yn 1990. Weithiau dwi'n credu bod gan gynghorwyr bolisi o gael gwared ar adeiladau â hanes arbennig yn perthyn iddyn nhw er mwyn codi tai, fflatiau neu feysydd parcio digymeriad sy'n ymdebygu i Brookside Close! Yn bendant, smo Aberdâr y dre oedd hi pan o'n i'n tyfu lan. Mae hi bellach yn llawn siopau punt yn lle'r rhes o siopau hynod a diddorol fel The Leather Stores am dipyn o bopeth, Jan Citric am unrhyw beth trydanol a siop anferth y Co-op lle bysen ni'n mynd i weld Siôn Corn bob Dolig a lle roedd yna adran recordiau arbennig. Wrth gwrs, Woolworths oedd y lle arall i brynu recordiau, a siop fach Graces gyferbyn lle roedd recordiau feinyl yn frith. Oliver's wastod am sgidie, gyda Dad yn mynnu dod 'da fi bob tro. Dyna oedd busnes ei dad yn yr Hendy ac roedd Dad yn meddwl bo fe'n arbenigwr ar sgidie – ac, wrth gwrs, fe oedd yn talu. Roedd e'n dal i ddod 'da fi pan o'n i yn y coleg!

Fel plant buon ni hefyd yn arbrofi gyda rhyw a smocio. Embassy No. 6 oedd y sigaréts, neu ambell Woodbine, a'u prynu o siop Mrs Davies yn Llwydcoed. Do'n i ddim yn joio smocio o gwbwl ond ro'n i ishe bod yn un o'r gang ac yn trio bod fel y lleill! Do'n i ddim cweit yn deall beth oedd rhyw ond dyma gyfnod 'dangos dy un di i fi a ddangosa i fy un i i tithe'. Dyma ddigwyddodd gyda Susan Morgan unwaith. Roedd Adrian yn mynd gyda Julie Jones ac aeth y pedwar ohonon ni i Dan y Mynydd un nos Sul pan oedd Mam a Dad mas yn y cwrdd. Doedd dim allwedd 'da fi ond ro'n i'n gwybod shwt i agor ffenest y bathrwm a dringo mewn. Yna gaethon ni sesiwn ddiniwed o 'dangos dy un di' ac ati, ynghyd â bwyta'r cacenne roedd Mam 'di cwcan ar gyfer te dydd Sul. Yr wythnos flaenorol ro'n i wedi bod i Wersyll yr Urdd Llangrannog am y tro cynta – profiad arbennig a chyfnod fydd yn aros gyda fi am byth. Gwrddes i â merch yn fanna hefyd, Alison Headon o swyddfa bost Onllwyn.

Cliff Jones oedd y swog a'r gwyliwr nos ar y pryd a'r un oedd yn fy atal rhag mynd i gabanau'r merched ac at Alison. Des i o 'mhabell ar waelod y cae a chropian lan at y cabanau. Do'n i ddim i wybod bod gan ambell swog dortsh oedd mor gryf â llifoleuadau Colditz! Ges i 'nal gan Cliff a fy nanfon 'nôl. Od i feddwl, flynyddoedd lawer wedyn, y byse Cliff yn gynhyrchydd/ cyfarwyddwr arna i ar *Pobol y Cwm*.

Roedd Alison yn amlwg yn golygu rhywbeth i fi ar y pryd – roedd 'na foi o'r Gogledd ar ei hôl hi hefyd ond sortes i fe mas yng nghaban tennis bwrdd y gwersyll (a elwir yn 'Tregaron') a'i godi a'i osod ben i waered mewn bin metal yn y gornel.

Gan fod Dad yn athro Cerddoriaeth, wrth reswm roedd e am i fi a Delyth gymryd diddordeb yn y byd cerddorol hefyd. Buodd Delyth yn aelod o Gôr Ieuenctid Morgannwg Ganol a chyrraedd safon uchel ar y feiolin a'r piano. Yn wahanol iawn i fi. Fe driodd Dad fy nysgu i sut oedd chware'r piano ond do'n i ddim yn gwrando, felly ges i wersi preifat gyda Moira Chard lawr yn Aberaman. Dim ond hyd at safon Gradd 3 yr es i. Halodd e fi am wersi gitâr hefyd ond roedd yr athro mor hen doedd e ddim ishe i fi chware cordiau roc a phop ond, yn hytrach, dysgu'r ffordd henffasiwn. Felly barodd hwnna ddim yn hir chwaith. Wnes i basio arholiad Gradd 5 ar y feiolin – jyst! Roedd yr athro, Neville John, yn dod yn wreiddiol o'r Tymbl yn Sir Gaerfyrddin ond bellach wedi ymgartrefu ac yn dysgu ym Merthyr. Wrth ddod adre ar y bws o Rydfelen bob prynhawn Mercher do'n i byth yn edrych mlaen at fynd wedyn yn y car gyda Dad dros y mynydd i Ferthyr, gan wybod bod rhagor o wersi i ddod. Ro'n i'n gwrthod ymarfer, neu bractiso fel 'sen i'n dweud. Ro'n i ishe bod mas yn chware gyda'r bois ond byse Mam a Dad yn mynnu 'mod i wastod yn neud hanner awr ar y feiolin cyn mynd. Roedd adegau pan fyse ffrindie'n gorfod aros i fi yn y gegin ganol tra 'mod i wrthi'n mynd drwy ddarnau rhyw arholiad arbennig. Yn y diwedd, ar ôl danto ar hyn, bysen i'n recordio'r darnau ac yna'n eistedd am hanner awr yn y rŵm ffrynt yn chware'r recordiad 'nôl a 'nôl a 'nôl. Bues i'n ffŵl! Dwi'n difaru gymaint nawr. Tasen i dal yn gallu chware'r piano, telyn, gitâr a'r feiolin nawr... bois bach!

Bues i hefyd ar un adeg yn mynd i'r dre bob nos Fawrth a nos Iau i'r clwb jiwdo. Rhai o fois yr ysgol oedd yn mynd ac yn gofyn i fi ymuno â nhw. Nawr, fel mae ffrindie'n gwybod, dydw i ddim yn fachan *sporty*. Dwi wrth fy modd yn gwylio gêmau rygbi a phêl-droed (Cymru, y Gweilch ac, wrth gwrs, yr annwyl Swans) a bues i am gyfnod yn chware golff lan yng nghlwb golff Castell Heights ger Castell Coch gyda Phyl, Hyw a'r bois. Ond fysen i ddim yn dweud 'mod i'n foi chwaraeon. Er hyn, o'n i'n joio mynd i jiwdo ddwywaith yr wythnos lawr yn y Memorial Hall yn Aberdâr.

Uchafbwynt yr holl beth oedd cael mynd ar gwrs penwythnos yng Nghanolfan Chwaraeon Michael Sobell yn Aberdâr a chael ymladd â'r ymaflwr jiwdo Olympaidd Brian Jacks. Fel allwch chi ddychmygu, bares i ddim yn hir ar fy nhraed.

Roedd penwythnosau adeg plentyndod bellach yn gyfuniad o chware 'da'r gang a mynd gyda Mam a Dad ar ambell Sadwrn naill ai i Gaerdydd neu Abertawe. Ro'n i'n joio mynd i Gaerdydd ac i'r lle bwyd yn Woolworths ar Queen Street. Ie, Woolies i gael pei cig, *chips* a grefi! Joio mas draw! Do'n i fel plentyn ddim yn cael arian poced ac roedd Dad yn gwrthod i fi hefyd gymryd jobyn yn dosbarthu papurau dyddiol i siop bapurau Mock's yn Nhrecynon. Felly, y *treat* i fi oedd dewis un peth ac un peth yn unig pan oedden ni'n mynd ar drip siopa i Gaerdydd neu Abertawe. Roedd obsesiwn prynu *china* gan Dad – dim set gyfan, dim ond ambell ddishgyl a saser neu ambell blât. Ym marchnadoedd Caerdydd neu Abertawe roedd Dad wrth ei fodd. Sdim rhyfedd nad oedd dim un plât, dishgyl na saser yn matcho yn tŷ ni.

I fi, y *treat* bob tro heb os oedd record. Pa bynnag record ro'n i'n ei dewis byse Dad yn mynnu ein bod ni'n mynd i un o'r blyche i wrando ar y record cyn ei phrynu i wneud yn hollol siŵr taw dyna'r un ro'n i ishe. Ymhen amser roedd 'da fi gasgliad helaeth o recordiau ac ro'n i'n mwynhau gwrando arnyn nhw yn aml ar yr hen *radiogram* yn y gegin ganol yn Nhan y Mynydd. Roedd fy nghasgliad i bryd hynny yn cynnwys recordiau tsiep *Top of the Pops*, *cover versions* o'r caneuon oedd yn y siartiau ar y pryd, a nifer fawr o recordiau gyda cherddoriaeth agoriadol rhaglenni teledu, fel *Great TV Themes* gan Gerddorfa Geoff Love neu Jack Parnell.

Y record gynta i fi ei chael gan Mam a Dad oedd *Jim Cro Crystyn* gyda Sassie Rees ond y sengl gynta i fi ei phrynu erioed gyda fy arian fy hun oedd *Long Haired Lover From Liverpool* gan Jimmy Osmond. Gadwes i hyn yn dawel, gan nad oedd e'n *cool* i fod yn fachgen ac yn ffan o'r Osmonds bryd hynny. Pwy feddylie flynyddoedd lawer wedi hyn y bysen i'n cwrdd â Jimmy Osmond? Roedd fy rhaglen radio, *Showbusnesan*, yn gwneud rhaglen arbennig ar adloniant Blackpool ac roedd Jimmy a'i frodyr yn perfformio yn y theatr yno. Ges i ei gyfweld yn ei stafell wisgo a wedes i wrtho taw *Long Haired Lover* oedd y record gynta brynes i erioed. Ac fe ddwedodd e, 'And you're willing to admit to that?'

Hyd heddi mae fy ffrindie'n dweud bod fy nghasgliad cerddoriaeth yn eclectig iawn a dwi'n siŵr bod hyn yn deillio o'r dyddiau yna. Ro'n i hefyd yn gwrando llawer ar recordiau Beatles Delyth a recordiau Mam, y Black & White Minstrels a Mantovani. Do'n i ddim yn gwrando ar recordiau Dad gan eu bod nhw i gyd yn recordiau clasurol neu gorau meibion. Er hyn, ro'n i'n hoff o un o'i recordiau, sef Stuart Burrows yn canu 'Bara Angylion Duw'.

Des i i fwynhau recordiau Cymraeg tra o'n i yn Ynyslwyd gan bo'r men'wod cinio, Mrs Williams a Mrs Harries, yn chware recordiau i ni yn y neuadd pan fyse hi'n bwrw. Y ffefrynnau oedd Edward yn canu 'Ragbones', 'Cân yr Ysgol' gan Dafydd Iwan a 'Ble'r Aeth yr Haul' gan Huw Jones/Heather Jones. Yn y cyfnod yma bues i i weld Heather Jones yn canu mewn Noson Lawen gyda Ryan a Ronnie yn Theatr y Coliseum yn Nhrecynon, a mynd gefn llwyfan hanner amser i ofyn iddi ganu'r ffefryn, 'Ble'r Aeth yr Haul', a chael ei llofnod yr un pryd.

Wrth dyfu lan roedd 'da fi nifer o arwyr, boed yn chwaraewyr pêl-droed fel John Toshack (ro'n i'n mynd bob yn ail penwythnos i'r Vetch i wylio'r Swans gyda Dad pan oedd Tosh wrth y llyw), chwaraewyr rygbi fel Gareth Edwards a Barry John, neu gantorion pop fel Elvis, y Beatles, Bonnie Tyler, Suzi Quatro, Slade a'r Bay City Rollers. Y posteri oedd 'da fi ar y wal bryd hynny oedd Suzi Quatro mewn gwisg leder, Bonnie Tyler mewn crys denim, Olivia Newton-John a'r llun enwog o Farrah Fawcett yn ei gwisg nofio goch. Ond ar y sîn Gymraeg/Gymreig yr arwyr i fi oedd Ryan a Ronnie a Max Boyce. Byse cyngerdd/noson lawen bron yn flynyddol yn Theatr y Coliseum yn Nhrecynon gyda naill ai Ryan a Ronnie neu Max. Rhaid oedd cael tocyn i'w gweld neu bysen i'n blentyn blin ac anhapus iawn.

Un tro roedd Ryan a Ronnie yn y Coliseum ond do'n i ddim yn hwylus ac es i ddim i'r ysgol y diwrnod hwnnw. Wrth gwrs, fel ma plant, ro'n i'n well erbyn amser te ac yn holliach erbyn y nos i fynd i weld fy arwyr yn perfformio yn fy mhentre. Y person cynta i fi weld yn y theatr oedd fy athrawes, Miss Wiliam. 'Ti'n well, Ieuan?' medde hi. 'Ydw, Miss,' wedes i cyn rhedeg bant gyda fy ffrind, Wyn Holleran, i gael sêt i wylio'r sioe. Alun Williams (BBC) yn cyflwyno'r noson ac yn dweud yn anffodus nad oedd Ryan a Ronnie wedi cyrraedd gan fod lot o draffig yn dod o gyfeiriad Caerdydd. Pawb wedi siomi nes iddyn nhw weld siâp corff main yr anhygoel Ryan Davies yn rhedeg o un ochr y llwyfan i'r llall mewn *tights* du gan weiddi 'Fydda i ddim yn hir nawr!' Bloedd o chwerthin ac o ryddhad bod sêr y noson wedi cyrraedd Trecynon yn saff. Sdim ishe i fi ddweud bod llond theatr wedi cael noson o adloniant anhygoel. Buodd y cyngherddau hyn, a Ryan yn enwedig, yn ddylanwad anferth ar fy mywyd. Ges i gyfle i gwrdd â'r dyn ei hun – gredech chi ddim gymaint o fraint oedd hynny. Mae'r cyfarfod yn glir yn fy meddwl, fel tase fe 'di digwydd ddoe. Ryan yn ei stafell wisgo gefn llwyfan y Coliseum gyda lot fawr o golur ar ei wyneb, yn ymylu ar fod yn oren – rhaid bo nhw'n defnyddio'r *stick make-up* neu'r *greasepaint* oedd yn ffasiynol yn y theatr y dyddiau hynny. Ro'n i'n uffernol o *star-struck* – hyd yn oed nawr, wedi gweithio gyda nifer o enwau mawr, dwi dal yr un peth. Roedd cael cwrdd â fy arwr yn fraint ac yn anrhydedd nad anghofia i fyth. Trist na buodd e byw yn hirach, byse cael gweithio gydag e 'di bod yn fraint amhrisiadwy.

Roedd gweld Max Boyce yn y Coliseum yn fraint hefyd – cynddisgybl o Ysgol Gynradd Gymraeg Aberdâr oedd wedi llwyddo ym myd adloniant a gwneud enw iddo'i hun ar hyd a lled y wlad wedi ymddangosiad ar *Opportunity Knocks*. Daeth Dad 'nôl o'r dre un bore Sadwrn gyda'i record gomedi gynta, *Live at Treorchy*, o dan ei gesail a bag o fara lawr yn ei law. (Roedd Dad yn mynd i farchnad Aberdâr bob bore Sadwrn i brynu bara lawr i fynd gyda'n cinio dydd Sadwrn arferol, sef cig moch, wy, bara sâm, tato 'di ffrio a bara lawr. Ac os o'n ni'n lwcus, pot o gocos hefyd.) Yna'r ddefod bob tro y dele record newydd mas gyda Max – Mam, Dad, fi a Bopa yn eistedd yn dawel yn y gegin ganol, Dad yn ymfalchïo wrth osod y record ar y *radiogram* a ni'n pedwar yn gwrando, chwerthin a mwynhau. Roedd bod yn berchen ar record Max

Boyce yn dipyn o beth gan ei fod e'n destun sgwrs pan alwai pobol draw: 'Odych chi wedi clywed record ddiweddara Max Boyce? Naddo? 'Sech chi'n lico ei chlywed hi?' Wedodd neb byth 'na' – falle bo nhw'n bod yn gwrtais ond dwi'n siŵr yn y bôn bo nhw ishe clywed y record heb orfod ei phrynu.

Roedd 'da fi ryw fath o gysylltiad â Max pan o'n i'n ifanc gan taw wncwl Max – tad y canwr Delwyn Siôn – oedd yn torri fy ngwallt. Bysen i'n mynd gyda Dad at Mr Davies lawr y dre a'i wylio'n torri gwallt y dynion, ac yna'n cynnau cannwyll hir a thenau ac yn llosgi eu gwalltiau. Doedd dim syniad 'da fi pam, ond 'na i gyd o'n i moyn oedd tyfu'n gloi er mwyn i Mr Davies losgi 'ngwallt i hefyd. Wedi deall, cael gwared ar *split ends* oedd y driniaeth, a ches i byth mohoni.

Un arall oedd yn byw yn Nhrecynon oedd Felix Aubel. Roedd siop gan dad Felix – oedd â'r un enw – a fan hyn fysen i'n mynd i brynu losin yn aml. Es i 'na unwaith pan o'n i'n gymharol ifanc, 9 mlwydd oed dwi'n siŵr. Y bwriad oedd dwyn afalau. Roedd fy ffrindie'n aros tu fas tra es i mewn i'r siop. Pan nad oedd Mr Aubel yn edrych, stwffes i tua hanner dwsin o afalau mawr coch lan fy siwmper. Doedd e heb sylwi dim, ond ar yr adeg yma y sylweddoles i nad oedd 'da fi'r *brains* i fod yn lleidr banc. Be wnes i oedd gofyn am chwarter pwys o *sherbert* gan bwyntio at y jar llawn powdwr melyn melys ar y silff ucha. Wrth gwrs, gwmpodd yr afalau mas o'r siwmper! Os do fe – daeth Mr Aubel rownd y cownter a dal ynof fi. Eisteddodd e ar grât gerllaw, fy nhynnu i dros ei lin a dechrau smacio fy mhen-ôl o flaen yr ychydig bobol oedd yn y siop, gan gynnwys Sid Leonard, cymydog Mam a Dad! Cywilydd! Allech chi ddychmygu hwnna'n digwydd heddi? Fyse Mr Aubel yn *jail*, er taw fi oedd y dihiryn!

Roedd Felix a fi'n ffrindie ar y pryd ond ddim yn ffrindie agos. Pan fysen i'n mynd i ddal y bws i Rydfelen 'sen i wastod yn canu cloch y siop er mwyn i ni gerdded i'r *bus stop* gyda'n gilydd. Roedden ni mor wahanol. Fi'n sôn am beth weles i ar y teledu y noswaith cynt – *Crossroads, Coronation Street, Charlie's Angels, Fo a Fe, Man About the House* ac ati – a fe'n siarad am wylio'r newyddion a *Newsnight* a'r *Sky at Night*! Fi'n ffaelu stopio siarad am Farrah Fawcett a fe'n siarad o hyd am Robin Day!

Yr unig gysylltiad rhyngddon ni oedd reslo. Roedd reslo ar brynhawn dydd Sadwrn ar ITV yn boblogaidd iawn yn y saithdegau. Byse Mam a fi'n eistedd o flaen y teledu i wylio Mick McManus, Jackie Pallo, Big Daddy a Giant Haystacks ac ati fel rhan o arlwy *World of Sport*. Roedd Mam yn gapelwraig ac yn Gristion mawr ond ar brynhawn dydd Sadwrn roedd y diafol yn cydio ynddi. Tra byse hi'n bwyta ei brechdan banana a shwgir byse hi'n bloeddio ar y set deledu, 'Hit him! Hit him again – harder!' Felly, pan glywodd Felix a fi bod nifer fawr o sêr y byd reslo yn mynd i fod yn ymladd yng Ngerddi Sophia yng Nghaerdydd aeth y ddau ohonon ni lawr i'r brifddinas ar y bws Red & White i wylio'r ymaflyd. Roedd Felix yn ymateb i'r ymladd yn gwmws fel Mam – neu'n waeth. Roedd e ar ei draed ac ar ben ei gadair yn gweiddi ar y reslwyr – Rollerball Rocco a Giant Haystacks. Weles i ochr i Felix na weles i o'r blaen – pwy feddylie y byse'r gweinidog a'r arbenigwr hen greirie yn cynhyrfu cymaint? A phwy feddylie, flynyddoedd lawer wedyn, y byse Giant Haystacks a fi yn yr un bennod o *Pobol y Cwm*?

Martin Ruane oedd enw iawn Haystacks. Am ddyn hyfryd, a dyn eitha swil. Daeth y reslo i Gwmderi gydag Orig Williams a Haystacks. Roedden nhw am ymladd rhywun lleol a mynnodd trigolion Cwmderi anfon y brodyr Unsworth, Ron a Billy (Bernard Latham a John Biggins), i'r cylch reslo. Roedd Rachel Thomas fel Bella yn rhan o'r stori hefyd, gan fod Bella wrth ei bodd gyda reslo. Nawr, dwi'n fachan tal, ond hyd yn oed â'r helmet ar fy mhen roedd Haystacks yn dalach o lawer, felly meddyliwch am yr annwyl Rachel wrth ei ochr yn dweud y drefn – fel Dafydd a Goliath!

Dydw i ddim yn cytuno â gwleidyddiaeth Felix – beth bynnag yw honno dyddie 'ma – ond fe roddodd ei farc yn bendant ar un noson i godi arian i Blaid Cymru yn nhafarn y Mount Pleasant yn Nhrecynon ar ddechrau'r wythdegau, pan oedd Hef a fi (Hef a Ieu) yn neud y cabare. Roedd Felix yn y gynulleidfa gyda ffrind arall o'r ysgol, Kerry Collings. Diolch i Felix am gyfrannu i goffre'r Blaid y flwyddyn 'ny. Yr hyn dwi'n gofio oedd fi'n canu unawd, cân serch hyfryd ysgrifennodd Fiona Bennett a fi o'r enw 'Ni Allwn Droi yn Ôl'. Wel, allen i fod wedi canu 'She'll Be Coming Round the Mountain' neu hyd yn oed 'God Save the Queen' achos fyse neb 'di sylwi. Pan ddechreues i ganu glywes i udo uffernol o'r ochr a gweld Felix yn chwydu fel dwi heb weld neb yn chwydu ers 'ny. Buodd Kerry a sawl person arall yn ei helpu mas o'r dafarn tra garies i mlaen. Nawr, dwi'n gwybod bod fy nghanu i'n effeithio ar bobol mewn gwahanol ffyrdd ond roedd hwnna'n chwerthinllyd! Sgwn i os wnaeth e fyth brynu un o 'nghaséts i?

Buodd e'n sefyll fel ymgeisydd dros yr SDP yng Nghwm Cynon ar un adeg a des i 'nôl o Gaerdydd i bleidleisio yn isetholiad 1984. Mam yn gofyn dros bwy o'n i 'di pleidleisio. Fi'n dweud 'Clayton Jones a Phlaid Cymru.' Ffaelu credu bod Mam – oedd wastod yn pleidleisio i'r Blaid – wedi pleidleisio dros Felix. Yr unig reswm am hyn oedd 'mod i'n arfer mynd i'r ysgol 'dag e!

5

'Paid â 'Ngalw i'n Angharad!'

MAE'R DIWRNOD CYNTA yn Ysgol Gyfun Rhydfelen ym mis Medi 1973 yn un sydd wedi aros yn fy nghof. Teimlad o ishe bod yn dost. Teimlad o ofon. Ond, ar y llaw arall, teimlad o gynnwrf wrth edrych mlaen at weld rhai o'r ffrindie wnes i yn Llangrannog ychydig wythnosau cynt.

Yr adeg hynny y bu farw Da'cu yr Hendy. Pan gyrhaeddes i 'nôl i Gastell-nedd o Langrannog doedd Dad ddim yna i gwrdd â fi, ond ges i lifft adre i Aberdâr gan Peter Holleran, tad fy ffrind Wyn. Wedi cyrraedd y tŷ dwedodd Mam wrtha i bod Dad 'di gorfod mynd i'r Hendy i helpu Anti Linda gyda threfniadau'r angladd. Er 'mod i'n 11 oed, do'n i dal ddim cweit yn deall marwolaeth ac yn bendant ro'n i'n rhy ifanc i fynd i'r angladd.

Un atgof sy 'da fi o Da'cu oedd gwylio *Play School* ar y teledu gyda'n gilydd. Doedd e byth yn deall taw bwriad dangos y cloc oedd dysgu plant sut i ddweud yr amser. ('The big hand is on the twelve, so that means it's something o'clock.') Roedd e'n meddwl taw dyna *oedd* yr amser bob tro.

Ond nid *Play School* oedd Rhydfelen, ac ar y diwrnod cynta 'ny ro'n i'n falch 'mod i wedi bod yn Llangrannog a chwrdd â ffrindie fel Dafydd Saer, Glyndwr Howells, Meurig Evans a Rhys Powys. Plant o Fryntaf – unig ysgol gynradd Gymraeg Caerdydd ar y pryd. Cafon ni ein harwain i'r gampfa yng Ngwent ar gyfer y gwasanaeth boreol cynta. Rhannwyd yr ysgol yn dair – Gwent (yr hen adeiladau a godwyd yn ystod yr Ail Ryfel Byd), a'r rhannau newydd o'r ysgol, sef Dyfed a Phowys.

Wedi i'r prifathro, Gwilym Humphreys, ein croesawu dyma ein rhannu'n ddosbarthiadau. Roedd wyth dosbarth i gyd gyda tua 30 ym mhob un. Dosbarthiadau P, O, R, T, H, E, F, A. Pwy oedd Efa, doedd 'da fi ddim syniad! Ond i ddosbarth 1O es i gyda Mrs Morfudd Stone (yr athrawes Gymraeg) yn athrawes ddosbarth arna i. Uchafbwynt y diwrnod cynta oedd gweld Angharad Evans o Dre-fach, oedd wedi bod yn swog arna i yn Llangrannog. Roedd Angharad yn swog hoffus ac yn chwaer hŷn i Marged, ffrind arall o'r gwersyll. Pan weles i Angharad tu fas i stafell athrawon Powys dyma fi'n cynhyrfu a galw arni wrth ei henw. Daeth hithe draw ata i'n gloi gyda gwên hyfryd ar ei hwyneb gan ddweud 'Helo, neis dy weld di eto, Ieuan – ond paid â 'ngalw i'n Angharad nawr bo ni yn yr ysgol. Miss Evans o hyn mlaen.' Dwi'n siŵr i fi ateb: 'OK, Angharad!'

Roedd blynyddoedd cynta Rhydfelen yn rhai da, gan fy mod i'n un oedd yn gweithio'n dda ac yn cael marciau da mewn arholiadau a phrofion. Ond colli diddordeb wnes i o ddosbarth tri ymlaen. Ges i ganlyniad arholiad Cemeg y flwyddyn honno a llwyddo i gael 1 y cant. O edrych ar bapur Rhys Powys weles i bo fe 'di cael dau farc am gwestiwn ges i un amdano – ac oedd, roedd digon o *cheek* 'da fi i fynd i ofyn i Mr Meirion Jones, yr athro Cemeg, am farc ychwanegol. Aeth e'n boncyrs, fel gallwch chi ddychmygu. Roedd Mam wrth ei bodd 'mod i'n ffrindie gyda Rhys Powys, nid am ei fod e'n grwt ffein ond achos taw ei dad, R Alun Evans, oedd yn darllen newyddion *Heddiw* ar BBC Cymru!

Roedd Gwilym Humphreys yn athrylith a dyle fod cofeb iddo ym Mhontypridd. Heb os, fe wnaeth ei weledigaeth adfywio'r Gymraeg yng Nghymoedd y De a thu hwnt. Er hyn, does 'da fi ddim llawer o atgofion ohono, dim ond yng ngwasanaethau'r ysgol ac un tro yn nosbarth un pan ges i stŵr ganddo am dorri ffenest. Y prifathro i fi oedd Ifan Wyn Williams, a ddaeth i lenwi sgidie Gwilym Humphreys wedi iddo fe fynd ymlaen i fod yn Gyfarwyddwr Addysg Gwynedd. Roedd llawer o siarad pan ddaeth Ifan Wyn (neu 'If y Prif') i'r ysgol. Pawb yn meddwl ei fod e am fynnu ein bod ni fechgyn yn gwisgo capiau ysgol a *boaters* gwellt i'r merched. O le ddaeth y syniad 'na, sda fi ddim syniad!

Ifan Wyn oedd y prifathro mwya *laid-back* yn hanes addysg. Dyna pam roedd ganddon ni ddisgyblion gymaint o barch tuag ato fe.

Fel pob plentyn, roedd 'da fi fy hoff athrawon a chas athrawon ond rhaid dweud ar y cyfan taw prin iawn oedd fy nghas athrawon yn Rhydfelen. Pan o'n i'n hŷn daeth criw o athrawon ifanc i'r ysgol a des i mlaen yn dda gyda nhw: Mair Rowlands (Saesneg), Gaynor 'Big G' Williams (Ffrangeg), Enid Roberts (Cymraeg) a Gary Beard (Gwyddoniaeth). Doedd 'da fi gynnig i'r athrawes Fywydeg, Ann Evans – roedd hi wastod yn gwisgo brown neu wyrdd, fel blob o blancton! Hi wnaeth fy rhwystro i rhag cael fy ethol yn brif ddisgybl. Roedd hi'n Efengylwraig a dwi'n cofio hi'n fy nghyhuddo i unwaith o gablu, a fi'n dweud wrthi lle i fynd. Ta beth, pan fu'r athrawon yn trafod prif ddisgyblion fe siaradodd hi yn fy erbyn achos 'mod i wedi ei hateb hi 'nôl.

Roedd ambell bwnc yn ddryswch i fi. Ffrangeg, er enghraifft. Doedd dim bai ar Mali Roberts, yr athrawes, jyst 'mod i 'di colli diddordeb yn gloi iawn ac yn ffaelu deall pryd yn union allen i ddefnyddio'r frawddeg 'Mae fy ysgrifbin yn yr ardd' yn Ffrangeg! Roedd gan Rydfelen labordy iaith – modern iawn! – sef stafell yn llawn *booths* unigol gyda recordydd tâp *reel to reel* yr un a chlustffonau a meicroffon. Y bwriad oedd gwrando ar y tâp ac yna ailadrodd neu ateb y cwestiynau a ofynnwyd. I fi, roedd hyn yn gyfle i ymarfer fy nulliau cyflwyno, gan ddynwared Arfon Haines Davies neu Gwyn Parry ac esgus cyflwyno'r rhaglen nesa ar HTV. Roedd hyn yn sbort tan i fi sylweddoli bod Mali Roberts yn gallu'n clywed ni gyd fel unigolion, a thra 'mod i ar y meicroffon yn dweud 'And next on HTV we head over to Weatherfield to see what's been going on with the residents of *Coronation Street...*' daeth llais yr athrawes ar fy nghlustffonau yn gofyn 'Ieuan – beth wyt ti'n neud?' Wps!

Erbyn dosbarth pedwar dechreues i ddod mlaen yn dda gyda Morfudd Stone, fy athrawes Gymraeg. Roedd Mrs Stone – neu 'Ma Brick' fel y'i gelwid – yn hen deip o athrawes. Achos 'mod i heb weithio llawer yn ystod y drydedd flwyddyn do'n i ddim yn cael gwneud Lefel 'O', felly i'r dosbarth TAU (Tystysgrif Addysg Uwch) es i. Ro'n i'n ddisgybl da dan ei harweiniad hi. Ro'n i'n neud cystal fel bod sôn am fy symud i ddosbarth Lefel 'O' ar un adeg. Ond doedd Mrs Stone ddim yn dysgu'r dosbarth yna a dwi'n cofio hi'n dweud wrtha i y byse'n well i fi aros gyda hi a bod ar frig y dosbarth yn hytrach na symud i'r dosbarth uwch a bod ar waelod hwnnw. Dyna wnes i a chael graddau 1 mewn Cymraeg Iaith a Llenyddiaeth. Mrs Stone wnaeth fynnu hefyd 'mod i'n dechrau dawnsio gwerin, neu dawnsio gwirion fel 'se Dewi Pws yn ei alw.

Bues i'n dawnsio i'r ysgol mewn ambell steddfod (yn enwedig steddfod leol Rhymni) gyda Mrs Stone yn ein dysgu a Mrs Davies Death ar y piano. Dim ond dod i'r ysgol i ganu'r piano oedd Mrs Davies Death, menyw hŷn, fyr a thenau oedd yn edrych fel 'se hi ar fin cwmpo'n farw unrhyw eiliad. Efallai bo 'canu'r piano' yn or-ddweud hefyd – toncan bysen i'n ei alw fe. Wrth feddwl 'nôl, falle taw Davies Death ddysgodd Martyn Geraint sut i ganu'r piano!

Cwmpodd Mrs Stone a fi mas unwaith dros gwrs drama yn Ogwr. Doedd hi ddim yn meddwl ei fod yn syniad da i fi fynd, gan fod arholiadau yn prysur agosáu. Wedes i wrthi bod Mam a Dad yn hapus i fi fynd ac, wrth gwrs, roedd y prifathro Ifan Wyn Williams yn hapus 'mod i'n mynd 'fyd. Driodd hi ei gore i fy stopio ond methu wnaeth hi yn y diwedd. Weles i hi ar Queen Street, Caerdydd, flynyddoedd lawer wedi'r digwyddiad hwn. Ro'n i wedi bod yn *Pobol y Cwm* am sbel erbyn hyn ac fe ddwedodd hi: 'Dwi'n dy wylio di bob nos ac yn dweud wrth bawb taw fi oedd dy athrawes Gymraeg.' Piti ei bod hi ddim yn cofio ei bod hi 'di trio fy stopio rhag mynd ar gwrs drama flynyddoedd ynghynt!

Roedd gwersi drama yn golygu popeth i fi yn yr ysgol. Pat Griffiths oedd fy athrawes Ddrama gynta. Bellach dwi'n gweithio gyda Pat yn rhinwedd fy swydd fel actor, gan ei bod yn gyfrifol am drosleisio cartwnau i S4C. Weithies i lawer gyda hi ar gyfresi fel *Y Smyrffs*, a phwy all anghofio *Châteauvallon*? Gyda Pat glywes i'r dywediadau yma am y tro cynta: 'Up here for thinking – down there for dancing' a 'There are no small parts, only small actors.'

Uchafbwynt y flwyddyn oedd cynhyrchiad yr ysgol. Ond do'n i ddim yn hapus un flwyddyn i fod yng nghorws drama *Llyffantod*

Huw Lloyd Edwards. Roedd bod yn y corws fel bod mewn parti cydadrodd mewn steddfod, ac fe dyfodd 'ny i fod yn un o fy nghas bethe erioed – cydadrodd a cherdd dant! Mae clywed cerdd dant i fi yn waeth na chrafu gwinedd ar fwrdd du neu ddril y deintydd!

Yn ystod fy ail flwyddyn yn Rhydfelen daeth newid byd. Roedd gan yr ysgol athro Ysgrythur newydd, cyn-ddisgybl o'r enw John Owen. Roedd John yn ifanc a llawn bywyd ac yn athro gwahanol iawn i'r rhai henffasiwn fel Morfudd Stone. Ar y pryd, 'Sunshine' roedd pawb yn ei alw, gan ei fod e'n defnyddio *catchphrase* Caleb o'r gyfres deledu *Miri Mawr*: 'Helo, Sunshine!'

Nawr, man a man i fi fod yn onest, mae ysgrifennu am John yn anodd. Fe wnaeth y cyhuddiadau a wnaed yn ei erbyn yn 2001 fy synnu i'n llwyr. Fe oedd fy arwr. Sut ar wyneb y ddaear y gallai fod wedi cam-drin disgyblion yn ei ofal? Ro'n i'n nabod y disgyblion a ddaeth â'r cyhuddiadau yn ei erbyn, ac nid ar chware bach aethon nhw at yr heddlu. Er nad o'n i ishe credu'r cyhuddiadau yn erbyn John, yn anffodus roedd yn rhaid i fi gydnabod taw dyma beth ddigwyddodd, ac nad oedd e'r dyn ro'n i'n credu oedd e. Alla i ddweud â'm llaw ar fy nghalon, hebddo fe fysen i ddim yn actor proffesiynol heddi, ond mae beth ddaeth i'r fei flynyddoedd lawer ar ôl fy nghyfnod i yn Rhydfelen wedi fy syfrdanu a fy nhristáu ac, wrth reswm, wedi newid fy nheimladau'n llwyr at y dyn.

Yn y flwyddyn 2002 fe'm gwahoddwyd i fynd ar y rhaglen deledu *Heno*. Ro'n nhw'n neud linc byw o Rydfelen, eitem oedd yn dathlu pen blwydd yr ysgol yn 40 oed. Ro'n nhw ishe i fi fynd i siarad am fy nghyfnod inne yno. Gwrthodes, gan ddefnyddio esgus tila. Y gwir oedd na fysen i ddim yn gallu siarad am fy amser yn Rhydfelen heb sôn am John, a do'n i ddim ishe siarad amdano fe.

Ond o ran y John Owen o'n i'n credu 'mod i'n ei nabod yn yr ysgol, fe oedd fy hoff athro ar y pryd. Mewn un wers Ysgrythur roedd yn rhaid i ni baratoi drama fach oedd yn ymwneud â'r Beibl. Y Mab Afradlon oedd stori fy ngrŵp i. Yn ystod y perfformiad o flaen y dosbarth ces i, fel y Mab Afradlon, fy mwrw i'r llawr. Roedd John Owen yn gwylio yng nghefn y dosbarth.

Welodd e ddim mohona i'n tynnu potel fach mas o 'mhoced oedd yn llawn sos coch. Arllwyses i ddigon ar fy llaw a'i daenu dros fy ngwyneb. Cafodd yr athro newydd yffach o sioc, gan feddwl bod trip i'r ysbyty o'i flaen!

Roedd John yn athro carismataidd ond do'n i heb ragweld y bydde fe, ymhen blwyddyn, yn athro Drama arnon ni. Dyna ddigwyddodd ac fe newidiodd fy myd yn gyfan gwbwl.

Roedd cael bod yng nghynhyrchiad drama'r ysgol yn fraint ac yn rhywbeth roedd nifer fawr am ei wneud. *Agi! Agi! Agi!*, cyfieithiad Urien Wiliam o *Zigger Zagger*, oedd un o'r cynta, hanes trip rygbi i Lundain. Tipyn gwell na'r *Llyffantod* diflas.

Un o'r rhannau fues i'n chware oedd rhan plisman. Yn ystod y cynhyrchiad ges i *crush* ar un o ddisgyblion hŷn yr ysgol, Sarah Bassett. Roedd hi a'i chwaer Sian yn ferched hynod o bert. Roedd dywediad gyda ni amdanyn nhw: 'Bassets make them best!', ar ôl yr hysbyseb losin. Roedd Sarah yn chware *stripper* yn Llundain ac yn gorfod sefyll tu ôl i sgrin gyda golau o'r cefn yn creu silwét tra'i bod hi'n 'dadwisgo'. I'w bra a'i nicers oedd hi'n dadwisgo ond wedyn roedd yn rhaid iddi fynd i stafell y delyn ar ochr y llwyfan i newid 'nôl i'w dillad. Wel, yn digwydd bod, dyma oedd yr amser pan oedd yn rhaid i fi newid 'nôl o fod yn blisman i fod yn gefnogwr rygbi. Cyd-ddigwyddiad pleserus iawn!

Sylweddoles i yn ifanc iawn bod drama a pherfformio yn fy ngwaed. Pob cwrs drama, ro'n i ishe bod arno. Roedd y Ganolfan Addysg yn Ogwr yn golygu llawer i fi, gan taw fan hyn y cynhaliwyd nifer fawr o gyrsiau gwahanol. Y tro cynta oedd pan o'n i yn Ynyslwyd, cwrs Cymraeg gydag athro o ysgol uwchradd yn Hirwaun yn mynd â ni – Gog o'r enw Gwyn Williams oedd e, neu Gwyn W i'w ffrindie. Buodd e'n swog arna i hefyd yn Llangrannog wedi hyn ac roedd yn dipyn o arwr i ni blant yn Aberdâr. Ynghyd â'r cyrsiau Cymraeg, bues i 'na ar gyrsiau drama a chyrsiau cerddorfaol. Do, bues i'n aelod o Gerddorfa Ieuenctid Morgannwg Ganol yn chware'r feiolin. Nid yn unig o'n i'n ymarfer a chware yn y gerddorfa bob bore Sadwrn yn Ysgol Coed y Lan, Pontypridd, ond ro'n i'n mynd ar gyrsiau yn Ogwr.

Roedd y cyrsiau yma'n fwy na phrofiad addysgiadol o safbwynt cerddorol, ro'n nhw hefyd yn help i blentyn yn ei arddegau dyfu lan. Cwrddes i â Donna Daniels o ochrau Pen-y-bont oedd yn canu'r feiolin fel fi. Aethon ni mas gyda'n gilydd am wythnos ac roedd hi'n lot mwy *forward* na fi ac ishe i fi fynd 'nôl i'w llofft. Y rheswm es i ddim oedd bod Dad yn nabod Mr Davies, prifathro'r Ganolfan Addysg, neu Creep fel o'n ni gyd yn ei alw. Roedd Dad yn diwtor ar Gôr Ieuenctid Morgannwg yn Ogwr bob blwyddyn. Do'n i ddim am fynd 'nôl i lofft Donna jyst rhag ofon i Creep ein dal a dweud wrth Dad, er nad dyna'r rheswm roies i i Donna! Rhaid ei bod hi'n meddwl 'mod i'n real *wimp*!

Tra ar y cwrs yma buon ni fel cerddorfa yn chware darn 'The Dam Busters March', arwyddgan enwog Eric Coates o'r ffilm *The Dam Busters*. Wel, yn y cyngerdd ar ddiwedd yr wythnos roedd y gerddorfa wrthi'n chware'r darn arbennig 'ma pan golles i fy lle. Roedd sain y gerddorfa'n ddigon i yrru croen gŵydd i lawr fy nghefn – meimies i weddill y darn a jyst joio'r gerddoriaeth. Dwi ddim yn credu bod neb 'di sylwi!

Bues i ar sawl cwrs cerddorfaol yn Ogwr a dau gwrs drama: *A Man For All Seasons* gan Robert Bolt a'r sioe gerdd *Oh, What A Lovely War!*. Ar y cyrsiau yma gwrddes i â chrwt o Droed-y-rhiw ger Merthyr. Mae Steve Speirs bellach yn actor adnabyddus ac ry'n ni wedi cadw mewn cysylltiad ers 'ny a chael cyfle i gydweithio ar gynyrchiadau fel *Rough Justice* i'r BBC a *Stella* i deledu Sky. Dyma sut gwrddes i â Donna Edwards hefyd. Doedd hi ddim yn siarad Cymraeg yr adeg hynny, ond roedd hi'n gymaint o gymeriad ar y cyrsiau ag y mae hi nawr.

Gydag ymadawiad Pat Griffiths i weithio i HTV, daeth John Owen yn Bennaeth Adran Ddrama Rhydfelen, a Carol Hardy yn athrawes Ddrama newydd. Wrth edrych 'nôl ro'n i'n hoff o Carol, nid yn unig am ei bod hi'n athrawes hyfryd ond hefyd am ei bod hi'n galw fy ffrind ysgol Fiona Bennett yn 'Yvonne' o hyd (achos, medde Carol, ei bod hi'n edrych fel 'Yvonne'!).

Fuodd Fiona a finne'n ffrindie o'r flwyddyn gynta a thrwy gydol ein hamser yn yr ysgol. Ar ein diwrnod cynta yn y chweched daeth Fiona i gwrdd â fi oddi ar y bws. Roedd ganddi bresant i fi o'i gwyliau. Diolches iddi a dweud: 'Ma 'da fi rhywbeth i ti o Langrannog 'fyd.' Edrychodd Fiona arna i'n syn gan ddweud: 'Oh yeah. *Dosbarth chwech* now. We've got to *siarad Cymraeg*!' Fuodd dim gair o Gymraeg rhyngtho Fiona a fi ers i ni gwrdd yn nosbarth un. Ond ar ôl y diwrnod hwnnw, wnaethon ni fyth siarad Saesneg â'n gilydd eto. Yn anffodus, wedi i ni dyfu'n hŷn daeth ein cyfeillgarwch i ben... ond cewch ddarllen am hynny nes mlaen.

Daeth sawl cyfle, o dan John, i berfformio mewn cynyrchiadau, ac un ohonyn nhw'n gynhyrchiad proffesiynol. Yn 1977 roedd Theatr yr Ymylon o Gaerdydd yn llwyfannu *The Corn is Green*, drama fytholwyrdd Emlyn Williams. Fe ddaeth y cyfarwyddwr Hugh Thomas i Rydfelen i gastio plant a phobol ifanc (yr un Hugh oedd yn gyfrifol am gyfarwyddo fy ngolygfa gynta erioed yn *Pobol y Cwm*). Roedd John wedi dewis a dethol y rhai roedd e'n meddwl fydde'n addas, ac ro'n i'n un ohonyn nhw. Ro'n i'n falch, gan 'mod i heb gael cyfle i drio ar gyfer y cyfresi teledu *How Green was My Valley* a *The Boy Merlin*. Rhys Powys gafodd ran y bachgen ifanc yn y gynta ac Ian Rowlands oedd y Boy Merlin. Ro'n i'n falch iawn dros Rhys ond yn eiddigeddus. Ond roedd ei berfformiad fel mab ifanca Siân Phillips a Stanley Baker yn wych.

Bues i'n perfformio *The Corn is Green* yn Theatr y Sherman am wythnos gyfan a ches archeb bost am £3 am wneud, fy mhae proffesiynol cynta. Cast anhygoel – Ian Saynor, Rhoda Lewis, William Thomas, Marged Esli, Eluned Jones, Dafydd Havard, Christine Pritchard, Alan Thomas ac Emyr o Ddihewyd – ond yr un ro'n i wrth fy modd yn cwrdd â hi oedd Jennifer Hill. Pam hi yn fwy na'r lleill? Wel, hi oedd yn chware rhan Dot Smith yn y sebon *Crossroads*. Ro'n i'n dipyn o ffan o *Crossroads*, a hyd yn oed heddi mae clywed cerddoriaeth agoriadol Tony Hatch yn fy atgoffa o fy mhlentyndod a'r adeg pan o'n i'n rhuthro adre o'r ysgol i wylio'r gyfres!

Dwi wedi gweithio gyda bron pob un o'r cast eto fel actor proffesiynol, ar wahân i Dafydd Havard, a chwaraeodd ran Gunner Howarth yn y ffilm *Zulu*. Dyma ffilm gynta Michael Caine, a weles i hi sawl gwaith yn sinema'r Rex yn Aberdâr. O ganlyniad i hyn aeth Dad â fi a fy ffrindie i amgueddfa'r South Wales Borderers yn Aberhonddu. Flynyddoedd lawer wedyn, tra o'n i ar daith gyda fersiwn lwyfan *Amdani!* Bethan Gwanas ac yn aros yn Nhrefdraeth, es i mewn i siop ail-law a phori drwy'r hen lyfrau. Weles i ddrama gan Emlyn Williams nad o'n i 'di clywed amdani o'r blaen. Ond wedi i fi agor y llyfr clawr caled weles i taw copi personol Dafydd Havard oedd e. Roedd Dafydd, oedd yn byw yn yr ardal, bellach 'di marw, felly brynes i'r llyfr i gofio amdano fe a'r wythnos fendigedig ges i gyda Theatr yr Ymylon yn perfformio yn *The Corn is Green* 'nôl yn 1977.

Yn yr un flwyddyn â'r sioe honno fe gollodd y byd ddau ddiddanwr gafodd ddylanwad mawr arna i. Bu'r cynta farw ar yr 22ain o Ebrill. Ro'n i mas gyda fy ffrindie yn Llwydcoed ac wedi mynd i dŷ Paul Jeffreys i gael cinio. Y bwriad ar ôl cinio oedd mynd am wac dros y mynydd i Ferthyr – hwn oedd y norm i'n gang bach ni. Ond wrth fwyta a gwylio'r teledu daeth Margaret Pritchard ar y sgrin i ddarllen newyddion HTV, yn Gymraeg yn gynta ac yna'n Saesneg. Roedd beth oedd ganddi i'w ddweud mor drist do'n i fel plentyn 15 mlwydd oed jyst ffaelu amgyffred y peth. Roedd fy arwr, Ryan Davies, wedi marw yn 40 oed tra oedd e ar wyliau mas yn America. Fel miloedd o bobol eraill yng Nghymru, fe fwrodd y newyddion fi fel bollt drwy fy nghalon. Doedd y gang ddim yn deall pan ddwedes i wrthyn nhw 'mod i'n ypsét a 'se'n well i fi fynd. Es i adre'n syth, wac o tua 20 munud o Lwydcoed i Drecynon. Es i i'r tŷ a daeth Dad lawr llawr yn syth a dweud wrtha i eistedd gan fod 'da fe rywbeth i'w ddweud wrtha i. Wedes i 'mod i'n gwybod yn barod. Es i lan i fy llofft a thorri 'nghalon.

Yna, ar Awst yr 16eg, ro'n i yn y gegin ganol yn Nhan y Mynydd yn gwrando ar recordiau pan waeddodd Dad arna i i ddod mewn i'r stafell fyw i wylio'r teledu. Reginald Bosanquet oedd yn darllen y *News at Ten*. Roedd y Brenin, Elvis Presley, wedi marw yn 42 mlwydd oed. Roedd cerddoriaeth Elvis yn golygu llawer i fi ac ro'n i'n hoff iawn o'i ddeunydd diweddara 'fyd. Y noson honno ges i ddim llawer o gwsg gan i fi, a miliyne o bobol eraill, wrando drwy'r nos ar Radio Luxembourg oedd yn chware bron bob cân recordiodd Elvis erioed.

'Nôl yn yr ysgol yn ystod y cyfnod yma roedd nifer fawr ohonon ni'n gwisgo bathodynnau 'Twll Din y Cwîn', gan fod y Frenhines Elizabeth yn dathlu ei Jiwbilî Arian. Er i fi wisgo bathodyn, es i gyda'r gang i barti dathlu'r Jiwbilî yng nghantîn yr Hufenfa, hanner ffordd lan tyle Llwydcoed. 'Na i gyd dwi'n cofio i ddweud y gwir yw gweld mam Paul Jeffreys yn sefyll ar ben ford yn dawnsio i record The Scaffold 'Lily the Pink', ac yn tynnu ei sgert lan a dangos ei nicers. *Not a pretty sight!* Doedd Mam a Dad ddim yn wrth-frenhinol ond doedden nhw ddim chwaith am ddathlu fel teuluoedd fy ffrindie. Ges i fyg y Jiwbilî ac ma fe dal 'da fi'n yr atig. Es i i werthu fe ar eBay yn ddiweddar gan feddwl 'sen i'n cael cwpwl o bunnau amdano, ond ma cannoedd o'r un myg ar werth sy'n golygu ei fod e werth dim!

Dwi ddim yn credu i fi sôn wrth John Owen 'mod i 'di bod i barti Jiwbilî! 'Se John ddim yn hapus i glywed 'ny. Er taw fe oedd fy hoff athro, doedd fiw i chi groesi fe. Pan o'n i yn nosbarth pump roedd y chweched yn gwerthu cwpanau o gawl amser cinio i godi arian i'r ysgol. Wrth y stondin yn iard Gwent dyma fi'n troi at ffrind a dweud 'Bet the soup tastes like shit!' Do'n i ddim i wybod bod John yn sefyll y tu ôl i ni. Aeth e'n benwan, dim achos 'mod i'n rhegi ond achos 'mod i'n siarad Saesneg. Ces i'n arwain draw at y stafell athrawon a bu raid i fi sefyll tu fas y drws trwy weddill yr amser cinio. Yn anffodus, daeth Brian Harris, crwt o Aberdâr, lan ata i. 'What you doing here, Ieu?' gofynnodd. 'John Owen has caught me talking English,' atebes i – eto, heb wybod bod John yn sefyll tu ôl i fi. Wel, allwch chi ddychmygu! Roedd y stŵr ges i tro 'na hyd yn oed yn waeth. Dwi'n cofio i'r iard gyfan tu fas i'r stafell athrawon ddod i stop gyda phob plentyn yn sefyll yn stond yn gwylio John yn rhuo arna i.

Dwi ddim yn siŵr a oedd y dacteg o wylltio yn gweithio. Roedd gan John Japheth (pennaeth Gwersyll Llangrannog) bolisi llawer gwell. Byse Japh yn aml yn dweud wrthon ni tasen ni'n clywed plant yn siarad Saesneg yn y gwersyll i beidio byth â rhoi stŵr iddyn nhw ond i ymuno â'u sgwrs a'i throi i'r Gymraeg yn naturiol. Dwi 'di cofio hyn ac yn defnyddio'r dull yma gyda fy mhlant fy hun pan fydd eu ffrindie yn galw draw.

Aeth John Owen off ei ben 'da fi pan o'n i'n y chweched, wrth ymarfer drama Pinter, *Y Gwas Mud* (*The Dumb Waiter*). Drama un act yw hi, gyda dau gymeriad ynddi, finne'n chware Ben a Rhys Harries yn chware Gus. Aeth Rhys yn ei flaen i fod yn aelod blaenllaw o grwpiau pop Bwchadanas a Catsgam ac, yn bwysicach, yn brifathro arbennig ar fy mechgyn yn Ysgol Gymraeg Treganna, Caerdydd.

Roedd yna ddryll llaw yn rhan o'r cynhyrchiad ac roedd John wedi cael menthyg y prop oddi wrth HTV (gyda help Pat Griffiths). Daethon ni 'nôl i ymarfer ar ôl cinio un prynhawn ac roedd John, unwaith eto, yn benwan gyda fi gan fod y dryll ar goll. Yn ôl John, fi oedd yn gyfrifol am edrych ar ei ôl. *News to me!* Mynnodd taw fi oedd yn mynd i brynu un arall. Y tro 'ma golles i 'nhymer gydag e. Os oes un peth sy'n fy ngwylltio fi, cael fy nghyhuddo ar gam yw hwnnw. Hyd at heddi, mae'n rhywbeth sy'n gallu cynnau'r ffiws yn gloi.

Roedd John yn gallu bod yn ystrywgar. Pan o'n i'n y chweched fe gornelodd e fi am sgwrs, gan ddweud ei fod wedi clywed bod si o gwmpas uned y chweched ei fod e'n hoyw a bod si o gwmpas y stafell athrawon 'mod i'n cael ffling gydag athrawes. Gofynnodd e i fi gael gwared ar y sibrydion yn yr uned a chynnig gwneud yr un peth am y si amdana i. Do'n i heb glywed y si yn yr uned am John, felly wnes i ddim byd am y peth.

Roedd John yn gallu bod yn filain hefyd a phan wnes i wylltio am y dryll, pry'ny ddwedodd e wrtha i na fydden i'n brif swyddog gan fod Ann Evans wedi dweud 'mod i'n haerllug ac wedi ei hateb hi 'nôl. Dyma hefyd pryd ddwedodd e wrtha i nad oedd John Japheth yn mynd i gynnig swydd haf i fi yn Llangrannog gan fy mod i wedi treulio'r rhan fwya o fy amser sbâr ar gwrs drama'r Urdd gyda Sioned, fy nghariad ar y pryd, a 'mod i ddim yn berson cymdeithasol! Iawn, falle na ddylen i ddim 'di ateb John 'nôl, ond jiw, roedd e'n gallu bod yn gas 'fyd. Er hyn i gyd, ro'n i'n dal i feddwl y byd ohono – ar y pryd.

6

'Ma Mam yn Ysgrifennu Sgriptiau i *Pobol y Cwm*'

BUES I AR sawl cwrs drama gyda'r Urdd. Am bedair blynedd yn olynol i ddweud y gwir. Bob gwyliau Pasg byse disgyblion ledled y wlad yn ymgynnull yng Ngwersyll yr Urdd Llangrannog i ymarfer y cynhyrchiad blynyddol o dan adain y cyfarwyddwr, Emyr Edwards. Llangrannog yw un o'r llefydd mwya delfrydol yn y byd i fi, ac roedd cael mynd 'na i ymarfer cynhyrchiad yn brofiad anhygoel. Flwyddyn cyn i fi ymuno â'r cwmni ro'n i fod ar gwrs *Jiwdas*, sioe gerdd gan Delwyn Siôn. Doedd John Owen ddim yn hapus pan ddwedes i wrtho fe na fysen i'n gallu mynd i Langrannog gan 'mod i'n mynd ar drip ysgol gyda'r dirprwy, Hywel Jeffreys, i Israel!

Roedd y trip i Israel yn wych (er ein bod ni i gyd yn meddwl taw *freebie* i'r dirprwy a'i wraig oedd y daith). Criw bach o ddisgyblion o'n ni, gan gynnwys Alun 'Asterix' Jones, Sian 'Gog' Roberts a Gareth Humphreys, mab y cyn-brifathro. Roedd Gareth 'Rabbi' Reynolds, yr athro Ysgrythur, wedi dod hefyd, a bob man fuon ni roedd yn rhaid darllen darn addas o'r Beibl. Nawr, i anffyddiwr ifanc, doedd hyn ddim yn bleserus o gwbwl! I fod yn onest, roedd yn sbwylio'r gwyliau. Roedd Juli Paschalis, yr athrawes Saesneg, gyda ni. Roedd Juli yn athrawes hoffus ac ro'n i'n joio ei gwersi. Wedi iddi adael dysgu bu hithe'n actio hefyd, fel mam Eileen yn *Pobol y Cwm*. Flynyddoedd lawer wedyn bu ei merched – Carys, Ffion, ac yn enwedig Manon – yn gwarchod fy mhlant i. Byd bach, *eh*? Roedd yr athrawes Maths, Ann Dilys Jones, ar y daith ac roedd 'da fi berthynas caru/casáu gyda hi. Ar y cyfan o'n ni'n dod mlaen yn dda ond ambell waith ro'n ni'n cwmpo mas. Pan dyfes i farf yn y chweched fe stopiodd hi fi yn y coridor a dal y blew o dan fy ngên (dim ond un oedd 'da fi pry'ny!). Gofynnodd 'Beth yw hwn?' Fi'n ateb: 'Barf – be chi'n feddwl yw e?' Hithe'n dweud wrtha i am siafio erbyn y diwrnod wedyn, a finne'n gwrthod oni bai bod y prifathro yn gofyn. Doedd gan Ifan Wyn ddim diddordeb oedd 'da fi wallt gwyneb neu beidio, felly arhosodd y barf tan i fi gwpla ysgol.

Roedd trafferthion yn Israel ar y pryd ac fe benderfynon ni aros gyda'r athrawon gydol y dydd, a phrofi bywyd Tel Aviv ein hunain gyda'r nos. Aethon ni ddim i glybio nac i unrhyw ddisgo. Dwi'n siŵr i ni fynd i'r un bwyty bob nos, lle o'r enw Mandy's Drug Store. Buon ni am hir yn chwilio am lyfr *Asterix* i Alun Jones – fe oedd yr un gyfieithodd rai o'r llyfrau i'r Gymraeg ac roedd e'n frwd dros ffeindio llyfrau yn yr iaith Hebraeg. Bu Alun yn allweddol yn fy helpu i ysgrifennu fy llyfr cynta. Roedd y chweched yn agos iawn at ddosbarth un ar y pryd a dwi'n cofio gofyn i sawl plentyn pa lyfrau Cymraeg ro'n nhw'n eu darllen. 'Dim o gwbwl' oedd eu hateb, gan fod llyfrau Cymraeg, yn eu tyb nhw, yn ddiflas. Felly es i ati i lunio llyfr llawn jôcs, posau, cyfweliadau â sêr Cymru, lluniau, cerddi, straeon, ffeithiau ac ati. Cafodd y llyfr ei orffen tra o'n i'n y chweched ac fe gafodd Alun olwg arno, gan olygu ambell beth fan hyn a fan 'co. *Tipyn o Bopeth* oedd y teitl i fod, ond wedi i wasg y Lolfa gael gafael ynddo newidiwyd y teitl, er gwell, i *Hwyl a Joio!*. Cyhoeddwyd tri llyfr arall wedi hynny, sef *Joio Mas Draw*, *Jyst Joio* a blwyddlyfr y gyfres deledu *Hafoc, Hwyl a Hafoc*. O ganlyniad i *Hwyl a Joio!*, a diolch i fy athrawes yn Ynyslwyd, Gwyneth Wiliam, bues i'n ysgrifennu colofn o'r enw 'Mwynjoio' i gylchgrawn yr Urdd, *Cymru'r Plant*, am flynyddoedd.

Ta beth, 'nôl yn y Dwyrain Pell, a thra o'n i'n ymweld â Jeriwsalem, Bethlehem a Nasareth, roedd nifer o fy ffrindie yn Llangrannog yn esgus bod yn yr un lle â ni wrth ymarfer *Jiwdas*. Elen i mor bell â dweud falle taw dyna sioe fwya llwyddiannus Cwmni Theatr yr Urdd, a dyna pam dwi'n difaru 'mod i heb fod yn rhan ohoni.

Y cynhyrchiad cynta i fi, felly, oedd *Y Brenin Arthur* gan Cefin Roberts ac Ann Hopcyn adeg y Pasg 1980. Cyrraedd y gwersyll a'r ymarferion ddiwrnod yn hwyr gan 'mod i'n un o'r rhai oedd yn cynrychioli'r ysgol yn y Cwis Llyfrau yn Aberystwyth ac yn actio darn o nofel Alun Jones, *Ac Yna Clywodd Sŵn y Môr*. Enillon ni 'fyd. Wrth ymarfer *Arthur* ro'n i'n meddwl 'mod i mewn cynhyrchiad o safon uchel, gan ein bod ni'n cael teithio i brif theatrau Cymru. Wrth edrych 'nôl roedd yr holl beth yn hollol camp ac yn rhagflaenydd i sioe lwyfan Monty Python, *Spamalot*, ond heb yr hiwmor clefyr a'r caneuon bachog. Pa fath o gân i filwyr yn dychwelyd o frwydr oedd un â rhythm dawnsio tap ac oedd yn cynnwys y geiriau 'Buddugoliaeth – buddu, buddu, buddu, buddu – goliaeth!', a chân o'r enw 'Hei Sacson Secsi!'?

Tasech chi'n darllen rhestr y cast, 'sech chi'n gweld nifer fawr o enwau cyfarwydd aeth yn eu blaenau i weithio ar lwyfan neu yn y cyfryngau: Rhian Morgan, Martyn Geraint, Angharad Mair, Alun ap Brinley, Iestyn Jones, Siân James, Gareth Potter, Katell Keineg, Ian Rowlands a'r unigryw Stifyn Parri.

Medrawd o'n i, sef mab Morganna, y wrach oedd yn trio gorchfygu Arthur. Rhian Morgan oedd Morganna. Bu Rhian a fi'n gweithio gyda'n gilydd am flynyddoedd ar *Pobol y Cwm*, hi fel Carol Gwyther. Mae hi'n actores dwi'n ysu am weithio â hi o hyd, nid yn unig am ein bod ni'n ffrindie da ond achos ei bod hi'n actores arbennig hefyd (ac yn gallu cwcan jam a *chutneys* blasus iawn). Daeth chwaer Rhian, Buddug Morgan, a fi'n dipyn o ffrindie 'fyd. Mae Buddug bellach yn defnyddio'r enw Elen Bowman, ond Buddug fydd hi i fi am byth.

Yr wythnos hon oedd y tro cynta i fi gwrdd â Ffion Haf Tomos o Ysgol Dyffryn Nantlle. Ymhen blynyddoedd bysen i'n briod â'i chwaer, Manon. Pwy fyse'n meddwl? Gwrddes i Manon a'i theulu pan aethon ni ag *Arthur* i Theatr Seilo, Caernarfon. Dwi ddim yn siŵr os ddwedes i 'helo' wrth Manon hyd yn oed; dwi jyst yn cofio siarad gydag Eryl Haf, ei mam, Arial, ei thad, a Fflur, ei chwaer hŷn.

Dyma'r wythnos gwmpes i mewn cariad am y tro cynta erioed. Roedd merch yn y corws wedi tynnu fy sylw o'r enw

Sioned o Ddolwyddelan. Treulion ni ein noson gynta gyda'n gilydd yn snogio ym mws mini Rhydfelen (y 'mini bobman'!) oedd wedi'i barcio ar y tarmac tu fas i gegin y gwersyll. Roedd Alun ap Brinley yn troelli ei recordiau yn y disgo yn y caban bwyta. Daeth record mlaen, 'Cymer Di' gan Graffia, a dries i greu argraff ar Sioned trwy ddweud 'Ti'n gwybod pwy yw'r ferch sy'n canu'r gân 'ma? Hi yw Sabrina yn *Pobol y Cwm*.' 'Dwi'n gwybod,' medde Sioned. 'Gillian Elisa Thomas.' Aeth Sioned yn ei blaen: 'Ma Mam yn ysgrifennu sgriptiau i *Pobol y Cwm*.' Jiw, pwy oedd mam Sioned? Wel, ddwedodd hi'r enw a doedd dal dim syniad 'da fi. Bellach dwi'n gwybod yn iawn pwy yw Eigra Lewis Roberts!

Bues i lan i gartre Sioned yn Nolwyddelan a chael croeso bendigedig. Mynd am dro drwy'r goedwig tu ôl i'r tŷ ac i'r castell cyfagos, y castell a godwyd gan Lywelyn Fawr yn y drydedd ganrif ar ddeg. Ar y pryd doedd hyn heb greu argraff arna i – roedd y ffaith bod gan Cliff Richard dŷ haf yn yr ardal yn golygu mwy i fi! Cael fy ngadael yn syn amser cinio wedi i Eigra goginio pysgod a sglodion i ni a hithe'n gofyn i fi fysen i'n hoffi ychydig o surdan ar fy mwyd. Surdan? Beth yffach oedd surdan? Do'n i erioed wedi clywed y gair o'r blaen a dwi heb glywed neb yn ei ddefnyddio ers 'ny. Finegr 'sen i'n dweud fy hun. (Wrth gwrs, tasen i 'di dal ati i'w ddefnyddio byse surdan 'di bod yn air da iawn.)

Sioned oedd y rheswm y bu'n rhaid i Dad brynu clo i'r ffôn. Roedd un bil ffôn gafodd Dad yn uchel tu hwnt a doedd e ddim yn hapus iawn. Fi oedd yn mynd i'r rŵm ffrynt bob nos a siarad am orie 'da Sioned. Hyd yn oed wedi gosod y clo, ffeindies i mas yn gloi bod clip papur yn ffordd handi o'i agor. Roedd gwylio dihirod yn agor cloeon gyda phob math o declynnau mewn cyfresi fel *The Saint* a *The Avengers* wedi talu'i ffordd. Roedd 'da fi ddwy ffrind ysgol y bysen i'n eu ffonio'n aml hefyd, Rhian Close o Gaerffili a Siân James o Rogerstone yng Ngwent. (Fysen i'n ffonio Siân bron bob nos.) Felly, rhwng ffonio Dolwyddelan, Caerffili a Rogerstone roedd bil Dad dal yn uchel, ond doedd e ddim yn deall pam unwaith bod clo ar y ffôn. Lwcus bod *itemised bills* ddim ar gael bryd hynny!

Tra o'n ni'n teithio gydag *Arthur* roedd yr 'actorion' yn cael aros mewn cartrefi lleol. Mae dau le yn aros yn y cof. Stifyn Parri a fi'n aros gyda Delyth a Gwyn Pritchard yn Llandwrog a chael mynd i dafarn Ty'n Llan yn y pentre am y tro cynta. (Nepell o ble mae fy nheulu yng nghyfraith yn byw nawr!) Ond daeth yr uchafbwynt o ran *digs* gyda Theatr Clwyd. Cafodd Martyn Geraint, Tim Waters a fi aros gyda golwr Everton a Chymru, Dai Davies. Daeth Dai i bigo ni lan o'r theatr yn ei Jaguar a'r syndod i ni oedd bod Dai Davies – *y* Dai Davies – yn gwrando ar gasét Dafydd Iwan yn ei gar! Gafon ni ddrinc gyda Dai yn ei dŷ (*home brew* os dwi'n cofio'n iawn) cyn mynd i'r gwely, a gofynnon ni am ei lofnod. Daeth e â sawl cerdyn post mas gyda'i lun arnyn nhw a'u harwyddo i ni. Ddwedon ni, yn eitha haerllug, y byse nifer o'r cast yn lico carden hefyd – a chware teg iddo, erbyn y bore roedd e wedi llofnodi cardiau i ni gael eu dosbarthu i'r cast. Dyn ffein iawn.

Yr ail gwrs drama oedd *Yr Opera Pishyn Tair* gan Brecht a Kurt Weill yn 1981. O leia roedd safon y deunydd yn well y flwyddyn honno. Allan o'r sioe y daw un o fy hoff ganeuon erioed, 'Mack the Knife'. Dwi wrth fy modd gyda fersiwn Frank Sinatra a Bobby Darin – a bellach wedi cael cyfle i recordio'r gân ar gryno-ddisg Saesneg Gillian Elisa, *We Belong*. Roedd nifer o'r hen wynebau 'nôl – ond dim Sioned yn anffodus. Stifyn oedd Mac y Gyllell, Geraint Cynan oedd y Negesydd a fi oedd y plisman, Teigr Brown. Dyma pryd y daeth nifer o chweched Rhydfelen yn gyfeillgar â disgyblion ein chwaer ysgol, Llanhari – Sian Boobier, Elen ap Robert, Mari Emlyn, Anna Lindsay a Liz Scourfield. Rhiannon Rees oedd eu hathrawes Ddrama (roedd Rhiannon yng nghast *Y Brenin Arthur* ond bellach yn diwtor/is-gyfarwyddwr ar y cwrs). Wedi i Rhiannon adael y byd addysg buodd hi'n fy nghyfarwyddo yn *Pobol y Cwm* am flynyddoedd. Gafon ni hwyl gyda Rhiannon – mae gen i atgof ohoni hi a Cath Edwards, gwraig Emyr, y cyfarwyddwr, yn smocio, hel clecs ac yn chwerthin o hyd. Bu Stifyn a fi yn aros yn nhŷ Mari Emlyn a gafon ni groeso twymgalon gan Owen Edwards a Shan Emlyn, ei rhieni. Adegau fel hyn sy'n aros yn y cof am oes.

Yn 1982 aeth y cwmni 'nôl at opera roc wreiddiol, sef
stori Trystan ac Esyllt. Euros Rhys oedd pia'r gerddoriaeth ac
Emyr Edwards ei hun y geiriau. Geraint Cynan oedd Trystan
a Siân James oedd Esyllt. Rhan ddwy a dime oedd 'da fi yn y
cynhyrchiad (ond cofier eiriau Pat Griffiths: 'There are no small
parts, only small actors'). Senechal oedd enw fy nghymeriad ac
yn ystod 20 munud cynta'r sioe ro'n i'n ymladd/dawnsio gyda
draig (Iona Lloyd Jones), canu unawd eitha hir ac yna'n cael fy
lladd! *Wham! Bam! Thank you, ma'am!*

Roedd y cwrs 'ma ychydig yn wahanol i'r lleill. Ro'n i bellach
yn fyfyriwr yng Ngholeg Cerdd a Drama Cymru a gyda dyfodiad
S4C buodd Endaf Emlyn a chriw ffilmio yn ein dilyn drwy gydol
yr ymarferion a'r perfformio. Roedd nifer o wynebau newydd
wedi ymuno â'r cwmni hefyd – Mair Tomos Ifans, Betsan Powys,
Helen Wynn, Danny Grehan, Erfyl Ogwen Parry a rhywun sydd
wedi gwneud enw iddo'i hun dros y byd bellach, sef Rhys Ifans.

Ar y cwrs yma hefyd gwrddes i â rhywun sydd wedi aros yn
un o fy ffrindie agosa hyd heddi – Bethan Jones o Bont-rhyd-y-
groes, sy'n fwy adnabyddus dyddie 'ma fel yr actores ddawnus
Beth Robert. Ers y cyfnod yma ry'n ni wedi cadw mewn cysylltiad
agos iawn, a dwi'n dal i feddwl y byd ohoni. Er, do'n i ddim yn
sylweddoli cymaint ro'n i'n ei olygu iddi tan ei phriodas â Paul
Harris. Mae Beth wedi colli ei rhieni, ac fe ddwedodd wrtha i tase
dim brawd gyda hi y byse hi wedi gofyn i fi ei rhoi hi bant ar y
diwrnod mawr. Ges i sioc – roedd ei geiriau wedi toddi 'nghalon
ac yn golygu llawer i fi. Diolch, Beth.

Rhaid dweud bod y sioe yn un dda – er bod y set a'r gwisgoedd
yn *cheap and cheerful*! Buodd Stifyn a fi'n aros yng nghartrefi nifer
o bobol – fe gafon ni *lock-in* yn nhafarn y Cŵps yn Aberystwyth
pan arhoson ni gyda chwpwl oedd yn cadw bydji. Aros wedyn ar
ffarm yn ardal Theatr Felin-fach lle roedd dillad gwely neilon ar
y gwlâu. Roedd hi'n anodd cysgu – naill ai ro'n i'n llithro mas o'r
gwely neu'n cael sioc o'r static!

Roedd cael Endaf Emlyn a'i griw teledu yn ein dilyn ni yn
eitha cyffrous. Er, wrth reswm, pan ddaeth y rhaglen ddogfen
Pythefnos yn Ebrill mas yn ystod wythnos gynta S4C roedd rhai

o'r *set-ups* yn amlwg wedi eu paratoi o flaen llaw. Y canu ar y bws, yr esgus cysgu ar y bws gydag un o ganeuon y sioe, 'Pan Fo'r Daith yn Hir', yn cael ei chwarae dros y lluniau, ac Erfyl Ogwen Parry gyda'i gerdd ddigri am fwydo o'r fron!

Diolch i Sali Collins a BBC Radio Cymru fe gafon ni aduniad bach yn 2012 yng nghlwb y Cameo, Caerdydd, i ddathlu 30 mlynedd ers *Trystan ac Esyllt*. Ac er 'mod i wedi gweld y bobol oedd yna yn aml dros y blynyddoedd, roedd yn braf dod 'nôl fel gang a hel atgofion am y cynhyrchiad ac am y rhaglen ddogfen.

Pasg 1983. Dyma oedd y pedwerydd cwrs i fi, a'r un ola 'fyd – er nad o'n i'n gwybod hyn ar y pryd. *Romeo a Juliet* oedd y cynhyrchiad, cyfieithiad diflas gan J T Jones. Doedd llawer o'r ffrindie wnes i dros y blynyddoedd ddim yno bellach a daeth nifer helaeth o wynebau newydd i ymuno â'r cwmni. Rhaid bod yn onest a dweud ei fod e'n od bod ar gwrs drama'r Urdd heb Stifyn, Siân James a Geraint Cynan. Roedd Rhys Ifans 'nôl, ynghyd ag Erfyl Ogwen Parry a Danny Grehan 'fyd. Roedd ffrind da o'r ysgol hefyd wedi ymuno â'r cast, sef Lisa Palfrey oedd yn chwarae rhan Lady Capulet. Ond doedd yr awyrgylch ddim yr un peth. Ai achos bod cymaint o wynebau newydd? Ai achos taw drama *straight* yn hytrach na sioe gerdd oedd hi? Yr unig gysur oedd bod Manon, fy nghariad erbyn hynny, yn rhan o'r tîm. Ar yr ochr rheoli llwyfan yr oedd Manon a hi oedd yn gyfrifol am y props. Bron bob nos byse llusern a gariwyd ar y llwyfan gan Iwan (Iwcs) Roberts ar ei ffordd i Mantiwa yn cwmpo i'r llawr. Ai prop Manon oedd yn ddiffygiol neu ai Iwcs oedd ar fai?!

Ro'n i wrth fy modd bod Manon yn rhan o Gwmni Theatr yr Urdd. Roedd ei chwiorydd, Fflur a Ffion, wedi bod yn actio i'r cwmni dros y blynyddoedd, a braf oedd ei chael hithe gyda fi ar y daith yma. Daeth Rhys Ifans (neu Rhys Bach fel ro'n i'n ei alw ar y pryd) yn dipyn o ffrind ac roedd e'n ein dilyn i bobman. Roedd Manon a fi'n 21 mlwydd oed, ond dim ond 16 oedd Rhys ac roedd e dal yn gymharol fach – yn wahanol i'r cawr o ddyn yw e heddi. Roedd fflat 'da fi yn y Rhath, Caerdydd, ac er bod Lisa

Palfrey yn aros gyda ni'n barod, pan ddaeth *Romeo a Juliet* i'r Sherman fe fynnodd Rhys aros hefyd. Aethon ni gyd i ffair Ynys y Barri yn y prynhawn, perfformio gyda'r nos ac yna, ar ôl noson yng Nghlwb Ifor Bach, aethon ni 'nôl i'r fflat. Pwy oedd wedi yfed gormod ac a gwmpodd lawr y sta'r wrth fynd lan i'r fflat? Rhys. Lwcus ei fod e heb dorri dim byd. Un peth a drafodwyd oedd y ffaith ei fod e ishe bod yn was priodas i fi pan fysen ni'n priodi. Doedd Manon a fi ddim 'di sôn dim byd am briodi, gan taw dim ond newydd ddechrau gweld ein gilydd o ddifri o'n ni. Ond i gau ei geg fe gytunon ni.

Aeth tair blynedd heibio cyn i ni briodi ym mis Mawrth 1986. Y flwyddyn honno roedd y Steddfod yn Abergwaun, a welon ni Rhys am y tro cynta ers dyddiau Cwmni Theatr yr Urdd. Tra o'n ni'n siarad gofynnodd e sut oedden ni ac ati a minne'n dweud ein bod ni bellach yn briod. Safodd yn syn. Roedd Rhys yn cofio am ein haddewid – pam 'sen ni 'di dweud wrtho am y briodas? Chwerthin wnaethon ni i gyd wrth gofio 'nôl am ein cyfnod gyda Chwmni Theatr yr Urdd.

I fi, y peth pwysica am y cyrsiau oedd y profiad. Beth bynnag oedd safon y cynyrchiadau, roedd cael bod yn aelod o gast Cwmni Theatr yr Urdd yn brofiad a hanner ac yn un gwerthfawr hefyd. Hyd yn oed heddi, pan dwi'n teithio gyda chwmnïau theatr proffesiynol ac yn cyrraedd y gwahanol theatrau dwi'n meddwl 'nôl i 'nyddiau gyda chwmni'r Urdd. Smo stafell werdd Canolfan y Celfyddydau Aberystwyth 'di newid llawer ers y dyddiau 'ny. A phob tro dwi'n mynd i Theatr Felin-fach bydda i wastod yn edrych mas drwy ffenest fawr y stafell werdd ar yr 'ardd' tu ôl i'r theatr ac yn meddwl am Helen Wynn a fi'n mynd am dro dros y bont fach bren.

Roedd y cyrsiau yn Llangrannog a'r rhai yn Ogwr yn hynod bwysig i fi. Roedd hi'n amlwg o oedran ifanc 'mod i wir ishe actio am weddill fy mywyd. Dries i ymuno â chwmni amatur yn Aberdâr, cwmni'r Phoenix lawr yn Aberaman, oedd yn cynhyrchu sioeau fel *The Sound of Music* a *Fiddler on the Roof* yn flynyddol, ond am ryw reswm doedd Dad ddim yn awyddus i fi wneud. Poeni am bwysau gwaith yn y chweched dosbarth falle? Dim syniad, ond fe ddaeth adre un diwrnod a dweud bod cwmni drama amatur Cymraeg ar fin dechrau a holi pam na fysen i'n ymuno â nhw.

Ges i lifft 'da Dad i dŷ Gill a Peter Griffiths yn Llwydcoed. Fanna gwrddes i â gweddill y bobol oedd yn frwd dros ddechrau Cwmni Drama'r Carw Coch, wedi ei enwi ar ôl un o fawrion Aberdâr, sef William Williams neu, i roi ei enw barddol iddo, y Carw Coch. Ganed y Carw Coch yng Nghastell-nedd ond symudodd i Aberdâr yn 1832, gan sefydlu Cymreigyddion y Carw Coch, cymdeithas lenyddol a cherddorol, yn 1841. Felly roedd enw'r cwmni drama amatur yn un addas iawn. Er bod y cyfarfod yn nhŷ Peter Griffiths, doedd e ddim yn mynd i actio. Byse ei gyfnither, Pat Griffiths, fy athrawes Ddrama yn Rhydfelen, yn cyfarwyddo. Yno hefyd roedd Hywel Davies (athro o Ystalyfera), John Llew (athro gyda Dad yn Ysgol Ramadeg y Bechgyn, Aberdâr), Andrea Wigley o Abernant a Pat ei hun. Yn ystod y cyfarfod gwrddes i â meibion Gill a Pete am y tro cynta. Fe ddaethon nhw mewn yn eu pyjamas i ddweud nos da wrthon ni gyd – Alun a'i frawd, Ioan Gruffudd. Eto, pwy feddylie'r noson honno y byse Ioan a fi'n gweithio gyda'n gilydd ar *Pobol y Cwm*, dod yn dipyn o ffrindie, a fe, fel Rhys Ifans, yn dod yn actor amlwg ar hyd a lled y byd?

Heb os, mae talent i'w chael yng Nghymru a dwi mor falch bod rhai o'r bobol dalentog hynny, gan gynnwys Rhys ac Ioan, yn cael y brêcs a'r llwyddiant mawr sydd mor haeddiannol. Dwi'n falch iawn ohonyn nhw.

Dim ond yr adeg yma, tra o'n i yn y chweched, y des i i nabod nifer o Gymry Cymraeg Aberdâr. Des i'n ffrindie mawr gyda Gwynfryn Morgan. Yn aml byse Gwyn a fi'n mynd am beint i'r Mount Pleasant yn Nhrecynon a thrwyddo fe gwrddes i â phobol nad o'n i'n gwybod eu bod nhw'n siarad Cymraeg. Roedd Gwyn ei hun yn ysgrifennu llyfrau i blant, a cholofn Gymraeg yn yr *Aberdare Leader* ar un adeg. Bellach mae e wedi ymddeol ar ôl bod yn athro yn Ysgol Gymraeg Aberdâr. Cymeriad a hanner. Pan ddaeth Manon i Aberdâr am y tro cynta ro'n i am ei chyflwyno i Gwyn. Galwes amdano yn ei dŷ yn Nhrecynon lle roedd e'n byw gyda'i fam. Roedd ei fam yn edrych yn od ar Manon i ddechrau a wnes i ddarganfod wedyn bod Gwyn wedi dweud wrthi 'mod i'n galw 'da 'nghariad ac i beidio dangos ei bod hi'n gwybod taw *stripper* yng Nghaerdydd oedd Manon!

Yn aml byse deuawd yfed Gwyn a fi'n troi'n driawd wrth i'r Prifardd Rhydwen Williams ymuno â ni. Wedyn byse rhaid i Gwyn a fi fynd lan i Cemetery Road ac i dafarn y Llwyncelyn, un o *locals* Rhydwen. Roedd Rhydwen yn lico'i *local*. Dwi wastod wedi bod wrth fy modd yn clywed storïau pobol enwog am eu bywydau – dyna pam falle 'mod i'n hoff iawn o ddarllen bywgraffiadau. Ro'n i'n ffodus i gael cwmni difyr Rhydwen Williams yn aml. Byse Gwyn a fi'n mynd mas am beint a dweud 'Beth am alw am Rhydwen?', yn gwmws fel tasen ni'n blant yn mynd o dŷ i dŷ yn hel ffrindie i fynd mas i chware. Un tro fe droion ni lan am beint yng Nghlwb Pêl-droed Llwydcoed ac roedd rhywun yn meddwl taw fi oedd mab Gwynfryn a bod Gwynfryn yn fab i Rhydwen!

Daeth Keith Bach a Geraint Cynan draw i Dan y Mynydd unwaith a chael sioc pan ddwedes i ein bod ni'n mynd i alw ar Rhydwen i ddweud helo. Dyna wnaethon ni a chael croeso twymgalon ganddo yn ei dŷ yn Llywelyn Street. Daeth y wisgi mas yn syth a dyna ni... straeon Rhydwen a gwydriad da i sipian tra o'n ni'n boddi yn ei berlau o ddoethineb. Yna i'r Llwyncelyn am fwy o ddiod, a Keith yn dechrau siarad gyda chymeriad lleol o'r enw Moby Dick ac ynte'n cynnig *snuff* i Keith drio. Sniffodd e gymaint o *snuff* nes buodd e jyst â llewygu!

7

'Ti Ishe Bod yn Saff Neu Wyt Ti Ishe Bod yn Actor?'

DWI'N AML YN meddwl beth fyse 'di digwydd tasen i 'di mynd i Lundain am gyfnod fel Rhys Ifans a Ioan Gruffudd. Bu sawl ffrind arall yna am sbel – rhai'n llwyddo a rhai'n methu. Peidiwch â 'nghamddeall i, dwi ddim yn difaru ymuno â chast *Pobol y Cwm* o gwbwl. Ro'n i wrth fy modd yno, ond dwi'n aml yn meddwl 'Beth petai...?'

Garies i mlaen yn ystod yr haf gyda'r hyn fues i'n neud cyn ymuno â chast *Pobol*, sef swogio yng Ngwersyll yr Urdd Llangrannog. Y swogs (talfyriad o 'swyddog') oedd yn gyfrifol am edrych ar ôl y gwersyllwyr yn ystod y Gwersyll Haf. Bues i'n neud hyn bob haf tan i'r gyfres fynd yn ddyddiol yn 1988. Roedd cael bod yn swog o dan arweinyddiaeth John Japheth, Steff Jenkins a Jim O'Rourke yn fraint. Ro'n i wrth fy modd gyda'r gwersyll pan o'n i'n blentyn ac yn joio mas draw fel swog pan o'n i'n hŷn. Dechreues i swogio ar ddiwedd dosbarth pump yn Rhydfelen. Ro'n i'n rhy ifanc ond, chware teg i Japh, gadawodd i ni fynd i'r gwersyll.

Dwi'n ddiolchgar i'r Urdd hyd heddi – nid yn unig am Langrannog ond am y llu o ffrindie dwi 'di neud yn y gwersylloedd dros y blynyddoedd. Ar fy unig ymweliad â Glan-llyn gwrddes i â Stifyn Parri am y tro cynta. Roedd e yn y caban drws nesa yn drewi o Brut 33. (Mae Phyl Harries yn dal i ddefnyddio Brut 33 hyd heddi!) Rhaid 'mod i'n edrych yn hŷn na'n oedran yn yr ysgol achos ar ôl cyrraedd Glan-llyn dyma'r pennaeth, John Eric, yn dangos y ffordd i fi i stafell y swogs. 'Nage swog odw i,' medde fi, 'ond gwersyllwr.' Roedd hyn, cofiwch, wedi fy mhlesio'n fawr. Des i'n ffrindie hefyd gyda gang o 'pyncs' o Gaernarfon. Do'n i ddim yn bync nac yn hoff o gerddoriaeth pync ond roedd y bois 'ma'n rhai ffeind iawn – Rhys Owen (sy bellach yn gyflwynydd gyda Radio Cymru) a Titw. Aethon ni am drip i weld llun enwog *Salem* ond pan aethon ni am drip i Harlech, yn lle mynd i'r castell es i i'r dafarn gyda phyncs Caernarfon. Y cyd-ddigwyddiad fan hyn oedd bod Titw yn ffrindie â Manon yn Ysgol Dyffryn Nantlle! Er yr hwyl yng Nglan-llyn, Llangrannog oedd y lle i fi. Wnes i ormod o ffrindie i'w rhestru ond y rhai agosa oedd Cerith Lewis o Gaerfyrddin, Keith 'Bach' Davies o Rydaman (ni oedd Little and Large y gwersyll), Sian 'Leri Jenkins o Ynysmeudwy a merch o Ryd-y-main ger Dolgellau sy bellach yn rhedeg caffi yn y Bala, Janice Horan (Roberts nawr). Dwi'n nabod Janice ers o'n i'n 11 oed. Wedi dod yn ffrindie yn Llangrannog buon ni'n cadw mewn cysylltiad drwy ysgrifennu yn aml at ein gilydd, gweld ein gilydd am ychydig orie mewn ambell Steddfod ac ysgrifennu mwy at ein gilydd. Ysgrifennes i gân i Janice ar fy albym gynta i Fflach, sef 'Perthynas Pin a Phapur'. *Penfriends* go iawn, ymhell cyn dyddiau Facebook, Twitter a thecstio! Wedi i ni dyfu a phriodi gafodd Manon a fi wahoddiad i fynd i aros gyda Janice a Gwyn, ei gŵr ar y pryd, ar eu ffarm, Dolhendre, ger Llanuwchllyn. Ar ôl un noson aeth Manon yn ecseited pan ddwedes i fysen i ddim yn meindio byw yn ardal Llanuwchllyn. Ro'n i wrth fy modd gyda phrydferthwch yr ardal a'r tawelwch o 'nghwmpas. Ond moment wan oedd hon – crwt y dre a'r ddinas ydw i.

Roedd Janice a Gwyn yn gwybod yn iawn taw *city boy* o'n i ac yn gofyn i fi helpu carthu neu fwydo'r defaid ar y ffarm. Doedd dim syniad 'da fi beth i'w wneud ac roedd Janice wastod yn chwerthin ar fy mhen achos 'mod i mor iwsles! Alla i fynd am gyfnod hir heb weld na chlywed oddi wrth Jan ond y funud ry'n ni yng nghwmni'n gilydd ry'n ni'n cario mlaen fel tasen ni 'di gweld ein gilydd y diwrnod cynt.

Daeth Lliwen – ail ferch Janice – yn ffrind da 'fyd. Mae'n ferch sy'n gredit i'w rhieni. Mae bellach wedi ymgartrefu yn Seland Newydd ond fel myfyrwraig yn Aberystwyth byse hi'n aml yn dod i fy ngweld mewn cynyrchiadau yng Nghanolfan y Celfyddydau neu'n trefnu cwrdd am ddiod wedi'r sioe. Dyma ferch gall ond llawn hwyl oedd ddim yn poeni taw ffrind ei mam o'n i – bellach ro'n i'n ffrind iddi hi hefyd. Buodd hi'n aros gyda ni am gyfnod pan oedd hi'n neud profiad gwaith yng nghanolfan gelfyddydau'r Chapter. Fe gafodd hi ddigon ar y diwrnod cynta, gan fod rhywun 'di rhoi bwndel o gylchgronau iddi a dweud wrthi am eu darllen. Y noswaith 'ny, ddwedes i wrthi stwffio'r Chapter a dod ar daith *Sioe Gwis Phyl a Ieu* gyda Phyl Harries a fi o gwmpas yr ysgolion cynradd. Bellach roedd gyda ni 'hostess' hefyd. Ond yng nghanol yr wythnos camodd Lliwen i'm sgidie, gan fod gwrandawiad *Casualty* 'da fi yn Llundain. Byse'r asiant wastod yn ffonio funud ola gyda manylion gwrandawiad. Fe wnaeth hi jobyn da, chware teg iddi, ond ches i mo'r rhan ar *Casualty. That's showbiz*!

Mae cymaint o straeon alla i ddweud am fy amser yn Llangrannog – ac ambell stori na alla i ei dweud. Tra oedd pawb yn noswylio un noson des i ar draws potel o seidr yn llofft criw o fois ifanc o Gaernarfon. Codi nhw'n syth o'u gwlâu a mynd â nhw i swyddfa Japh. Dechreuodd hwnnw ddweud y drefn wrthyn nhw am y ffaith bod plant 10 oed â photel o alcohol yn eu meddiant. Sut o'n nhw 'di cael potel o'r pentre, doedd dim syniad 'da fi. Ond gyda'r hyn oedd i ddilyn roedd yn rhaid i fi adael y swyddfa rhag ofon i fi fostio mas i chwerthin. Dwedodd un o'r plant, yn acen odidog C'narfon: 'Mae o'n iawn sti – mae'n deud ar y botal "Serve child"!' Y crwt 'di drysu rhwng *child* a *chilled*, wrth gwrs!

Roedd cael trefnu'r wythnos yn fraint, ac yn hwyl fawr hefyd. Ces wneud hyn sawl gwaith gydag Aled Sion (sydd bellach yn Gyfarwyddwr Steddfod Genedlaethol yr Urdd ac wedi dysgu popeth am drefnu oddi wrtha i!), Gareth Ioan a Keith Bach. Yr hwyl oedd trio gweld sawl gwaith mewn wythnos y gallen ni gael Gaenor Nyrs i fod yn gyfrifol am y trampolîn! Anaml oedd Gaenor yn gwenu ac roedd yn cymryd popeth o ddifri. Wrth chware Sardines (*hide and seek*) un noson, wedi i'r plant fynd i'w gwlâu, hi wnaeth fy narganfod i a Morfudd Hughes yn cwato o dan ford yn y gampfa ucha. Wnaeth Gaenor ddim gadael i fi anghofio hyn – beth oedd hi'n meddwl oedd Morfudd a fi'n neud, dwi ddim yn gwybod! Flynyddoedd wedyn bu Manon a'i chwaer, Angharad, yn swogs hefyd. Wnaeth yr un ohonyn nhw fwynhau swogio cymaint â fi. Mae Manon yn dweud taw sgeifio oedd cael trefnu'r wythnos. Doedd hi ddim yn sylweddoli gymaint o straen meddyliol o'n i a'r trefnwyr eraill yn diodde wrth wneud yn siŵr bod pawb yn cael amser da. Ta beth, un noson roedd Manon a fi'n cerdded drwy'r caban bwyta law yn llaw pan glywon ni lais cyfarwydd Gaenor Nyrs o'r cysgodion: 'A ble y'ch chi'ch dau'n mynd?' Roedd Manon a fi yn ein hugeiniau ac wedi dyweddïo!

Yr Urdd oedd yn gyfrifol am ailgynnau Cymreictod ynof fi – bydda i'n ddiolchgar am 'ny am byth. Dyna'r prif reswm i fi gytuno bod ar bwyllgor Canolfan yr Urdd ar Heol Conway yng Nghaerdydd. Ro'n i ishe rhoi rhywbeth 'nôl i'r mudiad. Sian Jobbins oedd yn gyfrifol am y Ganolfan ar y pryd, ac roedd Sian a fi ar yr un donfedd fel petai. Dwi'n siŵr ei bod hi, fel fi, yn cytuno bod y cyfarfodydd yn gallu bod yn ddiflas weithiau, yn enwedig wrth drafod pa fath o fins peis ddyle rhywun ddod â nhw i'r dathliadau Nadolig! (Dylyfu gên!) A Duw a'ch helpo os taw mins peis siop oedd 'da chi a nage rhai cartre! Drefnes i sawl cyngerdd yn yr Aelwyd i godi arian i gynnal yr hen adeilad, gan gynnwys unig gig Hogia Llandegai yng Nghaerdydd erioed. Y lle'n llawn, ac ar ddiwedd y noson ro'n i wrth fy modd yn gweld wynebau'r bobol yng nghlwb y Cameo pan gerddes i mewn gyda Neville, Ron a Now. Yn ystod un o'r cyngherddau yn yr Aelwyd gaethon ni ddetholiad ar yr *oboe* gan Ioan Gruffudd! Atgofion melys.

Roedd nifer o'r pwyllgor yn meddwl 'mod i'n hurt yn gofyn i Hogia Llandegai ddod i ganu, gan dybio na fysen ni'n gwerthu tocynnau. Fi oedd yn iawn – yn gwmws yr un peth ag wrth gadeirio Pwyllgor Treganna i godi arian i Steddfod yr Urdd Caerdydd, 2002. Wedi cynnal nifer o nosweithiau bach a thripiau i Lundain ac ati ro'n i am gynnal noson fawr er mwyn cynnwys y di-Gymraeg. Wedi'r cyfan, heb gefnogaeth rhieni di-Gymraeg byse lot llai o blant yn cymryd rhan ac ymweld â'r Steddfod. Fy nghynnig i oedd noson yng nghwmni Owen Money & The Loan Sharks. Roedd nifer o'r pwyllgor, gan gynnwys Billy White, Catrin Ann a Ffion Furci, yn gefnogol ond ambell un ddim cweit yn siŵr os oedd e'n syniad da. Pryd o fwyd yn yr Holiday Inn a cabare gan Owen – £25 y pen. Dwi'n falch o ddwalch bod y lle'n orlawn a'r noson yn gyfle i bobol ddi-Gymraeg y brifddinas fod yn rhan o ddigwyddiad codi arian i'r Steddfod.

Pan ddechreues i ar *Pobol y Cwm* roedd y cyfnod ffilmio yn para o fis Medi hyd at y Nadolig. Yn fy ail gyfres daeth cymeriadau newydd ac actorion newydd i'r cynhyrchiad wrth i rai adael y gyfres. Aeth Jac Daniels (Dafydd Hywel) a Sabrina (Gillian Elisa) bant i Fryste gyda'r babi, Robert Dilwyn, ac fe aeth Dorien Thomas, fel y gweinidog ifanc, hefyd. Weles i Dorien rhyw flwyddyn wedyn yng Nghlwb y BBC a gofynnodd e beth o'n i'n neud. Finne'n ateb 'mod i'n dal ar *Pobol y Cwm*, gan ategu ei bod yn swydd saff, a taw dyna o'n i angen fel actor ifanc. Ateb Dorien oedd: 'Wyt ti ishe bod yn saff neu wyt ti ishe bod yn actor?' Dwi'n deall beth oedd e'n ddweud ond ar y pryd ro'n i wrth fy modd yn cael bod yn rhan o'r sebon.

Ro'n i hefyd yn falch bod actorion ifancach wedi ymuno â'r cast – Rhian Morgan fel Carol Gwyther a Gwyn Elfyn fel Denzil. Dros y blynyddoedd des i'n dipyn o ffrindie gyda Rhian a Sgrots (enw gafodd e yn y Brifysgol yn Aber – rhywbeth i'w wneud â maint rhywbeth neu'i gilydd – ac mae'r enw 'di aros hyd heddi. Doedd Lisabeth Miles byth yn lico fy nghlywed i'n ei alw e'n hyn a byse hi'n dweud yn aml: 'Galw fo'n Gwyn, plis!') Roedd bywyd yn gynhyrfus ond yn galed. Gan nad oedd asiant 'da fi roedd yn rhaid chwilio am waith o hyd. Sawl clyweliad, rhai'n llwyddiannus a nifer ddim.

Roedd gan Ffilmiau'r Nant gyfres o'r enw *Almanac*, a ches i gynnig rhan y glöwr Abi (Abraham) Dodd yn y bennod 'Tanchwa Tynewydd'. Roedd Gwyn Elfyn yn chwarae glöwr arall o'r enw Issac Pride. Hanes trychineb pwll glo Tynewydd, i'r gogledd o Gaerdydd, yn 1887 oedd y rhaglen, a'r rhan helaeth o'r ffilmio yn digwydd yn Big Pit ym Mlaenafon. Roedd hi'n ganol gaeaf ac yn oer. Ro'n i newydd basio fy mhrawf gyrru a dyma oedd y pella o'n i wedi dreifo ar fy mhen fy hun erioed. Cyrraedd Big Pit ac, wedi newid i 'ngwisg, aros gyda Gwyn ac eraill yng nghantîn y pwll. Daeth galwad i'r *extras* wneud eu ffordd i'r pwll. Gwagiodd y cantîn yn reit handi a daeth actor di-Gymraeg o'r enw Roger Nott aton ni a dweud 'Boys – they've just called the extras down to the pit head. You'd better go.' 'We're not extras!' medde ni, er syndod iddo fe. Piti na fyse rhai pobol yn meindio eu busnes weithiau.

Pan ddaethon ni 'nôl lan wedi ffilmio am ychydig orie dan ddaear, roedd hi fel petai'r byd 'di newid yn llwyr. Yn ystod y cyfnod y buon ni lawr y pwll roedd hi 'di bod yn bwrw eira'n drwm iawn a phobman yn wyn. Roedd yn rhaid i fi ddreifo 'nôl i Gaerdydd yn yr eira, a gan gofio 'mod i'n yrrwr amhrofiadol ar y pryd, do'n i ddim yn edrych mlaen. Ar ben hyn, roedd Dorien Thomas – oedd yn y cast – wedi gofyn am lifft. Falle bo'r eira'n wyn ond roedd sêt y car bron â throi'n frown.

Er taw newydd basio 'mhrawf gyrru o'n i, ro'n i eisoes wedi gyrru ddwywaith ar ffilm. Ddwedes i ddim byd wrth y cwmnïau teledu ar y pryd – swildod unwaith eto, ond hefyd meddwl y bysen i'n creu trafferth iddyn nhw tasen i'n cyfadde. Ro'n i wedi cael nifer fawr o wersi gan gwmni ar Wellfield Road yn y Rhath, lle roedd gan Malcolm, fy athro, fwy o ddiddordeb yn y merched oedd yn torheulo ym Mharc y Rhath nag yn fy ngyrru gwael i. Ar ddechrau fy ail gyfres o *Pobol y Cwm* roedd yn rhaid i fi ddreifo car yr heddlu drwy bentre Cwmderi (Llanbedr y Fro ger Sain Ffagan, Caerdydd) a dal Harri Parri, oedd wedi bod yn dwyn pysgod. Ges i bractis rownd maes parcio'r dafarn ac ro'n i'n hyderus y bysen i'n iawn, ond pan es i ar yr hewl yn barod i ymarfer yr olygfa doedd y dreifo ddim cystal â 'ny. Sylwodd Charles Williams, wrth gwrs, gan ddweud: 'Rargian, petrol sgen ti yn y car, ia, 'ta cangarŵ?!' Wrth lwc, wnaeth neb arall ddweud dim ac fe ffilmion ni'r olygfa'n iawn.

Yr eildro i mi yrru ar sgrin oedd mewn comedi sefyllfa i HTV o'r enw *Annwyl Angharad*, sgript gan Geraint Lewis a Terry Dyddgen-Jones yn cyfarwyddo. Roedd yn rhaid i 'nghymeriad i, sef bwci o'r enw William, gyrraedd tŷ ei anti a'i yncl – Myfanwy Talog a Glan Davies – yn ei Volkswagen Beetle oren. Diolch i'r drefn, roedd yn rhaid i'r car gwmpo'n ddarnau a doedd William ddim yn yrrwr arbennig o dda! *Phew!* Ges i *get away* 'da hwnna 'fyd.

Ro'n i wrth fy modd 'mod i wedi cael cynnig rhan yn *Annwyl Angharad*. Cyfle i weithio gyda Gillian Elisa unwaith eto, Glan Davies, Emyr Glasnant, Nia Caron a Fraser Cains (waw – gweithio gyda Scruffy McGuffey *Grange Hill*). Ond y fraint fwya oedd cael gweithio gyda Myfanwy Talog, actores ro'n i wedi ei hedmygu ers pan o'n i'n ifanc (fel Phyllis Doris gyda Ryan a Ronnie, ac un o bedwarawd *Teliffant*). Ro'n i dal yn gymharol newydd i'r busnes a dim ond dod mewn am un bennod o'n i. Buon ni'n ymarfer y bennod hon yng nghanolfan ddawns y Rubicon yn Sblot ac amser cinio diflannodd yr actorion eraill i gael eu bwyd. Sylwodd Myfi 'mod i ar ôl a gofynnodd i mi lle o'n i'n mynd am ginio. Doedd dim syniad 'da fi ble i fynd. Chware teg iddi, gofynnodd i fi fynd gyda hi i gantîn y BBC yn Llandaf, a dyna wnes i. Dyma ddangos y math o berson oedd hi – gweld 'mod i'n ifanc ac yn ddibrofiad a 'nghymryd i o dan ei haden. Anghofia i fyth mo hynny. Mae'r byd actio yng Nghymru yn dlotach ers ei cholli.

Un uchelgais gafodd ei gwireddu'n gynnar oedd gweithio i Rhydderch Jones. O wybod am ei gysylltiad gyda fy arwr, Ryan, roedd cael bod yn ei gwmni yn fraint, ond roedd cael gweithio iddo'n golygu mwy fyth. Cynigiodd e ran i fi fel plisman mewn comedi sefyllfa gan Sion Eirian a T James Jones o'r enw *Sidni*. Ie – plisman arall!

Ernest Evans oedd yn chware'r brif ran gydag Olive Michael, Elwyn Williams, Ifan Huw Dafydd, Martin Griffiths a Delme Bryn Jones. Cast a hanner. Brydan Griffiths oedd yn cyfarwyddo a Rhydderch yn cynhyrchu. Bysen i'n cael lifft gyda Gwyn Parri (oedd 'mond yn y bennod yna, fel fi) i'r ymarfer yn Nhongwynlais. Eto, y swildod yn bwrw mewn a minne'n dweud dim bron yn y stafell ymarfer a jyst yn gwrando ar straeon yr actorion hŷn.

Ymarfer drwy'r wythnos a recordio yn BH (Broadcasting House, y BBC, Caerdydd) o flaen cynulleidfa fyw ar y nos Wener.

Roedd e'n brofiad anhygoel. Gwneud rhaglen deledu ond gyda naws theatrig. Piti nad oes mwy o gomedïau yn cael eu ffilmio fel hyn y dyddiau 'ma.

Buodd Rhydderch yn cyfarwyddo sawl pennod o *Pobol y Cwm* hefyd, ac roedd e'n ddyn annwyl oedd yn gwybod sut i drin actorion yn iawn. Er, bob hyn a hyn byse fe'n eitha *strict* gyda Phillip Hughes oedd yn chwarae Stan Bevan. Do'n i ddim yn sylweddoli ar y pryd bod y ddau (ynghyd â Ryan) wedi bod yn y Coleg Normal gyda'i gilydd.

Roedd Rhydderch hefyd yn un o'r gang fyse'n yfed o hyd yn y Leg Over, bar yng Nghlwb y BBC. (Pam 'Leg Over'? Peidiwch â gofyn!) Fanna fyse fe gan amla, yn yfed gyda Gwenlyn Parry. (Ddim yn hir wedi i Rhydderch farw, daeth *damp patch* ar wal y Leg Over ar bwys y fan lle byse fe'n yfed o hyd, ac roedd siâp y patshyn gwmws yr un siâp ag wyneb Rhydderch. Od falle, ond hollol wir.) Yno gyda Rhydderch a Gwenlyn yn aml byse Gwilym Owen, Wil Sir Fôn, Ruth Parry ac Ifan Wyn Williams. Ie, Ifan Wyn, fy nghyn-brifathro oedd bellach yn darllen newyddion y BBC. Bues i'n yfed yn eu cwmni sawl gwaith, ond er mor galed o'n i'n trio do'n i ffaelu galw Ifan Wyn wrth ei enw cynta... a do'n i ddim chwaith am ei alw'n Mr Williams. Felly, tasen i'n prynu rownd 'sen i jyst yn pwyntio ato fe. *Rude* falle, ond roedd cymaint o barch 'da fi ato do'n i ddim yn gallu ei alw'n Ifan. Oni bai amdano fe fysen i heb gael lle yng Ngholeg Cerdd a Drama Cymru, Caerdydd. Yn wahanol i Ifan Wyn, do'n i ddim yn berson academaidd o gwbwl.

8

'Oh My God –
If y Prif!'

FI FYSE'R CYNTA i gyfadde na wnes i ddim gweithio llawer yn ystod y chweched yn Rhydfelen. Dwi'n credu i fi joio'r ochr gymdeithasol ac unrhyw beth i wneud 'da drama yn fawr, ond ddim yr ochr academaidd. Ar yr ochr gymdeithasol bysen i'n dod lawr i Gaerdydd i aros gyda Fiona Bennett er mwyn mynd i Aelwyd yr Urdd ar Heol Conway. Weles i ddim llawer o'r Aelwyd ond weles i lot fawr o dafarn y Romilly gerllaw. Buon ni hefyd yn mynychu'r Cellar Bar yn dre o dan hen sinema'r Capitol. Er bo fi yn nosbarth chwech ro'n i'n teimlo'n *grown up* pan o'n i'n mynd lawr i Gaerdydd.

Roedd Caerdydd yn galw'n gyson ac ro'n i'n falch bod fy nghyfnither, Anthea, yn byw yna. Yn aml ges i a rhai o fy ffrindie o'r ysgol groeso i aros dros nos 'da hi. Gêm bêl-droed Cymru yn erbyn yr Alban oedd un achlysur ac un arall oedd cael gweld y digrifwr o Iwerddon, Dave Allen, yn fyw ar lwyfan y New Theatre. Am noson a hanner. Os dwi'n cofio'n iawn, Rhys Harries a fi aeth yno, ynghyd ag Anthea. Dwi'n cofio chwerthin lot fawr ond dwi ddim yn cofio 'run o'r jôcs. Ond dwi yn cofio ei linell agoriadol: 'I'm an atheist – thank God!' Chware teg i Anthea, roedd Dad wedi gofyn iddi roi gwersi Bywydeg ychwanegol i fi, gan taw athrawes Fywydeg oedd hi. Bob nos Lun yn nosbarth pump byse hi'n dod o Gaerdydd i Aberdâr i drio dysgu rhywbeth i fi. Aflwyddiannus oedd y fenter, er dwi'n credu i fi wneud yn well yn y pwnc na Gaynor Bowley. Daeth hi mas yn hapus o un arholiad Bywydeg

Ddynol wedi labelu'r deiagram cynta yn iawn. Y piti oedd ei bod hi'n meddwl taw deiagram o'r fagina oedd e – roedd pawb arall yn gwybod taw dyna ddeiagram y glust!

Ro'n i'n dod lawr yn aml i fynd i'r New Theatre. Des i unwaith gyda fy ffrind Robert Thomas i holi'r diddanwr Stan Stennett, oedd wrthi yn y panto. Y New Theatre, Caerdydd, oedd testun fy nghywaith Drama TAU a gan fod Stan yn y panto'n flynyddol manteisies ar y cyfle i gysylltu ag e a threfnu cyfweliad. Roedd yn golygu diwrnod o'r ysgol ond roedd hyn yn iawn gyda Mam a Dad. Er, pan es i 'nôl i'r ysgol ar y dydd Llun gyda nodyn gan fy rhieni yn egluro lle ro'n i aeth fy athro dosbarth, Mr Robin Bateman, yn benwan, gan ddweud bod dim hawl 'da fi wneud 'ny. Aeth e â'r nodyn at bennaeth y flwyddyn ond glywes i ddim rhagor am y peth, felly rhaid bod y pennaeth yn meddwl yr un peth â fi – bod Mr Bateman yn gwneud ffys am ddim byd! Daeth Kerry Collings gyda fi unwaith i'r New Theatre i weld sioe Max Boyce a gan ein bod ni ishe aros tan y diwedd gollon ni'r bws ola adre i Aberdâr. Y peth dwetha ddwedodd Dad wrtha i cyn gadael i fynd i Gaerdydd oedd i wneud yn siŵr ein bod ni'n dala'r bws, gan nad oedd e'n mynd i ddod i 'nôl ni. O diar! Trwy lwc a bendith roedd yr arian fues i'n ei gasglu ar gyfer trip Uwch-adran yr Urdd yn fy mag ac felly gafon ni dacsi yr holl ffordd o Gaerdydd i Aberdâr, tua £20 yr amser 'ny. Talodd mam Kerry hanner 'nôl a Dad gorfodd dalu'r hanner arall.

Roedd yn amlwg erbyn hyn bod gwir ddiddordeb 'da fi ym myd theatr a theledu. Hyd yn oed yn fy arddegau bysen i'n derbyn papur yr actorion, *The Stage*, yn wythnosol ynghyd â *Look-in*, comic am raglenni teledu ITV. Ro'n i'n casglu llofnodion ers 'mod i'n ifanc. Dwi'n siŵr taw llofnod Hywel Gwynfryn oedd un o'r cynta i fi ei gael pan es i gyda Mam a Dad i ryw Steddfod. Cofio gwylio rhaglen deledu yn y prynhawn tra o'n i bant o'r ysgol yn dost, *Houseparty* gan Southern Television – yn debyg iawn i *Loose Women* heddi ond heb yr *attitude*! Roedd eitem ar y rhaglen yn sôn am werth llofnodion a dyna pryd dechreues i gasglu o ddifri. Bellach mae yna'n agos at 2,000 yn fy nghasgliad, a llawer wedi eu fframio. Yng nghyntedd ein tŷ ni mae lluniau Morecambe

& Wise, Tommy Cooper, Les Dawson, cast y *Carry Ons* a chast *Dad's Army* wedi eu llofnodi a'u fframio. Mae llofnodion Richard Burton, Frank Sinatra, Sammy Davis Jr, Bob Hope, Benny Hill a Tony Curtis yn ffefrynnau sydd hefyd mewn fframiau o gwmpas y tŷ. Ond tase rhaid i fi achub un, llofnod Ryan Davies fyse hwnnw. Ddim mor werthfawr yn ariannol â'r rhai y sonies i amdanyn nhw falle ond, i fi, dyma'r llofnod mwya gwerthfawr sy 'da fi.

Pan o'n i yn yr ysgol bues i'n trefnu tripiau lawr i'r BBC yn Llandaf i fod yn aelod o gynulleidfa sawl rhaglen deledu, ond y gore oedd ymweliad â Television Centre yn Llundain i wylio pennod o *Q9* yn cael ei recordio. Seren y gyfres oedd un o'r dynion doniola a gerddodd y ddaear, sef Spike Milligan. Ac yn ddiweddar, pan gaewyd Television Centre wedi'r holl flynyddoedd, daeth atgofion 'nôl o'r adegau y bues i lan i'r ganolfan ddarlledu hynod yna a chael bod yn yr un stiwdio â'r cawr Milligan. Ges i'r fraint o gwrdd ag e flynyddoedd wedyn pan oedd e'n perfformio yn Neuadd Dewi Sant yng Nghaerdydd a ches sgwrs gyda fe am rygbi, gan iddo sylwi bod 'da fi'r un enw â chapten tîm rygbi Cymru ar y pryd.

Roedd 'na gyfnod pan o'n i ddim yn gorfod mynd i Gaerdydd i gymdeithasu. Ro'n i'n ffrindie penna yn yr ysgol gyda Siân James. Roedd Siân yn gariad i Rhys Powys ers amser, ac mae bellach yn wraig iddo ac wedi bod yn athrawes ar fy mhlant yn Ysgol Treganna. Roedd mam-gu Siân yn byw yn Hirwaun, oedd jyst rownd y gornel o Drecynon a 'nghartre i, felly byse Siân yn dod lan bob hyn a hyn pan oedd ei theulu yn ymweld â Hirwaun. Ro'n i wrth fy modd pan oedd Siân yn galw, er taw dim ond siarad a gwrando ar recordiau fysen ni. Unwaith aethon ni am gyrri yn y bwyty Indiaidd yn Aberdâr. Dim fi drefnodd i hyn ddigwydd, ond fe gollon nhw'r trydan a buon ni'n bwyta yng ngole cannwyll weddill y nos. Rhamantus iawn, falle, ond do'n i ddim yn meddwl fel'na. Ro'n i'n meddwl y byd o Siân ac ro'n ni'n ffonio'n gilydd i drafod digwyddiadau'r dydd bron bob nos. Ond gan bo fi ddim yn hyderus gyda merched ro'n i'n ofon gwneud neu ddweud y peth anghywir ac yna'i cholli fel ffrind.

Cymraeg a Cherddoriaeth oedd fy mhynciau ar gyfer Lefel 'A'

ac ro'n i wir yn lico fy athrawon, felly pam na wnes i weithio'n galetach? Gwen Tomos oedd un o'r athrawon Cymraeg, enw handi wrth astudio Daniel Owen! Roedd Clive Rowlands hefyd yn athro Cymraeg hoffus iawn. Ond os o'n ni am osgoi 35 munud o astudio, y fformat oedd dechrau siarad am dîm pêl-droed Abertawe ar ddechrau'r wers. Roedd Clive yn gefnogwr brwd o'r Swans, fel fy nghyd-ddisgybl, Huw Lloyd, a minne. Ro'n i'n nabod Huw ers dyddiau Ynyslwyd ac roedd tad Huw, George, yn ffrindie gyda Dad a'r ddau ohonyn nhw'n canu gyda Chôr Meibion Cwmbach. Yn aml bysen i'n canu 'George Lloyd knew my father, Father knew George Lloyd'!

Roedd y sîn roc Gymreig yn bwysig iawn i ni ar y pryd. Bues i'n ysgrifennu erthyglau ac yn adolygu gigs yn gyson i gylchgrawn *Sgrech*. Ro'n i'n ddiolchgar iawn i Glyn Tomos am y cyfle. Wnaeth e hyd yn oed gyhoeddi erthygl ar Hef a Ieu yn *Sgrech* a do'n ni ddim byd i wneud â'r sîn roc. Fi hefyd oedd yn dosbarthu *Sgrech* yn yr ysgol i ddisgyblion a staff.

Dechreues i TAC (Trefnwyr Adloniant y Cymoedd) gyda Huw, ynghyd â dwy arall o'r dosbarth Cymraeg, Eryl Jordan a Bethan Phillips. Dilyn llwyddiant MACYM (Mudiad Adloniant Cymraeg Ynys Môn) o'n ni, ond do'n ni ddim mor llwyddiannus. Dwi'n credu i ni drefnu dwy gig, un ymweliad gan gwmni theatr gyda Bryn Fôn yn hwpo fferet lawr ei drowser, a jymbl sêl. Yng ngwesty'r Ysguborwen y cynhaliwyd y gigs. Un gyda Clustiau Cŵn (Gareth Potter) a'r Enwogion Colledig (Rhys Harries) ac un arall gyda Bando (grŵp Caryl Parry Jones). Wedi un gig – dwi ddim yn cofio pa un – doedd dim ond digon o arian i dalu'r bandiau, a dim digon i dalu am y PA. Yn hytrach na sortio fe mas, rhedodd Huw a fi nerth ein traed tua hanner milltir lawr dreif yr Ysguborwen ac adre. Dwi ddim yn credu i ni dalu am ddefnyddio y PA 'na fyth.

Yn ystod un o'r gigs o'n i'n gwneud y disgo. Roedd y lle'n eitha llawn o bobol ifanc ardal Aberdâr a'r cymoedd cyfagos a phwy gerddodd mewn i'r disgo heb yn wybod i fi ond Mam, Dad a Bopa! CYWILYDD! 'Be chi'n neud fan hyn?' gofynnes i iddyn nhw. Atebodd Mam: 'Meddwl 'sen ni'n dod i gefnogi!' Doedd yr

Enwogion Colledig ddim at eu dant a wnaethon nhw ddim aros yn hir – diolch i'r drefn! Daeth Manon yr holl ffordd o Gaerdydd i gefnogi gig Bando a chael lifft gan Alun ap Brinley (DJ y noson), chware teg iddo fe.

Buon ni'n pedwar – Eryl, Bethan, Huw a fi – ynghyd â Ceri Davies yn cymdeithasu llawer tu fas i'r ysgol ac yn enjoio ambell beint yn y Cross Inn, Trecynon, a'r Black Lion yn Sgwâr Victoria, Aberdâr, o dan gysgod cofgolofn Caradog (Griffith Rhys Jones, arweinydd y Côr Mawr a enillodd gystadlaethau corawl Crystal Palace yn 1872/73). Dwi'n cofio'r noson fythgofiadwy pan ddaeth Dai Long draw o'r Rhondda i aros. Roedd e'n meddwl ei fod e'n artist *trapeze* ac fe gerddodd, wedi meddwi, ar hyd y ffens oedd yn amgylchynu'r pwll pysgod ger Llyfrgell Aberdâr. Wrth gwrs, gwmpodd e mewn a bu raid iddo gerdded 'nôl i dŷ Huw yng Nghwmdâr lle ro'n ni i gyd yn aros y noswaith 'ny! Roedd Huw 'di dysgu dreifo'n ifanc ac roedd e'n cael defnydd car ar gyfer ein cludo fan hyn a fan 'co. Ond 'nôl yn y stafell ddosbarth roedd Huw a fi, ynghyd â Dai Long, wastod yn gwybod taw siarad am y Swans oedd y ffordd ore i osgoi gwers am gerddi T H Parry-Williams.

Roedd gwersi cerddoriaeth yn waeth. Er bod Dad yn athro Cerddoriaeth doedd e ddim 'di pasio'i ddawn lawr ata i. Eleri Owen, Dulais Rhys a Heledd Hall oedd fy athrawon Cerddoriaeth. Ro'n i'n hoff o'r tri a'r tri yn defnyddio arddulliau hollol wahanol wrth ddysgu: Eleri Owen yn fwy traddodiadol, Dulais yn hollol boncyrs a Heledd Hall yn ifanc ac yn rhwydd i'w phryfocio.

Bues i'n gwneud disgo yn y Clwb Trydan ym Mhontcanna, Caerdydd, noson gêm rygbi tua'r adeg yma. Roedd Heledd yn y clwb ac wedi cael ambell ddiod. Doedd dim ond rhaid i fi ei hatgoffa o'r noson yn y stafell ddosbarth fore Llun ac roedd hynny'n ddigon iddi gochi yn gochach na choch!

Wnes i'n eitha da mewn Cerddoriaeth yn ystod blwyddyn gynta'r chweched ond ddim cystal yr ail flwyddyn. Falle taw'r rheswm am hyn oedd taw Geraint Cynan oedd yn gwneud y rhan fwya o 'ngwaith cartre i'r flwyddyn gynta honno, cyn iddo adael a mynd i'r Brifysgol. Roedd Geraint yn feistr ar gerddoriaeth, ac mae'n dal i fod. A diolch i'r drefn ei fod e a fi yn yr ysgol yr un pryd – dim jyst am iddo wneud fy ngwaith cartre cerddorol, er bod hynny'n help!

Diwedd Awst oedd hi pan ddaeth y canlyniadau Lefel 'A'. Dim ond dwy 'E' oedd angen arna i i fynd i'r Coleg Normal ym Mangor i astudio Cymraeg a chael fy hyfforddi fel athro. Ro'n i eisoes wedi bod lan i Fangor am gyfweliad, cyfweliad aeth yn annisgwyl o dda – roedd gan brifathro'r coleg ar y pryd gysylltiad ag Aberdâr – a ches yffach o sesh gyda fy ffrindie ym Mhrifysgol Bangor: Geraint Cynan, Keith Bach, Gareth Ioan a Rhodri Thomas. Ro'n i wedi mynd lan i'r cyfweliad ar y trên yn fy nillad smart – gan gynnwys pâr o sgidie Kickers coch! Roedd penwythnos y Steddfod Ryng-gol rownd y gornel. Ges i'r bois mewn i tam bach o drwbwl gyda Siân Wheway, cyd-fyfyrwraig oedd yn arwain y côr. Yn hytrach na mynd i'r ymarfer, daeth y bois mas 'da fi a chael amser da. (Beth oedd Keith Bach yn ei wneud yn y côr, sdim syniad 'da fi, gan ei fod e'n hollol *tone deaf*!) Cysgu ar lawr stafell Cynan yn JMJ wnes i y noson 'ny gyda'r bwriad o ddal y trên 'nôl i'r De yn y bore. Codi'n fore a'r bois yn fy mherswadio i aros lan gyda nhw. Gymrodd e ddim lot o berswâd a ffonies i Mam i ddweud y bysen i 'nôl dydd Gwener. Ces gyfle wedyn i hala amser gyda ffrind da o'r ysgol, Rhian Close, oedd eisoes yn y Coleg Normal, a chwrdd â Gareth (JO) Roberts am y tro cynta, ac ynte newydd ddreifo'i gar mewn i wal os dwi'n cofio'n iawn. Daeth dydd Gwener, a'r bois yn cynnig i fi fynd gyda nhw ar y bws i'r Steddfod Ryng-gol yn Aberystwyth a dal y trên 'nôl o Aber. Dyna wnes i, ond doedd Siân Wheway dal ddim yn hapus gan ei bod hi'n meddwl bo fi'n ddylanwad drwg. Fi? Dylanwad drwg?

Meddwes i'n rhacs yn Aberystwyth a threulio gweddill y penwythnos yn cwato oddi wrth gariad ffrind Rhian Close, merch o'r Coleg Normal ro'n i wedi cysgu gyda hi ar lawr y lolfa ym Mhantycelyn. Do'n i ddim yn gwybod bod cariad gyda hi! Rhaffu clwydde wrth John Bwlchllan, y Warden, trwy ddweud bo fi'n fyfyriwr ym Mangor. Mwynhau y darnau weles i o gig Edward H yn y Neuadd Fawr yng Nghanolfan y Celfyddydau a bwmpo mewn i Gary 'Cosmic' Beard, athro Gwyddoniaeth yn Rhydfelen.

Am benwythnos a hanner. 'Nôl yn Rhydfelen ar y dydd Llun weles i Ifan Wyn: 'Sut aeth dy gyfweliad ym Mangor, Ieu?' gofynnodd. A chyn i fi ateb fe atebodd drosta i: 'Da iawn, glywes i,' medde fe gyda gwên ddireidus ar ei wyneb.

Dyna pam o'n i'n lico Ifan Wyn cymaint. Doedd e byth yn trin y chweched fel plant. Er syndod i ambell athro henffasiwn, byse fe'n dod lan i uned y chweched yn aml a gofyn a fyse hi'n iawn iddo gael paned a sgwrs gyda ni yn ein lolfa. Roedd e'n cymryd gwir ddiddordeb ynon ni fel pobol ifanc.

Pan ddathles i fy mhen blwydd yn ddeunaw ges i barti ar y cyd gyda Rhian Elis (sydd bellach yn brifathrawes Ysgol Gyfun y Cymer yn y Rhondda) a Ceri Wyn (llyfrgellydd yr ysgol o Dreorci oedd yn dathlu ei ben blwydd yn 21) yng nghlwb Bumpers yn y Castle Arcade yng Nghaerdydd. Daeth y rhan fwya o'r chweched, rhai ffrindie o Lanhari a nifer fawr o athrawon Rhydfelen. Roedd athrawon fel Eleri Owen (Cerddoriaeth) yn meddwl ei fod e'n warthus bo fi'n a) gwahodd athrawon yn y lle cynta a b) bod nifer o athrawon wedi derbyn y gwahoddiad. Cafodd Ifan Wyn wahoddiad, ond ar y prynhawn Gwener ges i fy ngalw i'w swyddfa. Diolchodd e am y gwahoddiad ac ymddiheuro ei fod e ffaelu dod achos cyfarfod y noson 'ny. Dyna ffordd Ifan Wyn o wrthod y gwahoddiad heb ypsetio Rhian, Ceri a fi. Wrth i fi adael ei stafell fe estynnodd e bapur pumpunt o'i boced a dweud wrtha i am brynu drinc i ni'n tri y noswaith 'ny a mwynhau'r parti.

Yr unig dro i fi siomi Ifan Wyn oedd pan ofynnes i am ganiatâd i fynd mas o'r ysgol i brynu cerdyn pen blwydd o'r swyddfa bost ym mhentre Rhydyfelin. Doedd hyd yn oed y chweched ddim yn cael gadael tir yr ysgol heb ganiatâd – oni bai bod Hywel Jeffreys, y dirprwy, yn hala ni mas i brynu copi o'r *Sun*. Doedd Gwyneth ei wraig (yr athrawes Ffrangeg) ddim yn gadael iddo fe gael copi adre! Ond do'n i ddim yn mynd i 'nôl cerdyn. Mynd i gaffi Big Daddies o'n i gyda nifer o'r chweched i gael paned o *frothy coffee* (doedd dim shwt beth â *cappuccino* pry'ny!) – a ffag. Ie, diolch i noson feddwol yn y Philharmonic yng Nghaerdydd gyda Stifyn Parri, Raz (Rhianydd Newbery) a merched Llanhari ro'n i 'di dechrau smocio! (Gyda 'nghefn tuag at ddrws y caffi.) Ar ôl

'chydig dyma un o fy ffrindie'n dweud: 'Oh my god – If y Prif!'
Feddylies i eu bod nhw'n trio hala ofon arna i, gan taw newydd
ddechrau smocio o'n i. Wnaethon nhw gwato eu sigaréts ond
garies i mlaen i smocio. Troies i rownd a phwy oedd 'na ond Ifan
Wyn. Edrychodd e arnon ni i gyd, gan gynnwys un prif ddisgybl,
a dweud: 'Wedi i chi orffen eich paneidiau a'ch sigaréts, allwch
chi ddod yn syth i'm swyddfa i os gwelwch chi'n dda?'

Gafon ni yffach o stŵr ganddo fe a'r dirprwy a chyn i ni adael
fe ddwedodd ei fod am ysgrifennu at ein rhieni i'w hysbysu ein
bod ni'n smocio. Byse Mam a Dad yn mynd yn boncyrs. Ond
roedd gwaeth i ddod. Y prynhawn hwnnw daeth yr alwad bod
If y Prif ar ei ffordd i'r uned. Pawb yn rhuthro i esgus gweithio.
Ro'n i â 'mhen mewn llyfr yn y llyfrgell. Daeth Ifan Wyn i mewn
a dweud: 'Ieu – dere i'm swyddfa.' Ro'n i wrth fy modd ei fod e
wastod yn fy ngalw i'n 'Ieu' ond do'n i ddim yn disgwyl mlaen
at y sgwrs yma. Roedd Ifan Wyn yn sefyll o flaen ei ddesg yn y
swyddfa. Fe ddwedodd gymaint o siom oedd e 'di cael bo fi 'di
dweud celwydd er mwyn cael mynd i'r caffi. Gariodd e mlaen i
ddweud, tasen i 'di gofyn am ganiatâd y byse fe wedi ei roi i fi.
Dwedodd wrtha i na fyse fe'n hala llythyr at Mam a Dad ond ei
fod e wedi cael siom wirioneddol ynof am bo fi wedi ei dwyllo.
Wrth gerdded o'i stafell ro'n i'n teimlo fel baw. Ro'n i'n meddwl y
byd o'r dyn 'ma, ac ro'n i wedi ei dwyllo. Do'n i wirioneddol ddim
yn lico'n hunan y diwrnod 'ny.

Ar ddiwrnod y canlyniadau Lefel 'A' es i lawr i'r ysgol ger
Pontypridd. Roedd y Cwrs Haf ymlaen ar y pryd ac roedd nifer o
fy ffrindie'n helpu mas. Ro'n i ar y ffordd i swogio yn Llangrannog.
Es i draw i stafell yr athro gyrfaoedd, Gwyn Pritchard Jones.
Edrychodd e ar y darn bach o bapur gyda 'nghanlyniadau arno.
Chwifiodd e'r papur tuag ata i a'r unig beth ddwedodd e oedd
'Wel?' Ro'n i wedi gwneud yn arbennig o wael, cael 'O' mewn
Cymraeg ac 'F' mewn Cerddoriaeth. Fel ddwedodd Glan Davies
flynyddoedd wedyn, 'Ro'n i'n dalentog yn yr ysgol – talentog o
dwp!'

Er gwaetha'r canlyniadau gwael, ro'n i'n disgwyl i'r athro
gyrfaoedd ddweud mwy na 'Wel?'! Ond wnaeth e ddim ac es i

o'r stafell yn meddwl 'Beth ar y ddaear ydw i'n mynd i'w ddweud wrth Mam a Dad?' Diolch byth, ro'n nhw bant ar eu gwyliau ar y pryd. Y person cynta i fi ei weld ar ôl gadael swyddfa G P Jones oedd athrawes Saesneg yr ysgol, Mair Rowlands. Aeth Mair a fi mlaen i fod yn ffrindie mawr pan adawodd hi'r byd addysg i fod yn actores. Hyd yn oed tra o'n i yn yr ysgol ro'n ni fwy fel brawd a chwaer nag athrawes a disgybl. 'Beth ges di, 'te?' medde Mair. 'F – O!' medde fi. Bostiodd Mair mas i chwerthin – a wnaeth hynny i fi deimlo'n well.

Roedd y bois (fy ffrindie o Fangor) – Keith Bach, Cynan, GI a Rhodri – i gyd yn Llangrannog yn barod yn aros amdana i. Pan gyrhaeddes i ar y bws ro'n nhw 'na yn eiddgar i wybod os o'n i'n mynd i fod yn ymuno â nhw lan sha'r Gogs. Chware teg, ro'n nhw'n eitha siomedig drosta i. Wel, dwi'n credu taw siom oedd y rheswm iddyn nhw alw fi'n dwat! Ond hei, ro'n ni yn y gwersyll ger y lli, amser i anghofio'r byd mawr tu fas i'r cloddie a joio'r pythefnos o swogio oedd o'n blaenau ni.

Ar y nos Sul es i, Dewi Tudur, Huw 'Bach' Evans (fy ffrind hoff a thyner ac un o'r bobol ddoniola fuodd byw erioed) a chriw o fechgyn i wersylla dros nos ar ochr y bryn tua canllath o'r gwersyll. Pan ddaeth y bore glywes i lais John Japheth tu fas y babell. Hwpodd Japh ei ben mewn a dweud bod Ifan Wyn ar y ffôn i fi 'nôl yn y gwersyll. Rhedes i nerth 'y nhraed at y ffôn yn swyddfa Japh – ro'n i'n fwy chwim yr adeg 'ny! 'Gwranda, Ieu,' medde'r llais melfedaidd cyfarwydd, 'dwi ddim isho sôn am dy ganlyniadau.' (Diolch i'r drefn, meddylies i). 'Be dwi isho wybod yw beth wyt ti am wneud nesa?' Dwedes i wrtho taw cael fy ngorfodi gan yr athrawon a 'nhad wnes i i ddewis y Normal a taw'r lle ro'n i wir ishe mynd iddo oedd Coleg Cerdd a Drama Cymru. 'Iawn,' medde fe. 'Gad bethe 'fo fi – ddof fi 'nôl atat ti.' A dyna fu tan ar ôl cinio, pan ffoniodd Ifan Wyn am yr eildro. Y tro 'ma fe ddwedodd e y byse'n rhaid i fi adael y gwersyll y bore wedyn (bore Mawrth) a mynd yn syth i'r ysgol. Roedd cyfweliad wedi ei drefnu ar gyfer y dydd Llun canlynol yng Ngholeg Cerdd a Drama Cymru yng Nghaerdydd. O brynhawn Mawrth hyd at amser te dydd Gwener roedd Ifan Wyn wedi trefnu gyda John

Owen y byse fe'n dod i'r ysgol bob dydd i 'nhrwytho i yn y darnau oedd eu hangen ar gyfer y cyfweliad – sef areithiau mas o *Pethau Brau* (cyfieithiad Emyr Edwards o *The Glass Menagerie* Tennessee Williams) a chyfieithiad Saesneg o *Siwan* gan Saunders Lewis.

Wedi cinio dydd Llun ges i'r cyfweliad. Doedd tymor y coleg heb ddechrau ond roedd Ifan Wyn wedi gofyn am ffafr gan ei gyfaill Raymond Edwards, prifathro'r coleg, ac fe alwodd e Peter Palmer (pennaeth Drama), Douglas Dempster (pennaeth y cwrs Perfformio) ac Annes Gruffydd (yr unig ddarlithydd oedd yn medru'r Gymraeg) i fewn yn unswydd i fy nghyfweld. Wedi i fi berfformio'r darnau – o'n i'n eu gwybod *back to front* – ac ar ôl sgwrs fach â'r panel fe ges i'r newyddion da bo fi 'di cael lle yn y coleg – a bo fi'n dechrau yr wythnos ganlynol!

Ifan Wyn – dyna i chi brifathro. Dyn oedd wir yn poeni am ei ddisgyblion ac yn eu parchu. Dwi wrth fy modd bellach bod wyres Ifan Wyn, Alys, yn ffrindie gyda fy mab Cai yn Ysgol Plasmawr.

Roedd yn rhaid symud yn gloi nawr gan fod llai nag wythnos cyn i fi adael cartre a symud i Gaerdydd i'r coleg. Bues i'n ffodus iawn i Fiona Bennett gynnig i fi fyw am gyfnod gyda'i rhieni, Des a Mo, yn Fernleigh, eu cartre yn Ystum Taf – neu Llandaf North. Cartre oddi cartre, fel petai. Ro'n i'n nabod Des a Mo ers amser ac Amanda, chwaer Fiona, a aeth yn ei blaen i ennill 25 cap yn chware rygbi dros Gymru. Cysylltiad arall â Ryan fan hyn – recordydd sain gyda'r BBC oedd Des a fe oedd yr un a recordiodd y record hir *Ryan at the Rank* i Recordiau'r Mynydd Du. Ro'n i wrth fy modd yn Fernleigh a ches i groeso arbennig gan Mo a Des a sgyrsiau difyr gydag Amanda fin nos a hithe (oedd yn dal yn Ysgol Llanhari ar y pryd) yn dwyn ambell sigarét gen i heb yn wybod i'w rhieni.

Roedd diwrnod cynta coleg yn f'atgoffa o fy niwrnod cynta yn Rhydfelen – ddim yn gwybod pwy fysen i'n cwrdd ac ati. Braf oedd gweld bod Iestyn Jones yn fy mlwyddyn i. Ro'n i'n nabod Iestyn gan ei fod yn aelod o gast *Y Brenin Arthur*. Bellach mae Iestyn yn adnabyddus am chware rhan Ieuan Griffiths yn *Pobol y Cwm* ers blynyddoedd lawer. Gan ein bod ni'n siarad Cymraeg â'n gilydd fe glywodd un cyd-fyfyriwr hyn ac ymuno yn y sgwrs

yn syth. Hefin Wyn Williams o Sir Fôn oedd e. Daethon ni mlaen
yn syth. Roedd 19 ohonon ni ar y cwrs Perfformio y flwyddyn
'ny a dim ond pump yn Gymry Cymraeg: fi, Iestyn, Hef, a dwy
o ffrindie Stifyn Parri o ochrau Rhos – Linda Fach a Jen Dafis.
Douglas Dempster oedd pennaeth ein blwyddyn, dyn â stumiau
oedd yn fy atgoffa o Bruce Forsyth.

Setlon ni i gyd mewn yn eitha cloi – ac un peth sylwes i'n
syth oedd bod y myfyrwyr Drama yn eistedd un ochr i'r stafell
gyffredin a'r myfyrwyr Cerdd ar yr ochr arall. *Never the twain*,
myn yffach i!

9

'Allwn Ni Wastod Drio'r Royal Command Performance!'

GAFON NI BOB math o ddarlithoedd a gwersi yn y Coleg Cerdd a Drama. Roedd y gwersi dawns a symud yn cael eu harwain gan Tim Hext a Caroline Lamb. Dwedes i wrth Tim taw'r unig ddawnsio o'n i 'di wneud oedd dawnsio gwerin gyda Morfudd Stone a Mrs Davies Death! Roedd Tim wedi bod yn ddawnsiwr gyda'r Black & White Minstrels ac yn honni taw fe ddysgodd David Bowie sut i ddawnsio. Ypsetes i fe unwaith pan ddwedes i bo fi erioed 'di gweld David Bowie yn dawnsio! Trwy gydol fy amser yn y coleg byse Tim yn bloeddio arna i wrth i fi gerdded ag osgo diog ar hyd y coridorau: 'Ieuan – shoulders!' Roedd hyn yn ddigon i fi sythu 'nghefn a thynnu'n ysgwyddau i lawr.

Roedd Caroline, ar y llaw arall, yn eitha ffit felly ro'n i'n hoff iawn o'i dosbarthiadau dawns hi. Ond yng nghefn y dosbarthiadau dawns a symud y byse Hefin Wyn a fi bob tro. Wnaethon ni fyth ddawnsio gwerin yn y coleg *so* o'n i'n *buggered* o'r dechrau. Dawnsio modern, jazz a bale. Do, bues i'n gwneud bale yn aml – yn sefyll wrth y bar yn y stiwdio ddawns yn ymarfer y *plié*, y *chassé* a'r *jeté*! Dwi'n gwybod pa fath o far o'n i ishe sefyll wrth ei ochr!

Gafon ni wersi Voice & Speech gyda John Wills. Fe wnaeth e drio'i ore i fwrw'r acen Gymreig mas ohono i er mwyn i fi siarad mewn Standard English neu RP (Received Pronunciation). Mae

Manon yn dweud hyd heddi bo fi'n siarad ag acen Saesneg posh ond mae pob Sais dwi'n nabod yn gallu gweld a chlywed taw Cymro ydw i'n syth. Roedd John wastod yn dweud y bysen ni angen RP i weithio yn y West End mewn cynhyrchiad o'r enw *Tons of Jelly* – cynhyrchiad oedd e 'di gwneud lan. Ond buon ni am gyfnodau yn sefyll mewn cylch yn ei wersi yn ymarfer dweud 'My father's car is a Jaguar and he drives it rather fast' ac 'I love plum buns', oedd i fod i swnio fel 'Aye larv plarm baans'!

Ypsetes i John Wills unwaith 'fyd pan ddwedes i bo fi ddim yn meddwl llawer o Shakespeare. Cabledd i fyfyriwr Drama mewn coleg Drama! Dwi'n falch i ddweud nad ydw i'n meddwl hyn bellach. Wnaethon ni gynhyrchiad bach gydag e hefyd. *Projects*, fel o'n nhw'n cael eu galw – dim byd mawr, dim ond rhywbeth i'n cyd-fyfyrwyr. Dwi ddim yn cofio beth oedd testun y prosiect ond dwi'n gwybod taw'r gerdd 'Hedd Wyn' gan R Williams Parry oedd yr unig ddarn Cymraeg yn y cynhyrchiad.

Hef oedd yn dechrau trwy lefaru 'Y bardd trwm dan bridd tramor...' ac yn y blaen. Fi oedd yn llefaru'r ail bennill:

> Wedi ei fyw y mae dy fywyd, dy rawd
> Wedi ei rhedeg hefyd.

Iestyn Jones oedd yn cario mlaen gyda'r trydydd pennill. A dyma sut y llefarodd Iestyn – gyda Hef a minne yn sefyll ar y llwyfan wrth ei ochr:

> Tyner yw'r lleuad heno tros fawnog
> Trawsfynydd yn dringo:
> Dwi ddim yn cofio beth sy'n dod nesa
> Ond cariaf mlaen at ddiwedd y gerdd.

Dechreuodd Hef a fi wenu, fe drodd y wên yn chwerthin ac medde John Wills, yr academig Seisnig: 'Iestyn Jones, what are you saying?' Tase Hef a fi heb chwerthin dwi'n siŵr y byse Iestyn 'di cael *get away* gydag anghofio'r llinellau.

Roedd June Griffiths, gwraig y prifathro, Raymond Edwards, yn ddarlithydd arall. Menyw *prim and proper* ond yn ymylu ar fod yn hollol wallgo. Dangosodd hi ffilm *Henry V* gan Shakespeare i ni gyda Laurence Olivier yn cyfarwyddo a chware'r brif ran. Roedd June yn meddwl bod yr haul yn tywynnu mas o ben-ôl Olivier. Wedi i'r ffilm orffen gofynnodd hi'r cwestiwn: 'Why do you think Olivier made this film?' Allwch chi ddychmygu ei hymateb pan atebodd Mark Coxon, myfyriwr o ochrau Llundain, heb flewyn ar ei dafod: 'For the fuckin money!'

Aeth hi'n benwan a stormio mas o'r stafell yn llefain i sŵn 19 myfyriwr yn chwerthin. Os do fe – gafon ni'n galw lan i weld Douglas Dempster yn syth. Ofynnodd e i ni sefyll mewn cylch, gyda fe yn y canol yn mynd rownd ni gyd yn ein tro, yn pwyntio aton ni a dweud wrthon ni'n unigol: 'You're shit! And you're shit! And you're shit...' Anodd oedd peidio chwerthin gan gofio ei debygrwydd i Bruce Forsyth. Wrth iddo fynd rownd y cylch ro'n i'n disgwyl iddo fe ddweud 'Mmmmm... Good game, good game. Mmmm!'

Kath Collings oedd yn dysgu canu i ni ac ro'n i'n joio'r gwersi yma. Ro'n i eisoes 'di cael un wers yn y coleg ar gyfer fy Lefel 'A' Cerddoriaeth gan fenyw o'r enw Margaret Tann Williams. Yn y wers honno y peth cynta ddwedodd hi oedd 'I need to hear your voice – sing "God Save the Queen" for me.' Bues i bron â thagu. 'I don't know the words,' medde fi. Ges i ganu 'Hen Wlad Fy Nhadau' yn lle hynny. Des i o 'na a dweud wrth Dad 'Byth eto!' Ond wedi i fi ddechrau fel myfyriwr yn y coleg des i nabod Margaret a chael sioc ei bod hi'n siarad Cymraeg.

Dim ond un traethawd ysgrifennes i erioed tra o'n i'n y coleg. Roedd Martin Colburn yn ein cymryd ar gwrs chwerthinllyd o'r enw 'Play Reading'. Martin fyse'n dewis y ddrama wythnosol – hen ddramâu o'r pumdegau a'r chwedegau gan amla – ac yna bysen ni'n darllen y dramâu mas yn uchel yn y gwersi. Do'n i ddim yn hoff o'r darlithoedd yma gan nad o'n i'n dda yn darllen ar yr olwg gynta. (Dwi dal yr un peth heddi. Pan dwi'n cael sgript rhaid i fi ei darllen sawl gwaith cyn i fi fynd i'r *read through*.) Gofynnodd Martin i ni ysgrifennu adolygiad o ddwy ddrama ro'n ni wedi eu darllen yn ystod y flwyddyn. Wel, i ddechrau do'n i ffaelu cofio hanner y dramâu ro'n ni 'di darllen ac, yn ail, cwrs perfformio oedd e, dim un academaidd. Ond roedd beth wnes i'n athrylithgar. Ysgrifennes i adolygiad gan orffen ar ganol brawddeg ar waelod yr ail ochr o bapur A4. Ar ôl tipyn daeth Martin lawr i'r stafell gyffredin i ddweud taw dim ond hanner fy ngwaith oedd e'n gallu ffeindio. Daeth yr actor ynof fi i'r fei: 'Oh, Martin,' medde fi. 'You haven't lost my work? That took me ages to write. I won't be happy if you've lost it.' Aeth e 'nôl i'r stiwdio ddrama. Glywes i ddim byd arall tan yr wythnos ganlynol pan gafon ni ein gwaith 'nôl wedi ei farcio. Ges i B+. Canlyniad!

Ro'n i wedi dechrau gweld merch yn syth ar ddiwedd fy wythnos gynta yn y coleg. Rachel Bryant, merch o Gaerfaddon, oedd yn y drydedd flwyddyn. Gwrddon ni mewn gig ddim yn bell o Bute Street, noson Gymraeg gydag Omega (Delwyn Siôn) yn canu. Es i 'nôl i'w fflat moethus yn Cathays Terrace. Moethus i lygod falle! Anghofies i ffonio Des a Mo i ddweud na fysen i adre – roedd hi'n anoddach bryd 'ny gan ei fod e'n fyd heb ffonau symudol. Beth bynnag, yn y bore roedd Rachel ar ei ffordd adre i Gaerfaddon ond roedd hi'n awyddus i ddweud rhywbeth wrtha i cyn iddi fynd. Roedd hi'n lico fi. Ro'n i'n falch o 'ny, gan bo ni newydd dreulio'r noson 'da'n gilydd! Roedd hi hefyd am i fi wybod ei bod hi'n 'BS' ac ishe i fi feddwl am y peth dros y penwythnos. Os oedd hyn yn iawn bysen ni'n cario mlaen i weld ein gilydd ddydd Llun. Yna bant â hi gan adael i fi ffeindio'n ffordd 'nôl i Fernleigh i egluro i Des a Mo pam na ddes i 'nôl y noswaith cynt.

Beth ar y ddaear oedd BS? I ddechrau ro'n i'n meddwl bod Rachel yn Batchelor of Science! Ro'n i'n dal yn naïf iawn. Ond wedi holi ffrindie dros y penwythnos ffeindies i mas bod Rachel yn ddeurywiol neu'n *bisexual*. Doedd 'da fi ddim problem gyda hyn o gwbwl. *Straight*, hoyw, *bisexual* – y person sy'n bwysig, dim eu rhywioldeb.

Buon ni gyda'n gilydd am naw mis, a hithe'n dod i Aberdâr i gwrdd â Mam a Dad, gyda Dad yn mynnu rhoi gwersi Cymraeg iddi. Tra o'n ni'n cael cinio byse Dad yn dweud rhywbeth fel hyn: 'This is a potato. We call it "taten". You say it now – "taten"!' Mae rhieni yn gallu codi cywilydd arnoch chi, *eh*? Cofiwch, ro'n i hefyd yn cael triniaeth wahanol pan o'n i'n ymweld â'i theulu hi mewn tŷ mawr yng nghanol y wlad tu fas i Gaerfaddon. Gafon nhw barti unwaith a dwi'n cofio Rachel yn fy nghyflwyno i'w pherthnasau a ffrindie'r teulu a nhwthe i gyd yn dweud yn eu tro: 'Oh, you're Welsh. Are you going to sing for us later?' Ganes i ddim ond fe wnes i fy *party piece* sef cerdd Max Boyce, 'Ticketless'.

Yn ystod y naw mis fuon ni 'da'n gilydd digwyddodd llawer i fi – mwy tu fas i'r coleg. Ro'n i wedi cael swydd ar benwythnosau diolch i fy ffrind Gareth Thomas. Roedd Gareth yn y chweched pan o'n i'n yr ail flwyddyn yn Rhydfelen a des i i'w nabod yn dda gan ei fod yn mynd mas gydag Anna Lindsay (un o ferched Llanhari). Roedd Gareth yn ddrymiwr ac wedi chware gyda Josgin, Hergest a nawr grŵp Caryl – Bando. Trwyddo fe ges i gynnig gwaith fel *roadie* i Bando. Fi oedd yn cario'u hoffer i'r fan ac yna o'r fan i'r gigs. Drymie Gareth oedd yn cael blaenoriaeth. Bysen i hefyd yn cael gweithio'r golau ar gyfer y gigs. Pumpunt y gig oedd y tâl. Ro'n i wrth fy modd yn cael teithio gyda'r band yn y fan. Caryl, Gareth, Rhys, Myfyr, Martin Sage a fi. Des i mlaen yn well gyda'r bois – doedd gan Caryl ddim lot i'w ddweud wrtha i ar y pryd. Er hyn, ro'n i bob amser yn edrych mlaen yn eiddgar at y penwythnos i fynd bant gyda Bando i lefydd egsotig fel Dixieland y Rhyl, Pafiliwn Corwen a Phlas Coch ar Ynys Môn.

Uchafbwynt gweithio gyda Bando oedd pan ganodd y grŵp ar *Swap Shop*, rhaglen fore Sadwrn y BBC gyda Noel Edmonds. Yn wythnosol byse cyd-gyflwynwyr Noel, sef Keith Chegwin a Maggie Philbin, ei wraig ar y pryd, yn cynnal Swaporama rywle ym Mhrydain – cyfle i wylwyr ddod i swapio nwydde am nwydde eraill. Un penwythnos ro'n nhw yng Nghastell Caerdydd, a Bando yn perfformio. Roedd disgwyl i fi fod yna hefyd i helpu cario'r offer ac i setio drymie Gareth lan ar y llwyfan allanol. Daeth Hef i wybod am hyn ac, wrth reswm, roedd e ishe bod yna i gwrdd â Cheggers. Roedd e ishe sôn wrtho fe am ein hact ddwbwl ni, Hef a Ieu, a gofyn am sbot ar y rhaglen. Nawr, mae lle ac amser i bopeth ac nid dyna'r amser na'r lle i drafod hynny. Dwi'n dal fel hyn hyd heddi. Os dwi'n gweithio, dwi'n gweithio. Y gwaith dwi'n wneud ar y pryd sy'n cael fy sylw a dim byd arall.

Trodd Hef lan yn y castell ynghyd â nifer fawr o'r cyhoedd. Y cynllun oedd gwylio'r grŵp cynta'n perfformio'n fyw o'r castell ar *Swap Shop*, aros iddyn nhw symud eu hofferynnau ac ati ac yna cario offer Bando i'r llwyfan yn barod am eu perfformiad nhw. Spandau Ballet oedd y grŵp cynta i berfformio. Wedi i Caryl a'r bois ganu i Brydain gyfan a llwytho'r offer 'nôl yn y fan aethon ni gyd i far y castell. Daeth Hef hefyd. Pan ddaeth Cheggers i'r bar wedi i'r darllediad ddod i ben fe waeddodd Hef arno: 'Hey, Cheggers, why have you never been to Anglesey with the Swaporama?' Atebodd Cheggers yn ei acen Sgowser: 'We have, mate – we've been to Beaumaris.' Ro'n i ishe marw pan atebodd Hef: 'It's Biwmares, not Beaumaris!' Ond nid dyna ddiwedd y cywilydd. Roedd Rhys Dyrfal, gitarydd bas Bando, yn gweithio yn y cyfryngau ac fe gyflwynodd e ni i gynhyrchydd *Swap Shop*, Chris Bellinger, oedd gyda chriw y BBC yn y castell. Dwedodd Hef wrtho ein bod ni'n dau yn y coleg drama ond yn perfformio fel *double act* Cymraeg a bo ni ishe slot os yn bosib ar *Swap Shop*! Atebodd y cynhyrchydd: 'Listen lads, if I wanted a double act I'd get Little and Large or Cannon and Ball. My advice to you would be to start on local television'. Ateb eitha teg, o'n i'n meddwl, ond ddim i Hef: 'We don't want to start on local television,' medde fe. Bu tawelwch lletchwith am ychydig. Es i â 'mheint 'nôl i eistedd gyda gweddill Bando gyda fy mhen yn fy mhlu. Doedd Hef ddim yn hapus gyda'r sefyllfa ac roedd e'n meddwl bod Chris Bellinger 'di bod yn hollol afresymol. Eisteddodd Hef gyda ni yn hollol ddigalon. Sylwodd aelodau Bando ar hyn ac roedd yr awyrgylch yn oeraidd. Dwi ddim yn credu i fi helpu'r sefyllfa gyda fy hiwmor pan ddwedes i 'Paid poeni ychan, Hef – allwn ni wastod drio'r Royal Command Performance!' Cododd Hef a cherddodd o 'na!

Fe gafodd Hef a fi gyfle i ymddangos ar *Sêr*, diolch i Alun 'Sbardun' Huws. I ddechrau roedd gwrandawiad eitha *dychrynllyd* o flaen Sbardun a'r cynhyrchydd, Ieuan Davies. Fi'n trio canu gyda gitâr a Hef yn tarfu arna i gyda'i ddynwarediadau gwych. Gafon ni ymateb da i'r ymddangosiad a thrwy hynny gael cynnig ambell gig arall. Ro'n i eisoes wedi bod ar *Sêr* cyn dyfodiad S4C. Tra o'n i'n yr ysgol ges i gyfle i ddarllen newyddion pop *Sêr*.

Fi fy hun oedd yn llunio'r adroddiad – fy marn bersonol i ar y sîn roc a phop yng Nghymru. Ces gyfarfod ag Arfon Haines Davies am y tro cynta a bellach, bob tro dwi'n gweld Arfon, ry'n ni'n cael sgyrsiau hir am ein diddordeb mewn casglu llofnodion.

Yn ystod y cyfnod y bues i gyda Rachel ffeindies i le i fyw ar Richmond Road. Roedd pedwar ohonon ni'n rhannu dwy stafell mewn tŷ – Hef a Phil Roberts mewn un stafell a fi'n rhannu gyda chyd-fyfyriwr o Gasnewydd, Tim James. Rhent o £12.50 yr wythnos a'r *landlady* yn cymoni ein stafelloedd bob dydd Gwener. Bargen.

Gafon ni hwyl yn y stafelloedd yma. Fan hyn fuodd Hef a fi'n ysgrifennu ac ymarfer y *patter* ar gyfer ein hact. Gafon ni gig wych un noson yn y Central Hotel yng Nghaerdydd. Noson i godi arian i brynu clwb Cymraeg yn y ddinas (a drodd mas i fod yn Glwb Ifor Bach). Roedd Hef yn ddynwaredwr o fri ac yn yr act byse fe'n dynwared Hywel Gwynfryn, Harri Parri a Meic Pierce (*Pobol y Cwm*), Ifas y Tryc ac ambell *celeb* Saesneg 'fyd. Hiwmor a chaneuon. Aethon ni lawr mor dda y noswaith 'na dwi'n cofio Dewi Pws yn prynu peint i ni'n dau i'n llongyfarch. Ffaelu credu bod Dewi ishe prynu peint i ni – ro'n ni'n dau yn hollol syn.

Un noson yn y fflat ar Richmond Road fe dwylles i Hef ar ôl bod mas i 'nôl *chips*. Des i 'nôl i'r stafell gyda merch eithriadol o bert a dweud wrth Hef bo fi 'di pigo hi lan yn y siop *chips*. Cwmpodd Hef am y stori ac roedd e ffaelu credu beth o'n i 'di wneud. Gadawodd y ferch ar ôl hanner awr heb fod Hef yn gwybod y gwir. Sian Boobier, ffrind o Lanhari, oedd hi. Ro'n i'n ffrindie 'da Sian ers dyddiau cyrsiau drama'r Urdd a chyrsiau drama yn Ogwr. Roedd Sian yn anodd i gael gafael ynddi weithiau oherwydd ei mam, Kit. Roedd Kit yn gymeriad a hanner ond yr adeg 'ny roedd trio ffonio Sian bron yn amhosib. Kit fyse'n ateb y ffôn:

'Alla i siarad 'da Sian, plis?'

'Pwy y'ch chi, 'te?'

'Ieuan.'

'Ieuan pwy?'

'Ieuan Rhys.'

'O le chi'n dod, 'te?'

'Aberdâr.'

'Aberdâr? Shwt y'ch chi'n nabod Sian, 'te?'

'Cwrs drama'r Urdd.'

'A pha gwrs oedd hwn, 'te?'

Dim ond wedyn y bysen i'n cael gair â Sian.

Roedd bywyd ar Richmond Road yn nodweddiadol o fywyd myfyriwr. Partis, merched yn galw draw, nosweithiau *strip poker* ac ambell noson drist hefyd. Yr hyn oedd yn anodd am y cyfnod y buodd Rachel a fi 'da'n gilydd oedd y byse hi'n hollol onest ac yn gweld ambell ferch bob hyn a hyn. Pan fyse hyn yn digwydd bysen i'n mynd 'nôl i'r fflat, chware record serch gan Barry Manilow (Fiona Bennett wnaeth gyflwyno fi i gerddoriaeth Mr Manilow!) a bod yn hollol ddigalon ar fy ngwely yn meddwl am Rachel gyda merch arall. Dylen i 'di sylweddoli'n gynt nad oedd pethe'n mynd i weithio. Ond pan o'n ni gyda'n gilydd ro'n ni'n cael hwyl – hyd yn oed pan o'n ni'n sgint. Ac roedd Rachel yn sgint o hyd. Aethon ni i dafarn y Woodville yn Cathays un noson â dim ceiniog rhyngthon ni. Ordron ni ddau beint o ddŵr tap ac eistedd wrth y drws. Byse pobol yn dod mewn a'n gweld ni a gofyn ai dŵr o'n ni'n yfed a ni'n ateb 'Ie' achos ein bod ni'n sgint. Y peth nesa byse bobo beint o gwrw gyda ni o'n blaenau!

Penderfynon ni symud mewn 'da'n gilydd. Welon ni dŷ neis i'w rentu ond doedd y cwmni gosod tai ddim yn hapus i osod y tŷ i fyfyrwyr. Felly syniad Rachel oedd i ni'n dau fynd i Woolworths ar Queen Street a phrynu modrwy rad iawn, iawn ac esgus ein bod ni wedi dyweddïo. Dyna wnaethon ni a chael tŷ *two up two down* yn ardal y Tyllgoed o'r ddinas. Barodd hyn ddim yn hir – roedd y rhent yn uchel ac roedd y Tyllgoed yn dipyn o wac o'r Coleg Cerdd a Drama, er i'n darlithydd hoff, Annes Gruffydd, ffeindio'r tŷ yn aml iawn ac aros dros nos ar y soffa. Braf oedd cael Annes yn aelod o staff y coleg gan taw hi oedd yr unig un yn yr adran Ddrama oedd yn medru'r Gymraeg. Roedd y coleg bryd hynny tam bach yn wrth-Gymreig. Roedd hyd yn oed y prifathro yn gallu ein synnu weithiau. Aeth Delyth Wyn ac Elfed Dafis i ofyn i Dr Raymond Edwards o Rosllannerchrugog pam nad oedd darlleniad Cymraeg yng ngwasanaeth carolau'r coleg yn Eglwys

Sant Ioan, Caerdydd, y flwyddyn honno. Yr ateb gafon nhw oedd 'How do I know you won't get up in the pulpit and sound like some West Walian farmer?' Wel, os do fe – daeth y newydd 'nôl i'r stafell gyffredin trwy Delyth Wyn. Roedd protest yn anochel. Degau ar ddegau o fyfyrwyr yn eistedd ar lawr y coridor tu fas i swyddfa Raymond tan iddo newid ei feddwl. A newid ei feddwl wnaeth e.

Gan fod Rachel a fi'n byw yn y Tyllgoed gollon ni sawl diwrnod o goleg oherwydd y pellter rhwng y tŷ a'r coleg – cymaint fel gafon ni'n galw mewn i gael gair 'da Raymond Edwards a bygythiad i'n diarddel. Doedd pethe ddim yn dda rhwng Rachel a fi erbyn hynny chwaith. Ro'n ni'n cysgu mewn stafelloedd ar wahân, a'i 'ffrindie' hi'n galw draw yn gyson. Yn y diwedd, un noson yn y Rose & Crown yn dre, dwedodd Rachel wrtha i nad oedd hi'n ddeurywiol mwyach a'i bod hi'n lesbian. Ddwedes i rywbeth gwirion a thwp fel ateb: 'I could cope with your bisexuality but I don't think I can cope with your lesbianism!'

Es i mas yn syth gyda myfyrwyr o fy mlwyddyn a meddwi'n rhacs, a 'nôl i'w fflat nhw ar Crwys Road. Ro'n nhw i gyd yn gwybod bod Rachel a fi 'di gwahanu ac am i fi joio'n hunan. Yfon ni fwy yn y fflat a dyma'r unig adeg i fi drio cyffuriau. Roedd rhywbeth o'r enw Black Russian yn cael ei smocio. Roedd *dope* yn gyffredin iawn gyda myfyrwyr ond bysen i wastod yn gwrthod a sticio i sigaréts. Ond y noson yma, gan bo fi'n ddigalon ac yn feddw, ddwedes i 'tho'n hunan: 'Pam lai?' Difaru wnes i. Y noson honno ges i gynnig aros yn y fflat ar lawr llofft stiwdant o'r enw Vera Ding, oedd yn ffrind i Rachel. Ro'n i ar lawr gyda chlustog dan fy mhen a blanced drosta i a weles i Vera yn tynnu ei dillad a gorwedd ar ei gwely yn hollol noeth. Roedd y cymysgedd o gwrw a chyffuriau wedi 'mharlysu'n llwyr. Er bo fi'n gallu gweld prydferthwch corff noeth Vera o 'mlaen, ffaeles i symud modfedd a feddylies i pryd 'ny – byth eto!

Wedi i Rachel a fi wahanu do'n i ddim ishe dim i'w wneud â merched am sbel. Ffeindies i rywle newydd i fyw, stafell fach mewn tŷ tu ôl i un o siopau City Road yn y Rhath. Doedd e ddim yn ddelfrydol ond roedd e'n gwneud y tro. Rhannu gyda

Iestyn Jones, Fiona Jones, John Smith a gŵydd anferth mas y bac! Dwi 'di sôn am Iestyn eisoes. Mae Fiona bellach yn gweithio gyda chwmni teledu Rondo yng Nghaernarfon a John a Rob Sprackling (ffrind arall o'r un flwyddyn) fu'n gyfrifol am ysgrifennu ffilmiau fel *Mike Bassett: England Manager* a *Gnomeo & Juliet*. Doedd y cyfnod hwn ddim yn un hapus iawn. Yn aml bysen i'n teimlo'n isel iawn. Eto, doedd dim arian 'da fi a byse ffrind da ar y pryd, Julie Gibbs, yn galw draw yn aml i fynd â fi am gyrri. Ro'n i wir yn gwerthfawrogi ffrindie fel Julie.

Dyma gyfnod rhyfel y Falklands. Cyn i'r rhyfel ddechrau ro'n i wir yn meddwl bod yr ynysoedd yma yng ngogledd yr Alban. Dwi'n heddychwr a dwi ddim yn credu mewn unrhyw fath o ryfel ac yn bendant do'n i ddim yn cytuno â rhyfel y Falklands. Gan fod yr ynysoedd nepell o'r Ariannin, wel, yr ateb syml yw i'r Ariannin fod yn gyfrifol amdanyn nhw. Roedd John Smith wrth ei fodd gyda'r ymladd ac yn hapus iawn pan suddodd Thatcher y *Belgrano* gan ladd dros 300 o filwyr yr Ariannin tra'u bod nhw'n cilio. Wnaeth hyn chwaith ddim gwneud fy nghyfnod yn rhannu'r tŷ 'ma yn bleserus o gwbwl.

Dyma'r cyfnod hefyd pan aeth Mam a Dad ar eu gwyliau i America am dros fis a hanner. Mynd draw i aros gyda chyfnitherod Mam yn Indiana wnaethon nhw. Ro'n i mor dlawd bues i'n gwerthu fy nghasgliad recordiau i'r siop recordiau ail-law a cherdded o gwmpas City Road yn chwilio yn y bins am boteli pop y gallen i fynd â nhw 'nôl i'r siop i hawlio 10c y botel. Byse dwy botel yn ddigon i brynu pryd o'r siop *chips*. Roedd rhaid i fi oroesi'r cyfnod yma, ond roedd pobol yn gallu bod yn greulon. Cynhaliwyd parti yn y tŷ un noson a gan nad oedd arian gyda fi i gyfrannu tuag at y danteithion dderbynies i ddim gwahoddiad. Bues i yn y lolfa ar ben fy hun yn gwylio'r teledu tra oedd gweddill y stiwdants yn cael amser wrth eu boddau yn y gegin gyda llond bord o fwyd a llond ffrij o gwrw a gwin.

Roedd rhan helaeth o 'nghasgliad recordiau wedi ei werthu eisoes ond gan nad oedd arian 'da fi i dalu rhent roedd yn rhaid i fi werthu'r *stereo* hefyd. Dwedodd John Smith wrtha i ofyn i Delyth, fy chwaer, am gael benthyg arian. Ffaeles i wneud hyn – fy mhroblem i oedd hi ac roedd yn rhaid i fi ei datrys fy hun. Ges i sawl noson ddi-gwsg pan fysen i'n codi a cherdded o gwmpas strydoedd y Rhath yn y glaw. Roedd y strydoedd yn rhyfeddol o dawel tua thri y bore bryd hynny. Cyfle i fi feddwl, i fyfyrio ac i lefain ambell ddeigryn o hunandosturi.

Yn ystod fy nghyfnod yn y coleg ges i swydd achlysurol yn y New Theatre, Caerdydd. Roedd gan y darlithydd rheoli llwyfan, Peter Shuffley, gysylltiad â'r theatr a chafodd sawl stiwdant job yno yn ailosod seti ar ôl cynhyrchiad. Y job ore oedd gydag Opera Cenedlaethol Cymru. Y New Theatre oedd eu cartre ar y pryd a phan oedd y cynllunydd goleuo yn gosod goleuadau ar gyfer cynhyrchiad bysen nhw'n gofyn i fyfyrwyr sefyll yn safleoedd y cantorion proffesiynol wrth ymarfer goleuo'r sioe. Dim ond bob hyn a hyn oedd y job 'ma ar gael a doedd yr arian ddim yn wych ond roedd e'n well na dim. Tase Mam a Dad yn gwybod 'mod i mor dlawd, sgwn i beth fyse eu hymateb? Roedd Dad yn meddwl bod y grant o £250 y tymor yn hen ddigon ond yn amlwg doedd e ddim.

Daeth diwedd y flwyddyn gynta yn y coleg. Roedd Mam a Dad 'nôl o America ac ro'n i wedi perswadio Dad i roi mwy o arian yn fy nghyfri wedi iddo fe weld bod gorddrafft 'da fi. Do'n i ddim yn agored iawn gyda fy rhieni. Do'n nhw'n gwybod dim am fy nghyfnod tlawd yn y tŷ ar City Road, do'n nhw ddim hyd yn oed yn gwybod bod Rachel a fi wedi gwahanu. Wedi i mi fyw yn y Tyllgoed gyda Rachel ac yn y tŷ afiach ar City Road benderfynes i a gang gwreiddiol Richmond Road symud 'nôl mewn 'da'n gilydd, ond y tro 'ma i fflat ar Penarth Road. Roedd hyn fel dechrau newydd reit ar ddiwedd y tymor.

Roedd Julie Gibbs (Julie Barclay erbyn heddi) yn ffrind da drwy'r cyfnod yma a dyfon ni'n agos. Eto, mwy fel brawd a chwaer na chariadon. Falle bysen i 'di lico perthynas ond er ei bod wedi dweud ei bod yn fy hoffi, ddigwyddodd dim byd. Ond ar y diwrnod ola yng Nghaerdydd cyn gwyliau'r haf, tra o'n ni yn fy llofft yn y fflat newydd, gusanodd Julie fi gan ddweud: 'Let's see what happens next term.' Diddorol – ond roedd Llangrannog a'r Steddfod o 'mlaen i gynta.

10

'Ti O'dd y Diawl yn Fy Ngwely i Neithiwr?'

ROEDD MYND I'R Steddfod yn un o hanfodion bywyd ar y pryd. Y tro cynta i fi fynd bant i'r Steddfod oedd yn '79, i Gaernarfon, lle rhannes i garafán yng Nglan Gwna gyda Geraint Cynan, Rhys Harries, Alun ap Brinley, Nigel Rowlands a Wyn Williams. Mynd lan ar y TrawsCambria – bws oedd â seti pren bryd hynny! Gweld gang o pyncs yn dod ar y bws hanner ffordd lan a ni'n dechrau cegau arnyn nhw yn Gymraeg gan feddwl na fysen nhw'n ein deall. O fewn dim tynnodd un ohonyn nhw gopi o'r *Cymro* mas i'w ddarllen – o diar! Meddwi bob nos tra o'n ni'n stiwardio yn Twrw Tanllyd. Roedd stiwardio yn ffordd dda o weld y gigs am ddim, ac yn ffordd o adolygu sawl gig i *Sgrech*.

Steddfod Dyffryn Lliw oedd yr un nesa – Steddfod eitha pwysig i fi a gweddill fy mywyd. Ro'n i wedi bod yn sioe *Y Brenin Arthur* y Pasg cynt a 'di trefnu gyda Stifyn Parri ein bod ni'n mynd i'r Steddfod gyda'n gilydd. Trio ffeindio lle i aros a ffaelu, tan i Stifyn ffonio i ddweud bod 'da fe ffrindie oedd yn dod lawr o Gaernarfon â phabell anferth a 'sen ni'n cael aros gyda nhw. Y ffrindie oedd Dilwyn Bowness Jones a Manon. Ro'n i am gael gwybod yr wythnos honno sut mae sardîn yn teimlo. Er taw pabell i deulu oedd y babell, roedd mwy na theulu yn cysgu ynddi. Dilwyn, Manon, Stifyn, Martyn Geraint, Rhianydd Newbery (Raz) a fi ynghyd â Dylan Davies a'i frawd Dyfed! Ro'n i'n dal i 'fynd mas' gyda Sioned Lewis Roberts. Ar ddechrau'r wythnos roedd Sioned yn aros yn y babell hefyd, ond ar y nos Fercher gwmpon ni mas. Roedd hi ishe mynd i'r Top Rank yn Abertawe i weld Geraint Jarman ond ro'n i a phawb arall yn y babell ishe mynd i weld Bando yn Llanelli. Aeth Sioned felly i weld Jarman a fi gyda'r lleill ar fws y Gymdeithas i Lanelli.

Wrth i ni adael y clwb yn Llanelli wedi noson o ddawnsio i ganeuon gwych Bando, roedd sta'r yn mynd lawr at ddrws ffrynt y clwb ac fe gwmpodd Manon lawr y sta'r a landio ar fy mhen. Fel gŵr bonheddig, helpes i hi i'w thraed a'i hebrwng i'r bws oedd yn mynd â ni 'nôl i'r maes pebyll. A dyna ni – dros 33 o flynyddoedd wedyn ry'n ni dal gyda'n gilydd. Ond roedd 'na broblem ar y pryd – ro'n i'n dal i fod yn 'bartner' Sioned.

O diar! Roedd hi'n ddydd Iau erbyn hyn a dim ond diwrnod oedd ar ôl 'da fi yn y Steddfod, gan bo fi'n mynd bant i swogio yn Llangrannog ar y dydd Gwener. Fyse un diwrnod yn OK? Roedd trigolion ein pabell ni'n bwyta ac yn yfed drwy'r wythnos yn nhafarn y Welcome to Gower yn Nhre-gŵyr. Roedd y lle mor llawn, dalon ni fyth am un pryd – ordro wrth y bar, rhywun yn dod â'r bwyd, ei fwyta a dyna ni. Bob dydd! Fan hyn fysen ni i gyd yn molchi hefyd – roedd Steddfod Dyffryn Lliw yn un fwdlyd iawn.

Buodd hi'n sbel cyn i fi weld Sioned eto. Yn Harlech oedd hi a hithe a Keith Bach yn cyflwyno *Hel Straeon* erbyn 'ny. Roedd tîm pêl-droed Cwmderi yn chware yn erbyn tîm o Harlech i godi arian tuag at elusen. Hithe'n fy holi hanner amser beth oedd y sgôr. '1–1,' medde fi, a Sioned yn gofyn 'I bwy?'

Ces lifft gyda Dad i Steddfod Machynlleth y flwyddyn ganlynol. Cwrdd â Stifyn lan 'na wnes i ond y tro 'ma doedd dim lle 'da ni i aros. Cysgu yng nghefn car ffrindie wnaethon ni i ddechrau ac yna cael aros yn y diwedd yng ngharafán Fflur (chwaer Manon) oedd yn gweithio i gwmni recordiau Sain. Ond ffaelodd y gwely ddal pwysau Stifyn a fi, felly landon ni lan yn cysgu weddill yr wythnos yn *Transit van* cwmni Sain. (Mae Stifyn yn hoff iawn o adrodd y stori am y cyfnod 'gysgon' ni 'da'n gilydd yn y Steddfod!) Roedd Manon yn y coleg yng Nghaerdydd erbyn hyn ac wrthi'n gwneud profiad gwaith gyda'r Bwrdd Nwy a dim ond y penwythnos ola fedrodd hi fod 'na. Do'n ni ddim yn mynd mas yn iawn 'da'n gilydd yr adeg 'ma, felly roedd yr ychydig ddyddiau cyn iddi gyrraedd yn llawn yfed a joio yng nghwmni merched eraill. Ond ro'n i wrth fy modd pan gyrhaeddodd Manon ar y dydd Gwener, a hi gafodd fy sylw i gyd wedi iddi gyrraedd carafán Fflur.

Roedd Manon yn gweld rhywun arall ar y pryd, bachan o Gaerdydd oedd ddim yn siarad Cymraeg. Problem fawr i deulu Manon (y ffaith nad oedd e'n siarad Cymraeg – dim achos ei fod e o Gaerdydd!). Weles i fam Manon ar y Maes ddechrau'r wythnos a gofyn iddi lle roedd ei merch. Gyda gwên fawr o falchder ar ei hwyneb fe ddwedodd Eryl Haf: 'O'n i'n gwybod 'sach chi'n gofyn hynny!'

Yn ystod y Steddfod 'ma ysgrifennes i adolygiad i *Sgrech* o un o'r gigs mawr – ro'n i wrthi gefn llwyfan yn stiwardio ar yr un pryd. Do'n i ddim yn rhy garedig pan ddwedes i am y grŵp Chwarter i Un 'bod ishe i'r canwr wynebu'r dorf yn amlach. Weles i, gefn llwyfan, wyneb y prif leisydd yn fwy na'r gynulleidfa!' Pwy 'se'n meddwl y bysen i 'di dod yn ffrindie â'r prif leisydd o fewn ychydig flynyddoedd – Gwyn Elfyn. Falle fod Gwyn yn dangos gormod o'i 'Din Traddodiadol' i'r nifer helaeth oedd ym mhabell Twrw Tanllyd!

Steddfod 1982. Abertawe. Bellach ro'n i'n fyfyriwr yng Ngholeg Cerdd a Drama Cymru ac wedi trefnu mynd i'r Steddfod gyda Hefin Wyn. Doedd Hef ddim yn gyfarwydd â 'bywyd Steddfodol' a gafon ni le mewn B&B nepell o faes rygbi/criced Sain Helen.

Gafon ni lifft lawr gan Des Bennett, tad Fiona. Roedd Hef erbyn hyn yn mynd mas 'da Fiona. Des hefyd oedd manijar Hef a Ieu. Roedd offer y band yn ein stafell yn y B&B hefyd yn barod ar gyfer y ddwy gig oedd gyda ni'r wythnos honno – yn y babell adloniant ar y Maes, Jacs yn Joio, a hefyd yn Hendrefoelan (pentre myfyrwyr y Brifysgol) ar y noson ola.

Yn wahanol i Aberafan, roedd pabell Jacs yn Joio yn orlawn a gafon ni awr arbennig yn diddanu'r gynulleidfa fawr. Er, ar ddiwedd y gig fe ddwedodd ffrind coleg, Mair Harlech: 'Da iawn, bois – ond be ddiawl oedd y gân ola 'na?' Roedd Hef a fi yn gorffen ein hact gyda chyfieithiad o'r gân enwog gan Sinatra, 'New York, New York'. Ro'n i wedi ei throsi i 'Caerdydd, Caerdydd'.

> Gwasgarwch y gair – dwi'n gadael yn awr
> Mae gen i awydd nawr i fynd i'r hen Gaerdydd.
> Darganfod y crair – ar doriad y wawr
> Dwi ishe mynd yn awr i'r hen Gaerdydd.
> Dwi eisiau deffro yn y ddinas sy byth ar glo
> I brofi bywyd gwell – cyn mynd 'nôl i'r fro.

Ddim y math o gân oedd yn mynd lawr yn dda gydag Adferwyr falle – ond ro'n i wrth fy modd, ac rwy dal wrth fy modd, gyda Chaerdydd.

Wedi'r gig 'ma weles i ddim llawer o Hef am weddill y Steddfod. Do'n i ddim am fynd 'nôl i'r B&B i wylio'r teledu fel fe. Ro'n i ishe mynd i gigs y Gymdeithas, yfed a joio mas draw. A dyna wnes i. Deffro ambell fore mewn pabell ddierth, mynd am sesh gyda Huw Bach a'r bois un prynhawn a chwerthin gymaint nes o'n i'n dost, mynd i gigs yn Hendrefoelan – a dwi'n falch i fi wneud hyn. Pwy arall oedd yn gigs Hendrefoelan ond Manon. Ac fel mae'n nhw'n dweud, hawdd cynnau tân ar hen aelwyd.

Roedd Bwchadanas wedi chware ar ddechrau'r wythnos. Fy ffrindie i o Fangor oedd y rhan fwya o'r grŵp – Geraint Cynan, Rhys Harries, Gareth Ioan, Rhodri Thomas, Siân James a Keith Bach. (Doedd Keith ddim yn canu, cofiwch – fe oedd y miwsic stand!) Doedd Manon ddim 'na ond cafwyd noson a hanner. Y noson ganlynol tro Tecwyn Ifan oedd hi i ganu ac *roedd* Manon yna gyda'i chwaer Fflur. Ro'n i wrth fy modd, er bod pethe'n anodd gan fod Manon dal yn caru gyda'r boi 'ma o Gaerdydd. Roedd cwmni Sain yn aros yn un o adeiladau Hendrefoelan ac, wrth gwrs, wedi i noson Tecs gwpla ges i wahoddiad 'nôl gyda Fflur a Manon ynghyd ag Eleri Sain ac Alwyn. Aeth hi'n rhy hwyr i fi fynd 'nôl i'r B&B – fel y noson cynt a'r noson cyn hynny. Arhoses i'r noson yn Hendrefoelan. Doedd 'da fi ddim syniad pwy oedd pia'r stafell ond pan es i lan i'r gwely roedd y stafell yn wag. Agorodd rhywun y drws ychydig orie wedyn ond doedd 'da fi ddim syniad pwy – tan y bore. Ro'n i wrthi'n cael cawod yn y stafell ymolchi lawr y coridor a phan ddes i mas pwy oedd yn sefyll 'na ond Dafydd Iwan! 'Bore da,' medde fi. 'Bore da,' atebodd Dafydd gan ychwanegu, 'Ti o'dd y diawl yn fy ngwely i neithiwr ife?' O diar!

Ar noson ola'r Steddfod roedd Hef a fi i fod i berfformio yn y clwb yn Hendrefoelan ond oherwydd digwyddiad ar y nos Wener ffaelon ni berfformio fanna ac felly symudodd y Gymdeithas y noson i'r Ganolfan Hamdden yn Abertawe. Hef a fi oedd yn dechrau'r sioe a Geraint Lövgreen yn ein dilyn. Doedd y cyfuniad yma ddim yn un da, gan ein bod ni'n apelio at gynulleidfa ychydig yn wahanol i gynulleidfa Geraint. Ta beth, es i i'r B&B i 'nôl fy DJ ac ati. Roedd Hef yn aros amdana i ac yn flin iawn. Gwmpon ni mas dros y ffaith bo fi 'di bod yn joio'n hunan drwy'r wythnos a heb fod 'nôl i'r B&B. Do'n i ddim yn sylweddoli bod Hef 'di mynd 'nôl i Gaerdydd ganol wythnos at Fiona. Dyna'r rheswm felly i fi ffaelu ffeindio fe ar y Maes o ddydd Mawrth mlaen! Aethon ni i'r gig mewn tacsis ar wahân. Daeth Manon a Gaynor Williams gyda fi. Doedd Hef a fi ddim yn siarad tra o'n ni'n newid i'n siwtiau ac yna, pan ddechreuodd y band, gerddon ni mlaen i'r llwyfan. Roedd y lle'n orlawn o Steddfodwyr oedd yn barod wedi bod yn joio diwrnod ola'r ŵyl. Wnaethon ni farw'r noson 'ny. Mor wahanol i'r perfformiad ar y dydd Llun yn Jacs yn Joio. Wnes i ddim delio â'r sefyllfa yn dda chwaith. Dwi'n eitha da yn trin a thrafod *hecklers* erbyn hyn, ond yr adeg 'ny ro'n i'n eitha dibrofiad. Gwaeddodd rhywun: 'Ma'n jôcs i'n well na dy jôcs di.' Fy ymateb i oedd: 'Dere mlaen,'te – gad i ni glywed dy jôc di.' (Mistêc.) Daeth y boi lan a dweud jôc hollol fochedd a chael laff anferth. Gwplon ni'r sbot gyda 'Caerdydd, Caerdydd' ac off â ni.

Roedd Des Bennett yno'r noson honno ac fe benderfynodd e gael gair â fi. Dweud bo fi wedi bod yn anghyfrifol yn gadael Hef drwy'r wythnos. Dwedes i nad o'n i ishe aros yn y B&B bob nos yn gwylio'r teledu a bo fi ishe bod mas yn joio gyda ffrindie. Aeth Des yn ei flaen gan ddweud yn ei acen Wyddelig hyfryd: 'You have to choose between your friends and the business – you can't have both.' 'If that's the case,' atebes i, 'I'll choose my friends every time.' Aeth hwnna ddim lawr yn dda. Ond ro'n i'n 20 mlwydd oed ac yn y Steddfod, un o uchafbwyntiau cymdeithasol y flwyddyn. Cymdeithasu gyda ffrindie oedd yn bwysig i fi'r wythnos 'ny a dim byd arall.

Ro'n i wedi gwylltio erbyn hyn ac aethon ni o'r Ganolfan Hamdden am gyrri a chwpwl o beints – Manon, Gaynor a fi. Roedd gan Gaynor garafán ar y maes carafannau, oedd lot agosach i'r dre na Hendrefoelan, felly fanna arhoson ni. Gafon ni yffach o sioc yn y bore pan agoron ni'r cyrtens i weld bod carafán Gaynor reit drws nesa i garafán rhieni Manon!

Roedd wythnos Steddfod yn uchafbwynt bob blwyddyn am gyfnod hir. Ar y cyfan ro'n i'n joio mas draw. Cael perfformio sawl gwaith mewn cyngherddau yn y Pafiliwn, fel yn Steddfod Casnewydd, 2004, a chael canu 'Delilah' (cân enwog Tom Jones) yn Gymraeg mewn cyngerdd i ddathlu pen blwydd *Pobol y Cwm* yn 30. Ym Mhen-y-bont yn 1998 ges i'r pleser o gyd-gynhyrchu un o sioeau'r Pafiliwn sef *Parti Anti*, cyngerdd i ddathlu 75 mlynedd o'r BBC a 21 mlynedd o Radio Cymru. Cyngerdd anhygoel – fel Royal Variety Show yn y Gymraeg a heb y *royals*! Hedfanon ni Iris Williams o Efrog Newydd i fod yn *top of the bill* gydag ymddangosiadau gan nifer o artistiaid, gan gynnwys Catsgam, Doreen Lewis, Mark Burrows, cast *Pobol y Cwm*, Amanda Protheroe-Thomas, Chris Needs, Dafydd Du, Eden, Roy Noble a'r *local boy done good*, David Emanuel (cynllunydd ffroc briodas y Dywysoges Diana). Erbyn hyn dwi wedi gweithio gyda David sawl gwaith a dwi wrth fy modd yn ei gwmni. Mae wastod digon o chwerthin pan mae David Emanuel o gwmpas. Buodd ei frawd Aeron yn yr un dosbarth â fi yn Rhydfelen a thrist iawn oedd clywed am ei farwolaeth ddim yn hir wedi'r cyngerdd hwn.

Roedd David ishe cwrdd am 'lunch' un diwrnod i drafod y cyngerdd. Roedd e am ganu tair cân ond, yn bwysicach na hyn, roedd yn rhaid cael yr *entrance* iawn. Felly dyma oedd David ishe – y cyflwynwyr (Nia Roberts ac Eifion 'Jonsi' Jones) yn ei gyflwyno. Ciw cerddoriaeth agoriadol *Gone with the Wind* gyda'r llifoleuadau yn symud o gwmpas y llwyfan yn gyflym. Yn lle

David yn dod i'r llwyfan roedd e ishe model i fodelu un o'i ffrocie a honno'n ffroc sgarlad anhygoel – dyna gysylltiad *Gone with the Wind*. Yna, o gefn y Pafiliwn byse un o'r llifoleuadau yn bwrw David yn ei siwt wen ac yn ei ddilyn o'r seti cefn lawr yr eil a lan i'r llwyfan. Doedd hyn ddim yn broblem o gwbwl a dyna sut buodd hi ond roedd yn rhaid ffeindio model ar gyfer ei ffroc. Es i drwy sawl asiant ac edrych ar sawl llun ac yn y pen draw dewises y ferch ro'n i'n meddwl fydde'n addas. Ar y noson roedd hi'n edrych yn hyfryd a gwnaeth y job yn berffaith. Do'n i ddim yn ei nabod hi ar y pryd, a dwi ddim yn credu bod neb yn y Pafiliwn chwaith – ei henw oedd Alex Jones. Bellach, wrth gwrs, mae'n un o brif gyflwynwyr teledu'r BBC ar *The One Show*.

Digwyddodd rhywbeth eitha od yn y Steddfod 'ma hefyd. Ro'n i'n gweithio ar stondin S4C yn trefnu'r adloniant byw ar gyfer yr wythnos. Daeth menyw, oedd weden i yn ei chwedegau, lan ata i a gofyn yn Saesneg: 'Mr Rhys, will you be here tomorrow?' Ddwedes i wrthi bo fi 'na drwy gydol yr wythnos. Daeth hi 'nôl drannoeth gydag amlen frown A4 i fi. 'This is for you,' medde hi. 'I've been collecting them.' Diolches iddi hi cyn iddi ddiflannu. Agores i'r amlen i ddarganfod tua 20 *press cutting* ohona i roedd hi wedi eu torri mas o wahanol bapurau a chylchgronau dros y blynyddoedd, gan gynnwys llun priodas Manon a fi yn y papur gyda'r pennawd 'Copped by Copper from Cwm'. Weles i fyth mo'r fenyw 'ma eto.

Rhaid i fi gyfadde nad ydw i mor 'eisteddfodol' bellach. Falle yr af i am ddiwrnod neu ddau fan hyn a fan 'co. Un rheswm dros beidio mynd oedd y sylwadau dyddiol am fy mhwysau. Do'n i ddim ishe talu i gerdded rownd cae a gweld pobol ddierth yn dod lan ataf fi a dweud 'Jiw – chi 'di rhoi pwyse mlaen!' neu 'Chi'n cario gormod o bwyse, Sarjant.' Doedd y bobol hurt 'ma ddim yn sylweddoli bo fi'n gwybod 'ny eisoes? Mae fy mhwysau i 'di bod yn broblem ers amser maith ac roedd yn waeth o lawer wedi i fi roi'r gore i smocio. Yn hytrach na ffag 'sen i'n estyn am Mars neu Snickers.

Am ryw reswm, mae pobol yn meddwl bo fe'n iawn i bryfocio fi am fod dros fy mhwysau. Dwi, wrth gwrs, yn gwenu ac yn chwerthin yn gwrtais yn eu gwynebau ond o dan yr wyneb dwi'n cael lo's bob tro. Mae 'na adegau y galla i edrych 'nôl a chwerthin arnynt, fel yr adeg y bues i'n chware pêl-droed gyda chlwb pêl-droed Cwmderi yng Ngwauncaegurwen. Daeth yr hen foi 'ma lan ataf fi yn ystod hanner amser. Ro'n i'n bwyta darn o oren ar y pryd. Prodiodd y dyn fi yn fy mola a dweud: 'Hei, chi yw *bobby Pobol y Cwm*, on'd ife?' 'Ie, 'na chi,' atebes i. Aeth yr hen foi yn ei flaen, gan ddweud heb wên ar ei wyneb: 'Iesu – chi'n dew!' Daeth menyw lan ata i mewn gêm bêl-droed yn y Gorllewin a dweud rhywbeth tebyg i hyn: 'Sarjant, chi 'di mynd yn dew, on'd do fe?' Fy ateb i – gan ddefnyddio'r hen jôc – oedd: 'Chi'n salw 'fyd ond o leia alla i fynd ar ddeiet.'

Ro'n i'n syrffedu ar hyn i gyd. Ro'n i hyd yn oed yn cael e yn y gwaith ar *Pobol y Cwm*. Es i lan lofft i swyddfeydd *Pobol* unwaith a cherdded ar hyd y coridor. Mas i'r coridor y pen arall daeth Dewi 'Tsips' Williams, un o'r golygyddion sgriptiau. 'Hei, Fatty,' medde Dewi yn uchel. Ond cyn iddo ddweud 'Hei, Fatty' ro'n i wedi diflannu i un o'r swyddfeydd a phwy ddaeth mas o ddrws gyferbyn ar yr un pryd – yn gwmws fel ffars theatrig – ond Sian Eleri, aelod arall o staff *Pobol y Cwm*, a hithe dros ei phwysau hefyd. Hi glywodd gyfarchiad Dewi. Roedd Dewi yn teimlo'n uffernol am hyn – ond tasen i dal yn y coridor byse pethe 'di bod yn iawn achos roedd e'n OK i alw fi'n 'Fatty'!

Hyd yn oed yn fwy diweddar, gwanwyn 2012, mewn tafarn yn Aberteifi daeth hen ddyn lan ata i i 'nghyfarch. 'Shwt y'ch chi, Sarjant?' (16 mlynedd wedi i fi adael y gyfres!). Soniodd am fy mhwysau ac atebes yn eitha gwamal: 'Dyna dwi'n gael am fyw yn dda.' Ond aeth yn ei flaen gan ddweud: 'Ond na – rhaid i chi watcho. Smo cario gymaint o bwyse yn dda i chi a chithe yn y ffors!'

Alla i chwerthin nawr am hyn, achos roedd e'n ddoniol. Yr adegau nad y'n nhw'n ddoniol yw pan mae car yn gyrru heibio chi yn Llundain a rhywun yn pwyso mas o ffenest y car a bloeddio 'You fat c**t.' Mae hwnna 'di digwydd fwy nag unwaith. Hyd yn oed dyddie 'ma mae ambell Gymro trist yn fy ngalw i'n dew ar Twitter. Mae'r rhwydwaith cymdeithasol yn gallu bod yn greulon weithiau. Dwi wastod yn teimlo'n isel. Ond dwi'n beio fy hun hefyd. Mae angen croen caled weithiau pan y'ch chi'n actor ac yn berson adnabyddus ond mae 'nghroen i, a chroen pob actor arall dwi'n nabod, mor denau â chroen y person mwya bregus posib ac yn rhwydd i'w niweidio.

O ganlyniad i'r dilorni dwi'n mynd ati i godi 'nghalon drwy fwyta rhywbeth neis! Dwi'n gwylltio gyda'n hun am beidio carco 'nghorff yn well, am beidio gwneud ymarfer corff ac am beidio bwyta bwyd call. Mae ymaelodi â *gym* yn gostus ac yn unig. Bues i am gyfnod yn mynd i'r *gym* ac i oifad gydag Eirlys Britton a Margaret Williams. Wel, dwi'n dweud oifad – ro'n ni'n tri yn y pwll neu'r jacŵsi yn siarad a chloncan rhan fwya o'r amser! Bellach yr unig ymarfer corff dwi'n ei wneud gyda Margaret yw codi paned o goffi yn Chapter neu Coffee#1 Pontcanna.

Roedd 'na adeg unwaith pan golles i bwysau'n gloi. Ro'n i newydd gwpla ffilmio pennod o'r gyfres ddrama hanesyddol *Dihirod Dyfed*. Mae'n rhaid bo fi wedi plesio'r cyfarwyddwr Paul Turner achos gofynnodd e i fi sut bysen i'n lico gwneud ffilm gydag e mas yn Awstralia am chwe wythnos. Gofynnodd faint o'n i'n ei bwyso. Ar y pryd ro'n i'n 16 stôn. Roedd y gwrandawiadau o fewn deufis ac roedd Paul am i fi golli dwy stôn erbyn hynny. Dyna gymhelliad gwych. Es i ddim ar ddeiet, dim ond torri lawr ar yr hyn ro'n i'n fwyta, yfed gwin gwyn yn hytrach na lager a cherdded am awr BOB NOS ar ôl swper. Gwmpodd y pwysau bant a chyrhaeddes fy nharged erbyn y gwrandawiadau. Ro'n i nawr yn 14 stôn. Wedi mynd drwy sawl rownd o wrandawiadau, yn anffodus ches i ddim cynnig y rhan. Dwi dal ddim yn gwybod pam. Ges i ddim eglurhad, ond mae syniad 'da fi pam taw Dafydd Emyr gafodd chware rhan brawd Dafydd Hywel a chariad Beth Robert yn y ffilm, sef *Derfydd Aur*. A dyma lle dwi'n gwylltio 'da'n hun. Yn lle ymfalchïo bo fi 'di colli cymaint o bwysau, es i mas y noswaith 'ny am bryd o fwyd Indiaidd. A garies i mlaen i fwyta pethe tebyg am amser hir – a 'nôl ddaeth y pwysau.

Fysen i'n lico bod fel fy ffrind Phyl Harries weithiau. Mae pwysau Phyl yn mynd lan a lawr o hyd ond mae agwedd bositif ganddo. Sdim ots 'da fe dynnu ei grys i dorheulo neu oifad yn y môr. Smo fe'n becso dam – a dwi'n ei ganmol am 'ny. Byse hyn yn anodd iawn i fi, ac yn waeth nawr ers cael plant. Dwi wir ishe bod yn y dŵr gyda Cai a Llew pan awn ni i'r traeth neu i bwll nofio cyhoeddus. Ond alla i ddim. Dwi'n poeni gormod am beth fydd pobol eraill yn ei ddweud wrth edrych arna i – a fyddan nhw'n chwerthin neu, yn waeth, yn meddwl pa mor ffiaidd dwi'n edrych? Alla i glywed pobol yn dweud wrth ddarllen hwn: 'Wel, gwna rywbeth amdano fe!' Mae Manon yn dweud yn aml bod yr ewyllys 'da fi dros 20 mlynedd yn ôl i roi'r gore i smocio, felly pam does dim ewyllys 'da fi i golli pwysau? Dwi wedi trio a thrio sawl gwaith. Diodydd Slimfast, torri lawr ar fraster, tabledi deiet, taten 'di pobi yn lle *chips*. Ond pan dwi'n dechrau torri lawr dwi'n disgwyl gormod falle. Y tro dwetha i fi drio colli pwysau dorres i lawr ar y bwyd ro'n i'n ei fwyta gan amla a pheidio â bwyta byrbrydau na losin, ond ar ddiwedd yr wythnos ro'n i'n pwyso gwmws yr un peth. Roedd hwnna'n ddigon i fi ddechrau bwyta i gysuro'n hunan. Tase arian ddim yn broblem bysen i'n mynd am *gastric band* heb feddwl ddwywaith. Mor braf fyse gallu cerdded i mewn i unrhyw siop i brynu dillad yn lle dibynnu ar un neu ddau o lefydd. Mae gweld lluniau o fy hun neu weld fy hun ar y teledu bellach yn troi arna i.

Pan ddwedes i wrth fy asiant unwaith bo fi'n bwriadu colli pwysau ddwedodd e 'No – don't do that.' Ond roedd rhaid i fi wneud, medde fi wrtho. 'Just a few pounds,' medde fe. Roedd e'n amlwg yn fy 'ngwerthu' fel actor mawr oedd dros ei bwysau.

Ar ddiwedd y nawdegau ro'n i wrthi'n ffilmio'r gyfres *Mind to Kill* gyda Philip Madoc ac yn un o'r partïon diwedd pennod (roedd saith i gyd) dwedodd cynhyrchydd teledu oedd â dim byd i'w wneud â'r gyfres na fyse hi byth yn gallu castio fi mewn unrhyw ddrama oni bai bo fi'n colli lot o bwysau. Meddylfryd Hollywood wedi cyrraedd Llanisien, *eh*?

Hyd yn oed mor ddiweddar â 2012 ro'n i'n teithio gyda chynhyrchiad *Elwyn*, addasiad Michael Bogdanov o'r nofel/ddrama Norwyeg *Elling*, ac mewn un olygfa roedd yn rhaid i fi ymddangos ar y llwyfan mewn pâr o bants oedd lot rhy fach i fi. A dim ond y pants. Ffaeles i wneud, er bod y cyfarwyddwr yn pledio arna i. Cyfaddawdu wnaethon ni yn y diwedd a gwisges i *hoody* agored ar y top ac, yna, dim ond y pants bach, bach.

Ond efallai y bydd pethe'n wahanol yn y Steddfod nawr bo fi ddim ar y teledu mor aml. Dwi'n gwybod yn iawn os daw plentyn lan i ofyn am lofnod taw naill ai Mam neu Mam-gu fydd wedi eu hala nhw draw. Dwi wedi cael y fraint yn y blynyddoedd diwethaf o feirniadu yn Steddfod Genedlaethol yr Urdd, gan amla'r ymgom neu chwarter awr o adloniant. Pleser pur yw cael gweld y dalent ifanc sy'n frith o amgylch y wlad.

11

'Heno?'

WEDI GWYLIAU HAF 1982 es i 'nôl i Gaerdydd ac i'r fflat ar Penarth Road yn gynnar ym mis Medi gan fod Julie Gibbs 'di gofyn a fysen i'n lico cwrdd â'i rhieni. Roedd y geiriau 'Let's see what happens next term' dal yn ffresh yn fy nghof. Trefn y diwrnod oedd mynd o amgylch Castell Caerdydd, mynd i'r ABC ar Queen Street i weld Albert Finney, Carol Burnett ac Aileen Quinn yn y ffilm gerddorol *Annie*, ac yna *fish* a *chips* 'nôl yn fflat Julie. Ond tra o'n ni'n y castell gofynnodd Julie i fi os o'n i 'di bod gyda rhywun dros yr haf. Ddwedes i'n eitha gwamal 'mod i 'di bod gyda Manon – ond roedd hyn yn ddigwyddiad blynyddol yn y Steddfod. Sylweddoles i wrth weld wyneb Julie nad oedd hi'n disgwyl i fi ddweud hyn. Er hyn, ges i ddiwrnod hyfryd gyda hi a'i rhieni.

Medi'r 9fed, 1982, oedd y dyddiad. Ro'n i'n cerdded 'nôl o'r dre i'r fflat pan weles i berson cyfarwydd yn cerdded tuag ata i. Manon oedd hi. Dechreues i banico. Beth oedd Manon yn ei wneud ger fy fflat? Dim ond mewn Steddfodau ac ambell achlysur pwysig ro'n i'n ei gweld. Cywilydd 'da fi ddweud ond es i i gwato tu ôl i giosg ffôn gyferbyn. Roedd fy meddwl yn gweithio bymtheg i'r dwsin pan sylweddoles i 'mod i'n gwneud rhywbeth hollol hurt. Erbyn i Manon gyrraedd y ciosg des i i'r fei a'i chyfarch. Aethon ni 'nôl i'r fflat ac eglurodd hi ei bod hi wedi cwpla gyda'i chariad ar ôl i ni fod gyda'n gilydd yn Steddfod Abertawe er mwyn cael bod gyda fi. Waw! Wedi inni dreulio ychydig o amser yn y fflat dechreuodd y lle lenwi gan 'mod i ar y ffordd mas gyda nifer o ffrindie coleg. Roedd Julie 'na a buodd hi a Manon yn paratoi i fynd mas yn fy llofft yr un pryd. *Awkward*! Roedd Manon o dan yr argraff taw Rachel, fy hen gariad, oedd hi. Ynghyd â Manon a Julie roedd Hef gyda Fiona Bennett, chwaer Fiona – Amanda – ac ambell un arall o'r coleg. Aethon ni i gyd i dafarn y Conway draw ym Mhontcanna y noswaith 'ny... a ches i fyth wybod beth oedd cynlluniau Julie ar fy nghyfer!

Yr hyn do'n i ddim yn wybod oedd bod cynllwyn ar droed i wahanu Manon a fi. Roedd fy nghyd-fyfyriwr Rob Sprackling yn byw yn y fflat drws nesa i Manon ar Richmond Road ac, yn ôl y sôn, yn ei ffansïo hefyd. Gan nad o'n i'n barod am berthynas *full on*, dim ond bob yn ail noson y bysen i'n trefnu i weld Manon. Trefnodd Julie bod Rob yn mynd â Manon i'r sinema. Dwedodd Rob wrthi y bysen ni gyd yn cwrdd tu fas yr ABC ar Queen Street – myfyrwyr y Coleg Cerdd a Drama, gan gynnwys fi. Dim ond Rob oedd yna, wrth gwrs, ond, diolch i'r drefn, er i Manon fynd gydag e i'r sinema, doedd ganddi ddim diddordeb ynddo fe a glywes i am hyn maes o law. Rhaid oedd i fi edmygu ei hyfdra.

Er hyn, gymrodd hi'n hir i fi sylweddoli taw Manon oedd yr un i fi. Roedd 'da fi ffrindie eraill yn y coleg ac ro'n i am dreulio amser gyda nhw hefyd. Julie, wrth reswm, a merch o'r ochr cynllunio gwisgoedd, Fiona Harrison. Roedd Fiona yn ferch benfelen olygus o ogledd Lloegr oedd wedi gofyn i fi fodelu iddi yn ei harholiad. Roedd yn rhaid iddi greu gwisg lwyfan i gymeriad o ddrama benodedig. Dwi ddim yn cofio pa ddrama ond roedd hi'n wisg liwgar iawn yn debyg i wisg Cossack Rwsiaidd. Doedd 'da fi ddim syniad pwy oedd Fiona cyn y cais i fodelu – do'n i wir heb sylwi arni yn y coleg o'r blaen – ond wedi hyn daethon ni'n dipyn o ffrindie. O'i herwydd hi ro'n i'n hwyr iawn ar gyfer cynhyrchiad y ces i gyfle i fod ynddo yn y coleg. Roedd 'da fi ran fach fel ffermwr yn nrama Brecht *The Caucasian Chalk Circle* gyda Delyth Wyn yn chware'r brif ran, Grusha. Roedd y sioe mlaen y noswaith 'ny yn Theatr y Biwt, sef theatr y coleg. Yr alwad oedd yr hanner, sef hanner awr cyn i'r llen godi. Ar yr hanner ro'n i'n dal yn fflat Fiona yn cael paned. Rhedes i fel y gwynt o ochrau Salisbury Road i'r coleg, cyrraedd tua 10 munud cyn i'r llen godi a ffaelu ffeindio fy sgidie. Roedd y ffermwr y noswaith 'ny yn un troednoeth! Mae prydlondeb ar gyfer gwaith wastod wedi bod yn fater o bwysigrwydd i fi ers hynny, a bellach dwi wastod yn gynnar.

Dros y misoedd nesa tyfodd Manon a fi'n agosach at ein gilydd. Roedd hi wastod yn gofyn pa bryd y bysen ni'n gweld ein gilydd nesa cyn mynd i'w choleg hi yn Colchester Avenue yn y bore. (Roedd hi'n astudio Hotel Management.) Yr ateb wastod oedd y diwrnod ar ôl nesa. Ond un bore pan ofynnodd hi'r cwestiwn ddwedes i 'Heno?' O fewn ychydig ro'n i 'di gadael y fflat yn Penarth Road a symud mewn gyda Manon yn Gold Street draw yn Sblot. Doedd hyn ddim yn ddelfrydol gan taw fflat un stafell oedd e ac roedd rhaid rhannu stafell molchi a chegin gyda gweddill y tŷ, felly fues i ddim yn hir cyn symud i fyw eto gyda fy ffrind Gaynor Williams mewn tŷ ar Donald Street yn y Rhath. Roedd yn dŷ mawr – tri llawr – ac mae 'da fi lawer o atgofion melys o fyw yna. Aros am yn ail yn Donald Street a Gold Street fyse Manon a fi am gyfnod tan i ni benderfynu nad oedd pwynt i Manon gario mlaen i dalu rhent gan fod tŷ Gaynor a fi mor fawr.

Gofynnodd Manon i'w rhieni os bysen i'n cael dod i aros gyda nhw ym Mron Wylfa, eu cartre hyfryd ger pentre Llandwrog. Yr ateb gafodd hi oedd y byse fe'n iawn ar yr amod ein bod ni ddim yn cyd-fyw! Felly roedd gan Manon ei stafell ei hun yn Donald Street, drws nesa i fy un i!

Ges i fynd i Fron Wylfa ac aros am wythnos. Lan i Gaernarfon ar y TrawsCambria es i. Taith hir a throellog trwy'r wlad cyn cyrraedd Maes Caernarfon a Lloyd George yna o flaen y castell i fy nghroesawu. Hefyd yn aros i fy nghroesawu roedd chwaer Manon, Ffion Haf, a'i chariad ar y pryd, Dei. (Doedd Manon heb ddod i gwrdd â fi gan nad oedd lle.) Felly bant â ni yn fan Dei draw at Fron Wylfa. Dwi ddim cweit yn siŵr beth o'n i'n ei ddisgwyl. Ro'n i'n gwybod bod Eryl Haf ac Arial yn debyg iawn i Mam a Dad o ran oedran, meddylfryd a chrefydd. Tŷ teras yn Nhrecynon oedd Tan y Mynydd. Pedair llofft, rŵm ffrynt, rŵm ganol, cegin, *scullery* a stafell molchi. Pan weles i Fron Wylfa am y tro cynta ro'n i'n meddwl taw jôc oedd e. Tŷ mawr moethus mas yn y wlad gyda milltiroedd o gaeau rhyngddo a thraeth Dinas

Dinlle. Tu fewn i'r tŷ roedd y teulu yna i fy nghroesawu. Eryl, Arial, Llio Haf, Angharad, Fflur ac, wrth gwrs, Manon. Roedd yr *hall* yn gwmws fel rhywbeth mas o un o ffilmiau *Lassie*. Llawr pren tywyll, canllaw a sta'r fawr yr un lliw. Ro'n i'n disgwyl gweld pen carw ar y wal.

Gafon ni amser da. Cwrdd ag ambell ffrind fel Helen 'lawr lôn' a'i mam, Bet, a chael drinc slei wrth wylio'r teledu yn eu tŷ nhw. Doedd dim teledu ym Mron Wylfa gan fod Eryl Haf yn meddwl ei fod yn difetha sgwrs. Gafon ni fynd o amgylch Caernarfon a Bangor yng nghwmni Fflur fwya. Weles i ddim llawer o'r chwiorydd eraill. Roedd Llio yn prysur ganlyn 'da Hwntw arall – Dereck Adams – Ffion Haf gyda Dei ac Angharad, wrth gwrs, yn brysur gyda Chymdeithas yr Iaith. O'r pedair chwaer, Angharad o'n i'n ei hofni fwya – ar y pryd. Do'n i ddim cweit yn siŵr beth i feddwl ohoni gan ei bod hi i weld yn berson hollol ddifrifol. Darganfod wedyn, wedi dod i'w hadnabod, ei bod hi mor wirion â'r gweddill ohonon ni!

Roedd y trip cynta i Fron Wylfa yn llwyddiant, a finne wedi dod mlaen yn dda gyda rhieni a chwiorydd Manon. Wrth fy modd gyda choginio Eryl Haf ac yn hapus bod Arial a fi'n gallu rhannu ambell sgwrs tra o'n ni'n smocio o flaen tanllwyth o dân.

Roedd bywyd cymdeithasol Manon a fi'n eitha llawn. Daethon ni'n aelodau o gasino Les Croupiers yn dre – ddim i gamblo ond achos bod chi'n gallu cael paned a *roll* ham yna am ddim! Wrth reswm, ro'n i'n mynd i'r theatr yn aml a Manon bryd hynny yn dod 'da fi i weld pob math o sioeau yn y New Theatre. Y digrifwr Tom O'Connor a'r grŵp Ceffyl Pren mewn un sioe a Paul Shane (*Hi-de-Hi!*) gyda Elizabeth Dawn (Vera Duckworth *Coronation Street*) yn canu mewn sioe arall. Cael gweld a chwrdd â nifer o fy arwyr ym myd y theatr. Wedi ei weld mewn drama es i at ddrws y llwyfan i gael llofnod Arthur Lowe o *Dad's Army*. Roedd Delyth, fy chwaer, newydd eni Rhian a ges i'r actor i lofnodi cerdyn llongyfarch i Delyth a David. Posties i'r cerdyn gan feddwl y bysen nhw'n gwybod pwy oedd e. Ond sbel wedi hyn ddwedodd Del eu bod nhw ddim yn deall pwy halodd un cerdyn. Ro'n nhw 'di gofyn i Mam a Dad os taw rhywun o'r capel oedd 'Arthur

Lowe'. Gobeithio bo'r garden dal gyda nhw – byse hi werth dipyn erbyn hyn.

Tra o'n i'n byw yn Donald Street y penderfynes i adael Coleg Cerdd a Drama Cymru. Wedi i'r garden Equity ddod drwy'r post dyna oedd diwedd fy nghyfnod ym myd addysg. Roedd gyda ni *flatmate* newydd erbyn hyn hefyd, sef Elisabeth Davies o'r Gadlys ger Aberdâr. Roedd Lis flwyddyn yn hŷn na fi ond ro'n ni wedi bod i Ynyslwyd a Rhydfelen gyda'n gilydd. Roedd Lis hefyd yn ffrind i Gaynor gan bo'r ddwy yn Efengylwyr. Ie – fi yr anffyddiwr mawr yn byw gyda dwy Efengýl! Ond daethon ni mlaen yn grêt 'da'n gilydd. Roedd Lis mor dawel â llygoden a byse hi'n dod â thun o gacennau yn aml o adre, ac roedd Gaynor yn gymeriad a hanner fyse'n aml yn eistedd yn y gwely yn darllen Mills & Boon a bwyta Weetabix yn syth o'r bocs neu bwdin reis yn syth o'r tun!

Roedd gan Hef a fi gyfeilydd newydd erbyn hyn, sef fy hen ffrind ysgol Martyn Geraint. Gafon ni gig unwaith lan yng nghlwb cymdeithasol Clwb Pêl-droed Wrecsam. Gafon ni ymateb da ond ddim cystal â'r arfer a ffeindio wedyn taw dysgwyr oedd llawer o'r gynulleidfa. Pam 'se rhywun 'di dweud? Bysen ni 'di canu'n arafach! Ond yr eisin ar y deisen i Hef oedd clywed dwy fenyw yn siarad amdanon ni. Roedd yr act yn cynnwys llawer o *audience participation* (dylanwad Bruce Forsyth) a'r hyn glywodd Hef oedd y ddwy'n dweud 'I thought they were supposed to entertain us, not us entertain them!' Roedd y daith adre yng nghar Martyn yn hunllef – ar ben y ffaith bod Hef mewn hwyliau drwg roedd dyn ar gefn motorbeic 'di trio bwrw ni bant o'r hewl ac yna ein dilyn ni am sbel. (Dim byd i'w wneud â'n hact ni, cofiwch!) Yna, tu fas i Drefynwy yn orie mân y bore dorron ni lawr ac roedd rhaid gwthio'r car bant o'r hewl i fan saff. Wel, fi oedd yn gwthio, Martyn wrth y llyw a Hef yn cysgu'n sownd yn y sêt gefn! Wedi cyrraedd 'nôl i Gaerdydd orie'n ddiweddarach cyhoeddodd Hef nad oedd e am 'deithio' fyth eto. *Gobsmacked*!

Ro'n i'n gweithio'n gyson bellach ar y gyfres sebon *Coleg* i HTV. Bws mini yn ein codi'n foreol o HTV Pontcanna i fynd â ni lawr i Goleg y Barri lle roedd y gyfres yn cael ei ffilmio. Cyfnod hapus

a finne'n ennill arian am y tro cynta. Er ein bod ni'n *continuity
extras* gafon ni'r ychwanegolion ein trin yn arbennig o dda gan y
cwmni a hefyd gan y prif actorion. Byse sawl gwahoddiad i barti
gyda'r cast a sawl sesh yng Nghlwb HTV hefyd. Ond wrth reswm,
roedd yn rhaid i'r gwaith *extra* ddod i ben rywbryd. Ro'n i eisoes
wedi cael dwy bennod o *Pobol y Cwm* a rhannau mewn rhaglenni
fel *Bowen a'i Bartner*, *Almanac* a *Sidni*.

Daeth y penderfyniad wedi i fi ffilmio *Play for Today* i'r BBC,
drama am ryfel y Falklands o'r enw *The Mimosa Boys*. Ro'n i
eisoes wedi cael fy ngalw lan i BH i weld John Hefin – Pennaeth
Drama BBC Cymru ar y pryd – i ddarllen rhan yn y ddrama. Ges
i ddim mo'r rhan ond gysylltodd John i ofyn a fysen i'n ystyried
bod yn *extra* gan eu bod nhw'n chwilio am nifer o ddynion fel
fi i fod yn filwyr. Dylen i 'di gwrthod ond gan taw John oedd yn
gofyn, gytunes i wneud y job. Heb os, yn y 30 mlynedd dwi 'di
bod wrthi, dyma'r unig job dwi wedi ei chasáu. Er bod ffrindie
fel Adrian Gregory a Wyn Williams yn *extras* hefyd, ochr yn ochr
â phrif actorion gwych fel Owen Teale a Glyn Baker (mab Stanley
Baker), doedd dim un diwrnod yn bleserus. Roedd arbenigwr yn
gweithio ar y cynhyrchiad oedd wedi bod yn ynysoedd y Falklands
adeg y gwrthdaro. Roedd e'n dueddol o anghofio taw actorion o'n
ni ac yn ein trin fel milwyr go iawn. Buon ni'n rhedeg lan a lawr
Bannau Brycheiniog am orie gyda fe'n bloeddio arnon ni. Yr
adeg yma hefyd roedd Caryl Parry Jones (oedd hefyd yn actio yn
y cynhyrchiad) yn canu yn Neuadd Dewi Sant ac roedd Manon a
fy ffrindie i gyd yn mynd. Ro'n i'n siomedig bod yn rhaid i fi fynd
i'r Bannau i esgus bod yn filwr yng nghanol y glaw gyda'r clown
'ma'n gweiddi arnon ni'n ddi-baid. Ac felly, ar ôl y cynhyrchiad
yma y des i i'r penderfyniad. Er bod yr arian yn handi, boddhad
yn y swydd sy'n bwysig. Fues i fyth yn *extra* ar ôl hyn.

Roedd bywyd yn y fflat yn Donald Street yn fywyd da gyda
Gaynor, Lis ac yna Nesta (Gibson bellach). Partïon yn aml, yn
enwedig wedi i hen ffrind o Langrannog symud mewn. Roedd fy
nghyfeillgarwch i a Cerith Lewis 'di cario mlaen wedi'r gwersyll,
gan ei fod wedi symud o Gaerfyrddin i'r coleg yng Nghyncoed,
Caerdydd. Buon ni'n gwneud lot gyda'n gilydd, a gyda'i gariad ar

y pryd, Rhiannon Roberts. Gyda Cerith a Rhiannon y bysen i'n dathlu fy mhen blwydd ar y 24ain o Ragfyr bob blwyddyn lawr yng Nghaerfyrddin.

Y drefn oedd y bysen i'n mynd gyda Mam a Dad i dŷ Delyth a David bob Dolig. Gan fod tŷ rhieni Cerith jyst rownd y gornel i dŷ fy chwaer bysen ni wastod yn cwrdd ar noswyl Nadolig i ddathlu fy mhen blwydd. *Scampi* a *chips* bob tro, lot i yfed, a *sing-a-long* Nadoligaidd gyda un o *locals* y Guardsman ar ben y ford yn canu 'Who Killed Cock Robin?'. Gan fod Cerith a'r gang arferol – Wayne Thomas, Tudur Davies, Brian a Haydn Denman – yn nabod Lucy, merch Eddie, landlord y Guardsman, byse'r yfed yn cario mlaen yn y *living quarters*. Ro'n i'n joio'r nosweithiau yma mas draw. Cyrraedd 'nôl i dŷ Del yn orie mân y bore, pawb yn gwely, y twrci wedi ei goginio'n barod a fi'n gwneud sanwij twrci cyn mynd i'r gwely. Ro'n i hefyd wedi dysgu Rhian, fy nith fach, i beidio â 'nihuno i'n rhy gynnar fore Dolig. 'Be gei di os ti'n dihuno fi'n rhy gynnar?' oedd fy nghwestiwn, a hithe tua 4 oed yn ateb â gwên ar ei hwyneb: 'Coten!'

Symudodd lojer newydd mewn aton ni hefyd. Huw Evans, cyfrifydd o Glunderwen. Bathon ni'r enw 'Life and Soul' arno fe gan nad oedd e'n dweud llawer. Doedd Cerith na fi'n rhai am olchi llestri, rhywbeth sydd wedi para'r rhan fwya o fy mywyd. Roedd llestri'n peilo lan yn y sinc yn y gegin ond roedd Huw yn un oedd yn golchi llestri pawb yn aml. Yn lle dweud wrth Cerith a fi dynnu'n bysedd mas a golchi ein llestri ein hunain – roedd e'n rhy swil i wneud hynny – lluniodd Huw boster a'i osod ar y wal wrth y sinc gyda'r geiriau yma arno: 'Name: Huw Evans. Job: Dish Washer!' Chwerthin wnaethon ni pan welon ni'r poster a dyfalwch pa bresant gafodd Huw wrtho Cerith a fi'r Dolig 'ny? Ie, pâr o fenyg Marigold!

Ges i'r fraint o fod yn was priodas i Cerith flynyddoedd wedyn. Doedd ei berthynas â Rhiannon ddim 'di para ac roedd ei gariad newydd (ac yna ei wraig) yn hen ffrind ysgol i fi. Merch hynod o lyfli o Gaerdydd oedd Eiddwen Glyn, merch oedd yn siwto Cerith i'r dim. Mae traed y ddau ohonyn nhw'n gadarn ar y ddaear, sdim nonsens yn perthyn iddyn nhw ac mae'n hwyl bod yn eu cwmni.

Yn y tŷ yn Donald Street y gofynnes i i Manon briodi fi. Ro'n i wedi gofyn sawl gwaith o'r blaen a hithe 'di gwrthod. Ond y noson arbennig yma yn ein llofft gofynnes i'r cwestiwn a dwedodd hi 'Ie'. Y bore canlynol ffonies i Mam a Dad ac ro'n nhw ill dau yn eu dagrau, yn falch ofnadwy, gan eu bod nhw'n meddwl y byd o Manon. Yna galwad i'r Gogledd a Fflur yn ateb. Manon yn dweud ac ateb Fflur oedd nad oedd modd i ni ddyweddïo gan nad o'n i wedi gofyn caniatâd Arial.

Felly roedd yn rhaid i ni esgus nad o'n ni wedi dyweddïo am wythnos a mynd lan i Fron Wylfa y penwythnos 'ny. Tra o'n ni'n eistedd o amgylch y ford fwyd gyda'r teulu i gyd mae'n rhaid bod rhywun wedi wincio neu nodio achos o fewn dim roedd y merched i gyd wedi gadael y gegin gan adael fi ac Arial wrth y ford. "Co ni off,' meddylies i. Felly dyma fi'n gofyn yn syth iddo fe am ganiatâd i briodi Manon. 'Wel,' medde fe. 'Gan eich bod chi'n neud yn dda gyda *Pobol y Cwm* a gan bod 'da chi gar eich hun...' Wnaeth e ddim gofyn os o'n i'n ei charu... ond roedd arian a car 'da fi! Daeth y merched 'nôl a mynnodd Eryl Haf fod Manon a fi'n mynd i draeth Dinas Dinlle i ddyweddïo. Tase hi ond yn gwybod. Ond i'r traeth aethon ni a gan 'mod i ddim 'di mynd lawr ar un pen-glin yr wythnos cynt fe wnes i'r tro 'ma a gofyn yr un cwestiwn a chael yr un ateb.

Roedd parti ym Mron Wylfa y noswaith 'ny, dim ond i'r teulu. Ond wrth i'r parti ddechrau daeth cnoc ar ddrws y tŷ. Pwy oedd 'na ond Ray Gravell. Roedd Grav yn yr ardal ac wedi galw i weld Angharad. Ddwedon ni ein bod ni newydd ddyweddïo ac fe ymunodd Grav yn y dathliadau. Ro'n i wrth fy modd, wrth gwrs.

Wedi'r noson honno, bob tro bysen i'n gweld Grav yn y BBC byse fe'n adrodd rhif ffôn Bron Wylfa ar ei gof. Pam? Dwi ddim yn gwybod, ond dyna pam roedd Grav yn gymeriad mor hoffus. Wedi iddo fe gwrdd â chi unwaith, roeddech chi wastod yn teimlo'n agos ato fe. Tra oedd y Steddfod yn Abertawe es i a Manon i weld Grav yn canu mewn noson gyda Jac a Wil. Yn Cinderellas, nepell o bier y Mwmbwls, oedd y noson. Er i Manon a fy ffrindie chwerthin ar y pryd, dwi'n falch iawn 'mod i 'di gweld

Jac a Wil ac roedd Grav yn wych hefyd. Wedi canu ambell gân daeth e lan at ein bord ni i ofyn 'Shwt o'n i 'te? O'n i'n olreit?'

Roedd Manon, fi a'r bois ar wyliau yn Morocco pan glywon ni fod Grav wedi marw. Newyddion trist iawn a cholled enfawr i'w deulu a'r genedl.

12

'Gwetwch Rwbeth!'

Roedd bod yn rhan o deulu *Pobol y Cwm* yn deimlad braf. Erbyn fy nhrydedd gyfres dechreues i setlo lawr ac roedd y swildod oedd yn hollol amlwg yn ystod y ddwy gyfres gynta yn dechrau cilio. Roedd PC Glyn James bellach yn Sarjant 'fyd ac ro'n i'n cael mwy i'w wneud fel actor. Un o anfanteision sebon oedd 'mod i ddim wastod yn cael stori fawr, dim ond ambell linell fan hyn fan 'co yn y bennod. Dyna natur opera sebon. Byse'n ffrindie yn dweud wrtha i i feddwl am y siec ar ddiwedd yr wythnos, ond fel dwi wedi dweud eisoes, nid yr arian ond boddhad y gwaith sy'n bwysig. Ro'n i ishe stori, ro'n i ishe llinellau, ro'n i ishe gweithio.

Daeth y gyfres â fy nghymeriad i'n agos at gymeriad Eirlys Britton (Beth Leyshon) ac o fewn dim roedd Beth a Glyn yn eitem. Ro'n i wrth fy modd yn gweithio gydag Eirlys, gan ein bod yn deall ein gilydd i'r dim. Ond roedd y ddau ohonon ni'n ddrwg am chwerthin, neu 'corpsio' fel maen nhw'n dweud yn y busnes. Daw'r term o hen draddodiad yn y theatr o wneud i'r actor oedd yn chware corff yn y cynhyrchiad chwerthin.

Roedd Eirlys a fi'n ymarfer golygfa yn Charles Street a Ron Owen yn cyfarwyddo. PA oedd Ron a byse fe'n cael cyfarwyddo ambell bennod o *Pobol y Cwm*. Roedd ei wraig, Moira, yn *chaperone* i blant Reg a Megan yn y gyfres ac ro'n i yn yr un flwyddyn â'i fab, Alun, yn Rhydfelen. Roedd Beth a Glyn yn fflat Beth ac yng nghanol ffrae. Am ryw reswm, pan gyrhaeddon ni un llinell arbennig ffaelon ni gadw wyneb syth. Wnaethon ni drio fe 'to – chwerthin. Eto – chwerthin. Doedd Ron ddim yn chwerthin: 'Ma rhai ohonon ni ishe te,' medde fe. Roedd e'n amlwg ein bod ni'n gwybod y llinellau a byse unrhyw un arall 'di dweud wrthon ni fynd adre. Dim Ron – fel dau blentyn 10 mlwydd oed yn yr ysgol gynradd, gafodd Eirlys a fi ein hala i'r stafell werdd ac roedd yn rhaid i ni aros fanna tan ddiwedd y dydd, pan fysen ni'n gorfod gwneud yr olygfa eto.

Un peth anffodus am weithio yn Charles Street oedd ei fod drws nesa fwy neu lai i Marks & Spencer. Bysen i'n slipio i Marks pan oedd pum munud yn rhydd, naill ai i brynu *trifle* bach i'n hunan neu un o'u siwmperi lliwgar. Roedd lot o siwmperi lliwgar 'da fi ar y pryd!

Roedd dwy stafell werdd yn Charles Street, un i'r to hŷn fel Rachel Thomas, Harriet Lewis, Charles, Dilwyn, Nesta Harris a Dic Huws a'r llall i'r smocwyr a'r rhai oedd yn hoffi chware cardiau. Un prynhawn, gyda stafell werdd yr hen bobol yn eitha llawn, agorodd Dewi Pws (Wayne Harris) y drws, edrych mewn a gweiddi: 'OK, they're all there. You can turn the gas on now.' Un drwg a phryfoclyd fuodd Pws erioed!

Roedd pawb yn dwli ar Harriet Lewis. Rhaid taw Maggie Post yw un o'r cymeriadau gore a grewyd mewn unrhyw sebon erioed. Roedd Harriet yn rhoi'r argraff ei bod hi'n hollol wahanol i Maggie, ond doedd hi ddim i ddweud y gwir. Yn aml bysen i'n cael fy ngalw i stafell wisgo Harriet er mwyn iddi gael fy holi'n dwll am glecs y stafell werdd.

Byse'r sgwrs rhywbeth yn debyg i hyn:

'Smo chi'n mynd i hen Glwb y BBC otych chi, Ieuan?'

'Nadw, Harriet – dwi byth yn mynd 'na.' (Celwydd, gan 'mod i'n mynychu'r lle yn aml iawn.)

'Gwd – dwi'n falch i glywed. Ma'r clwb 'na 'di bod yn gyfrifol am sawl torpriodas yn y cast 'ma, cretwch chi fi.'

Neu sgwrs fel hyn:

'Shteddwch fanna, Ieuan [gan bwyntio at gadair esmwyth yn ei stafell wisgo]... Nawr, gwetwch wrtha i... faint o arian ma Huw Ceredig yn ennill?'

Neu'r adeg pan oedd golygfa gyda ni a finne ishe mynd dros y llinellau gyda hi.

'Harriet,' medde fi. 'Allwn ni drio'r olygfa 'ma plis? Dwi ddim yn siŵr o 'ngeirie.'

Ateb Harriet oedd: 'Jiw, jiw – gwetwch rwbeth!'

Nawr, mae nifer o ddamcaniaethwyr ac ysgolheigion ym myd y ddrama wedi trafod sawl theori am ddulliau actio gwahanol ond roedd un Harriet yn unigryw. Un tro roedd hi'n ymarfer golygfa gyda Huw Ceredig (Reg Harris). Roedd pawb yn y cast wedi derbyn sgript newydd ar gyfer y bennod arbennig yma ond, yn ôl ei harfer, roedd Harriet wedi dysgu'r sgript wreiddiol yn syth. Pan ddechreuon nhw ymarfer doedd y ddeialog ddim yn cyfateb a dwedodd Ceredig: 'Harriet, ma'r sgript 'di newid. Chi dal ar yr hen sgript.' Roedd ateb Harriet yn un y byse Constantin Stanislavski 'di bod yn browd ohono. Medde hi wrth Huw: 'Dwetwch chi be sda chi i ddweud, a pan y'ch chi'n stopo weta i beth sy 'da fi i ddweud!' Gwych!

Roedd Dilwyn Owen (Jacob Ellis) yn gymeriad a hanner 'fyd. Hen deip o actor yn siarad mewn Saesneg crand y rhan fwya o'r amser. Byse fe'n dod mas gyda pherlau hefyd. Dilwyn heb os oedd un o'r actorion prysura ro'n i'n nabod ar y pryd. Tase Dilwyn mas o waith byse hi'n fain ar yr holl broffesiwn. Byse fe'n cwyno o hyd am y gormodedd o waith oedd 'da fe.

'I'm doing six scenes for *Pobol y Cwm* this morning, *We are Seven* this afternoon, between those I'm reading the lunchtime news for Radio Wales and then they expect me to do the *Epilogue* for Radio 4 tonight!'

'Wel, tro'r gwaith lawr 'te,' medde rhywun.

'Oh no,' atebodd Dil. 'I couldn't do that!'

Byse Dil yn cyrraedd y gwaith yn y bore a mynd i'r stafell werdd am baned:

'Did anyone see that awful play on BBC2 last night?'

Byse pawb yn eistedd yn y stafell werdd gyda gwên ar eu hwynebau, gan wybod bod perl ar y ffordd.

'Wel, o'n i'n meddwl bod y sgript yn dda,' medde un actor.

'Yes, yes,' medde Dilwyn. 'The script wasn't that bad.'

'Ro'dd safon yr actio'n arbennig o'n i'n meddwl,' medde actor arall.

'OK, the acting was pretty good.'

'Ro'dd y gwaith camera'n odidog,' medde trydydd actor.

Âi'r math 'ma o sgwrs mlaen am tam bach ac erbyn y diwedd byse Dilwyn yn dweud: 'Yes, on the whole it was a good play!'

Dro arall, roedd stormydd cryfion o amgylch Caerdydd ac yn anffodus cafodd dyn ei ladd ger parc y Rhath pan gwmpodd coeden ar ei gar. Trist, dwi'n gwybod, ond anodd oedd peidio chwerthin pan ddwedodd Dil: 'It's come to this – you can't even go for a spin in your car without getting killed by a tree!'

Ond y clasur oedd pan benodwyd Glenda Jones fel cynhyrchydd y gyfres. Doedd neb yn gwybod llawer am gefndir Glenda. Yn y coridor un bore roedd yr actorion yn trafod ei phenodiad fel y cynhyrchydd newydd. Roedd Dilwyn Owen yng nghanol y sgwrs: 'Who is this Glenda Jones anyway and how did she get the job?' medde fe. Atebodd rhywun gan ddweud: 'I think she has an interest in drama.' Ac ar y gair dyma'r berl yn dod mas o enau Dilwyn mewn llais oedd wedi gwylltio tamed bach: 'An interest in drama? An interest in drama? My wife has an interest in drama!'

Byse Charles Williams yn lico cael pawb i wrando arno tra oedd e'n adrodd ei straeon digri.

'Ma 'na sôn 'nôl yn Sir Fôn 'mod i a Marged Esli yn cael *affair*... efo be dwch, efo be?'

Roedd gan Charles arferiad drwg o ysgwyd yr arian mân yn ei boced pan oedd actorion eraill yn siarad mewn golygfa, ac yna stopio pan ddeuai ei dro e i siarad. Ddwedodd neb ddim byd am flynyddoedd a jyst derbyn taw Charles oedd Charles. Ond pan ddaeth David J Evans, cyfarwyddwr o adran arall yn y BBC, i weithio ar y gyfres un o'r pethe cynta wnaeth e oedd gweiddi ar Charles gan ddweud: 'Stop rattling your bloody money!' A bu tawelwch!

Gan nad oedd Charles yn cael affêr gyda Marged Esli dechreues i dreulio amser yn ei chwmni – ond dim fel'na. Yn aml iawn ar ddiwedd diwrnod o waith yn Charles Street byse Marged a fi'n mynd, ddim i'r Hilton, yr Holiday Inn na chwaith i'r Louis ar St Mary Street, ond i'r caffi uwchben Calders, y *gents outfitters*, am beth o'n ni'n galw 'the cup that cheereth'. Jyst cyfle i eistedd, yfed coffi, siarad am ddigwyddiadau'r dydd, rhoi'r byd yn ei le a dod i nabod ein gilydd. (Yn debyg iawn i pan o'n i'n yr ysgol drwy'r dydd gyda Siân James ond dal yn ffonio bob nos i drafod digwyddiadau'r dydd.) Ro'n i'n edrych mlaen yn fawr at 'the cup that cheereth' bob dydd ac wrth fy modd yng nghwmni Marged. Dwi'n berson eitha call pan mae'n dod at waith a diwedd cytundebau ac ati, ond galla i roi fy llaw ar fy nghalon a dweud 'mod i'n drist iawn pan gafodd y BBC wared ar Nansi Furlong a Marged Esli o'r gyfres.

Yr un teimlad ges i wedi iddyn nhw gael gwared ar Phyl Harries ar ôl pedair blynedd o chware Ken Coslett, rheolwr cartre hen bobol Angorfa. Aeth Phyl lan i gael ei 'annual interview' gyda Glenda. Ymhen dim canodd ffôn y stafelloedd gwisgo. Atebes i a Phyl oedd 'na yn gofyn i fi fynd â'i got a'i Monopoly (oedd, roedd Phyl yn dod â gêmau bwrdd i'r gwaith i chware rhwng golygfeydd) at dderbynfa'r BBC. Roedd e wedi cael y sac a doedd e ddim ishe wynebu gweddill y cast gan nad oedd Delyth Wyn (ei wraig yn y gyfres) wedi clywed ei thynged hi eto. Gredes i ddim mo Phyl a gwrthodes wneud, gan ddweud wrtho fe am gallio. Ffoniodd e 'nôl a gofyn i Sgrots wneud ac fe wnaeth ynte ufuddhau.

Aethon ni'n syth lawr i ganolfan snwcer y Wellington yn Nhreganna wedyn, lle ro'n ni i gyd yn aelodau. Sgrots, Hyw a fi ac yna ymunodd Phyl â ni. Aeth Phyl mlaen a mlaen am y ffaith ei fod e 'di cael y sac: 'Dwi newydd brynu carafán,' medde fe. 'Shwt dwi'n mynd i ffwrdio hwnna nawr?' Do'n i dal ddim yn ei gredu ac yn y diwedd ddwedes i wrtho fe am gau ei geg, stopio'r holl ddwli a chanolbwyntio ar y snwcer, ac os nad oedd e'n stopio dyle fe fynd gartre. Aeth Phyl adre. Ymhen dim daeth galwad ffôn i Phyl yn y clwb snwcer. Gan ei fod e 'di mynd derbynies i'r alwad. Delyth Wyn oedd yna yn dweud ei bod hi hefyd wedi cael ei hysgrifennu mas o'r gyfres. Es i 'nôl at Hyw a Sgrots gan ddweud: 'Ma fe 'di cael Delyth Wyn i ffonio fan hyn nawr i gario mlaen 'da'r jôc. Ma'r boi yn anhygoel.' Gwplon ni'r snwcer ac aethon ni adre. Derbynies i alwad ffôn yn ddiweddarach gan Eirlys Britton yn dweud bod Phyl a Delyth WEDI cael eu hysgrifennu mas o'r gyfres. Ro'n i ishe chwydu. Dim un o jôcs Phyl oedd e. Ro'n i'n teimlo mor dost. Ro'n i'n argyhoeddedig taw *wind-up* oedd y cwbwl. Ffones i Phyl yn syth a threfnu sesh y noson 'ny, gan ymddiheuro lot am beidio â'i gredu. Ond do'n i ddim ishe ei gredu chwaith.

Talon ni deyrnged hyfryd i Phyl ar ei noson ola drwy drefnu gêm bêl-droed ar gaeau Trelái. Roedd Phyl yn meddwl ein bod ni'n chware tîm lleol ond ro'n ni wedi trefnu taw tîm o'i ffrindie o Ystalyfera a'r Drindod a'i ffrindie o fyd y theatr oedd yn chware, a pharti mawr i ddilyn yng Nghlwb y BBC.

Roedd hyd yn oed y Phillip arall, sef Phillip Hughes (Stan Bevan), yn gymeriad. Dwi'n dweud 'hyd yn oed' gan fod Phil 'di ypsetio nifer fawr o aelodau'r cast pan ddwedodd e ar *Y Byd ar Bedwar* ein bod ni fel actorion yn cael ein talu gormod. 'Sen i 'di derbyn tair gwaith y cyflog tase'r BBC yn ei gynnig, a dwi'n gwybod y byse Phil Hughes hefyd.

Roedd hyd yn oed John Owen o'r un farn â Phil. Bues i'n gwneud drama radio i'r BBC yn Abertawe yr adeg yma gyda John yn cyfarwyddo/cynhyrchu, sef *Breuddwyd Rhy Bell* gan Urien Wiliam. Cast da – Matthew Rhys, Ioan Gruffudd, William Thomas, Jâms Thomas, Gareth Potter a fi. Dechreuodd John gael *go* arna i, gan ddweud ei bod yn warthus ein bod ni'n cael cymaint o gyflog. Fy ateb i oedd holi John am ei lyfrau. Ro'n i'n gwybod bod awduron yn cael 10 y cant o werthiant pob llyfr. Ofynnes i i John, tase'r Lolfa yn cynnig 90 y cant o werthiant pob llyfr iddo a fyse fe'n gwrthod. Doedd ganddo ddim ateb, dim ond dweud wrtha i: 'Ti 'di newid!'

Wyllties i am yr holl beth pan ffoniodd newyddiadurwr o'r *Wales on Sunday* i ofyn faint yn union ro'n i'n ei ennill yn blwmp ac yn blaen. Wrthodes i ddweud, a thrueni na wrandawes i ar Manon a rhoi'r ffôn lawr yn syth. Yr hyn wnes i oedd dweud beth oedd y ffi isa am bob pennod gydag 80 y cant o'r cyflog ar ei ben am omnibws dydd Sul. Wel, os do fe! Yn y *Wales on Sunday* ar y dydd Sul roedd erthygl am y sefyllfa a phwt yn dweud 'mod i'n ennill £2,500 yr wythnos! Mae hwnna'n lot fawr o arian dyddie 'ma ond roedd e'n fwy fyth ar ddechrau'r nawdegau. Gredodd Mam y nonsens oedd hi'n ei ddarllen a dweud: 'O'n i'n gwybod bo nhw'n talu'n dda ond ddim gymaint â 'ny!'

Roedd Phillip Hughes yn dynn iawn gyda'i arian a daeth hyn yn destun sbort yn y cast. Roedd y BBC wrthi'n clirio'u swyddfeydd yn Celtic Road. Glywodd Phil am hyn ac aeth e lan 'na'n syth i chwilio drwy'r sgips. Dro arall, ffeindiodd e biano *baby grand* oedd wedi ei baentio'n wyn mewn cwpwrdd yn stafell ymarfer Charles Street a'i gael am y nesa peth i ddim gan y BBC.

Roedd Phil o dan yr argraff ein bod ni fois y cast mas bob nos yn meddwi. Ond dim ond ar nos Iau oedd hyn yn digwydd. Gêm o bêl-droed pump bob ochr lan yn yr Heath cyn ymlwybro naill ai i Glwb y BBC am gêm o ddarts neu bingo, neu lawr i'r Philharmonic ar St Mary Street am sesiwn iawn. Achos bod Phil Hughes yn meddwl 'mod i mas bob nos 'da bois y cast gofynnodd e: 'Wyt ti a Manon yn neud rhywbeth gyda'ch gilydd?' Atebes i: 'Ni'n mynd i'r sinema 'da'n gilydd bob nos Lun.' Edrychodd Phil yn syn: 'Sinema? Sinema? Plant sy'n mynd i'r sinema!'

Roedd Phil yn gerddorol iawn ac yn aml byse fe'n cyfeilio i fi mewn cyngherddau. Gath criw ohonon ni wahoddiad unwaith i gymryd rhan mewn cyngerdd yn neuadd yr ysgol yn Llanbed: Phillip Hughes, Phyl Harries, Rhian Morgan a fi. Aethon ni fois draw o Gaerdydd gyda'n gilydd a chwrdd â Rhian 'na. Ni'n tri oedd 'na gynta a gerddon ni mewn i gyntedd yr ysgol a gofyn i'r gofalwr lle ddylen ni fynd:

'Faint ohonoch chi sy?' gofynnodd y gofalwr.

'Wel,' atebes i. 'Ma tri ohonon ni nawr ac un arall ar y ffordd.'

'Reit,' medde'r gofalwr gyda'i frwsh yn ei law. ''Na i hwpo chi mewn *changing room* bach, 'te, achos ma grŵp o *Pobol y Cwm* ar eu ffordd.'

'Ni y'n nhw,' medde fi.

Yna daeth ymateb doniol gan y gofalwr. 'Chi? Wel ble ma'ch gitârs chi?'

'Nes i chware jôc ar Phil Hughes un tro pan oedd e'n chware'r *grand piano* tu fas i stiwdio C1 lle roedd *Pobol y Cwm* yn cael ei recordio. Ro'n i'n canu a Phil yn cyfeilio pan gerddodd dyn heibio. Ro'n i'n gwybod taw'r Cyfarwyddwr Cerdd, Ted Boyce, oedd e ond ro'n i hefyd yn gwybod bod Phil 'di bod ishe cwrdd

Dad yn Kenya yn ystod yr Ail
Ryfel Byd.

Dad yn dal David, ei fab cynta.

Mam yn yr ATS.

Delyth yn dal Ieuan, ei brawd bach.

Bopa a fi mas y bac!

Mam a Dad.

Dad yn arwain Côr Meibion Cwmbach mewn sesiwn ymarfer.

Gwneud ffrindie ar wyliau yn y YMCA yn y Barri.

Gwersi telyn Ysgol Ynyslwyd.
(Llun: Aberdare Leader)

Safon 4, Ysgol Ynyslwyd, Aberdâr, 1973, gyda Gwyneth Wiliam.

Fi fel tramp mas yn whare ym Mhenyard gyda Michael Evans.

Yn nhŷ fy chwaer – Mam, Dad, Delyth, Rhian Mair a fi.
(Llun: David Owen)

Geraint Cynan a fi ym mhanto dosbarth chwech Rhydfelen.

Fi, Martyn Geraint a Patric Stephens ar ffôn uned y chweched.

Fi a ffrindiau'r chweched yn Rhydfelen.
(Llun: Nia Williams)

Rhys Harries, fi a Liliane Madec tu fas y BBC wedi bod yn cyfweld â Hywel Gwynfryn ar gyfer *Hwyl a Joio*.
(Llun: Alun Jones)

Hef a Ieu.

Swogio yn Llangrannog.
(Llun: Stan Williams)

Trystan ac Esyllt ar gwrs drama'r Urdd.
(Llun: Stan Williams)

Nans y gegin a fi yng Ngwersyll
Llangrannog.

Y llun cyhoeddusrwydd cynta erioed!
(Llun: Stan Williams)

Ffion Haf, fy chwaer yng nghyfraith, a fi.

Fi mewn parti yn Donald Street.
(Llun: Hywel Emrys)

Ray Gravell yn ymuno â pharti
dyweddïo Manon a fi ym Mron Wylfa.

Fi a Superted yn Steddfod Llangefni, 1983.

Priodi yn Nhŷ'n Lôn ger Caernarfon. *(Llun: Hefin Jones)*

Nadolig hapus yng Nghwmderi. *(Llun: BBC Cymru)*

Parti *Pobol y Cwm* yng Nghlwb y BBC. *(Llun: John Waldron)*

Gêm bêl-droed gynta *Pobol y Cwm* yn erbyn *EastEnders*. *(Llun: Western Mail)*

Steddfod gyda'r *outlaws*... sori... *in-laws*
– Angharad, Arial ac Eryl Haf.

Giant Haystacks yn gwneud i
Sgt James edrych yn fach!
(Llun: John Waldron)

Clwb Pêl-droed Cwmderi – Gwyn Elfyn sydd o dan grys Dewi Pws!
(Llun: John Waldron)

Phyl Harries, fi a Gwyn Elfyn yn whare
'bytu ar set Mrs McGurk!

'Helo, helo, helo' – Cadfan a fi gyda
dau blisman yng ngharnifal Stiniog.

William Thomas a fi yn *Cwm Glo*,
Theatr Gwynedd.

Phil ab Owain, fi, Catrin Brooks a
Phyl Harries yn *Y Plentyn Coll*.
(Llun: John Waldron)

Panto gyda Stan Stennett
a Johnny Tudor.

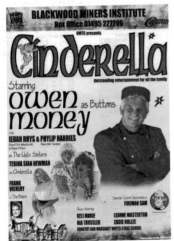

Hugh Grant, Susie Menzies a fi ar ochr y
mynydd tra o'n ni'n ffilmio *The Englishman*…

Chwaer hyll gyda Phyl Harries ym
mhanto Owen Money.

William Gwyn, fi a Beth Robert
ar daith gyda taith haf S4C.

Cast *Bomber*, drama i ITV1.

Sion a Siân 'nôl gyda fi a Gillian Elisa.

Fi a Sally Dynevor, *Coronation Street*.
(Llun: Sian Alaw – yn crynu)

Phyl a Ieu. *(Llun: Richard Dutkowski)*

Fi a ffrindiau yn cwrdd â Syr Norman
Wisdom yn Neuadd Dewi Sant.

Stafell wisgo Jimmy Osmond yn Blackpool (*Showbusnesan*, BBC Radio Cymru).

Cae rygbi Glyn-nedd gyda Max Boyce (*Showbusnesan*).

Ioan Gruffudd yn stiwdio *Showbusnesan*.

Stifyn Parri, y gŵr ddaeth â Manon a fi at ein gilydd.

'Nice to see you…' Fi a Bruce Forsyth tu fas i'r Palladium yn Llundain.

Ymlacio gyda Scrooge, sef Ron Moody, ar ddiwedd taith hir *A Christmas Carol*.

Jonathan Nefydd, Philip Madoc a fi yn *The Merchant of Venice* yng Ngŵyl Shakespeare, Llwydlo.
(Llun: The Ludlow Festival)

Michael Bogdanov yn cyfarwyddo *The Merchant of Venice* yn y New Theatre, Caerdydd.

Peter Karrie, Mike Doyle a fi mewn golygfa o'r sioe gerdd *Contender*.
(Llun: Wales Theatre Company)

Taith *Romeo & Juliet* gyda Jack Ryder, Gareth Bale, Danny Grehan a'r fadfall, Spike Bale!

Ar wyliau gyda Fflur ac Elfed a Nia Wyn a Dafydd Wyn.

Cairo yn yr Aifft gyda Manon.

Llew a'i dad yn sw Bryste.

Cai a'i dad yn sw Bryste.

Ein trip teuluol blynyddol i draeth Llanilltud Fawr ar Ionawr y 1af.

Cast *The Thorn Birds*, Canolfan y Mileniwm, Caerdydd.

Arwain y gwleddoedd Cymreig yng Nghastell Caerdydd. *(Llun: Andrew Scott)*

Syr David Jason, fi a Gary Whelan wrth i ni ffilmio *Diamond Geezer* yng ngharchar Lincoln.

Jack & The Beanstalk, Casnewydd, gyda Lee Mengo, Emma Goodwin a Jane (Rod, Jane and Freddy) Tucker.

Top Trump *Doctor Who*.

Panto *Sleeping Beauty* yng Nghaergaint gyda Toyah Willcox a Gareth Gates. *(Llun: Paul Clapp)*

Panto stori Aladdin (*Martyn Geraint a'r Lamp Hudol*) gyda Martyn Geraint a Cath Ayers.

Trip i Lundain gydag Amanda Protheroe-Thomas.

Bois Caerfyrddin a fi: Hywel Emrys, Cerith Lewis a Daniel Jenkins-Jones.

New Theatre, Caerdydd, ar ddiwedd *Whose Coat is That Jacket?* gyda Terri Dwyer a Sara Harris-Davies.

Talu teyrnged i *Ryan at the Rank* yn Abertawe. *(Llun: Justin Harris)*

Fizz (Felicity Skiera) a fi yn Llundain.

Teulu Caerfyrddin – David, Rhian a Delyth – gyda Cai, Manon a fi (Llew yn tynnu'r llun!).

Fi a Rhian Morgan yn recordio yn stiwdio Fflach, Aberteifi.

Noson mas yng Nghaerdydd gydag Amanda P-T a rhai o'r grŵp Steps.

Sion Probert fel Maldwyn gyda fi yn *Bred in Heaven*. *(Llun: Susan Rodaway)*

A Child's Christmas in Wales, Wales Theatre Company. *(Llun: Wales Theatre Company)*

Ym Mangor wedi gêm *Coronation Street* v *Pobol y Cwm* – Michael Le Vell, Eirlys Britton, fi a Sean Wilson.

Cast *The Servant of Two Masters* gyda Les Dennis.

Talent ifanc Coleg Brenhinol Cerdd a Drama Cymru ynghyd ag ambell hen law yng ngweithdy *Rasputin*. *(Llun: Craig Roberts)*

Fi yn *People*, drama Alan Bennett, yn y National Theatre, Llundain.
(Llun: Ellie Kurttz)

Mr a Mrs Rhys ym Mhortmeirion.

Ni'n pedwar.

(Llun: Gareth Tickner)

â Benny Litchfield, y Cyfarwyddwr Cerdd arall a arferai weithio yn y BBC.

'Ti'n gwybod pwy o'dd hwnna?' gofynnes i.

'Na. Pwy?' gofynnodd Phil.

'Benny Litchfield,' medde fi.

Dwi erioed 'di gweld Phil yn symud mor gloi. Gododd e oddi ar stôl y piano, gan fwrw'r gerddoriaeth oddi ar y stand, a rhedeg nerth ei draed lawr y coridor gwydr hir nepell o stiwdio *Pobol y Cwm*. Trodd Phil Hughes mewn i Norman Wisdom ac yn lle bloeddio 'Mr Grimsdale!... Mr Grimsdale!' fel yr arferai'r seren fach ddigri wneud, fe floeddiodd Phil 'Mr Litchfield!... Mr Litchfield!'

Pan gyrhaeddodd Phil y gŵr trodd y Cyfarwyddwr Cerdd ato gan ddweud 'No. I'm Ted Boyce.' Erbyn hyn ro'n i ar y llawr yn chwerthin a Phil wedi gwylltio 'mod i wedi codi cywilydd arno fe!

Roedd Brinley Jenkins (Mr Bennett) yn gymeriad a hanner hefyd. Un diwrnod gafon ni gyfarfod cast a'r cyd-gynhyrchydd, Robin Rollinson, oedd wrth y llyw. Eglurodd e nad oedd Glenda Jones (y cynhyrchydd) yna gan nad oedd hi'n hwylus y diwrnod 'ny. O dan ei wynt, ond yn ddigon uchel i nifer glywed, fe ddwedodd Brinley 'I do hope it's nothing trivial.' Roedd Brinley yn ddyn ffraeth iawn – dyn drwg! – ac anodd oedd peidio chwerthin wrth wneud golygfeydd gyda fe.

Pâr arall oedd yn ddrwg oedd Gareth Lewis (Meic Pierce) a Gari Williams (Edgar Sutton). Aeth Sgt James i'r caffi atyn nhw unwaith i gael paned a rôl. Heb yn wybod i fi, roedd Gareth wedi ychwanegu gair, dim ond un gair, at y sgript.

'Dishgled a rôl plis, Meic,' medde Sgt James.

Roedd Gareth i fod i estyn dishgled a rôl i'r plisman. Ond ar y *take* edrychodd e ar Gari gan ddweud: 'Ham ie, Sgt?' Pwysleisiodd e'r gair 'ham' (gan gyfeirio, wrth gwrs, at yr 'ham actio'!).

Un o bobol neisa'r byd 'ma yw Gareth Lewis ac rwy wrth fy modd yn dal lan 'da fe dyddie 'ma dros gyrri a pheint. Tra o'n ni'n gweithio gyda'n gilydd buon ni'n chwerthin lot – mae e'n ddyn ffraeth iawn. Buon ni'n ysgrifennu sawl sgets gomedi gyda'n gilydd i raglenni teledu Caryl a Dyfan Roberts. Un yn arbennig, 'Noson yng nghwmni John Ogwen' gyda Caryl fel Elinor Jones yn holi Dyfan fel John Ogwen. Dyma'r *running gag* – er yr holl waith anhygoel roedd John wedi'i wneud dros y blynyddoedd, doedd e ffaelu stopio siarad am *Tomos y Tanc*. (John oedd yn lleisio'r gyfres gartŵn.) Wnaethon ni hyd yn oed ail-greu golygfa mas o ddrama wych Gwenlyn Parry, *Y Twr*. Wrth i'r ddau gymeriad yn y twr glywed sŵn y trên, oedodd John a gofyn: 'Tomos y Tanc?'

Roedd Gari yn un oedd yn gefnogol pan o'n i'n ifancach. Ro'n i'n cymryd rhan mewn cyngerdd lawr yn y Tymbl, canu gydag ambell jôc. Aeth Gari (oedd yn arwain) mas i'r gynulleidfa i wylio ac yna fy nghynghori ar ambell beth wedi'r sbot. Ro'n i'n ddiolchgar iawn iddo fe am hyn.

Ychydig cyn hyn, yn Steddfod Llangefni 1983, es i i'r Maes un bore yn gwisgo *jeans* coch. Pwy weles i o fewn yr awr gynta, hefyd yn ei *jeans* coch, ond Gari Williams. Y diwrnod canlynol weles i Gari eto, a'r tro yma roedd y ddau ohonon ni'n gwisgo *jeans* glas cyffredin. O fewn eiliadau o weld ein gilydd fe ddwedodd Gari: 'Pobol 'di bod yn tynnu dy goes di ddoe hefyd, *eh*?' Colled i'r byd adloniant oedd colli Gari mor ifanc. Ges i ysbrydoliaeth yn angladd Gari i gyfansoddi cân yn deyrnged iddo. Y geiriau arhosodd yn fy nghof oedd pan ddwedodd y gweinidog yn y gwasanaeth bod Gari wastod yn gwenu gyda'i galon. Fel hyn, felly, y dechreuai cytgan fy nghân, 'Y Diddanwr':

Mae'n gwenu gyda'i galon
Ffraethineb sydd yn llifo – fel llif yr afon.
Ei gân yn swynol
Perfformiad anfarwol.
Fe yw'r diddanwr.

Dim ond am dri mis a hanner y flwyddyn yr oedd cytundeb *Pobol y Cwm* yn para ar y pryd – Medi hyd at ychydig cyn y Nadolig – ac roedd parti diwedd cyfres yn barti Dolig i'r cast hefyd. Roedd fy mharti cynta erioed i yn ddigon i wneud i Manon gadw draw o bartïon tebyg am byth. Lawr ym Mae Caerdydd oedd y parti, yng nghlwb Patagonia nepell o'r Gyfnewidfa Lo. Flynyddoedd lawer cyn i'r Bae droi yn Mermaid Quay! Roedd y clwb yn enwog yng Nghaerdydd oherwydd bod *revolving bar* yno. Welodd Manon y cwbwl – fi'n dal bag crisps gwag er mwyn i un actores chwydu ynddo er enghraifft – a phan ddes i 'nôl ati roedd sgriptiwr wedi ei chornelu ac yn trio *chato* hi lan! Dwi'n siŵr y galla i gyfri ar un llaw yr adegau mae Manon wedi dod gyda fi a joio noson debyg.

Dyw Manon erioed 'di bod yn un am y ffordd *showbiz* o fyw. Falle achos nad oedd teledu 'da nhw adre. Pan ddechreuon ni fynd gyda'n gilydd dries i greu argraff arni gan ddweud bod Hef a fi wedi mynd gefn llwyfan yn y New Theatre a chyfarfod â Leslie Crowther ac ynte wedi'n cynghori sut i dorri mewn i'r busnes. Doedd 'da Manon ddim syniad pwy oedd Leslie Crowther a doedd hi erioed 'di clywed am *Crackerjack*! Yr un adeg gwrddon ni, yn annisgwyl, â'r digrifwr Tommy Trinder. Roedd e gyda Leslie Crowther a Myfanwy Talog ym mhanto'r New Theatre. Roedd Hef a fi yn cerdded heibio'r theatr pan ddaeth Tommy Trinder mas o'r drws llwyfan a dechrau siarad 'da ni fel 'sen ni 'di nabod e ers oes. Y diwrnod hwnnw y bu farw'r diddanwr a'r actor Jack Warner (*Dixon of Dock Green*) a buon ni'n tri'n siarad am hyn a Tommy yn adrodd ambell stori am ei hen gyfaill. Os nad oedd Manon yn gwybod pwy oedd Leslie Crowther, yn bendant doedd hi ddim yn gwybod pwy oedd Tommy Trinder. Doedd y byd *showbiz* yn golygu dim iddi hi.

Roedd canllawie cyfyng gan Manon ar gyfer ein priodas hyd yn oed. Ro'n i 'di bod yn y gyfres ers tair blynedd a 'di dechrau dod i nabod pawb yn iawn – ond dim ond dau o'r cast oedd yn cael dod i'r briodas gan nad oedd hi ishe troi'r briodas i mewn i barti *Pobol y Cwm*. Felly ar y diwrnod mawr – Mawrth y 29ain, 1986 – ynghyd â'n teuluoedd a ffrindie, i'r briodas daeth Eirlys Britton a'i phartner Cliff ac Ifan Huw Dafydd a Gwennan, ei wraig ar y pryd. (Roedd Huw a fi'n cymdeithasu llawer yr adeg 'ny gan ei fod yn rhentu stafell gyda Jim Jones ganllath o 'nhŷ i yn y Rhath.) Hywel Emrys oedd y gwas priodas, ond doedd Hyw ddim yn aelod o'r cast bryd hynny. Elfed Hughes, partner Fflur, chwaer Manon, a Martyn Geraint oedd y tywyswyr. Roedd Elfed, Martyn a fi'n sefyll tu fas i gapel bach Tŷ'n Lôn ym mhlwy Llanwnda ger Caernarfon pan ddaeth Anti Carys lan aton ni. Carys oedd chwaer hŷn Eryl Haf, mam Manon. Ro'n i wedi cwrdd â hi unwaith o'r blaen mewn Steddfod. Cyflwynes i Elfed a Martyn iddi, ac yna trodd ata i a gofyn: 'A pwy 'da chi, felly?'

Ro'n i'n teimlo'n iawn cyn y briodas, er i fi gael ambell ddiod gyda Delyth, fy mrawd yng nghyfraith David, fy nghefndryd Richard ac Alun ac Anthea 'nghyfnither yng ngwesty'r Prince of Wales yng Nghaernarfon y noson cynt. (Dim ond yn ddiweddar iawn ffeindies i mas bod merch fy nghefnder Richard, sef Rachel, wedi gobeithio y byse Manon a fi'n gofyn iddi hi fod yn ferch flode hefyd. Mae Rachel yn gariad o ferch a wastod wedi bod. Tasen i'n gwybod ar y pryd am ei dymuniad falle 'sen i 'di gwneud rywbeth am y peth.)

Fan hyn oedd y teulu'n aros, gan gynnwys Mam a Dad. Ro'n i a Hywel Emrys a'i wraig, Liz, yn y Black Boy. Tra o'n i'n yfed yn y Prince of Wales gofies i bod y fodrwy yn dal gyda Manon. Dim problem, gan i Fflur alw yn y Black Boy am 7.30 fore trannoeth. Lwcus 'mod i'n eistedd lan yn y gwely'n darllen. Tasen i'n cysgu 'sen i byth 'di chlywed hi. Doedd hi ddim yn curo'r drws yn uchel a llais bach, bach oedd tu fas yn sibrwd 'Ieu... Ieu... Ieu... Fflur sy 'ma!'

Roedd y diwrnod ei hun yn un oer ond yn braf – er, tasen i'n cael fy amser eto dwi ddim yn credu y bysen ni'n priodi mewn capel neu eglwys. Roedd Mam, Dad, Eryl Haf ac Arial yn gapelwyr mawr ac er taw ein diwrnod ni oedd e i fod roedd e'n ddiwrnod arbennig iddyn nhw hefyd. Dyna pam aethon ni i'r capel. A gan taw nhw oedd yn talu am y briodas roedd Eryl ac Arial 'di mynnu bod dim alcohol yn y briodas o gwbwl. Dylech chi 'di gweld wynebau fy ffrindie a 'nheulu pan ddwedes i wrthyn nhw!

Wrth ymweld â Phlas y Bryn, Bontnewydd – lle cynhaliwyd y neithior – i wneud y trefniadau dwedodd Eryl Haf wrth y rheolwr na fydden ni angen y bar gan ein bod yn deulu o ddirwestwyr. Ffaelodd y rheolwr gredu'r peth, yn enwedig pan edrychodd e'n syn ar fy mola cwrw! Dreifes i 'nôl i Fron Wylfa o'r cyfarfod 'ny fel James Hunt ar hast – bron iawn yn sgidio o amgylch corneli cul yr hewl wledig o Dinas i Fron Wylfa. Do'n i ddim yn hapus, a dwi'n credu i bawb yn y car sylweddoli 'ny fyd.

Llio Haf ar yr organ, Angharad, Fflur a Ffion Haf yn forynion yn eu ffrociau melyn a fy nith, Rhian Mair Owen, yn ferch flodau. Yn ei ffroc wen, ysblennydd o syml o Laura Ashley, gerddodd Manon mewn i ymdeithgan briodasol *The Sound of Music* (fy hoff ffilm erioed). Fe'n priodwyd gan y Parch. Erfyl W Blainey (tad y darlledwr Gareth) ac fe gerddon ni mas i ddarn o gerddoriaeth gogoneddus a gyfansoddwyd yn arbennig i ni gan Dad. Yng nghanol y seremoni dechreuodd fy nghoes chwith shiglo fel y diawl a do'n i ffaelu canolbwyntio gan fy mod i'n meddwl bod pawb yn y capel yn syllu ar hyn. Do'n nhw ddim, wrth gwrs.

Er y prinder alcohol ym Mhlas y Bryn gafon ni neithior hyfryd iawn. Un o uchafbwyntiau'r prynhawn oedd wyneb Ffion Haf (sydd ar gof a chadw ar fideo'r briodas gan Yncl Owen, neu OG i'w ffrindie yn HTV) pan sonies i yn fy araith bod Manon a fi 'di cwrdd mewn pabell yn Nyffryn Lliw. Uchafbwynt arall, ond yn wahanol, oedd cerddi Martyn Geraint. Pam? Fe chwerthon ni lot gan fod yr odl ar goll fan hyn fan 'co. Ond fe blesion nhw Manon a fi mas draw gan fod Martyn wedi eu hysgrifennu yn arbennig i ni. Tra 'mod i'n sôn am Martyn, ga i droi at y parti nos? Ni oedd yn talu am y parti yma felly roedd y bar ar agor a'r *champagne* a'r cwrw'n llifo. Pan ddaw hi at amser bwyta'r *buffet*, gan amla y briodferch a'r priodfab sy gynta yn y ciw. Dim yn ein parti priodas ni. Martyn Geraint oedd ar flaen y ciw a llanwodd ei blât gyda digon o fwyd i fwydo digartre Pontypridd am wythnos! Erbyn i ni gyrraedd y bwyd doedd dim llawer ar ôl. Felly, Martyn, mae dal arna ti bryd o fwyd i Manon a fi!

Yn anffodus, ar y diwrnod yma, fe briododd fy ffrind Keith Bach â merch annwyl o Wrecsam o'r enw Meleri. Roedd ambell ffrind, fel Stifyn Parri (a ddaeth â Manon a fi at ein gilydd yn y lle cynta), wedi methu'n priodas ni gan eu bod yn ffrindie penna gyda Mel hefyd. Ond roedd Sian Leri Jenkins wedi meddwl yn ddwys am y sefyllfa ac wedi mynd i briodas Keith a Mel a dod i'n parti nos ni.

Anfantais y noson oedd i'r DJ ddanfon ei gefnder gan nad oedd e'n gallu bod 'na. Doedd ei gefnder ddim yn medru'r Gymraeg ac, wrth reswm, ddim yn gwybod pa draciau Cymraeg i'w chwarae. Roedd hyn yn broblem gan fod Manon a fi ishe disgo dwyieithog. Felly pwy oedd yn gorfod dangos i'r DJ pa draciau Cymraeg i chwarae? O'n i fel *yo-yo* drwy'r nos!

Y gân gynta yn ein parti nos a dawns gynta Manon a fi fel gŵr a gwraig oedd 'Up Where We Belong' gan Joe Cocker a Jennifer Warnes. Hoff ffilm Manon yw *An Officer and a Gentleman* gyda'r *heart-throb* Richard Gere, a dyma arwyddgan y ffilm. Yn od iawn, pan ddyweddïon ni – am yr ail waith – a mynd i gaffi Canes ym Mangor gyda chwiorydd Manon, dyma'r gân oedd yn cael ei chwarae ar y radio. Yna, tra o'n ni'n y gwesty ym Manceinion y noson cyn i ni hedfan ar ein mis mêl i Greta, y ffilm ar y teledu oedd *An Officer and a Gentleman*.

Roedd Creta yn fendigedig ond doedd ein gwesty cynta ddim. Yn wir, roedd y stafell gafon ni yn y Fiona Apartments yn Agios Nikolaos yn erchyll. Roedd y ffenest ffrynt yn edrych mas dros safle adeiladu – gwmws fel golygfa mas o *Carry On Abroad*. Roedd drewdod erchyll yn dod o'r stafell molchi. Ac fel ddwedodd Manon wrth y rep o gwmni Horizon pan ddaeth hi i archwilio'r stafell, 'Can you hear the smell?' – heb sylweddoli nad yw 'Wyt ti'n gallu clywed yr ogla?' yn cyfieithu'n llythrennol i'r Saesneg.

Gafon ni'n symud o fewn diwrnod i bentre bach Elounda ac i westy'r Kalypso, gwesty bach braf yn edrych mas at ynys Spinalonga dros y dŵr. Tipyn brafiach na'r lle cynta. Ond doedd dim lot o arian 'da ni felly roedd yn rhaid byw yn gall a pheidio hala gormod i wneud yn siŵr bod digon o arian ar gyfer fy sigaréts (er taw dim ond 20c y pecyn oedd sigaréts yn costio). Newydd gyrraedd o'n ni pan gafon ni drychineb fach. Doedd dim drws ar lifft y gwesty a phan aethon ni lan i'r stafell roedd fy siaced ysgafn yn gorffwys ar fy ysgwydd. Heb yn wybod i fi, tra oedd y lifft yn mynd lan, cydiodd y wal yn fy siaced a'i thynnu lawr. Roedd yn rhaid i'r perchennog weithio'r lifft gyda nerth braich i gael fy siaced 'nôl. Cywilydd! Ro'n i hefyd wedi prynu nofel i'w darllen, sef *Who Pays the Ferryman?* gan Michael J Bird, nofel o gyfres deledu'r BBC o'r saithdegau wedi ei lleoli yn Elounda. Ffaeles i

roi'r llyfr lawr, er syndod i Manon, oedd yn meddwl na ddylen i
fod â 'nhrwyn mewn llyfr a ninne ar ein mis mêl! Agwedd y staff
– neu agwedd y Groegiaid yn gyffredinol – oedd 'Beth yw'r pwynt
gwneud rhywbeth heddi os gallwch chi ei wneud e fory?' Roedd
un gweinydd o'r enw Dimitri yn union fel hyn, wastod yn dweud
wrth y perchennog: 'Tomorrow. Tomorrow.' Dyn golygus a digri
iawn. A phwy feddylie o fewn blwyddyn neu ddwy y byse Dimitri
a fi'n cwrdd unwaith eto, yng Nghlwb y BBC yn Llandaf? Roedd
tad barmêd Clwb y Bîb yn berchen *taverna* bach yn Elounda.
Bellach roedd Dimitri yn caru gyda'i ferch a hithe'n gweithio
yn Llandaf. Byd bach, *eh*? Gofiodd e fi'n syth pan sonies i am y
siaced yn mynd yn styc yn y lifft.

Ugain mlynedd yn ddiweddarach, tra ar wyliau yn
Rethymnon, dreifon ni lawr i Elounda gyda'r bois. Roedd y lle
wedi newid llawer ond roedd y Kalypso dal 'na a'r un bobol oedd
pia'r gwesty. Wedi ailymweld â Spinalonga – yr ynys gerllaw oedd
yn ganolfan i wahangleifion – gafon ni baned o goffi a *baklava* yn
y Kalypso. Dw i'n hoff iawn o *baklava* – haenau o does *filo* melys
a chnau wedi'u gorchuddio â mêl. Roedd Manon yn dathlu ei
phen blwydd ymhen ychydig ddyddiau felly ges i syniad a gofyn
i'r gweinydd a oedd stafelloedd ar gael ar gyfer y penwythnos.
Roedd ganddo le. Pwynties at yr union stafell lle buon ni ar ein
mis mêl: 'Beth am y stafell yna a'r un drws nesa?' A dyna sut
y treuliodd Manon ei phen blwydd yn 44 oed, yn yr un stafell
ag y buon ni ynddi ar ein mis mêl yn 1986. Pwy ddwedodd fod
rhamant 'di marw, *eh*?

Y mis mêl oedd y tro cynta i ni'n dau deithio dramor ar
ein pennau'n hunain, felly pa syndod i ni gyrraedd 'nôl ym
Manceinion a'n bagie dal yng Nghreta? Roedd dal trên o
Fanceinion i Fangor yn ein dillad haf a hithau'n fis Ebrill hefyd
yn embaras llwyr.

Ar ôl noson gydag Eryl ac Arial fe deithion ni 'nôl i Gaerdydd i
ddechrau ein bywyd priodasol. Roedd y tŷ yn Talygarn Street yn
barod amdanon ni ynghyd â llythyr o'r banc yn ein hysbysu bod
y siec ysgrifennon ni i dalu am barti nos y briodas ym Mhlas y
Bryn wedi bownsio! Dechrau da!

13

'Ti Newydd Neud Hwnna Lan, On'd Do Fe?'

Yn 1988 y daeth y newid mawr. Roedd *Pobol y Cwm* yn mynd i ddilyn fformat operâu sebon fel *Crossroads* a *Neighbours* ac ymddangos yn ddyddiol. Y gwahaniaeth mawr oedd y bysen ni'n recordio'r penodau'n ddyddiol hefyd – felly byse'r hyn oedd ar y sgrin y noson honno yn cael ei ffilmio rhwng 8 y bore a 6 y nos y diwrnod 'ny. Clywed gan fy ffrind Cerith Lewis wnes i, ddim gan y BBC. Roedd e 'di clywed yr hanes ar raglen *Stondin Sulwyn*!

Am gyfnod cynhyrfus. Roedd y penodau'n llai o hyd a phob golygfa yn symud yn gynt. Yn sgil y newidiadau daeth system newydd o weithio ac, wrth reswm, nifer o aelodau newydd i'r cast. Hywel Emrys fel Derek, Phyl Harries fel Ken Coslett, Delyth Wyn fel Linda Coslett, Geraint Morgan fel Barry John a Cath Tregenna fel Kirsty McGurk.

Roedd diwrnod cynta'r gyfres newydd yn un od. Nid achos yr holl newidiadau yn unig ond oherwydd taw dyma oedd y tro cynta i fi weld Hywel Emrys ers amser hir. Cyn i Hyw ymuno â chast y gyfres yn llawn amser ro'n ni'n dau wedi bod yn ysgrifennu sgriptiau/sgetsys i gyfresi comedi fel *Torri Gwynt* gyda Dewi Pws a'r ddau ohonon ni wedi bod yn *extras* ar *Torri Gwynt* hefyd.

O ganlyniad i hyn gofynnwyd i ni ysgrifennu hanner awr o gomedi ar gyfer Dewi a chast *Torri Gwynt*, sef Gareth Lewis, William Thomas a Nia Caron. *Rhagor o Wynt* oedd enw'r gyfres

hon a phwnc ein pennod ni oedd hanes Llywelyn Ein Llyw Olaf.
Y bwriad oedd creu rhywbeth tebyg i *Carry On Llywelyn*! Hyw
fyse'r cynta i gytuno ei fod yn berson byrbwyll. Anaml y bydd yn
meddwl cyn dweud na gwneud dim byd a dyna'r union ffordd yr
oedd e ishe sgriptio. Felly, gan taw fe oedd pia'r teipiadur doedd
dim llawer o ddewis 'da fi. Ysgrifennon ni'r sgript o fewn dim
a'i hanfon at Peter Elias Jones, Pennaeth Adloniant Ysgafn HTV.
Wedi i Peter drafod gyda Ronw Protheroe a Clive Harpwood
(cynhyrchydd/cyfarwyddwr) roedd angen ailysgrifennu, wrth
gwrs. Doedd Hyw ddim yn fodlon ar hyn ac roedd o'r farn
bod y sgript wreiddiol yn iawn. Aethon ni yn ein blaenau ac
ailysgrifennu, gan wrando ar y pwyntiau gafon ni gan y criw
cynhyrchu. Anfonon ni'r ail ddrafft at Clive. O fewn dim ges i
alwad ffôn oddi wrtho'n gofyn i fi – a dim ond fi – fynd lan i
Groes Cwrlwys i'w weld yn y swyddfa. Wedi cyrraedd roedd Clive
am wybod beth oedd yn mynd i ddigwydd i'r sgript, yn enwedig
gan fod Hyw – heb yn wybod i fi – wedi tynnu lluniau o ddynion
noeth yn rhechen ar flaen y sgript. Roedd Clive yn teimlo nad
oedd hyn yn dderbyniol!

Daeth Hyw draw i'r tŷ yn Talygarn Street, Y Waun, i ni gael
trafod y mater. Aeth y sgwrs mlaen am orie, gyda fe'n bendant
nad oedd e ishe ailysgrifennu. Roedd e'n mynd i gael gair â Clive
i ddweud ei farn wrtho. Fe stopes i fe rhag gwneud hyn gan
ddweud 'mod i'n nabod Clive a 'sen i'n sortio pethe mas. Ta beth,
daeth Manon i'r stafell a gofyn "Da chi ddim dal yn trafod y
sgript 'na? Pam na wnei di adael i Ieuan siarad â Clive am y
peth?' Gollodd Hyw ei dymer a gweiddi ar Manon: 'Sgrifenna
di'r *fucking* sgript 'da Ieu, 'te!' Doedd neb yn cael siarad gyda
Manon fel'na. Os do fe – a dwi ddim yn ddyn treisgar – bwres
i Hyw yn galed ar ei ysgwydd a chydio mewn un fraich iddo,
cydiodd Manon yn y fraich arall ac fe daflon ni fe mas o'r tŷ.
Weles i ddim mo Hyw am dros flwyddyn tan iddo ymuno â chast
Pobol y Cwm.

Yn gloi iawn daethon ni 'nôl yn ffrindie a throi dalen newydd.
Y prif reswm dros hyn yw Hyw ei hun – yn y bôn, mae e'n foi
annwyl iawn. Mae e wedi gwneud a dweud pethe od iawn dros

y blynyddoedd, ac fe fydda i'n adrodd ambell stori amdano yn y gyfrol hon, ond ddweda i un peth, mae e'n ffrind da a thriw. Wastod yna i helpu pan fydd angen, wastod y cynta â cherdyn pen blwydd, cerdyn cydymdeimlo, cerdyn Dolig, cerdyn post, a wastod y cynta i adael y dafarn cyn prynu rownd!

Mae Hyw a fi'n ffrindie penna a dyna'r peth dyw pobol ddim yn deall. 'Banter' yw'r hyn sy'n mynd mlaen rhyngtho i a Hyw a Sgrots a Billy White. Dim ond pobol sy'n agos at ei gilydd sy'n gallu siarad â'i gilydd fel ry'n ni'n gwneud. Pan ymunodd Gwyn Derfel â chast *Pobol y Cwm* fel Sean McGurk doedd e ddim cweit yn deall. Roedd gêm bêl-droed 'di bod ym Mancyfelin a rhywun wedi ennill y bêl mewn raffl. Arwyddodd tîm Cwmderi'r bêl ond yn lle gadael hi fanna dwedodd Hyw y byse fe'n cael gweddill y cast i'w harwyddo hi 'nôl yn y stiwdio ddydd Llun a'i phostio hi yn ôl i'r enillydd. Aeth wythnosau heibio a gafon ni lythyr yn cwyno nad oedd yr enillydd wedi derbyn y bêl. Roedd Hyw wedi ei cholli. Felly, fel plentyn, gafodd e stŵr wrtho Sgrots a fi. Aeth e'n benwan a rhwygo'r holl bosteri a thaflenni ar hysbysfwrdd Clwb Pêl-droed Cwmderi yng nghoridor C1. Roedd Sgrots a fi yn y stafell werdd yn clywed yr holl rwygo a chrintachu. 'Reit,' medde Hyw. 'Dwi'n ymddeol!' I hyn ymatebodd Sgrots: 'Ymddiswyddo ti'n feddwl!' Mwy o rwygo. Roedd Sgrots a fi'n chwerthin ac yn gweld y sefyllfa'n ddigri iawn. Yna gerddodd Gwyn Derfel mewn gan ddweud, 'Gadwch lonydd iddo fo hogia!' Doedd e ddim yn deall. O fewn 10 munud roedd pawb 'nôl i normal gyda Hyw, Sgrots a fi'n yfed coffi 'da'n gilydd yn y stafell werdd.

Unwaith, roedd Hywel, Billy White a fi yn cael paned yn Cibo ym Mhontcanna. Roedd hi'n ddiwrnod braf oedd yn ein galluogi i gael ein paneidiau ar ford ar y pafin tu fas. O fewn ychydig daeth yr actores Ruth Madoc mas o'r siop drin gwallt gerllaw. Ro'n i wedi cwrdd â hi ychydig o weithiau ond do'n i ddim yn ei nabod yn iawn, dim ond digon da i ddweud 'helo'. A dyna wnes i. O weld ni'n tri dyma hi'n ymuno â ni am baned tra'i bod yn aros am ei ffrind, actores arall o'r enw Anna Mountford. Roedd hi a Ruth yng Nghaerdydd yn ffilmio'r gyfres *Jack of Hearts*. Ymhen hir a hwyr daeth Anna ac ymuno â ni hefyd. Ar ôl ychydig dyma Anna yn troi at Hywel gan ddweud: 'I recognise you from somewhere.' Sythodd Hyw ei gefn gan ddal ei ben yn uchel a gofyn *'Pobol y Cwm?'* Aeth Anna yn ei blaen i ddweud ei bod hi'n byw yn Llundain ac nad o'n nhw'n cael *Pobol y Cwm* fanna. Garion ni mlaen i siarad, a Ruth yn adrodd sawl stori. Yna cynhyrfodd Anna a gan bwyntio at Hyw fe ddwedodd hi: 'I know where I've seen you before...' Sythodd Hyw ei gefn eto. '... Pissed in the Cameo,' medde hi. Bostodd Billy White a fi mas i chwerthin. *Never a dull moment* yng nghwmni Hyw. Dwi'n rhagweld y bydd Hyw a fi'n ffrindie tan ddiwedd oes.

Mae'r un peth yn wir am Phyl Harries. Er bod Phyl a fi 'di bod yn y coleg gyda'n gilydd, dim ond ar ôl iddo ymuno â chast *Pobol y Cwm* y daethon ni'n ffrindie penna. Roedd gan Phyl ddiddordeb mewn rhywbeth ddigwyddodd yn ystod yr haf. Roedd llawer o sôn ar y diwrnod cynta am y gêm bêl-droed gafon ni ar ddiwedd y gyfres ddwetha. Ar gae pêl-droed y Betws ger Rhydaman daeth cannoedd i wylio tîm pêl-droed *Pobol y Cwm* yn erbyn tîm *EastEnders*. Gafodd y tîm o Lundain sioc. Do, fe gollon nhw wrth i Jonathan 'Jiffy' Davies sgorio'r unig gôl i ni ac ar ddiwedd y gêm rhuthrodd y dorf i'r cae am lofnodion. Gan amla, yn eu gêmau elusennol, cast *EastEnders* oedd yn cael y sylw i gyd, ond nid bois *Pobol y Cwm* yn unig oedd yn chware yn ein tîm ni y diwrnod hwnnw ond cewri'r byd chwaraeon fel Jonathan, Grav, Phil Bennett a'r bocsiwr Robert Dickie. Er nad oedd e'n chware, dim ond yn tynnu lluniau, roedd Adam Woodyatt (Ian Beale) yn berson dymunol iawn – yn wahanol i Nick Berry (Wicksy) a aeth yn ei flaen i chware'r brif ran yn *Heartbeat*. Fe oedd *blue-eyed boy* y gyfres ar y pryd ond gafodd e ddim cymaint o sylw ar gae'r Betws y diwrnod 'ny.

Dyma oedd y sbardun i Phyl drafod dechrau tîm pêl-droed parhaol i'r cast gyda Sgrots, Hyw a finne. Ganed clwb pêl-droed Cwmderi a threfnodd Phyl y gêm gynta lan ym Mae Colwyn. Cynigiodd e i'r trefnwyr y bysen ni'n dod lan a chware am ffi o £50. Roedd y bws yn costio £200 ac roedd angen llety i'r tîm hefyd, felly roedden ni ar ein colled cyn dechrau. Ar ôl y digwyddiad hwn penderfynwyd ffurfio pwyllgor i drefnu a phennu telerau iawn, sef Phyl, Sgrots, Hyw, Gareth Lewis, Glan Davies a minne.

Dros y blynyddoedd y buon ni'n chware fe godon ni filoedd ar filoedd i wahanol elusennau. Ro'n ni'n chware rywle bron bob yn ail benwythnos. Roedd sawl uchafbwynt – cael chware ar y Cae Ras yn erbyn tîm *Brookside*, cae Nantlle Vale yn erbyn tîm Bryncoch Utd a chymeriadau fel Wali Tomos a Tecs o gyfres *C'mon Midffîld!* (gyda bron i 5,000 o bobol yn dod i wylio'r gêm) ac ar gae Farrar Road, Bangor, yn erbyn tîm *Coronation Street*.

Ro'n i wedi cynhyrfu'n lân ar ôl derbyn ateb cadarnhaol gan dîm Corrie. Gan eu bod nhw'n dod o Fanceinion byse lleoliad yng ngogledd Cymru yn well iddyn nhw. Wel, ro'n ni eisoes wedi bod ar y Cae Ras gyda *Brookside* felly benderfynon ni weld os byse Bangor City yn fodlon i ni ddefnyddio'u cae nhw. Cytunwyd a dyna fu. Roedd tîm Corrie wedi gofyn i ni benderfynu i ba elusen y byse'r arian yn mynd. Cafodd y pwyllgor y syniad gwych o gwrdd mewn bwyty Indiaidd i drafod y mater. Ymunodd Glyn Pritchard (Norman) â ni – jyst am y cyrri ac i fod yn dyst i'r digwyddiad anhygoel oedd i ddilyn. Dechreuodd Hyw y cyfarfod drwy ddweud nad oedd angen i ni feddwl am elusen. Roedd wedi gwneud y gwaith ymchwil yn barod ac roedd Age Concern ishe'r gêm. Roedd e wedi ffonio'r swyddfa yn Llundain eisoes... *Hold the boat...* Llundain? Beth am eu swyddfa yng Nghymru? Fe ddwedodd Hyw nad oedd swyddfa yng Nghymru, ond gan taw *Coronation Street* oedd rhaglen fwya poblogaidd Prydain a taw *Pobol y Cwm* oedd rhaglen fwya poblogaidd Cymru roedd gan Age Concern ddiddordeb mawr. Gofynnodd Sgrots: 'Gyda'r boi 'ma mewn swyddfa yn Llundain – shwt o'dd e'n gwbod taw *Pobol y Cwm* yw rhaglen deledu fwya poblogaidd Cymru?' Fe atebodd Hyw: 'Ro'dd e jyst yn gwybod!' Ar hyn edrychodd Sgrots i fyw llygaid Hyw a dweud 'Ti newydd neud hwnna lan, on'd do fe?' a heb oedi am ennyd atebodd Hyw: 'Do!'

Roedd Glyn Pritch yn hollol *gobsmacked*. Chwerthin wnaeth y gweddill ohonon ni achos ein bod ni'n nabod Hyw yn dda. Chwaraewyd y gêm a gyda chymorth y Ford Gron leol godon ni filoedd o bunnau i Uned Gancr Ysbyty Gwynedd ym Mangor. Yr unig biti i fi oedd taw dim ond dau aelod o gast *Corrie* oedd yn chware – Michael Le Vell (Kevin Webster) a Sean Wilson (Martin Platt). Roedd y cyn-chwaraewr pêl-droed Asa Hartford (Man City a'r Alban) yn chware iddyn nhw hefyd. Roedd yn hysbys i bawb bod gan Asa dwll yn ei galon a thra oedd e'n marcio fe, dwedodd Dewi Pws wrtho: 'Hey Asa, I'm a bit like you see – but I've got a hole in my arse!'

Roedd bwyd a diod yng ngwesty'r British ar ôl y gêm a ches gyfle i siarad â Michael Le Vell. Dwedodd ei fod wedi mwynhau achos, gan amla, roedd time elusennol yn chware o gwmpas ar y cae, yn gwisgo lan fel men'wod a thaflu dŵr. Cytunes i bod hynny'n annerbyniol – er, i fi, yr hwyl oedd yn bwysig, nid y gêm. Ffaelodd Ioan Gruffudd chware. Cafodd anaf y noswaith cynt wrth 'whare' yn erbyn merched Llanuwchllyn. Dim y byse fe 'di gwneud gwahaniaeth mawr ta beth gan i ni golli o 7 gôl i 1.

Cymeriad arall yn ein plith oedd Cadfan Roberts. Daeth Cadfan a minne'n agos pan gafodd y storïwyr y syniad gwych o droi Glan Morris, cariad Jean McGurk (Iola Gregory), yn Special Constable. Roedd Cadfan yn gymaint o gymeriad oddi ar y sgrin ag oedd e ar y sgrin. Wrth ysgrifennu dwi'n cael fy atgoffa ohono'n prynu hen ddodrefn o swyddfeydd y BBC yn Llandaf. Brynes i gwpwrdd ffeilio ganddo am bris da ac mae e dal 'da fi. Roedd Cad yn gwybod ein bod ni angen *vestibule door* un tro ac ymhen dim roedd e wrth y drws ffrynt gyda'r drws gwydr yn ei law. 'Welais i fo mewn sgip yn Pontcanna,' medde fe. 'I picked it up and ran!'

Dwi'n cofio un stori am Cadfan pan o'n ni ar daith gyda Chlwb Pêl-droed Cwmderi. Yn Llanberis o'n ni, yn cael noson a hanner yn ein gwesty ar ôl y gêm. Ro'n i wedi recordio fersiwn o glasur Hogia'r Wyddfa, 'Safwn yn y Bwlch', un o ffefrynnau Cadfan. 'Ieu, cana'r gân yna dwi'n hoffi,' medde fe yn ei acen Wrecsam odidog. 'You know, the one I like on your cassette.' Ddwedes i enw'r gân ac ecseitiodd Cadfan: 'That's the one –"Safwn yn y Bwlch".' Wrth iddo ddweud hyn – oedd yn eitha eironig gan ei fod e'n ei ddweud yn Saesneg – pwy gerddodd mewn i'r bar ond neb llai nag Elwyn Jones (Hogia'r Wyddfa). Ddwedes i wrth Cadfan bod dim ishe i fi ganu gan fod yr 'original artist' newydd gyrraedd. Cynhyrfodd

Cadfan yn fwy. Gofynnodd am enw'r aelod hwn o Hogia'r Wyddfa ac fel jôc dwedodd rhywun 'Delme'. Pan ddaeth Elwyn mas o'r tŷ bach bloeddiodd Cadfan: 'Delme... Delme... sing "Safwn yn y Bwlch"!' Aeth Cadfan lan ato i siarad ac ymhen dim daeth e 'nôl a dweud wrthon ni i gyd: 'That wasn't Delme – Delme's the other one!'

Ond y stori ore heb os oedd y diwrnod y daeth Cadfan i'r gwaith a darganfod rhywun yn ei stafell wisgo. Dydd Sul oedd hi – diwrnod ymarfer yn stiwdio C1 yn BH. Cadfan oedd un o'r ychydig rai (ynghyd â Harriet, Ceredig a Lis Miles) oedd yn cael yr un stafell wisgo o hyd. Gerddodd e mewn i'w stafell a phwy oedd yno ond y canwr pop Gary Glitter. (Roedd hyn flynyddoedd cyn iddo dreulio amser mewn carchar am gam-drin plant.) Fe oedd gwestai arbennig Roy Noble oedd yn cyflwyno'i raglen deledu fyw, *See You Sunday*, yn stiwdio C2. Gofynnodd Cadfan iddo fe fase fe'n meindio gwneud ffafr ag e – jôc fach – sef cerdded mewn i stafell werdd *Pobol y Cwm*, lle ro'n ni i gyd yn yfed coffi, a gofyn 'Has anyone seen my mate Cadfan?' Aeth Cadfan o 'na a chael ei alw i'r stiwdio i ymarfer. Yn amlwg roedd Gary Glitter wedi cwyno amdano achos y peth nesa roedd aelod o dîm cynhyrchu *See You Sunday* wedi dod mewn i'r ymarfer a chael gair eitha cas gyda Cadfan, gan ddweud wrtho am beidio mynd yn agos at Gary Glitter – a gofyn iddo oedd e'n sylweddoli pa mor anodd oedd y broses 'di bod i gael Glitter ar eu rhaglen. Os do fe! Dyma Cadfan yn gwylltio a dweud: 'He was in MY dressing room – the one I use every day for *Pobol y Cwm*... and you know what? If I were to take Gary Glitter to Login they would recognise me before they would recognise him.' Wrth i PA *See You Sunday* droi i adael y stiwdio dyma Cadfan yn ategu: 'And you can tell Gary from me... I don't want to be in his gang!'

Tra rwy'n sôn am fy Special Constable rhaid crybwyll Rod the Plod, sef y diweddar Geraint Owen. Daeth diwedd trist i fywyd Geraint ond wnes i erioed feddwl tra o'n i'n gweithio ag e y bysen i'n cario'i arch ac ynte mor ifanc. Er nad oedd yn gymeriad digri ar y sgrin roedd yn dipyn o gymeriad oddi ar y sgrin. Pan fuon ni'n chwarae pêl-droed yn y Bala, fe ddiflannodd Ger i drio stopio tacsi ar yr hewl fawr. Roedd e ishe mynd 'nôl i'r Plas Coch lle ro'n ni i gyd yn aros. Doedd Ger ddim yn sylweddoli ein bod ni 'di bod yn yfed yn y Plas Coch drwy'r nos tan i'r gyrrwr tacsi ddweud ei fod e'n sefyll reit tu fas i'r gwesty'n barod!

Ro'n ni 'di cael amser bendigedig yn chware yn Waterford yn Iwerddon tra ar daith gyda Chlwb Pêl-droed Cwmderi ac ar y ffordd adre arhoson ni dros nos yn Wexford. Tra arhosodd gweddill y tîm yn y gwesty i wylio pêl-droed ar y teledu aeth Geraint Owen, Martyn Geraint a fi mas i'r dre i chwilio am y 'craic'. Wedi cyrraedd un dafarn lawn es i at y bar, aeth Martyn i siarad gyda'r cerddorion yn y gornel ac aeth Geraint am dro o amgylch y dafarn ac i'r tŷ bach. Wrth i fi gael fy syrfio trodd cwpwl oedd wrth y bar i siarad gyda fi – Cymry Cymraeg o Sir Fôn. Dyma fi'n siarad yn boléit â nhw a dweud 'mod i ar drip gyda thîm pêl-droed *Pobol y Cwm* ac ati. Daeth Geraint 'nôl â gwên ar ei wyneb. Doedd e, wrth gwrs, ddim yn gwybod bod y ddau yn siarad Cymraeg a dwedodd e'n uchel: 'Hei Ieu, ma'r ffwrch i gyd rownd y gornel!' *Beam me up, Scotty*!

Yr un noson, tra o'n ni'n cerdded 'nôl i'n gwesty galwodd Geraint, Martyn a fi mewn i siop *chips* yn Wexford. Erbyn hyn roedd hi'n ganol nos. Daeth dyn amheus yr olwg at Martyn Geraint a sibrwd yn ei glust. Wrth gwrs, roedd e'n hollol naïf ac wedi cael cwpwl o beints, felly bloeddiodd Martyn yn uchel yr hyn roedd e'n meddwl oedd y dyn yn ei sibrwd: 'Do I want to buy some SOAP?' Trio gwerthu *dope* i brif gyflwynydd rhaglenni plant S4C oedd y dyn!

Roedd ambell beth yn digwydd yn y gyfres nad o'n i'n cytuno â nhw. Daeth stori y lleidr ceir i ben mewn pennod Dolig. Y senario oedd bod Sgt James yn dal Jon Tregenna, oedd yn chware'r dihiryn, ar ddydd Dolig. Aethon ni mas i'r Fro i ffilmio gydag Allan Cook yn cyfarwyddo. Doedd Allan ddim am i fi wneud y *chase* ac ishe i'r heddlu iawn wneud 'ny. Fyse car Sgt James byth yn dal y dihiryn, medde fe. Gan taw copi o un o geir Heddlu Dyfed-Powys oedd gan Sgt James do'n i ddim cweit yn deall y rhesymeg hon. Roedd Cookie am i fi sefyll yng nghanol yr hewl a chodi 'mraich i stopio Jon Tregenna, oedd yn dreifo Ford Capri ar hast. Ddwedes i yn eitha poléit wrth y cyfarwyddwr y byse cymeriad Jon naill ai'n dreifo rownd fi neu'n fy mwrw i lawr. 'Na,' medde Cookie. 'Neith e aros – achos dwi wedi dweud wrtho fe i aros!' Iawn – do'n i'n dal ddim yn deall beth oedd e'n trio ei wneud. Pan stopiodd y Ford Capri rhedes i draw a thynnu Jon mas o'r car. 'CUT!' bloeddiodd Cookie a throi at yr heddlu iawn gan ddweud: 'I'm so sorry about that – I think he's been watching too much of *The Bill*!' Fy nadl i oedd y byse Sgt James tam bach yn flin ag e, ar ôl bod ar ei ôl ers hydoedd. Ond na – roedd yn rhaid agor drws y car a'i hebrwng o 'na'n ofalus. (Nid dyma'r heddlu ro'n i'n eu nabod. Jiawch, dwi'n cofio cael fy nhaflu i gefn car heddlu yng Nghaerdydd fel tasen i'n llofrudd – a 'na i gyd oedd o'i le oedd bod treth y car 'di dod i ben ers mis!)

Pan es i 'nôl i'r stiwdio a dweud hanes y diwrnod fe ddwedodd Rhiannon Rees wrtha i bod y gore i ddod gan fod Cookie am ddybio 'Teilwng yw'r Oen' dros y *car chase*. Pan ofynnes i 'Pam?' i Cookie, yr ateb ges i oedd bod y lleidr ceir, y dihiryn di-hid, yn gwrando ar gasét o 'Teilwng yw'r Oen' yn ei gar! Dwi'n chwerthin wrth ysgrifennu'r hanes, ond dyma ddiwrnod cyffredin ym mhatrwm wythnosol *Pobol y Cwm*.

Daeth Chris Needs i chware ditectif o Lundain unwaith. Ro'n i eisoes wedi gweithio gyda Chris ar ffilm gomedi i HTV o'r enw *Band Pres* – a'r ddau ohonon ni'n blismyn! – ac yna ar gynhyrchiad i HTV West ym Mryste o'r enw *Stars in a Dark Night* lle roedd Chris, fi a Martyn Geraint yn chware milwyr Cymreig yn canu yn y ffosydd adeg y rhyfel. Ro'n i wrth fy modd yn gweithio gyda'r cyfarwyddwr Bryan Izzard gan taw fe oedd yn gyfrifol am gynhyrchu a chyfarwyddo cyfresi teledu fel *On the Buses*.

Felly ro'n i'n nabod Chris yn eitha da erbyn hyn. Roedd e 'di dysgu ei linellau i gyd, gan gynnwys y cyfarwyddiadau llwyfan. Roedd yn rhaid i Rhiannon Rees ei atgoffa nad oedd angen iddo lefaru'r rheini! Aeth y ddwy bennod yn dda 'da fe, chware teg, ond daeth y *pièce de résistance* yng Nghlwb y BBC ar ôl ffilmio. Ro'n ni i gyd yn cael peint a daeth Glenda y cynhyrchydd i ymuno â ni. Fe ddwedodd hi eu bod nhw'n hapus gyda pherfformiad Chris a gofyn a fyse fe'n lico dod 'nôl rywbryd yn y dyfodol.

Roedd Chris wrth ei fodd. Ar hyn fe gododd Glenda a'n gadael ni. Cydiodd Chris mewn mat cwrw a'i daflu at Glenda gan fwrw'r cynhyrchydd ar ei phen o wallt coch. Trodd Glenda i weld pwy oedd wedi taflu'r mat a gweld Chris yn eistedd fanna ac yn pwyntio ati gan ddweud 'Paid anghofio!'

Glenda Jones oedd y pumed cynhyrchydd ers 'mod i yn y gyfres. Allan Cook, Gwyn Hughes Jones, Myrfyn Owen a Wil Sir Fôn fu cynt. Yna daeth Robin Rollinson i gyd-gynhyrchu â Glenda, a'r cynhyrchydd ola arnaf oedd Cliff Jones.

Fi a Victoria Plucknett oedd yr actorion gwadd ar gwrs cyfarwyddo Glenda a Cliff (cwrs y BBC i hyfforddi cyfarwyddwyr newydd gan ddefnyddio actorion profiadol), a thrwy hyn des i nabod Glenda yn iawn. Bysen ni'n cwrdd yn aml yn Crush Bar y BBC am baned ac ati a dwi'n siŵr iddi gael cyfle i gyfarwyddo golygfa y bues i ynddi. Daethon ni mlaen yn dda. Daeth ei phenodiad fel cynhyrchydd y gyfres yn sioc i ni i gyd, gan gynnwys Dilwyn Owen fel sonies i cynt. Academig oedd Glenda ac yn ystod ei chyfnod hi fe wellodd Cymraeg y cymeriadau yn aruthrol. Doedd Derek ddim yn cael dweud 'garej' o'r adeg 'ny mlaen. Car-dy oedd e i fod ac, yn waeth na 'ny, pan fu farw Stan Bevan aeth Clem Watkins (Glan Davies) i'r siop i ddweud wrth Maggie fod Stan 'di marw o waedlif ar yr ymennydd. Fyse Clem ddim hyd yn oed yn gwybod beth oedd ystyr 'ymennydd' heb sôn am 'gwaedlif'. Adloniant yw *Pobol y Cwm*, dim rhaglen i ddysgu Cymraeg fel *Talk About Welsh*. Drama gyfres, opera sebon sydd i fod yn real, ond roedd y newidiadau hyn yn gwneud y cymeriadau'n hollol afreal. Falle byse Beth Leyshon, Hywel Llywelyn neu'r Parch. T L Thomas wedi defnyddio'r ymadrodd 'gwaedlif ar yr ymennydd', ond dim Clem.

Daeth dau gyfarfod gwahanol â dau ganlyniad gwahanol. Roedd yr 'annual interview' yn gyfle i'r actorion fynd i weld y cynhyrchydd iddi hi neu fe gael dweud a oedden nhw eich angen ar gyfer cyfres arall. Digwyddai hyn tua chwe mis cyn diwedd y gyfres. Y tro cynta ddigwyddodd hyn ges i wybod eu bod nhw am gynnig cytundeb blwyddyn arall i fi, ac ro'n i'n ddiolchgar iawn. Gofynnodd Glenda a fasen i'n lico gweld rhywbeth yn digwydd i Sgt James yn ystod y flwyddyn oedd i ddod. Dwedes i y bysen i'n gadael hwnna i'r storïwyr ond gan fod Hywel Llywelyn (Andrew Teilo) wedi cael affêr gyda gwraig Sgt James bysen i'n lico cadw'r tyndra rhyngddyn nhw yn gwmws fel Ken Barlow a Mike Baldwin.

'Sori?' medde Glenda. 'Ken Barlow a Mike...?'

'Baldwin,' atebes i. 'Dau o brif gymeriadau *Coronation Street*.'

'O,' medde Glenda, gyda gwên ar ei hwyneb. 'Fydda i byth yn gwylio *Coronation Street*!'

Mae hynny yr un peth â chynhyrchydd *Match of the Day* yn dweud ei fod e byth yn gwylio pêl-droed. Yn fy marn i, dyle pobol gymryd diddordeb yn y maes maen nhw'n gweithio ynddo. Neu falle na ddylen nhw gael cynnig y job oni bai eu bod nhw'n deall ac yn arbenigo yn y cyfrwng.

Y tro nesa i fi gael 'annual interview' roedd y canlyniad yn wahanol. Y tro 'ma fe ddwedodd hi nad oedden nhw am adnewyddu fy nghytundeb pan ddeuai i ben ymhen chwe mis gan fod y storïwyr yn ffaelu meddwl am straeon ar gyfer Sgt James. Tasen i ddim wedi'n syfrdanu gyda'r penderfyniad fe fysen i wedi bod yn fwy ewn a dweud wrthi am sacio'r storïwyr yn hytrach na fi. Wedi'r cyfan, yn ôl y cynhyrchydd, nhw oedd yn ffaelu gwneud eu job. Ddwedes i ddim byd. Ategodd hi wrth i fi adael y swyddfa: 'Cofia, os elli di feddwl am straeon, gad ni wybod!' Gadewes BH a mynd adre. Ro'n i'n ypsét ofnadw ond yn dal popeth mewn. Pan ddes i mas o'r car tu fas y tŷ yn Syr David's Avenue weles i 'nghymydog, Elin Hefin. Roedd Elin gyda'i gŵr, John, a'u merch, Megan Soffia. (Hi oedd yr ail i chware rhan Gwenllian, merch Glyn a Beth. Heledd Jarman, merch Lisa Grug, oedd y gynta.) Ro'n nhw'n byw drws nesa ond un ac yn gymdogion gwerth chweil. (Bu farw John yn 2012, yn llawer rhy ifanc. Er yr holl raglenni a dramâu y buodd e'n gysylltiedig â nhw – *Grand Slam*, *Lloyd George* a *Pobol y Cwm* – y peth pwysica am John Hefin oedd ei fod e'n un o'r dynion mwya hawddgar a gerddodd ar y ddaear.)

Welodd Elin 'mod i'n ypsét a gofyn os o'n i'n iawn. Ges i hi'n anodd i gadw'r dagrau 'nôl pan ddwedes i wrthi beth oedd wedi

digwydd. Tu ôl i ddrws fy nhŷ daeth ambell ddeigryn i'r fei ond
gofies i eiriau ola Glenda: 'Cofia, os elli di feddwl am straeon, gad
ni wybod!' Es i ati i ysgrifennu chwe *storyline* oedd yn cynnwys
Sgt James, pob un yn fy marn i yn bosib. Dwi ddim yn cofio
nhw i gyd ond roedd un yn garwriaeth rhwng Glyn James ac
Olwen (Toni Caroll). Y bore canlynol, mewn â fi i'r stiwdio. Daeth
Glenda i'r stafell werdd a dyma fi'n rhoi'r chwe *storyline* iddi
mewn amlen frown. Glywes i ddim gair wedyn a ddaeth dim un
stori i'r fei.

Ddwedes i ddim byd wrth Mam fy mod i ar fin gadael *Pobol
y Cwm*. Roedd Dad erbyn hyn yn dost iawn yn yr ysbyty. Roedd
afiechyd Parkinson wedi cydio ynddo ers peth amser ac yna
daethon ni i ddeall ei fod e'n diodde o glefyd Alzheimer. Roedd
hyn yn anodd i Mam. Bysen i'n derbyn galwad ffôn i ddweud bod
Dad, er enghraifft, ddim yn hapus bod y Steddfod Genedlaethol
heb ofyn am ei ganiatâd i gynnal yr Ŵyl yn y rŵm ffrynt. (Fanna
oedd Dad yn gwylio'r Steddfod ar y teledu, wrth gwrs.) Es i
lan i Dan y Mynydd unwaith a phan gerddes i mewn cododd
Dad i ysgwyd fy llaw gan ddweud 'Steve, nice of you to come
and see me.' Roedd Dad yn meddwl taw Big Steve, un o'i gyn-
ddisgyblion, o'n i. Aeth pethe'n waeth ac roedd e'n gwylltio'n aml,
un o symptomau cyffredin yr afiechyd. Felly roedd yn rhaid i
Mam, ar gyngor y doctor, ei roi mewn cartre iddo fe gael gofal
24 awr. Torrodd Mam ei chalon ond dyma oedd y peth iawn i'w
wneud. I gartre gofal Ysguborwen aeth Dad, yr un lle y bues
i'n cynnal nosweithiau gyda Clustiau Cŵn a Bando a'r un lle y
cafodd Delyth a'i gŵr David eu brecwast priodas.

Buodd Manon a fi'n ymweld yn gyson. Roedd e'n drist iawn
i weld Dad yng nghanol yr hen bobol, yn eistedd mewn cadair
yn ei fyd bach ei hun. Doedd Dad ddim yn hen iawn, 72 oedd e.
Ond yr hyn sy'n ddiddorol am yr afiechyd oedd weithiau – a dim
ond weithiau – byse Dad yn actio'n hollol normal. Cafodd Manon
a Dad sgwrs hir am y ffaith ei bod hi'n bwriadu mynd 'nôl i'r
Brifysgol yng Nghaerdydd fel myfyriwr hŷn. Roedd Dad wrth ei
fodd gan ei fod e'n fyfyriwr hŷn yn Aberystwyth wedi'r rhyfel.

Dwi'n credu bod Dad yn sylweddoli faint oedd yn rhaid i Mam

147

dalu i gadw fe yn Ysguborwen, achos o fewn ychydig wythnosau iddo gyrraedd y cartre roedd e wedi ei ruthro i Ysbyty Santes Tudful ym Merthyr yn diodde o ddiffyg hylif. Roedd Dad wedi bod yn benstiff ac wedi gwrthod yfed na chymryd ei dabledi. Dwedodd y doctor yn yr ysbyty taw dyma'r achos gwaetha o ddadhydradu roedd e erioed wedi ei weld. Dair wythnos yn ddiweddarach bu farw Dad. Diwrnod trist iawn ond, i fod yn onest, fe golles i Dad pan alwodd e fi'n 'Big Steve'.

Roedd 'da fi chwe golygfa i ffilmio y diwrnod wedi i 'nhad farw. Ffonies i Glenda i adael iddi wybod y newyddion a, chware teg iddi, dwedodd hi y gallen i recordio'r golygfeydd rywbryd eto. Do'n i ddim ishe. Ro'n i ishe cario mlaen i weithio. Arhosodd Delyth ac Anti Hilda yn Aberdâr gyda Mam ac es i a Manon 'nôl i Gaerdydd. Roedd 'da fi chwe golygfa i'w dysgu. Do'n i ddim 'di torri lawr wedi i fi glywed y newyddion am Dad ond wedi cyrraedd y tŷ a meddwl am yr angladd ro'n i ishe'r emyn 'Dros Gymru'n Gwlad' i dôn *Finlandia*. Emyn addas i Dad – cenedlaetholwr, Cristion ac athro Cerddoriaeth. Gosodes i CD Dafydd Iwan yn y peiriant a chware'r gân. Bostes i mas i lefen yn syth tra o'n i'n cael cwtch mawr gan Manon.

Gafon ni angladd hyfryd i Dad yn ei gapel, capel Bedyddwyr Carmel Bryn Sion yn Nhrecynon. Roedd y capel yn llawn gyda Chôr Meibion Cwmbach lan lofft yn canu trefniant Dad o'r dôn *Sarah* a'r geiriau 'Mi Glywaf Dyner Lais'. Lwyddes i gadw'n hunan 'da'n gilydd er mwyn Mam ond, rhaid dweud, pan weles i fy ffrindie o *Pobol y Cwm* yn cerdded mewn i'r capel daeth lwmpyn i 'ngwddf. Teimlad gwerthfawr yw cael cefnogaeth ffrindie ar unrhyw adeg o'ch bywyd, yn enwedig yr adegau trist.

Wedi'r amlosgfa yn Llwydcoed trefnwyd i fynd â llwch Dad i'w osod yn y bedd ym Mhontarddulais gyda David, plentyn cynta Mam a Dad. Doedd Dad ddim ishe blode a dwi'n cofio fe'n dweud unwaith: 'Os brynwch chi flode i 'medd i dwi'n dod 'nôl i *hauntio* chi.' Dwi heb brynu blode i'r bedd ac, i fod yn onest, dwi erioed wedi gweld y bedd. Does dim pwynt. Smo Dad 'na – ma fe 'di marw. Yr unig beth dwi'n wybod am y bedd yw bod geiriau Dylan Thomas ar y garreg: 'Praise the Lord – we are a musical nation' (wedi eu cyfieithu gan T James Jones). Does dim angen carreg fedd i gofio Dad. Mae ei lun yn arwain Côr Cwmbach uwchben y piano – ei biano e – yn fy nghartre. Dwi'n ei weld e a'i gofio fe'n ddyddiol.

Wedi i Dad farw digwyddodd rhywbeth od. Ges i alwad ffôn gan Wil Sir Fôn. Nawr, dyna i chi gymeriad a hanner oedd Wil, neu William Jones, wedi gweithio'i ffordd lan o fod yn AFM i fod yn gynhyrchydd ac yn olygydd sgriptiau *Pobol y Cwm*. Cofio gweld e yng Nghlwb y BBC unwaith gyda'i *briefcase* a chynhyrchydd o adran arall yn y BBC yn gofyn yn bryfoclyd: 'Hei Wil, be sda ti yn y *briefcase*?' A Wil fel fflach yn ateb: 'Rhywbeth 'sa ti'n gwybod dim amdano – llond ces o syniadau gwreiddiol!' Wil hefyd fathodd y dywediad 'The pen is mightier than the agent.' Ond falle, yn yr achos yma, bod y pen yn gryfach na'r cynhyrchydd pengoch gan ei fod yn ffonio i ddweud eu bod nhw 'di newid eu meddyliau ac y bysen nhw'n lico Sgt James i gario mlaen yn y gyfres. Newyddion arbennig o dda wedi cyfnod hynod o drist. Wedi dweud hyn, roedd y tair blynedd nesa yn wahanol iawn i'r adeg a fu. Doedd y *storylines* gafodd Glyn James ddim yn rhai mawr a weithiau bysen i ond yn gwneud un bennod bob pedair wythnos, felly dechreues i chwilio am waith arall yn syth.

Am y tair blynedd nesa, mewn a mas o'r gyfres o'n i. Ges i gyfle i wneud dau bantomeim ac un ffilm fawr – a wna i sôn am rheini nes mlaen. Ges i gyfle hefyd i chware brawd John Pierce Jones mewn pennod o'r *Heliwr, Mind To Kill*. Dyma oedd y tro cynta i fi gwrdd â dau oedd i ddod yn gyfeillion da dros y blynyddoedd, sef Philip Madoc, y prif gymeriad, a Ffion Wilkins oedd yn chware ei ferch, Hannah. Ro'n i ofon Phil i ddechrau – rhyw barchus ofn. Roedd y llais anhygoel o gyfoethog 'na yn hala dyn i grynu yn ei gwmni.

Yn ystod y cyfnod yma hefyd bues i'n gweithio i Gwmni Theatr Gwynedd mewn cynhyrchiad o *Cwm Glo* gan Kitchener Davies. (Roedd merch Kitchener Davies yn un o sgriptwyr *Pobol y Cwm*, ac fel ei thad yn ysgrifennu deialog da, ac yn rhannu yr un enw â 'ngwraig – Manon Rhys.) Roedd hon yn ddrama ddadleuol a ddaeth i sylw'r Cymry yn Steddfod 1934. Roedd yn delio gyda chanlyniadau cymdeithasol y dirwasgiad yng Nghymoedd y De ac ystyriai beirniaid y Steddfod ei bod yn foesol sarhaus ac yn anaddas i'w pherfformio. Roedd *Cwm Glo* yn feirniadaeth ffyrnig ar werthoedd cyfalafol ond yn ddarn chwyldroadol mewn termau gwleidyddol a theatrig. Ro'n i wrth fy modd felly 'mod i'n cael cynnig rhan Morgan Lewis, perchennog y pwll. Ro'n i'n edrych mlaen yn fawr at weithio gyda Graham Laker, y cyfarwyddwr. Roedd Eirlys Britton hefyd yn aelod o'r cast, ynghyd â William Thomas, Donna Edwards, Maria Pride, Griff Williams a Simon Fisher. Amser da – ar y cyfan – a neis bod 'nôl ar lwyfan. Daeth Mam, Delyth a Rhian i weld y cynhyrchiad yn Theatr y Lyric, Caerfyrddin. Wedi dwy awr a hanner o actio'n enaid mas ar lwyfan, gwrddes i â nhw yn y cyntedd. 'Wel – beth o'ch chi'n feddwl, 'te?' gofynnes a dyma Mam yn holi: 'Ti 'di rhoi pwyse mlaen?'

Daeth Cliff Jones yn gynhyrchydd ar *Pobol y Cwm* wedi i Glenda adael. Ro'n i wrth fy modd gan 'mod i'n dod mlaen yn dda 'da Cliff ac wedi ei nabod e ers o'n i'n 10 mlwydd oed. Flwyddyn cyn i fi adael ges i, Gwyn Elfyn a Hywel Emrys ein 'annual interview' gyda Cliff a chael ein galw mewn yn gynt, gan ein bod ni'n tri bant yn Llundain pan oedd e'n gweld gweddill y cast. Gafodd Hyw a fi newyddion da ond yn anffodus ddwedodd e wrth Gwyn eu bod nhw'n cael gwared ar Denzil. Roedd hyn 'nôl yn 1995.

Aethon ni i Lundain ta beth a thrio codi calon Sgrots. Daeth Hyw mas â brawddeg anhygoel tra bod Gwyn yn edrych mewn siop: 'Ti'n meddwl bod y newyddion am adael y gyfres 'di ypsetio'i drip e i Lundain?' Mynd am fwyd, mynd i weld *Blood Brothers* yn y West End, a chael cwpwl o ddrincs, cyn landio mewn clwb o'r enw Chaplains ger Regent Street. Roedd yn rhaid prynu poteli o win fan hyn gan nad oedden nhw'n gwerthu cwrw na lager. Wyth bunt ar hugain oedd pris y botel rata! Roedd gan y clwb yma rywbeth ychwanegol i'r arfer, sef *lap dancers*. Ta beth, wedi yfed ychydig o'r gwin drud daeth merch lan aton ni i ofyn a fysen ni'n lico iddi hi ddawnsio i ni. Merch bert, dal, benfelen mewn bicini melyn oedd hon. Cyn i ni gael cyfle i'w hateb edrychodd hi arnon ni'n syn a dweud tri gair yn unig: *'Pobol y Cwm.'* Gafon ni haint. Cymraes o ochrau Abertawe oedd hi, newydd adael dosbarth chwech Ysgol Gyfun Gŵyr ac yn 'dawnsio' yn Chaplains i dalu rhent a chael modd i fyw yn Llundain. Ond nid dyna'r unig dro i ni gael ein hadnabod. Y diwrnod canlynol aethon ni'n tri i ymweld â MOMI (Museum of the Moving Image), amgueddfa ddiddorol yn olrhain hanes teledu a ffilm sydd wedi hen ddiflannu bellach. Aethon ni i'r swyddfa docynnau i brynu bobo docyn ac yna gofynnodd y gŵr oedd yn gwerthu'r tocynnau: *'Pobol y Cwm?'* Yn ogystal â bod yn Gymro Cymraeg roedd yn actor di-waith oedd ar ei ffordd i Gaerdydd i gael cyfweliad gyda Cliff ar gyfer y gyfres.

Roedd ochr gymdeithasol *Pobol* yn gymaint o hwyl. Prydau o fwyd di-ri yn y Continental ar Mill Lane gyda Giovanni Malacrino, y perchennog, yn edrych ar ein holau. Buodd Sgrots a fi 'na mor aml bysen ni'n helpu i roi cadeiriau'r bwyty ar y fordydd ar ddiwedd y nos er mwyn i'r staff ddod gyda ni i glwb Kiwis. Y tro cynta i ni'n dau fynd yna gynigiodd y gweinydd fwydlen bwdin i ni. Wrthodon ni a dyma fe'n dweud: 'Go on, try something – it won't make any difference to your figures!' Chwerthin wnaethon ni ac o'r eiliad yna gafon ni groeso gwych bob tro.

Daeth breuddwyd Sgrots yn wir yno un noswaith. Fisoedd ynghynt sonion ni wrth Giovanni ein bod ni am fwcio bord gan ein bod ni'n mynd i Neuadd Dewi Sant i weld noson yng nghwmni George Best. Dwedodd Giovanni bod y cyn bêl-droediwr yn dod i'r Continental am fwyd wedi'r noson. 'Put us on the next table,' medde Sgrots. Ymhen misoedd aethon ni i'r bwyty wedi'r noson ac roedd Giovanni wedi cadw at ei air. Ro'n ni'n eistedd ar y ford drws nesa i Georgie Best. Rwy'n difaru bellach ein bod ni heb fynd ato i ddweud 'helo', gan ei fod yn eistedd ar ei ben ei hun wedi i'w gariad gerdded mas o'r bwyty!

Pan ddaeth y diwedd i Glyn James yng Nghwmderi, ac i finne fel aelod o gast *Pobol y Cwm*, doedd neb cweit yn siŵr beth oedd yn digwydd. Ddwedodd neb wrtha i 'mod i'n cwpla. Roedd fy nghytundeb yn dod i ben. Roedd Cliff yn dweud o hyd 'mod i ddim yn cwpla a taw jyst rhoi *rest* i'r cymeriad o'n nhw. Ro'n i'n gallach na hyn. Doedd fy nghytundeb heb ei adnewyddu ac ro'n i'n gwybod bod fy amser yng Nghwmderi yn prysur ddirwyn i ben. Do'n i ddim mor drist y tro 'ma ag o'n i y tro dwetha. Ro'n i eisoes wedi cael gwybod 'mod i wedi cael swydd cyflwynydd newydd *Sion a Siân*. Ro'n i hefyd wedi bod lan i Lundain yn cael un cyfweliad ar ôl y llall ar gyfer sioe gerdd o'r enw *How Green was My Valley – The Musical*.

Ar y trydydd *recall* es i gyda Beth Robert ar y trên, gan ei bod hi wedi cael ei thrydydd *recall* 'fyd. 'Pa ddarn ti'n mynd i neud?' gofynnodd Beth ar y trên. Doedd neb wedi gofyn i fi wneud darn – dim ond canu cân. Ta beth, wedi canu i'r cyfarwyddwr oddi ar lwyfan theatr y Shaftesbury dyma fe'n gofyn i fi am ddarn. Adroddes i fy *party piece*, sef cerdd Max Boyce, 'I wandered lonely through the crowd... Ticketless!' Roedd pawb yn chwerthin, diolch i'r drefn. Ychydig cyn i fi gwpla *Pobol* ac wythnosau cyn i fi glywed am *Sion a Siân*, gysylltodd fy asiant a dweud bod ganddo fe newyddion da a newyddion drwg. Y newyddion da oedd eu bod nhw ishe fi ar gyfer y sioe yn Llundain, a'r newyddion drwg oedd taw rhan fach oedd hi. (Meddwl unwaith eto am Pat Griffiths a 'There are no small parts, only small actors!') Y broblem oedd sut o'n i'n mynd i fyw yn Llundain ar gyflog theatr – talu rhent a thalu morgais ar y tŷ yng Nghaerdydd. Poeni am hyn am wythnos gyfan tra o'n i'n trio ffeindio rhywle i fyw yn Llundain. Yna'r alwad ffôn gan fy asiant yn dweud na fyse'r sioe yn digwydd gan nad oedd ystad Richard Llewellyn, yr awdur gwreiddiol, wedi caniatáu ei throi'n sioe gerdd!

Ar fy niwrnod ola yn *Pobol y Cwm* doedd dim ffys o gwbwl achos doedd neb yn gwybod 'mod i'n gadael. Dim ond wedi i fi sôn wrth Catrin Fychan (Gina) y gwnaeth hi, chware teg, drefnu bod rhai o'r cast a'r criw yn mynd mas i Topo Gigio's yn dre i ffarwelio â fi. Gan amla pan oedd rhywun yn gadael roedd areithiau yn y stiwdio ac ati – ond i fi, dim byd. Jyst diwrnod normal. Oni bai am Brian Malam (gwisgoedd), oedd wedi pacio'r sgarff Rupert the Bear a wisgai Sgt James, ynghyd â'i fathodyn Dyfed-Powys a llyfr nodiadau'r cymeriad. Ro'n i'n ddiolchgar i Brian am hyn ac mae'r eiteme dal 'da fi fel atgof o'r 13 mlynedd yn y gyfres. Gafon ni noson hyfryd y noson honno. Huw Ceredig yn prynu potel o *champagne* i fi a'i chyflwyno wedi araith fach hyfryd a ddaeth â deigryn i fy llygad.

Daeth cyfnod hapus i ben. Atgofion lu ac, ar y cyfan, atgofion melys iawn. Roedd ffans y gyfres yn anhygoel – cael fy stopio yn aml ar Queen Street, Caerdydd, a rhai'n gofyn am gyfarwyddiadau. Pan fysen i'n prynu *boxers* yn Marks byse rhywun tu ôl i fi'n gofyn 'Jiw, Sarjant – shwt y'ch chi?' A tasen i 'di cael £5 bob tro ofynnodd rhywun 'Ble ma'ch iwnifform chi heddi, 'te?' neu '*Off duty* heddi, ie?' 'sen i'n ddyn cyfoethog iawn. Y sioc fwya ges i erioed oedd pan symudodd Sgt James i weithio yng Nghaerfyrddin. Doedd Glyn ddim yn hapus o gwbwl. Roedd e ishe bod yn *bobby* pentre. Yn ystod y cyfnod yma ro'n i tu fas y tŷ yng Nghaerdydd un bore Sadwrn yn cario stwff o'r car. Daeth y Mercedes 'ma heibio, agorodd y ffenest yn araf a dyma ddyn cyfarwydd iawn yn popio'i ben mas gan ddweud, 'Hei, Sarj – paid becso 'chan, smo fe cynddrwg â 'ny yng Nghaerfyrddin!' Sefes i'n stond am eiliad wrth sylweddoli taw Gareth Edwards – *y* Gareth Edwards – oedd yn siarad â fi. Gwenes i arno fe a rhedeg mewn i'r tŷ i ddweud wrth Manon. Ffeindies i mas yn ddiweddarach bod Gareth yn ein stryd ni gan fod ei wraig Maureen yn perthyn i Helen Owen, ein cymdoges.

Y peth pwysica i fi oedd y ffrindie wnes i yna dros 13 mlynedd, ac nid yn unig y rhai o flaen y camera. Dwi wedi gadael ers 1996 bellach a dwi'n dal i weld rhai o'r ffrindie hynny yn aml iawn.

14

'Weeeeeeeeee!'

WEDI PUM MLYNEDD yn ein tŷ cynta fel cwpwl priod benderfynon ni symud o ardal y Waun i dŷ ychydig yn fwy. Gan fod nifer o'n ffrindie yn byw ochr arall y dre a'r BBC yn agosach, symudon ni i ardal Treganna. Ar wahân i gyfnod byr yn y Tyllgoed do'n i erioed wedi byw 'yr ochr arall' i'r dre. Welon ni sawl tŷ yn yr ardal ond Manon benderfynodd ar y tŷ ry'n ni ynddo bellach. Ar gyrion Treganna mae ein cartre ond mae'r cyfeiriad iawn yn dweud ein bod ni yn Llandaf, gan fod Llandaf yn dechrau hanner ffordd lan Clive Road a ninne yn byw nepell o ben y stryd. Felly wrth fy ffrindie dwi'n dweud Canton ac os dwi'n trio creu argraff – Llandaf! Yn ôl y si, roedd gan Winston Churchill dŷ saff yn ein stryd ni adeg y rhyfel ac mae pawb yn mynnu taw eu tŷ nhw yw e. (Si ddi-sail ddweden i, er fod gwesty Churchills ychydig funudau bant!)

Rhagfyr y 9fed, 1990. Y noson gynta yn y tŷ a ninne wedi llwyddo i symud popeth o'r Waun, gan gynnwys chwe chath – Dewi Pws (y fam!), Lleucu y tad (!) a'u cathod bach Rosi, Ricky (roedd Manon yn ffan o Dewi Pws!), Baglai (achos ei bod hi wastod yn mynd dan draed) ac Elsie (wedi ei henwi ar ôl cymeriad fflamgoch Pat Phoenix ar *Coronation Street*). Roedd yn rhaid i fi adael Manon yn syth gan 'mod i'n gwneud cabare yn y Fro gyda Caryl Parry Jones a Glan Davies. Galwodd John Glyn Owen (*Rownd a Rownd*) i'r tŷ gyda photel o *champagne*, chware teg iddo fe, a fanna buodd Manon a JG ar y noson gynta yn ein tŷ newydd yn bwyta *chips* mas o'r papur ac yn sipian *champagne*!

Na N'og oedd enw'r tŷ. Tir ieuenctid bythol a hefyd enw

cylchgrawn ysgol Rhydfelen. Roedd angen lot o waith ar y tŷ, a gan nad o'n i'n dda gyda DIY daeth Eryl Haf ac Arial lawr o'r gogledd i helpu. Buodd Arial yn help mawr i ni ond dwi ddim yn siŵr faint o help oedd Eryl Haf, yn rhoi stŵr i fi am wario ar CDs, gan fod 'da fi gannoedd ohonyn nhw!

Beth oedd yn braf am ein stryd ni oedd bod nifer o Gymry yn byw ynddi. Ac wythnos yn union wedi i ni symud i'r tŷ gafon ni gymdogion newydd ochr draw – y cyflwynydd teledu Gareth Roberts a'i wraig ar y pryd, Menna. Daethon ni'n dipyn o ffrindie, a gyda Helen Owen o Gors-las drws nesa iddyn nhw a John ac Elin Hefin drws nesa ond un i ni, Marc a Janet Evans ddrws neu ddau wedyn, Clive a Linda Harpwood a Sian Roderick ar ben y stryd, roedd cymuned fach Gymreig iawn 'ma. Braf oedd clywed y Gymraeg ar y stryd yn ddyddiol a bellach, gyda nifer wedi symud o 'ma a chymdogion newydd 'di symud mewn, mae'r Gymraeg dal yn fyw a nifer fawr o blant y stryd yn derbyn eu haddysg drwy'r Gymraeg hefyd.

Ro'n ni mewn a mas o dai ein gilydd yn aml gyda phrydau o fwyd a barbaciws a nifer o bartïon. Bues i'n trefnu sawl trip dim ond i'r cymdogion a'u ffrindie – i Lundain gan amla i weld sioeau fel *Oliver!* a *Jesus Christ Superstar*. A Helen â'i brechdanau samwn agored i bawb (tipyn o steil 'da pobol Gors-las). Roedd y cyfnod yma'n gyfnod da a hapus iawn. Doctor oedd yn byw drws nesa i ni ar y pryd. Stirling oedd ei enw, ac roedd e a'i wraig yn eitha *stuck-up*, 'sen i'n hollol onest. Ato fe droies i pan oedd stori fawr 'da Sgt James yn *Pobol y Cwm*. Roedd y cymeriad yn diodde o *blackouts* wedi iddo fe gael ei fwrw ar ei ben gan gymeriad o'r enw Fferet (Alun ap Brinley). Ges i lot o wybodaeth werthfawr am y cyflwr ac es i'r ymarferion yn gynhyrfus reit i ddweud am fy ngwaith ymchwil. Cyn llewygu byse'r claf wastod yn gwneud sŵn gwichian bach yng nghefn ei wddf. Dyma oedd yr arwydd – yn ôl y doctor drws nesa – fy mod ar fin llewygu. Pan ddwedes i wrth David J Evans, y cyfarwyddwr, ei ateb e oedd: 'For God's sake, Ieu – just bloody faint!'

Mae Na N'og yn dŷ braf ac yn dipyn mwy na'n tŷ cynta. Pan ddaeth Rhian Morgan draw dwi'n ei chofio hi'n rhedeg nerth ei thraed drwy'r tŷ o'r drws ffrynt i'r bac gan weiddi 'Weeeeeeeeeee!', gan ei bod hi ffaelu credu bod cymaint o le 'da ni.

Dwi wrth fy modd gyda phobol yn galw. Fel'na oedd hi yn Nhan y Mynydd pan o'n i'n tyfu lan – pobol yn galw am baned yn aml – a dyna sut ydw i 'di bod. Unwaith i fi agor y drws ffrynt mae'r tecell mlaen yn syth. Babi oedd Cai a newydd ddechrau cerdded pan agorodd e'r drws ffrynt am y tro cynta. Dim ond Cai a fi oedd adre, gan fod Manon yn y gwaith. Doedd e ond wedi dechrau cerdded ers ychydig wythnosau. Ro'n i'n meddwl ei fod e'n chware gyda'i deganau yn y gegin ganol, felly ro'n i wedi ymlacio'n llwyr a chael brêc tra o'n i'n gorwedd ar y setî yn gwylio'r teledu. Neidies i lan yn gloi pan glywes i lais menyw yn y *passage* yn gweiddi 'Helo'. Godes i'n syth a gweld ein cymydog, Betsan Powys, yna gyda Cai. Roedd Cai – yn ei gewyn – wedi agor y drws ffrynt a cherdded lan y stryd, ar y pafin. Welodd y dyn llaeth Cai a meddwl taw Betsan oedd ei fam a hithe'n dweud na, ond ei bod hi'n gwybod pwy oedd yn berchen ar y crwtyn bach. Aethon ni ati'n syth i roi bollt ar y drws ffrynt!

Piti bod dim bollt ar y drws ynghynt, gan i fi gael llond twll o ofon tra o'n i'n cysgu yn fy ngwely un noswaith. Ro'n i wedi bod mewn parti yn nhŷ Gareth a Menna ochr draw. Roedd partïon Gareth a Menna wastod yn rhai da. Digonedd o fwyd a diod a chwmni da 'fyd. Y noson arbennig yma roedd fy ffrind a fy nghyd-actores Sera Cracroft a'i gŵr, Pete, yna hefyd. Yn anffodus roedd Manon bant y noswaith 'ny. Ta beth, ar ôl cael noson wrth fy modd es i adre ac yn syth i'r gwely tua dau o'r gloch y bore. Trwy gyfuniad o flinder ac alcohol es i gysgu'n syth, tan rhyw hanner awr yn ddiweddarach, pan ges i ofon mwya 'mywyd. Rhedodd rhywun lan y sta'r gan fwrw drws y llofft yn erbyn cwpwrdd bach y gwely a gweiddi 'Ahhhhhhhhhhhh!' Lladron? Llofrudd? Nage – Sera Cracroft! Roedd allwedd sbâr gan Gareth a Menna a chafodd Sera afael ynddo i hala ofon arna i. Ac fe lwyddodd hi.

Daeth tŷ Gareth a Menna yn handi pan oedd Manon yn dathlu ei phen blwydd yn 30. Doedd Manon ddim ishe ffys. Ro'n i wedi cael parti mawr yng Nghlwb y BBC yn Llandaf i ddathlu fy mhen blwydd i. Dathlu gyda ffrindie a theulu, gyda Dewi Pws a Rhys

Dyrfal yn troelli recordiau yn y disgo – roedd y DJ arferol wedi cael damwain car y diwrnod 'ny.

Er nad oedd Manon yn lico partis syrpréis, mynnodd Menna ein bod ni'n dathlu. Felly y cynllun oedd i rai o ffrindie Manon, gan gynnwys Bethan Anwyl a Mair Davies – dwy ffrind o'i dyddiau hi yn y BBC – ddod i dŷ Gareth a Menna heb yn wybod i Manon. Ond roedd Manon a fi wedi mynd i'r Cotswolds am noson y diwrnod cynt. Shwt o'n i'n mynd i gyrraedd 'nôl i Gaerdydd mewn da bryd? Fy stori oedd bod yn rhaid i fi fod 'nôl i ymarfer sgets roedd rhai ohonon ni yn *Pobol y Cwm* yn ei pherfformio mewn cyngerdd esgus. Ond roedd Manon yn joio yn y Cotswolds, a buodd hi'n dweud trwy'r dydd ei bod yn drueni bod yn rhaid i ni fynd adre achos y sgets wirion 'na. Ta beth, adre ddaethon ni ac am hanner awr 'di saith es i i'r 'ymarfer'. Ychydig wedi hyn gafodd Manon alwad oddi wrth Menna yn gofyn a fyse hi'n fodlon mynd draw i'w helpu gyda rhywbeth neu'i gilydd. O fewn chwarter awr roedd Manon yn canu'r gloch. Daeth i'r tŷ a phan ddaeth hi i'r stafell fyw gafodd hi haint. Fanna o'n i, ei ffrindie agos, ynghyd â Helen Owen, Sian 'Leri a Bethan Cartwright. Do, gafodd hi sioc a hanner, ond dwi'n gwybod iddi joio ei hun yn fawr yn y diwedd.

15

'Wyt Ti Ishe Chware Sarjant Arall?'

DAIR BLYNEDD CYN i fi adael *Pobol y Cwm* am byth, ym Mehefin 1993, derbynies alwad ffôn gan Michelle Guish (cyfarwyddwr castio) i ofyn a fysen i'n lico cyfarfod â chyfarwyddwr ffilm newydd o'r enw *The Englishman Who Went Up a Hill But Came Down a Mountain*. Do'n i ddim yn gwybod llawer am y cynhyrchiad, dim ond ei fod wedi ei leoli yng Nghymru. Cytunes fynd i ganolfan gelfyddydau y Chapter yng Nghaerdydd i gwrdd â Christopher Monger. Brodor o Ffynnon Taf ger Caerdydd oedd Chris ond erbyn hyn roedd e'n byw a bod yn America. Gyda Chris roedd y cynhyrchydd penfelyn Sarah Curtis. Fel gyda phob cyfweliad neu wrandawiad ro'n i'n nerfus iawn. Eisteddes o flaen y ddau. Ddwedodd Sarah 'run gair; Chris wnaeth yr holi i gyd. Ar ôl chwarter awr daeth y sgwrsio i ben a ffarwelies i â'r ddau.

Wedi dod o'r cyfweliad do'n i'n dal ddim callach am y ffilm. Roedd Chris wedi adrodd y stori'n fras wrtha i, sef hanes dau Sais yn dod i bentre tebyg i Ffynnon Taf yn ystod y Rhyfel Byd Cyntaf i fesur y mynydd. Wedi mesur mae'r ddau'n penderfynu taw dim mynydd mohono ond bryn. Mae hyn yn gwylltio'r pentrefwyr gan fod y mynydd yn sanctaidd iddyn nhw. Mae'r pentrefwyr felly yn herwgipio'r Saeson ac yn adeiladu twmpyn ar ben y mynydd, gan ddefnyddio pridd o'u gerddi a'r caeau cyfagos er mwyn i'r Saeson allu ei fesur eto a'i alw'n fynydd. Y noswaith 'ny, tra o'n i'n darllen y *South Wales Echo*, darllenes i taw ffilm newydd Hugh Grant oedd hi. Roedd *Four Weddings and a Funeral* a *Sirens* newydd fod yn y sinemâu a Hugh oedd y *blue-eyed boy* ar y pryd, felly roedd hyn yn hynod o gyffrous. Dilynodd nosweithiau o ffaelu cysgu yn meddwl os o'n i 'di cael y rhan neu beidio. Wythnos union wedi i fi gyfarfod â Chris a Sarah des i 'nôl i'r tŷ ar ôl bod mas yn siopa. Roedd neges ar y peiriant ateb: 'Hello Yewan! Michelle Guish here from the Casting Company. Could you please give me a call? I'd like to offer you the part of the Sargeant in the movie.' Ffonies i Michelle a gynigiodd hi'r rhan i fi yn swyddogol. Ro'n i'n gwmws fel Macaulay Culkin yn y ffilm *Home Alone*, yn rhedeg o gwmpas y tŷ fel idiot yn gweiddi 'Yes! Yes! Yes!'

Ychydig o ddyddiau wedyn daeth y cytundeb, yr holl wybodaeth, ac yn bwysicach na hynny, y sgript drwy'r post. Darllenes y sgript a'i mwynhau. Ro'n i'n chware rhan Sgt Thomas, plismon y pentre. Gofynnodd ambell un y cwestiwn disgwyliedig: 'Wyt ti ishe chware Sarjant arall?' 'Smo ti'n meddwl bod hyn yn *typecasting*?' Am gwestiynau a sylwadau hurt! Bysen i wedi bod yn ddwl bost i wrthod y rhan jyst achos 'mod i wedi bod yn chware Sarjant James.

Gyda'r sgript ac ati daeth rhestr y cast a'r criw. Yn naturiol, do'n i ddim yn gyfarwydd â neb o'r criw cynhyrchu ond roedd enwau'r cast yn beth arall. Hugh, wrth gwrs, oedd yn chware'r brif ran, sef Reginald Anson, y Sais a ddaeth i fesur y mynydd. Ian McNeice, sydd bellach wedi bod mewn ffilmiau a chyfresi teledu fel *Doc Martin* a *Doctor Who*, oedd ei bartner. Colm Meaney, yr actor Gwyddelig fu yn *The Commitments* a *Star Trek: Deep Space Nine*, Ian Hart o Lerpwl, oedd wedi cael cryn lwyddiant gyda'i bortread o John Lennon yn y ffilm *Backbeat* a bellach *Harry Potter*, yr actores hyfryd Tara Fitzgerald a ddaeth i amlygrwydd mewn ffilmiau fel *Hear My Song* a *Sirens* a'r bytholwyrdd Kenneth Griffith fel y gweinidog. Waw! Do'n i wir ffaelu credu 'mod i'n mynd i weithio gyda'r bobol yma. Ar ben hyn i gyd, diléit arall oedd gweld bod fy ffrind Lisa Palfrey hefyd yn y ffilm ynghyd â Fraser Cains, Anwen Williams, Dafydd Wyn Roberts a Bob Blythe – pobol ro'n i wedi gweithio gyda nhw'n barod.

Roedd y ffilmio wedi'i rannu'n ddau. Golygfeydd allanol

yn Llanrhaeadr ym Mochnant a'r gweddill yn stiwdio enwog
Pinewood. Ychydig o ddyddiau cyn i fi fynd i Lundain dyma Susie
Menzies (PA y cynhyrchiad) yn ffonio i ofyn ble ro'n i am aros.
Naill ai mewn gwely a brecwast ger Pinewood neu yng nghanol
Llundain? Roedd yn well 'da fi fod yng nghanol y ddinas, felly
dyma hi'n trefnu'r cwbwl drosta i. Wythnos yn y St Ermin's Hotel
ger New Scotland Yard.

Roedd gadael Caerdydd yn od, fel tasen i'n teithio i ben draw'r
byd. Dwi wastod wedi lico Llundain, a dyw'r teimlad byth yn
newid pan dwi'n cymryd fy ngham cynta oddi ar y trên i blatfform
Paddington. Mae'n fyd hollol wahanol. Byd prysur a chynhyrfus
iawn. Mae gwynt ac awyrgylch y lle yn unigryw. Y tro yma roedd
y cam cynta oddi ar y trên hyd yn oed yn fwy cynhyrfus. Dal tacsi
i'r gwesty yn Westminster. Methu'n lân â chredu pa mor *posh*
oedd y lle. Gwesty pum seren, y crandia i fi aros ynddo erioed
ym Mhrydain. Porthor mewn *tails* a *top hat* yn fy nghyfarch.
Chandeliers ym mhobman a grisiau marmor anferth yng nghanol
y dderbynfa foethus. Ro'n i'n bendant yn mynd i fwynhau fy hun
fan hyn!

Noson dda o gwsg, ac yna lawr i fwyty St Ermin's am frecwast.
Edryches ar y bwyty crand drwy'r drysau dwbwl – yn wydr
i gyd gydag ymylon aur. Roedd y gweinwyr fel rhywbeth mas
o *Downton Abbey* a'r lle'n llawn o bobol mewn siwtiau crand a
choleri stiff. 'Oh my God!' oedd fy ymateb cachgïaidd i. Swildod
eto. Fe gerddes i mas o'r lle yn gloi. Crwydres o gwmpas am tua
chwarter awr yn chwilio am gaffi bach a darganfod siop ar ochr
yr hewl yn gwerthu brechdanau cig moch. Grêt! Sanwij *bacon*,
sdim yn well. Roedd blas y cig a'r saim yn suddo i'r bara menyn
yn wefreiddiol. 'Se peint o laeth 'di bod yn neis – ond bodloni
wnes i ar baned o goffi mewn cwpan plastig.

Wedi'r brecwast sbeshal, 'nôl â fi i St Ermin's i aros am y
tacsi oedd wedi ei drefnu i fynd â fi i Pinewood. Eisteddes ar y
veranda tu allan i'r gwesty, ar gadair *wicker* debyg i gadair enwog
Margaret Williams. Roedd y tacsi fod i 'nghodi i am hanner
awr wedi wyth. Roedd hi'n hanner awr wedi wyth eisoes, ond
doedd dim golwg o'r tacsi, dim ond car mawr du a *chauffeur*.

Edrychodd e arna i a fi arno fe. Edryches ar fy wats ac yna troi
'nôl at fy llyfr. Erbyn ugain munud i naw ro'n i'n dechrau poeni.
Sdim byd yn waeth na bod yn hwyr i unman, ond bod yn hwyr ar
y diwrnod cynta? Anfaddeuol! Roedd y *chauffeur* gyda'i gap pig
yn dal i edrych arna i. Penderfynes i fynd i ofyn iddo fe: 'Are you
going to Pinewood?' Fe atebodd e: 'You must be Mr Rhys.' Waw!
Fe agorodd e'r drws cefn i fi a'i gau wedi i mi eistedd. Ro'n i wir
yn teimlo fel *film star*.

Wedi 40 munud o siwrne dyma ni'n cyrraedd stiwdios enwog
Pinewood. Dechreuodd fy nghalon guro'n gynt. Aeth y gyrrwr â
fi i faes parcio J Block. 'This is your block,' medde fe gan agor y
drws. A bant â fe gan fy ngadael i yna ar fy mhen fy hun ddim yn
gwybod ble yffach i fynd nesa!

Ym mhob coridor yn Pinewood roedd posteri mewn fframiau
o ffilmiau *Carry On* a *James Bond*. Cwrdd â Steve Woolfenden,
yr ail gyfarwyddwr cynorthwyol. Dechreuodd sgwrs yn syth a
theimles yn gartrefol yn ei gwmni. Roedd yn gwybod 'mod i'n
actor o Gymru oedd yn actio drwy'r Gymraeg felly gofynnodd
os o'n i'n nabod Huw Ceredig. Roedd Steve wedi gweithio llawer
yng Nghymru, gan gynnwys ar *We are Seven* i HTV. A finne dal yn
nerfus, fe ddilynes i fe mas i'r cefn tuag at y faniau coluro. Fanna
roedd yr actor Robert Blythe. Ro'n i wedi gweithio gyda Bob 'nôl
ar ddechrau fy ngyrfa yn *Bowen a'i Bartner*. Ro'n i'n teimlo'n well
ar ôl gweld rhywun ro'n i'n nabod.

Yn y prynhawn daeth y foment fawr. Fy ngolygfa gynta yn
stiwdios Pinewood a'r gynta i fi saethu ar gyfer *The Englishman*…
Roedd yr olygfa yn un fer gyda Bob Blythe, Colm Meaney
a minne yn crefu ar Hugh Grant i aros ac i fesur y mynydd
unwaith eto. Dim ond un llinell oedd 'da fi yn yr olygfa hon,
sef 'It is legal.' Er taw prin tri gair oedd 'da fi, allech chi dyngu
'mod i ar fin perfformio araith allan o *King Lear*! Cyflwynwyd fi
i'r actorion. Roedd Hugh yn amlwg yn canolbwyntio ar y rhan.
Roedd Colm, ar y llaw arall, yn llai o ddifri am y peth. Ro'n
i'n eitha tawel – swildod unwaith eto – tra bod Bob a Colm yn
sgwrsio'n ddifyr. Yna daeth tam bach o dyndra rhwng Bob a'r
hyfforddwr tafodiaith. Roedd gan Bob linell sef 'We're going to

build the mountain', ond yn anffodus doedd yr hyfforddwr ddim yn hapus gyda'r ffordd roedd Bob yn ei dweud. O flaen pawb fe drodd yr hyfforddwr ata i i ofyn i fi ddweud y llinell ac fe wnes. Yn ôl hi, ro'n i'n dweud y llinell yn y ffordd iawn a doedd Bob ddim. Gwylltiodd Bob ac aeth yn gochach nag arfer, fel *pressure cooker* ar fin chwythu. Dyna sut byse rhywun o Bort Talbot yn ei ddweud e, medde fe. Y gair 'going' oedd y broblem. Roedd Bob yn dweud 'goin'' gyda'r pwyslais ar yr 'i'. Yn fy marn i roedd hyn yn hollol dderbyniol ond roedd hi am i Bob ddweud 'gowing' gyda'r pwyslais ar y 'w'! Roedd yn rhaid i fi gytuno â Bob, gan fod yr acen Gymreig yn newid bron pob 15 i 20 milltir. Beth oedd wedi gwylltio Bob fwya oedd taw Saesnes oedd yn dweud wrtho sut i siarad mewn acen Gymreig. Cafodd Bob ddigon, ac aeth e ddim yn agos at yr hyfforddwr weddill y *shoot*.

Ro'n i wir wedi joio 'niwrnod cynta ac yn edrych mlaen yn fawr at weddill fy amser yn Pinewood. Dim ond y prif gymeriadau a fi oedd yna'r ail ddiwrnod. Hugh, Colm, Tara, Ian McNeice a minne. Roedd gan bawb gadeiriau 'director' gyda'u henwau wedi eu printio ar y cefn.Wrth reswm, doedd yna ddim cadair i fi – cadair â'n enw hynny yw – ond ymunes â'r lleill am weddill y dydd, a minne unwaith eto'n dawel ac yn siarad dim ond tase rhywun yn siarad â fi! Aethon ni drwy'r olygfa, sef fy ngolygfa gynta yn y ffilm lle mae'r Sarjant yn cwrdd â'r Saeson am y tro cynta yn y dafarn. Roedd pawb yn hoffi fy mherfformiad ac roedd hynny'n galonogol. Roedd yn ddiwrnod braf tu fas ac, wrth reswm, yn dwym iawn tu fewn. Ar ben hyn ro'n i'n gwisgo iwnifform wlân. Roedd Hugh yn garedig iawn ac yn arllwys cwpaned o ddŵr i fi'n rheolaidd, gan taw fe oedd â'r botel ddŵr a'r cwpanau. Roedd ganddo ddiddordeb mewn gwleidyddiaeth ac fe holodd lawer am Blaid Cymru a hunanlywodraeth.

Aeth y diwrnod yn ei flaen a minne dal ffaelu credu ble ro'n i a gyda phwy. Ro'n ni wedi ffilmio un fersiwn o'r olygfa gyda phob dim yn mynd yn iawn a minne'n gwneud i Hugh gorpsio ar y set. Yn ystod yr olygfa roedd Anson, cymeriad Hugh, yn trio archebu peint o gwrw ond yn methu. Mae'r landlord yn pasio peint iddo yn y diwedd ond y Sarjant yn ei yfed – lawr mewn un, fel petai.

Dechreuodd Hugh chwerthin yn ddwl. Pam? Wel, roedd y ffroth o'r peint wedi aros ar fy mwstash ffals ac yn dripian ar fy nghôl! Yn anffodus ni ddangoswyd y darn yma o'r ffilm yn y fersiwn orffenedig.

Yn ystod y diwrnod fe gwrddes i â dau gyfaill newydd a cholli cwrdd ag arwres. Yn ystod y brêc coffi es mas i gefn y stiwdio ar fy mhen fy hunan bach i yfed fy mhaned. Yno roedd dau ddyn canol oed yn mynd dros y sgript gyda'u hyfforddwr actio. Do'n i erioed wedi cwrdd â'r ddau ond des i'r casgliad taw nhw oedd y 'Twp Twins'. Roedd y ddau'n cael eu hyffordi gan yr actores Roberta Taylor, gan nad oedd yr un ohonyn nhw wedi actio erioed o'r blaen. Edrychodd un ohonyn nhw draw tuag ata i a gwneud *double take*. 'Rargian,' medde Hugh Vaughan. 'Sarjant James!'

Dau ffarmwr o ochrau Llanrhaeadr ym Mochnant oedd Hugh a Tudor Vaughan, dau gymeriad go iawn. Os oedd mawredd a chynnwrf Pinewood yn *thrill* i fi, allwch chi ddychmygu sut oedd y ddau yma'n teimlo. Ffeindies i mas eu bod nhw'n aros yn St Ermin's hefyd felly roedd pethe'n edrych yn addawol o ran cwmni gyda'r nos.

Wnes i ddifaru un peth y diwrnod hwnnw. Pan o'n ni'r actorion yn eistedd yn y stiwdio yn cael brêc, aeth Colm, Tara ac Ian i'w stafelloedd. Trodd Hugh Grant ata i a dweud ei fod yn mynd am wac i gael awyr iach. Do'n i ddim am ddweud 'I'll come with you', rhag ofon iddo feddwl 'mod i'n ei ddilyn i bobman. Ond dylen i 'di mynd, achos wedi iddo ddod 'nôl fe ddwedodd 'Guess who I've just been talking to?' Doedd gen i na'r lleill ddim syniad. Pan ddwedodd e, buodd bron i fi gwmpo oddi ar y gadair. Roedd Hugh wedi bod yn siarad gyda neb llai na Julia Roberts, yr actores fyd-enwog. Roedd hi yn y stiwdio drws nesa yn ffilmio *Mary Reilly*. Rwy wedi bod yn un o ffans Julia Roberts ers ei gweld hi yn y ffilm *Pretty Woman* gyda Richard Gere. I feddwl iddi fod yn siarad gyda Hugh yn yr union fan lle bues i'n siarad gyda Hugh a Tudor Vaughan!

Roedd gan bob diwrnod rywbeth gwahanol i'w gynnig i fi a'r diwrnod nesa oedd un o'r brafia. Dyma'r diwrnod gwrddes i ag un o'r dynion neisia yn y busnes. Do'n i erioed wedi cyfarfod â'r actor

Robert Pugh ond ro'n i wedi clywed amdano ac yn gyfarwydd â'i waith fel actor a dramodydd. Fe oedd yn gyfrifol am y gyfres *We Are Seven* a'r dramâu unigol *Better Days* a *Ballroom*. Cyflwynodd Bob Blythe fi i Bob Pugh.

'Where are you from, butt?' gofynnodd Bob yn ei acen ddeheuol wych. Dwedes wrtho taw o Aberdâr o'n i ac fe aeth yn ei flaen: 'I'm from the Tynt, myn – the same valley!' Roedd hyn yn wir. Roedd Bob a minne'n frodorion o Gwm Cynon a ni'n dau'n browd o'r ffaith. Roedd y cyfarfyddiad yma'n un fyse'n newid fy mywyd, ond mwy am hynny nes mlaen.

Wedi gorffen ffilmio'r diwrnod 'ny, 'nôl i St Ermin's a mas am y noson gyda Hugh a Tudor Vaughan. Roedd crwydro o amgylch Llundain yn brofiad a hanner gyda'r ddau frawd. Neidio i dacsi i fynd â ni tuag at Leicester Square. Doedd y ddau ffaelu credu'r peth. Roedd hi wedi naw o'r gloch y nos a'r lle'n orlawn o bobol yn siopa, gwledda, gwrando a gwylio diddanwyr y stryd. 'Oes gan y rhain gartrefi?' gofynnodd Hugh.

Roedd wyneb Hugh yn bictiwr pan ddangoses iddo lle roedd y Raymond Revuebar yn Soho. Clwb lliwgar yr olwg o'r tu fas oedd yn cynhyrchu sioeau rhywiol bob nos. 'Arhoswch i fi fynd adra,' medde Hugh 'a dweud wrth bawb yn y capal bod Sarjant James wedi mynd â fi i Soho!'

Gan taw fi oedd wedi talu am y tacsi yno dyma'r ddau frawd yn cynnig talu ar y ffordd 'nôl. Gweles i dacsi newydd yr olwg gyda 'newsprint' wedi ei brintio drosto. 'Ew!' medde Hugh wrth i fi stopio'r tacsi. 'Paid â stopio hwnna – mae'n un newydd, bydd y *fare* yn ddrutach!' Chwerthin wnes i a Tudor. Roedd Tudor wedi arfer â'i frawd ac yn aml yn dweud wrtho am gallio.

Hyd yn oed wedi cyrraedd pentre Llanrhaeadr ym Mochnant i ffilmio'n allanol, barhaodd Hugh a Tudor i fod yn ffraeth iawn. Ar un adeg aeth y ddau frawd â Hugh Grant a'i bartner ar y pryd, Elizabeth Hurley, i weld y treialon cŵn defaid lleol ac wedyn 'nôl i dŷ Hugh Vaughan am baned. Clywodd y wasg am hyn a buon nhw'n holi Hugh Vaughan am y digwyddiad. Pan fuon nhw yn y tŷ yn yfed te buodd Hugh Grant yn eistedd ar y gadair esmwyth ac Elizabeth ar stôl organ drydan Hugh ond yr hyn ddwedodd

Hugh wrth y wasg oedd 'Hugh Grant was sat there having a cup of tea and Elizabeth sat on my organ!' Doniol iawn, ond gafodd e rybudd i fod yn ofalus beth oedd e'n ddweud wrth y wasg.

Pan gyrhaeddes i Lanrhaeadr digwyddodd rhywbeth rhyfedd. Gan fod nifer helaeth o'r pentrefwyr yn Gymry Cymraeg ro'n nhw i gyd fel tasen nhw'n gwybod pwy o'n i. I ddweud y gwir, roedd mwy yn gwybod pwy o'n i nag oedd yn nabod Hugh Grant! Fel ddwedodd un person, 'Dwi erioed 'di clywed am Hugh Grant na'i ffilm *Three Barbecues and a Funeral*.'

Roedd nifer fawr o bobol yn dod i'r lleoliad yn ddyddiol i wylio'r ffilmio ac i dynnu lluniau. Clywodd y ddarlledwraig Mavis Nicholson am y sylw ro'n i'n ei gael a phenderfynodd ysgrifennu erthygl helaeth amdana i yn y papur lleol a chael sgwrs gyda fi ar ei rhaglen ar BBC Radio 2.

Un noswaith wedi i ni gwpla ffilmio dyma Hugh Grant yn gofyn a fyse modd cael gair preifat. Ro'n i'n poeni tam bach gan feddwl 'mod i wedi ypsetio seren y ffilm. Gerddon ni ar draws y mynydd tuag at y *portacabin* ac i mewn â ni i eistedd o flaen y tân nwy symudol.

'I'd like a word,' medde Hugh yn ddifrifol. 'Tell me, Ieuan – how do I get into *Pobol y Cwm*?'

Rhyddhad. Dechreues i chwerthin.

'I'd only do it if I could be Sgt James's gay lover,' medde fe.

Ddwedes i'r stori 'ma wrth Cliff Jones pan es i 'nôl i *Pobol y Cwm*. 'Byse hwnna'n sgŵp!' medde Cliff.

Roedd Hugh yn berson ffraeth iawn a dwi'n falch i ddweud 'mod i wedi dod mlaen yn dda 'da fe yn ystod y chwe wythnos. Heb os, dyma un o fy hoff swyddi erioed. Aros mewn gwesty bach hyfryd a chlywed llais Kenneth Griffith yn y stafell wely drws nesa bob bore yn siarad yn uchel gyda'i ffrind Peter O'Toole dros y ffôn: 'O'Toole? Griffith here!' Cael galwad ffôn un bore Gwener gan Theatr Clwyd yn gofyn i fi fynd i wrandawiad ar gyfer eu cynhyrchiad Nadolig, *Wizard of Oz* – ond dim yn Theatr Clwyd oedd y gwrandawiad ond yn RADA yn Llundain. Roedd y trenau ar streic felly dyma benderfynu, gan nad o'n i eisiau dreifo i Lundain o Lanrhaeadr ym Mochnant, mynd adre i Gaerdydd a dal bws i Lundain. Gofyn i Manon ddod gyda fi am y diwrnod a dyna oedd y trefniadau.

Y noswaith ganlynol ro'n i yn nhafarn y Wynnstay Arms yn sôn wrth Hugh ac Elizabeth Hurley (roedd hi'n dod ar leoliad bob penwythnos i weld Hugh) am fy nhaith i Lundain y dydd Mawrth canlynol. Dwedes 'mod i erioed 'di dreifo i Lundain a 'mod i'n poeni beth i'w wneud. Yna dwedodd Elizabeth: 'I'm going to London on Tuesday – would you like a lift?' Meddylies i'n ddwys am dros... ddwy eiliad cyn ateb: 'That would be great!' Ffonio Manon gan ddweud 'mod i 'di cael cynnig lifft i Lundain. Roedd Manon ishe gwybod gan bwy a ddwedes i Elizabeth Hurley. 'O,' medde hi, 'a be ti'n mynd i wneud 'ta?' Fy ateb i oedd: 'Welai di lan 'na!' A dyna ddigwyddodd – ges i lifft i Lundain gydag Elizabeth yn Mercedes newydd Hugh ac aeth Manon lan ar y bws.

Sonies eisoes am synnwyr digrifwch Hugh. Wel, y noswaith cyn y daith i Lundain roedd parti yn nhŷ Chris Monger, y cyfarwyddwr. Holes i Hugh – gan nad oedd Elizabeth yn y parti – os oedd popeth yn OK ar gyfer y bore. 'You're taking my new car and my girlfriend to London – what am I going to do for three days without a car?' Gan amla byse'n swildod i yn cymryd drosodd a bues i jyst â dweud wrtho am beidio â phoeni, y bysen i'n ffeindio ffordd arall i Lundain. Ond yr hyn ddwedes i oedd: 'You can have my car!' Tipyn o wahaniaeth rhwng Merc newydd sbon a Vauxhall Cavalier SRi ail-law ond dyna ddigwyddodd. Es i draw i westy Llyn Efyrnwy yn y bore, ffonio stafell Hugh a dwedodd ynte: 'Grab yourself a cup of tea and put it on my bill – Elizabeth is walking around the room naked at the moment, she'll be down in fifteen minutes.' Pryfoclyd, Mr Grant!

Roedd y daith yn un bleserus a minne'n brwydro yn erbyn fy swildod ac yn trio sgwrsio. Ond doedd dim angen i fi boeni gan fod y sgwrs yn llifo'n rhwydd rhwng Llanrhaeadr a Llundain. Ffoniodd Hugh i ddymuno pob hwyl i fi gyda'r gwrandawiad am ran y llew gan ddweud 'You've got "LION" written right through you.' Soniodd Elizabeth nad oedd hi erioed 'di bod i Gaerdydd a dwedes i wrthi i Hugh sôn y byse fe'n lico gweld gêm rygbi yng Nghaerdydd ac y bysen i'n trio trefnu tocynnau iddo. 'What am

I going to do when you and Hugh are at the rugby?' gofynnodd Elizabeth. 'Does your wife like shopping?' Ddwedes i ei bod hi a phenderfynodd hi y byse'r men'wod yn siopa tra bo'r dynion yn gwylio'r rygbi. Pan glywodd Manon doedd ganddi ddim awydd o gwbwl i gael cwmni Elizabeth yn Top Shop a Dorothy Perkins! 'Os down nhw,' medde fi, 'bydd rhaid i ti fynd â hi i Cowbridge!' Wrth gwrs, ddaethon nhw fyth, er mawr ryddhad i Manon.

Gwrthododd hi arian am betrol felly fi dalodd am ginio yn y gwasanaethau ar y draffordd. Synnu at faint o lonydd gafon ni gan ei bod hi'n adnabyddus iawn ar y pryd. Brynes i *pick 'n mix* iddi hefyd – *shrimps* bach pinc oedd ei ffefrynnau. A bant â ni i Lundain. Roedd eu tŷ nhw yn ardal Kensington a dyna lle stopiodd y car o flaen yr orsaf danddaearol. Ffoniodd hi RADA i ofyn pa orsaf oedd agosa ac yna dangos i fi pa drenau i'w dal. Gwmws fel mam a mab! Diolches i iddi, gan roi cusan iddi. 'You shouldn't have done that,' medde hi. Ymddiheures i, heb ddeall pam. Eglurodd hi tase ffotograffydd yn digwydd ein gweld, er mor ddiniwed oedd y gusan, y gellid creu stori a hanner o ddim byd. Dwi 'di cael modd i fyw yn adrodd yr hanes yma sawl gwaith – ond byse fe ganwaith gwell tase llun o fi ac Elizabeth ar dudalennau blaen y papurau Sul!

Roedd pob diwrnod o waith yn bleser pur ar y ffilm 'ma – do'n i ddim am i'r *shoot* ddod i ben. Yr unig dro trwstan ar yr *Englishman* oedd cyn i'r ffilm ddod mas, pan ges i gyfweliad gan y *Wales on Sunday*. Ar y pryd ro'n i wrth fy modd yn adrodd yr hanesion ac ati. Ond pan gyhoeddwyd yr erthygl ar y dydd Sul roedd y papur wedi troi 'ngeiriau – rhywbeth sy'n gyffredin bellach yn y wasg Brydeinig, a hefyd fan hyn yng Nghymru, hyd yn oed mewn cyhoeddiadau Cymraeg!

Ces i alwad ffôn ym Medi 2012 gan *Golwg* yn fy holi am gynhyrchiad theatr ro'n i ynddo o'r enw *Whose Coat is That Jacket?* Siarades i am y cynhyrchiad a'r daith ac ati. Yna, ar ddiwedd y sgwrs, wnaethon nhw ofyn beth oedd ar y gweill. Fi'n sôn am y panto yng Nghaergaint ac yna'n ategu bod y rhan fwya o 'ngwaith bellach yn Saesneg ac y bysen i'n wirioneddol lico gwneud drama yn y Gymraeg ar S4C. Es yn fy mlaen i ddweud bod toriadau'r

Llywodraeth wedi effeithio ar S4C ac nad oedd llawer o gyfresi na dramâu unigol yn cael eu cynhyrchu rhagor. Pwynt eitha teg, o'n i'n meddwl, ac roedd hi'n annheg bod S4C yn derbyn llai o gyllid. Ond yr hyn gafodd ei gyhoeddi oedd 'mod i'n flin nad o'n i'n cael gwaith ar S4C! A doedd dim sôn am *Whose Coat is That Jacket?* o gwbwl. Do'n i ddim yn disgwyl y math yma o newyddiaduraeth gan *Golwg*. Ond 'nôl at y *Wales on Sunday* a'r nonsens gyhoeddon nhw amdana i yn yr erthygl am *The Englishman*...

'Welsh actor – Ieuan Rhys – couldn't believe his eyes when he bumped into Julia Roberts in Pinewood' – ddwedes i ddim siwt beth. 'Hugh Grant used to run around after Ieuan with cups of water for him to drink' – *as if*! A'r un wylltiodd fi fwya: 'After 11 years working on S4C's *Pobol y Cwm* Ieuan says he's now moving on to bigger and better things' – am nonsens llwyr.

Cyn y *premiere* es i 'nôl i'r BBC i weithio ar gwpwl o benodau o *Pobol y Cwm*. Un bore, tra o'n i'n rhannu stafell wisgo gyda Glan Davies, dwedodd Glan: 'Gweld bod dy fêt di mewn trwbwl.' Roedd Hugh Grant wedi cael ei ddal gyda Divine Brown, putain, yn Los Angeles. Ces i sioc ond, o nabod Hugh, ro'n i'n deall hefyd. Roedd e jyst yn *bored* ac wrth yrru o gwmpas LA yn meddwl: 'Pam lai?' Ysgrifennes i ato i ddatgan fy siom a dweud wrtho taw nage fe oedd y cynta na'r ola i dalu am ryw. Ges i lythyr hyfryd 'nôl ganddo yn diolch am ei gefnogi ac yn dweud – fel jôc – ei fod, pan oedd e'n isel, yn gwrando ar yr albwm recordes i i Fflach. Fe ddwedodd e hyn wrth Rhys Ifans 'fyd pan fuon nhw'n gweithio gyda'i gilydd ar *Notting Hill*!

O ganlyniad i Divine Brown, ni ddaeth Hugh i'r *premiere* yn Leicester Square. Roedd hyn yn siom achos ro'n i ishe i Manon gwrdd â fe ac Elizabeth. Yn ôl yng ngwesty St Ermin's ger Scotland Yard arhoses i a Manon noson y *premiere*. Teithion ni'n dau a fy 'nghyd-actor, Dafydd Wyn Roberts, i'r sinema mewn Mercedes gwyn. Roedd cannoedd o bobol yn aros yno. Gyrrodd y car at ddrws y sinema. Wrth i ni gyrraedd ro'n i'n gallu clywed clician camerâu a gweld fflashys fel mellt. Games i mas o'r car – tawelwch! Stopiodd pob camera a phob fflash ac roedd pawb yn gofyn 'Pwy ar wyneb y ddaear yw hwn?!'

Roedd y parti wedi'r *premiere* yn adeilad y *National Geographical* yn ffordd arbennig iawn o ddod â chyfnod hapus tu hwnt i ben, a braf cael dweud bod y ffilm yn cael ei dangos yn aml ar y teledu a phobol yn trydar neu'n anfon negeseuon ar Facebook i ddweud eu bod nhw'n dal i joio.

16

'Ni Sy'n Talu am Hwn i Gyd'

UN NEWID MAWR ddaeth yn sgil *The Englishman* oedd i Hugh Grant fy nghynghori i gael asiant. Fyse neb tu fas i Gymru yn fy nghymryd o ddifri heb un. Dwedodd e wrtha i am newid steil fy ngwallt hefyd – ac fe wnes i! Roedd Allan Cook (cyfarwyddwr *Pobol y Cwm*) yn meddwl 'mod i'n gwisgo *toupée*, ond wedi ei dorri'n fyr o'n i a'i frwsio fe mlaen yn lle 'nôl. Dyddie 'ma dwi wedi newid ei liw ac mae e wedi newid ei le 'fyd!

Roedd gen i asiant am gyfnod flynyddoedd cyn hyn. Roedd gan Siân Lucy nifer o actorion Cymraeg ar ei llyfrau'n barod. Bellach mae Siân wedi newid ei henw 'nôl i Siân Trenberth ac mae'n gweithio fel ffotograffydd arbennig o dda – ond doedd hi fawr o gop fel asiant. Dim ond dau jobyn ffeindiodd hi i fi – un mewn fideo i gymdeithas dai yng Nghaerdydd, gyda Delyth Wyn a Rob Brydon, a'r llall yn gwneud sgetsys gydag Ian Saynor i gyfres am fwyta'n iach o'r enw *When the Chips are Down* i HTV. Roedd un peth da am hyn – ar ben gweithio gydag Ian. Tra o'n ni'n ffilmio yn HTV un diwrnod, pwy gerddodd mewn i'r stafell werdd ond Syr Geraint Evans. Holodd e beth o'n ni'n wneud 'na ac fe atebon ni. Aeth Syr Geraint yn ei flaen i ddweud mor hurt oedd bwyta'n iach a'i fod e wedi cael cig moch ac wy bob bore ers oedd e'n grwt a'i fod e'n hollol iach. Er 'mod i'n rhan o'r rhaglen, roedd yn rhaid i fi gytuno â Syr Geraint.

Pan aeth *Pobol y Cwm* yn ddyddiol benderfynes i adael Siân Lucy gan nad oedd hi'n derbyn canran o 'nghyflog ar y gyfres ta beth. Ond wedi ffeindio *The Englishman* fy hun, ac wedi cyngor Hugh, dyma ddechrau chwilio am asiant. Ysgrifennes i at nifer fawr yn Llundain. Dim ar chware bach mae cael asiant. Mae'n rhaid eich bod yn addas i'w portffolio nhw. Ges i sawl un yn gwrthod a nifer fawr ddim yn ateb o gwbwl.

Yna gafon ni ddangosiad o'r ffilm orffenedig fisoedd yn ddiweddarach lan yn Mayfair. Gofynnodd Bob Pugh os lwyddes i i ffeindio asiant. Dwedes i na fues i'n lwcus. A chware teg i Bob, dwedodd e wrtha i am gysylltu â'i asiant e gan ddweud ei fod e wedi fy argymell. Roedd Sharon Hamper yn asiant mawr yn Llundain ac wedi bod wrthi ers 1971. Yn ystod fy ail gyfweliad â hi daeth ei PA mewn i'r stafell a dweud bod 'na alwad ffôn... i fi! Bob oedd yna. 'Has she taken you on yet, butt?' Chwarddodd Sharon gan ddweud: 'If that's Bob Pugh, tell him yes – we'll take you on!' Diolch i Bob, roedd 'da fi asiant yn Llundain.

Aethon ni mas i ddathlu'r noson 'ny. Cwrddes â Bob yn y dafarn drws nesa i'r Palladium ar Argyll Street. Ro'n ni'n dau yn eistedd yn y ffenest yn yfed pan gerddodd yr actor adnabyddus Jonathan Pryce heibio. Fi yn *star-struck* unwaith 'to yn dweud: 'Look, it's Jonathan Pryce!' Do'n i ddim yn ystyried bod Bob yn ei nabod e'n iawn. Gnociodd e'r ffenest a daeth Jonathan mewn aton ni a ches fy nghyflwyno iddo gan Bob. Ar ôl tam bach dyma Bob yn gofyn iddo fe: 'So – you busy these days, Jonathan?' Es i'n o'r. Ro'n i'n gwybod yn iawn beth oedd Jonathan Pryce yn ei wneud ond yn lle ateb yn syth fe ddwedodd e wrth Bob: 'Well, Bob – there's a little theatre next door, if you take a look outside you'll see my name plastered all over it!' Wel, roedd yn rhaid chwerthin wedyn. Roedd Jonathan yn chware Fagin mewn cynhyrchiad newydd o *Oliver!* yn y Palladium.

Ro'n i wrth fy modd gyda Sharon Hamper, er taw un o'r pethe cynta ddwedodd hi wrtha i oedd 'We must get you out of that bloody soap!' Wnaeth hwnna roi tam bach o ofon i fi, 'sen i'n onest. Dim fi a Bob oedd yr unig Gymry ar ei llyfrau. Roedd dau hen ffrind i fi gyda hi hefyd, Steve Speirs a Lisa Palfrey. Roedd y berthynas yn un hapus rhyngddo fi a'r asiantaeth. Wedi blwyddyn cynhaliwyd parti i'w chleients i gyd mewn clwb yn Covent Garden.

Aeth Bob, Steve, Lisa a fi yno 'da'n gilydd. Roedd e'n barti gwych. Bwyd a diod am ddim drwy'r nos. Bod yng nghwmni nifer o'i chleients adnabyddus fel Leslie Ash a Caroline Quentin. Ond i fi, uchafbwynt y noson oedd cwrdd â Caroline Milmoe oedd yn chware rhan Lisa Duckworth yn *Coronation Street* ar y pryd! Wrth edrych 'nôl, ddwedes i rywbeth y noson honno a ddaeth yn hynod o wir. Wrth fwyta ac yfed y danteithion oedd am ddim ddwedes i 'Ni sy'n talu am hwn i gyd', gan feddwl am y ganran o'n cyflog oedd yn mynd i Sharon.

Ychydig wythnosau wedi'r parti ges i alwad ffôn oddi wrth Michael Hallett, un o is-asiantau Sharon. Newyddion drwg oedd 'da fe. Dros y blynyddoedd roedd Sharon wedi bod yn gwario enillion ei chleients. Yr actores Caroline Quentin oedd y catalydd yn yr achos yma. Roedd Sharon mewn dyled o £200,000 iddi. Pan ofynnwyd am yr arian roedd yn rhaid i Sharon gyfadde nad oedd e ganddi, a'i bod wedi ei wario. Yna daeth i'r fei bod sawl un o'i chleients yn yr un cwch fel petai. Roedd Sharon wedi gwario £750,000 o arian nad oedd yn eiddo iddi hi. Roedd tua £3,000 oedd pia fi ganddi ond, drwy lwc a bendith, ges i'r arian yna 'nôl.

Daeth stori ddigri o ganlyniad i hyn pan gynhaliwyd cyfarfod i'r cleients. Aeth pob actor oedd wedi colli arian i gyfarfod swyddogol mewn gwesty yn Llundain. Wrth giwio i fynd mewn roedd yn rhaid iddyn nhw ddweud eu henwau er mwyn i'r clerc wrth y drws tsieco'r rhestr a datgan faint oedd yn ddyledus iddyn nhw. Dwedodd y clerc wrth un actor: 'Six thousand three hundred pounds.' Aeth actor arall i mewn a dyma'r clerc yn datgan: 'Nine thousand four hundred pounds.' Ac un arall ac un arall tan bod hen deip o actor yn cyrraedd y fynedfa a dweud ei enw: 'My name is Richard Farquar' (neu enw tebyg). Buodd oedi am tam bach tra bod y clerc yn trio ffeindio ei enw. Ar ôl dod o hyd i enw 'Richard Farquar' dwedodd y clerc: 'Twenty three pounds and sixty pence!' Fe drodd yr hen deip o actor at Steve Speirs, oedd yn sefyll tu ôl iddo, gan ddweud 'It's been a bad year!'

Ond doedd newyddion Michael Hallett ddim yn ddrwg i gyd. Roedd ef ac is-asiant arall o'r enw Michael Emptage am ffurfio asiantaeth newydd a ches i gynnig yn y fan a'r lle i ymuno â nhw. Felly bues i gydag Emptage Hallett o'r cychwyn cynta. Roedd y bois yn dda i fi dros y blynyddoedd ac yn brwydro 'nghornel bob tro. Ges i wybod gan sawl un nad o'n nhw'n hoff o fy asiant gan eu bod nhw'n dadlau am arian o hyd. I fi, roedd hyn yn profi eu bod nhw'n gwneud eu gwaith yn iawn. Bues i gyda nhw am gyfnod hir ond yn y diwedd daeth y berthynas i ben. Mae nifer yn newid asiantau'n aml ac er nad o'n i wir eisiau gadael Emptage Hallett, daeth yr amser i symud mlaen.

Ar ôl cael dau ddyn yn edrych ar fy ôl am flynyddoedd, dwy fenyw sydd bellach yn gyfrifol amdana i, sef Regan Rimmer. Er bod ganddyn nhw swyddfa yn Llundain (Debbie Rimmer), gyda'r swyddfa yng Nghaerdydd fydda i'n delio – Leigh-Ann Regan a Debi Maclean. Ar un adeg, flynyddoedd maith yn ôl, bues i'n swog ar Debi yn Llangrannog, a'r wythnos arbennig yna buodd Betsan Powys a fi'n cynnal gweithdy drama yn foreol yng nghaban y swogs gan weithio ar gynhyrchiad *Y Dewin o Oz*, a Debi yn chware rhan Dorothy! Digwyddodd rhywbeth tebyg gyda grŵp drama Keith Bach a fi mewn gwersyll haf arall – stori Nia Ben Aur oedd hi bryd 'ny, a phlentyn o'r enw Rhun ap Iorwerth fel Osian!

Mae bywyd actor yn gallu bod yn anodd, ond mae'n help enfawr cael asiant da'n chwilio am waith i chi hefyd. Cofio rhywun yn gofyn i fi unwaith pan ges i'r rhan yn *Diamond Geezer*: 'Dy asiant ga'th hwnna iti, ie?' Wel, fy ateb i oedd na – nid fy asiant gafodd y swydd, fi gafodd y swydd ond yr asiant wnaeth drefnu'r cyfarfod gyda'r cyfarwyddwr. Ar un adeg yng Nghymru peth prin oedd actor ag asiant. Roedd pawb yn nabod pawb a doedd ambell un ddim ishe rhoi 10 y cant o'i gyflog i asiant. Ond mae asiant yn werth llawer mwy na 'ny. Mae Debi yn trefnu cyfarfodydd, yn fy nghynghori, yn trafod fy nghyflog a phan dwi'n ddi-waith yn dal i gysylltu i weld os ydw i'n cadw'n iawn.

Dwi erioed wedi dibynnu gant y cant ar unrhyw asiant. Dwi'n dal i fynd ati i chwilio am waith fy hun. Dwi'n un sy'n lico gwneud pethe o hyd. Oni bai am hynny, fel sonies i, dwi'n mynd yn isel fy ysbryd ac yn dda i neb.

Dwi wedi gwneud ambell ffilm fer am ddim i fyfyrwyr Coleg Ffilm Casnewydd ac ambell gynhyrchiad i Gwmni Theatr 3D, gyda William Gwyn yn cyfarwyddo. Tasen i'n onest, mae'n well 'da fi wneud rhain nag eistedd ar fy nhin yn teimlo trueni drosto fy hunan. Pwy a ŵyr, er nad oes arian mawr ynghlwm yn y prosiectau, falle daw rhywbeth ohonyn nhw yn y pen draw. Roedd hyn yn wir am gynhyrchiad wnes i i Gwmni 3D o'r enw *Heb Fwg Heb Dân* gan Dafydd Llewelyn. Drama prin hanner awr, tri actor (Glenn Jones, Nia Wyn Jones a fi) a Billy White yn cyfarwyddo. Ymarfer pryd gallen ni a dim llawer o arian am wneud. Y gôl oedd un perfformiad yng Ngŵyl y Barri 2013, yn Neuadd y Seiri Rhyddion o bob man! Gan fy mod i'n gweithio'n fwy drwy'r Saesneg y dyddie 'ma dyma un o'r rhesymau ro'n i ishe gweithio gyda 3D. Dwi newydd orffen cyfres gomedi i'r we gan ddau gyn-fyfyriwr o Goleg Ffilm Casnewydd, Adam Nicholas a Thomas Rees. Ynghyd â Bill Bellamy, ni oedd yn gyfrifol am *Bernard & Knives*, cyfres am daflwr cyllyll (Knives) a chyn-reslwr (Bernard) a'u bywyd o ddydd i ddydd. Cast bach da, gan gynnwys Danny Grehan, Jessica Sandry a'r reslwr Dave 'Big Dog' Stewart. Costau'n unig gafon ni am hyn, ond ges i gyfle i gyfarwyddo un bennod ac ry'n ni'n byw mewn gobaith y daw rhywbeth o'r prosiect. Fel mae Amanda Protheroe-Thomas wastod yn dweud wrtha i: 'You've got to be in it to win it!'

Bysen i'n annog unrhyw actor ifanc (ac actorion hŷn 'fyd) i helpu myfyrwyr mewn colegau fel Coleg Ffilm Casnewydd. Nhw yw dyfodol y diwydiant – a dwi'n siŵr os daw llwyddiant iddyn nhw ymhen blynyddoedd y gwnawn nhw gofio am y rhai oedd yna yn eu helpu ar y dechrau.

17

'Mae e Tu Ôl i Ti!'

Y<small>N</small> 1993 <small>GES</small> i gyfle i actio yn fy mhantomeim cynta. Dim pob actor sy'n lico'r math 'ma o waith. Mae meddwl am berfformio i theatr yn llawn plant o leia ddwywaith y dydd yn hala cryd arnyn nhw. Dwi'n un sy'n hollol wahanol. Dwi wrth fy modd gyda'r adloniant traddodiadol yma. Efallai taw'r rheswm dros hyn yw'r adegau y buodd Mam â fi i'r New Theatre yng Nghaerdydd i weld pantomeimiau a hefyd cyfnod Ryan yn y Grand yn Abertawe. Wedi tyfu'n hŷn ro'n i'n dal yn mynd i weld o leia un panto bob blwyddyn.

Roedd Phyl Harries a minne mewn cyfarfod gyda rheolwr-gyfarwyddwr y Coliseum yn Nhrecynon ger Aberdâr. (Dyma'r union theatr lle sefes i ar lwyfan iawn am y tro cynta mewn steddfod leol yn adrodd y gerdd 'Bwm Bwm Bwm Bwm Bwm – Pwy sy'n curo ar y drwm?'. Enilles i hanner coron am yr adroddiad yna.) Yno i drefnu noson lawen ar ran ein cwmni adloniant, Canol y Ffordd, oedd Phyl a fi. Ar ddiwedd y cyfarfod gofynnodd Martin Green, y rheolwr, a fysen ni'n gallu ei helpu. Roedd angen digrifwr arno ar gyfer panto'r theatr y Nadolig hwnnw. Wedi iddo nodi'r dyddiadau ymarfer a pherfformio edryches i yn fy nyddiadur a sylweddoli nad o'n i'n gweithio i *Pobol y Cwm* dros y cyfnod 'ny. Dwedes i 'mod i ar gael a dyna ni. Fi oedd yn chware rhan Olly, math o gymeriad Silly Billy yn eu cynhyrchiad *Snow White & The Seven Dwarves*. Hefyd yn y panto oedd Bernard Latham (Ron Unsworth yn *Pobol y Cwm* a Mr Cunningham yn *Hollyoaks*) ac Adrian Morgan, sydd bellach yn un o actorion parhaol y gyfres *Doctors*. Ro'n i wrth fy modd. Nid yn unig cael bod mewn panto o'r diwedd ond panto yn y pentre lle ges i fy magu. Ro'n i wedi cynhyrfu'n lân. Cymaint nes i fi, ar ddiwedd y sioe ar y noson agoriadol, redeg i lawr i'r stafell wisgo i newid i wisg y *finale*. Roedd y cyfarwyddwr, Tony Griffiths, yna am ryw reswm.

'What are you doing, Ieu?' medde fe.

'Changing for the finale,' atebes i.

'What's happening in the finale?' medde fe.

'The wedding of Snow White and the Prince,' medde fi, gan feddwl pam ar wyneb y ddaear roedd e'n gofyn cymaint o gwestiynau dwl.

'Who else is getting married?' Cwestiwn dwl arall ganddo.

'Me and Daisy!' atebes i, yn dal i wisgo.

'Have you asked her to marry you?'

NAAAAA! Ro'n i wedi anghofio'n llwyr am un olygfa. Rhedes i lan y sta'r ac at y llwyfan gan newid 'nôl i'r wisg flaenorol wrth i fi fynd. Rhedes i'n syth ar y llwyfan. Yno roedd Bernie yn ad-libio. 'Nice of you to join us,' medde fe. 'Have you got something to ask her?' ychwanegodd e gan bwyntio at Daisy (Alayne Jenkins). Dwi heb golli ciw ers y diwrnod 'ny.

Doedd rhediad y sioe ddim yn un hir, pythefnos yn unig. Ond mae dau beth yn aros yn fy nghof. Daeth Gwyn Elfyn, ei wraig Caroline a'u meibion ifanc ar y pryd – Rhodri a Rhys – i weld y cynhyrchiad. Yn ystod darn y *song sheet* yr arfer oedd gwahodd plant ar y llwyfan i helpu gyda'r canu. Rhys, mab ifanca Gwyn, oedd un o'r plant ddaeth lan y noswaith honno. Doedd dim llawer o Saesneg gyda Rhys ar y pryd a Bernie oedd yn arwain y *song sheet*. Roedd e'n gofyn i bob plentyn am eu henwau ac o le ro'n nhw'n dod. Pan ddaeth e at Rhys gofynnodd: 'What's your name?' Ateb Rhys oedd 'Pontyberem'! 'And where do you come from?' 'Pontyberem'! O leia roedd un o atebion Rhys bach yn gywir.

Dyma'r unig sioe lwyfan broffesiynol i Dad fy ngweld i ynddi. Buodd e farw ychydig o fisoedd wedyn. Doedd e ddim yn hwylus ar y pryd ond lwyddodd e i ddod i ben â dod i weld *Snow White*. Roedd hyn yn golygu lot i fi ac ro'n i'n fwy balch byth pan ddwedodd e bo fe wedi joio'r panto.

Y Nadolig canlynol roedd Cyngor y Celfyddydau yn rhoi nawdd i bantomeim Cymraeg am y tro cynta. Roedd yn rhaid i bob cwmni ddanfon cais at y Cyngor a nhw oedd yn penderfynu pwy fyse'n ennill y nawdd. Penderfynodd Phyl Harries a fi roi cynnig arni o dan fantell cwmni Canol y Ffordd.

Yng nghanolfan iechyd Avalon yn Sully tu fas i Gaerdydd y cafodd Phyl a fi'r syniad o greu cwmni oedd yn cynnal nosweithiau llawen a theithiau o amgylch ysgolion. Dim Theatr mewn Addysg ond, yn hytrach, Adloniant Addysgiadol. Roedd y ddau ohonon ni yn *Pobol y Cwm* ar y pryd ac yn aml yn mynd lawr i Avalon i fynd i'r *gym*, i oifad ac i drafod syniadau yn y *sauna*. Roedd Martyn Geraint a fi wedi trefnu noson lawen eisoes gyda'r Brodyr Gregory yn Theatr Seilo, Caernarfon, o dan enw Canol y Ffordd ond do'n i ddim yn gweld y fenter yn para – tan i Phyl ddechrau sôn. Felly cadwon ni'r enw a wnaethon ni gynnal ein noson gynta un yn Theatr Felin-fach yn 1992, sef *Miri Mai* gyda Heather Jones, Rosfa, Siân Thomas, Phillip Hughes, Fiona Bennett a fi a Phyl. Gafon ni noson wych ac o fanna aethon ni yn ein blaenau i drefnu nifer fawr o gyngherddau/nosweithiau llawen. Y cynta oedd sioe o'r enw *Pwdin Plwm* gyda Mici Plwm, Eirian Wyn (Rosfa) a fi. Fi'n chware cymeriad o'r enw... *wait for it...* Mistar Ieu. Doedd dim sgript – ad-libio pob sioe, gyda Rosfa yn gwneud ei driciau. Pan o'n ni'n ymweld ag Ysgol Gymraeg Bro Eirwg yng Nghaerdydd roedd un darn o'r sioe lle byse Mici a fi'n gofyn i blentyn ddod i ganu cân i ni. Gan amla, cân blentynnaidd neu gân Nadoligaidd oedd hi. Ond daethon ni o hyd i gymeriad a hanner ym Mro Eirwg pan ddaeth merch fach ddu tua 7 oed mas i ganu. Cydiodd yn y meic fel tase hi 'di bod yn canu cabare o amgylch y clybiau am flynyddoedd ac yna dechrau bloeddio'r gân 'When Father papered the parlour, you couldn't see him for paste...'. Am sioc! Ro'n i yn fy nyble yn chwerthin a Mici a Rosfa yn hollol syn. Mwy o blant fel 'na sydd ishe yn y byd 'ma.

Stori Seithenyn oedd testun panto cynta Canol y Ffordd gyda Mike James, a fu'n gyfrifol am sioeau Nadolig poblogaidd Theatr y Sherman, Caerdydd, am gyfnod hir, yn ymuno â ni. Roedd Phyl a fi mor hapus pan benderfynodd y Cyngor taw Canol y Ffordd (ar y cyd â Chanolfan y Celfyddydau Aberystwyth) fyse'n derbyn y nawdd. Dyma gyfnod cynhyrfus iawn gan ein bod ni'n gorfod sgriptio a chyfansoddi caneuon, castio a ffeindio criw llwyfan i weithio gyda ni. Janet Aethwy oedd yn cyfarwyddo ar y cyd â Phyl a chast hwyliog gan gynnwys Olwen Medi, Erfyl Ogwen Parry, Huw 'Dinas' Davies a dwy actores newydd, Catrin Brooks a Liz Armon Lloyd.

Roedd y panto Cymraeg yn cael ei recordio'n flynyddol ar gyfer y teledu. Gafon ni alwad ffôn gan Meirion Davies (S4C) i'n llongyfarch ac i ofyn pryd fyse'r amser gore iddo fe'n helpu ni i gastio. Doedd Phyl a fi ddim ishe neb arall i gastio – ein babi ni oedd *Seithenyn*. Phyl a fi oedd yn teithio gyda'r sioe am bron i dri mis, felly roedd hi'n bwysig i ni gael y cast iawn i ni. Achos i ni wrthod, ni ddarlledwyd y panto Cymraeg y flwyddyn honno. I fod yn onest, doedd dim ots 'da ni, gan taw prosiect theatr oedd y panto i ni ac nid un teledu.

Wrth edrych 'nôl, doedd *Seithenyn a'r Twrw Tanllyd Tanddwr* ddim yn bantomeim traddodiadol ond yn debycach i sioe Nadolig, yn debyg i'r rhai y byse Mike yn eu cynhyrchu yn y Sherman. Er i fi joio'r cyfnod, roedd rhywbeth ar goll a'r elfen draddodiadol oedd 'ny. Roedd e'n gyfnod gwyllt hefyd – y cast i gyd yn aros yn nhŷ moethus Catrin Fychan yn Aberystwyth tra ein bod ni'n ymarfer (£10 yr un yr wythnos ar yr amod ein bod ni'n bwydo cathod Catrin). Roedd Phyl a fi'n gyfarwydd â chathod ond doedd Olwen Medi ddim a doedd hi ffaelu ymdopi â nhw'n gwneud eu busnes yn y gegin. Daeth Phyl, Erfyl a fi adre un prynhawn i ffeindio Medi yng nghyntedd y tŷ yn dweud: 'Cathod – *poo poo* – Medi – *no like!*' Roedd y cathod yn rhai Persiaidd ac yn werthfawr ac un noson cyn noswylio roedd un wedi dianc. Es i i'r gwely gan 'mod i'n siŵr y byse'r gath yn dod 'nôl ond aeth Phyl mas i chwilio amdani. Es i i gysgu gan ddeffro yn y bore i sŵn y ddwy gath yn canu grwndi ar fy nghlustog – a hynny diolch i Phyl, y pet ditectif.

Mas bob nos i glwb The Bear, oedd o dan westy'r Marine ar y pryd, a Phyl a fi'n cael sesh ar *jelly shots*! Hyd yn oed ar daith a thra o'n ni yn Theatr Gwynedd, Bangor, roedd cael aros gyda John a Viv yng ngwesty'r Prince of Wales, Caernarfon, yn ddanjerys. Do'n nhw byth yn cau'r bar. Doedd hyn ddim yn dda i ni fel cast oedd yn perfformio sioeau am ddeg o'r gloch bob bore! Roedd hi'n daith hwyliog ar y cyfan, tan i ni gyrraedd y Rhyl. Roedd un darn o'r sioe yn achosi problem i fi, sef golygfa rhyngddo i (Teithryn y Tywysog) a Liz Armon Lloyd (Rhonwen). Roedd Teithryn yn cario cloc anferth ar ei wregys fel rhan o'i wisg. Dyma'r ddeialog:

RHONWEN: Teithryn, pam wyt ti'n cario'r cloc 'na i bobman?

TEITHRYN: Ma pob arwr Cymreig gwerth ei halen yn cario cloc. Llywelyn, Madog, Owain Glyndwr, Captain Scarlet.

Nawr, peidiwch â gofyn pam, ond wedi i fi ddweud 'Captain Scarlet' byse'r plant yn y gynulleidfa yn chwerthin yn uchel iawn. Yr hyn oedd yn poeni fi oedd y byse Liz yn dod mewn yn syth gyda'i llinell hi. Roedd hyn wedi 'mhoeni i ers amser ond tra o'n ni yn y Rhyl benderfynes i wneud rhywbeth ynglŷn â'r mater. Dwedes i wrthi gyfri i bump er mwyn rhoi cyfle i'r gynulleidfa chwerthin rhag ofon iddyn nhw golli ei llinell nesa hi. 'Riding the laugh' yw'r term cywir am hyn. Ei hymateb hi oedd: 'Don't you ever tell me what to do on stage!' *Charming*! Beth wylltiodd fi oedd taw dyma oedd ei sioe broffesiynol gynta hi. Ro'n i'n trio ei helpu ond roedd hi'n gwybod yn well. Yn waeth na hyn oedd y ffaith iddi ledu straeon amdana i 'nôl yng Nghaerdydd, gan ddweud wrth bobol 'mod i wedi gwylltio â hi achos ei bod hi wedi gwrthod 'nôl prop i fi. Ma ishe 'mynedd weithiau!

Ond roedd lot o hwyl i gael wrth deithio gyda *Seithenyn*, cofiwch. Tra o'n ni yn Harlech aeth y cast i gyd i fwyty'r Ogof. Pryd o fwyd blasus a sawl potel o win. Dim ond ni fel cast a dwy Saesnes ifanc oedd yn y bwyty. Ar ei ffordd 'nôl o'r tŷ bach aeth Erfyl Ogwen Parry am sgwrs fach 'da'r ddwy Saesnes. Roedd y gweddill ohonon ni'n meddwl beth ar y ddaear oedd e'n wneud. Roedd Erfyl yn dweud ein bod ni i gyd o'r ysbyty meddwl cyfagos ac yn rhinwedd ei swydd fel swyddog yn yr ysbyty roedd e'n dod â ni mas unwaith y mis i'n dysgu ni sut oedd ymdopi gyda'r byd go iawn. Dwedodd rywbeth penodol amdanon ni i gyd wrth y ddwy. Yr hyn ddwedodd e amdana i oedd: 'Bless him – he thinks he's an actor and touring in a Welsh-language pantomime... he's fine, though, as long as we humour him.' Daeth Erfyl â'r ddwy draw i ymuno â ni, eu cyflwyno a dweud eu bod nhw o Loegr ac ar daith yn ymweld â Chymru. Do'n i ddim yn gwybod beth oedd Erfyl 'di dweud ond yr hyn ddwedes i pan glywes i bo nhw'n teithio Cymru oedd: 'We're on tour as well... We're actors in a Welsh-language pantomime!' Dim ond pan ddechreuodd Erfyl chwerthin gafon ni'r gwir.

Aeth dwy flynedd heibio cyn fy mhanto nesa, un ro'n i'n edrych mlaen yn fawr ato. Pan o'n i'n ifanc, a thra oedd Ryan neu Ryan a Ronnie yn serennu ym mhanto'r Grand yn Abertawe, seren panto'r New Theatre yng Nghaerdydd oedd Stan Stennett. *Billy & Bonzo Meet...* oedd hi'n flynyddol. Cymeriad roedd Stan wedi'i greu a'i chware ers blynyddoedd oedd Billy a Bonzo oedd ei gi ffyddlon. Bues i'n ffodus i gael cynnig rhan Baron Hardup yn *Billy & Bonzo Meet Cinderella* yn nhymor 1996/97.

Ro'n i'n falch o gael y cyfle i gydweithio â Stan a gwrando ar ei hanesion am ei gyfeillgarwch â Morecambe & Wise (dau o fy arwyr ym myd adloniant) ac am ei ddyddiau'n chware Sid Hooper yn y sebon *Crossroads*. Digrifwr o'r hen deip oedd Stan, y math o ddigrifwr oedd ishe'r llinellau digri iddo fe ei hun. Mewn un sgets yn y panto, sef sgets y ffesant, roedd yn rhaid i fi ddweud 'mod i wedi derbyn 'ffesant fel presant' gan fy modryb yn Awstralia. Wedi mis o wneud y sgets yma benderfynes i newid e ychydig i gael tam bach o amrywiaeth ac un prynhawn ddwedes i 'mod i wedi derbyn 'ffesant fel presant gan fy modryb o Lanfairpwllgwyn gyllgogerychwyrndrobwllllantysiliogogogoch!' Gafodd hyn laff fawr a chymeradwyaeth. Wedi dod bant o'r llwyfan doedd Stan ddim yn hapus a gofynnodd i fi sticio at y sgript. A dyna wnes i yn y sioe nos. Wedi i fi ddweud hyn, fe ddwedodd Stan 'Is she the one that used to live in Llanfairpwllgwyngyllgogerychwyrndro bwllllantysiliogogogoch?' Ac wrth gwrs, *fe* gafodd y laff a *fe* gafodd y gymeradwyaeth. A fel 'na buodd hi am weddill y *run*.

Y peth gore am y cynhyrchiad oedd dod yn ffrindie gyda Johnny Tudor, Llio Millward a Sallie MacLennan yn ystod tair wythnos yn y Coed Duon a thair yn y Miwni, Pontypridd. Yn ystod y cyfnod ym Mhontypridd digwyddodd un o'r pethe sydd wedi aros yn fy nghof fwya mewn unrhyw banto. Dwedodd Stan wrthon ni cyn un *matinee* bod llond bws o blant gydag anghenion arbennig yn dod i weld y sioe. Ro'n nhw'n dod yn flynyddol ac yn gallu bod yn swnllyd iawn, medde fe, 'ond beth bynnag sy'n digwydd, cariwch mlaen achos maen nhw'n mwynhau yn fawr bob tro.'

Roedd Stan yn hollol iawn, ro'n nhw'n swnllyd ac yn gweiddi pethe aton ni ar y llwyfan. Mewn un olygfa roedd Prince Charming (Llio) yn dod â'r esgid wydr i gartre Baron Hardup (fi) i weld os oedd hi'n ffitio un o'i ferched. Un o'r chwiorydd hyll (Ziggi Dior) oedd yn trio'r esgid gynta. Cymrodd Buttons (Johnny Tudor) yr esgid oddi ar y glustog i'w gosod ar droed y chwaer hyll. Wrth iddo wneud hyn bloeddiodd un o'r plant anghenion arbennig – oedd yn gwlffyn o foi – a llenwi'r theatr gyda'i lais: 'Don't put it on her – she's a c**t!' Bostes i a Johnny mas i chwerthin, gyda Stan yn dweud wrthon ni i gario mlaen o dan ei anadl!

Wrth i fi ysgrifennu hwn mae Stan yn dal i berfformio pantomeim blynyddol ac ynte bellach yn ei wythdegau hwyr. Dwi'n ei barchu am ei hirhoedledd. Trŵper go iawn os buodd un.

Yn y flwyddyn 2000 roedd y digrifwr Owen Money – oedd wedi perfformio pantomeim yn y Grand, Abertawe, ers blynyddoedd – yn dechrau cwmni ei hun. *Aladdin* oedd cynhyrchiad cynta'r cwmni. Roedd e wedi castio Phyl Harries yn barod i chware Widow Twankey ac fe soniodd wrth Phyl ei fod yn chwilio am rywun i chware'r dyn drwg, Abanazar. Chware teg i Phyl, soniodd wrth Owen amdana i ac wedi cyfarfod brys ag Owen yng nghantîn y BBC ges i gynnig y rhan. Roedd gan y cynhyrchiad yma tam bach mwy o sglein nag un Stan flynyddoedd cynt. Wrth reswm, dyma oedd cynnig cynta Owen ac roedd am greu argraff. Owen oedd seren y sioe gyda Maureen Rees (*Driving School*) fel y Genie a Rosser & Davies fel y ddau blismon. Doedd Maureen ddim lot o gop i fod yn onest ond daeth nifer fawr o bobol i'w gweld hi gan taw hi, mewn ffordd, oedd y seren realaeth gynta. Disgrifiad Owen ohoni oedd 'She could talk a glass eye to sleep!' Des i mlaen yn iawn gyda hi ac ro'n i'n teimlo'n flin drosti weithiau, fel yr adeg ddaeth hi â llyfr mawr coch *This is Your Life* i ddangos i ni, gan ddweud: 'I wish they did it to me now... I've got more friends now than I used to have.'

Yn ystod y rhediad yma gafon ni ymateb gonest iawn gan un plentyn tra o'n ni'n perfformio yn y Coed Duon. Mae Aladdin (Keli Marie) yn trechu Abanazar ar ddiwedd y panto ac yna'n gofyn i'r gynulleidfa beth ddyle nhw wneud gyda'r dihiryn. Ymateb un bachgen bach oedd: 'Chop his bollocks off!' O ganlyniad i boblogrwydd y panto fe benderfynodd y BBC ei recordio ychydig fisoedd wedi i ni orffen a'i ddangos ar BBC2 y Nadolig canlynol, a phrofodd i fod yn llwyddiant i BBC Cymru hefyd.

Y flwyddyn ganlynol, yng nghynhyrchiad Owen o *Cinderella* cynigiwyd rhannau'r chwiorydd hyll i fi a Phyl. Dyma oedd y tro cynta i fi chware menyw ar lwyfan ac ro'n i'n edrych mlaen yn fawr. Yn y cast hefyd roedd Frank Vickery, Nia Trussler Jones a Terina Sian Newman fel Cinderella. Ond y sioc fwya ges i oedd clywed gan Phyl taw'r cyfarwyddwr theatr byd-enwog Michael Bogdanov fyse'n cyfarwyddo. Roedd gan Michael – neu Bodger i'w ffrindie – bedigri anhygoel. Roedd e wedi cyfarwyddo wyth cynhyrchiad i'r Royal Shakespeare Company, gan ennill gwobr Cyfarwyddwr y Flwyddyn yn 1979 am ei gynhyrchiad o *The Taming of the Shrew*. Buodd yn gyfarwyddwr cyswllt gyda'r National Theatre yn Llundain am wyth mlynedd a chyfarwyddo 15 drama yno, gan gynnwys y cynhyrchiad enwog *The Romans in Britain*. Aeth Mary Whitehouse ag e i'r llys am gyfarwyddo'r sioe yma, oedd yn dechrau gyda dau ddyn hoyw yn esgus cael rhyw ar lwyfan. Felly, o'r RSC a'r National ac ennill dwy wobr Olivier gyda'r English Shakespeare Company, i'r Coliseum yn Aberdâr i gyfarwyddo panto Owen Money gyda Phyl a Ieu fel dwy fenyw!

Dyma oedd y tro cynta i fi weithio gyda Michael a do'n i ddim yn sylweddoli ar y pryd gymaint o ddylanwad fyse fe'n ei gael ar fy ngyrfa. Roedd yr ymarferion yn dechrau ar fore Llun ac roedd y sioe gynta ar y prynhawn Gwener! Roedd steil Bodger yn araf ac yn drylwyr. Dechreues i banico ar y ffordd adre gyda Phyl yn y car ar y dydd Mercher gan nad o'n ni wedi cyffwrdd ag ail ran y sioe eto. Roedd Phyl wedi gweithio gyda Bodger o'r blaen ac yn trio tawelu fy meddwl gan ddweud ei fod e'n gwybod beth oedd e'n wneud. Dylen i 'di sylweddoli hyn. Roedd Phyl yn iawn, wrth gwrs, ac agorodd y sioe ar y prynhawn Gwener a phawb yn joio mas draw.

Blwyddyn ola Phyl gydag Owen oedd hon. Phyl yw un o'r 'Dames' gore dwi erioed wedi ei weld, a'r flwyddyn ganlynol ymunodd â chriw panto talentog lan yn Theatr Clwyd. Arhoses i gydag Owen a 'nhrydydd panto oedd *Jack & The Beanstalk*. Ymunodd hen ffrind â'r cast, sef Toni Caroll fel y dylwythen deg, a Frank Vickery oedd y 'Dame' erbyn hyn – er fe ddaeth Phyl 'nôl i ymddangos yn y panto o dan amgylchiadau anffodus.

Tra o'n ni'n perfformio yn Neuadd Les y Glowyr, y Coed Duon, rhwyges fy *calf muscle*. Dwi'n meddwl i hyn ddigwydd yn ystod *chase* o amgylch y theatr. Dyn drwg (Fleshcreep) o'n i'n chware a falle i un o'r plant gico fy nghoes. Garies i mlaen 'da'r sioe mewn poen, ond rhwng y perfformiadau ro'n i mewn poen ofnadwy a bellach ffaelu sefyll ar y goes yna. Fel mae'r hen ddywediad yn dweud, 'The show must go on.' O fewn yr awr ro'n i 'nôl ar lwyfan. Roedd Owen wedi gofyn i Leanne Masterton, actores oedd yn gwylio'r *matinee*, aros mlaen a chware merch Fleshcreep. Doedd dim llinellau ganddi ond hi oedd yn fy ngwthio i mlaen i'r llwyfan ar gadair swyddfa gydag olwynion! Dwi'n siŵr 'mod i'n edrych fel rhywbeth mas o *Monty Python*. Ond cwpla'r sioe wnes i gan wneud y *curtain call* ar faglau benthyg.

Daeth Manon o Gaerdydd i 'nôl fi a mynd â fi'n syth i A&E. Ymhen hir a hwyr dwedodd y doctor beth oedd wedi digwydd ac na fysen i'n gallu cario mlaen i wneud y panto. Doedd e ddim yn deall na fysen i'n cael fy nhalu os na fysen i'n perfformio. Ategodd unwaith eto na ddylen i fynd 'nôl i wneud y panto, tan i fi gynnig gwneud y daith ar faglau. Doedd hyn ddim yn dderbyniol ond roedd yn bosib, a dyna wnes i am weddill y daith. Roedd pedair sioe yn y Coed Duon cyn symud mlaen i Gaerfyrddin. Penderfynes beidio â gwneud sioeau'r Coed Duon a dyna lle ddaeth Phyl i'r adwy. Felly mlaen â fe yn fy ngwisg a fy wig gyda'r sgript yn ei law. Dwi'n siŵr ei fod e'n bictiwr gan fod Phyl lot llai o faint na fi.

Yr hyn oedd yn ddigri oedd iddo ganu fy solo i hefyd, gan feimio i recordiad o fy llais!

Tymor 2004/05 oedd yr un ola i fi gydag Owen Money. *Aladdin* unwaith eto, ond y tro 'ma ro'n i'n chware un o'r plismyn Tsieineaidd gyda Richard Tunley fel y llall. Roedd Owen wedi cwmpo mas gyda fy asiant a doedd ein perthynas ddim 'run peth ar y cynhyrchiad yma – a thrist iawn oedd 'ny. Roedd rhediad pantos Owen yn para'n hir, o ddiwedd Tachwedd hyd at hanner tymor Chwefror. Rhy hir, i fod yn onest. Felly erbyn i ni gyrraedd Cwmbrân ar ddiwedd Chwefror roedd nifer o'r cast wedi danto. Mae'n draddodiad yn ystod y sioe ola i chware triciau ar ein gilydd, er nad ydw i'n llwyr gytuno â'r traddodiad yma gan nad yw'n deg ar y gynulleidfa sydd wedi talu i weld y sioe. Ond y noson ola yng Nghwmbrân gofynnes i i'r rheolwr llwyfan wneud rhywbeth i fi. Roedd un olygfa lle byse Richard Tunley a minne yn dod mlaen fel y plismyn gyda gwarant i arestio Aladdin. Roedd sgrôl gyda fi ac wrth ei hagor ro'n i'n datgelu llawer o ysgrifen Tsieineaidd. Jôc Owen wedyn oedd: 'I'll have sweet and sour chicken with fried rice.' Ond roedd y noson ola yn wahanol. Ro'n i wedi gofyn i'r rheolwr llwyfan ysgrifennu neges mewn llythrennau bras ar y sgrôl: 'STAN STENNETT RULES OK!' Gafodd hwn laff enfawr oddi wrth y gynulleidfa, gan gynnwys Phyl, oedd yn gwylio. Doedd Owen ddim yn gwybod beth i'w ddweud – roedd e'n hollol fud. Droies i'r sgrôl rownd i ddatgelu'r ysgrifen Tsieineaidd er mwyn iddo fe gael dweud ei jôc ond yn lle 'ny dwedodd e: 'That's a funny way of showing you won't be in next year's panto!' Pan ddwedodd e hyn droies i'r sgrôl unwaith eto i ddangos 'STAN STENNETT RULES OK!' a ges i'r ail laff fawr. Ges i ddim gwneud panto arall gydag Owen ond falle fod 'ny'n beth da.

Mae dyfalbarhad yn bwysig yn y busnes 'ma a dyna oedd wrth wraidd fy mhenderfyniad i wneud fy mhanto nesa. Roedd Ian Liston (actor gynt o'r sebon *Crossroads* ac un o ffilmiau *Star Wars*) yn rhedeg cwmni o'r enw The Hiss & Boo Company oedd yn cynhyrchu sioeau tebyg i'r *Good Old Days* a thua saith panto ledled Prydain. Gwrddes i ag e pan o'n i yn Weston-super-Mare yn gwneud eitem ar gynhadledd syrcas ac adloniant ysgafn i'n rhaglen *Showbusnesan* ar Radio Cymru. Bues i'n ysgrifennu ato am sbel yn holi am waith yn un o'i bantomeims. Yna, wedi bron i dair blynedd o ysgrifennu fe gynigiodd e ran y Brenin i fi yn *Jack & The Beanstalk* yn theatr The Riverfront, Casnewydd. Ro'n i eisoes wedi bod i weld y panto yno'r flwyddyn cynt. Hiss & Boo oedd yn gyfrifol am hwnnw hefyd gyda Brian Hibbard a Lee Mengo fel y chwiorydd hyll ac Isla St Clair (*The Generation Game*) fel y Fairy Godmother. Roedd y cwmni'n cynhyrchu pantos o safon – gwell o lawer na Stan ac Owen. Ro'n i wir yn edrych mlaen. Roedd Brian yn *Jack & The Beanstalk* hefyd ond yr atyniad i fi oedd cael gweithio gyda'r fytholwyrdd Jane Tucker. Am flynyddoedd lawer bu Jane yn canu gyda'r grŵp Rod, Jane and Freddy ar y gyfres blant *Rainbow*. Roedd cydweithio â Jane yn bleser pur ac ry'n ni'n dal i gysylltu hyd heddi (yn enwedig dros gyfnod Pencampwriaeth y Chwe Gwlad gan fod Jane yn ffan mawr o rygbi hefyd – a hi'n cefnogi Lloegr, wrth gwrs).

Y peth braf am weithio ar gynifer o gynyrchiadau yw bod nifer eich ffrindie'n cynyddu'n gyson. Rhai'n bobol chi jyst yn nabod ac eraill yn ffrindie gwell. Ar y cynhyrchiad yma des yn ffrindie â Jane, y digrifwr Mark James ac un o'r criw llwyfan, sef Nicola Redfern. Ry'n ni'n cysylltu'n aml a Nicola yn fy nghefnogi'n driw gan ddod i weld nifer o'm cynyrchiadau llwyfan. Dwi wir yn meddwl bod fy mywyd yn un gwell achos y ffrindie dwi'n eu gwneud. Mae pobol wedi dweud 'mod i'n un da am gadw cysylltiad – efallai fod hyn yn dyddio 'nôl i'm dyddiau yn cysylltu â fy nghyd-wersyllwyr yn Llangrannog. A gan fod 12 mlynedd rhyngddo fi a Delyth fy chwaer roedd yn rhaid i fi wneud ffrindie eraill.

Un ffrind ers dyddiau ysgol yn Rhydfelen yw Martyn Geraint. Roedd Martyn – ers amser – wedi bod yn cynhyrchu pantos Cymraeg. Gan nad o'n i wedi gwneud panto Cymraeg ers *Seithenyn* benderfynes i gysylltu â Martyn i ofyn iddo ystyried fi. Daethon ni i gytundeb a ges i ran y 'Dame' yn y panto *Martyn Geraint a'r Losin Hud* – stori Hansel a Gretel. Dyma'r tro cynta i fi chware 'Dame' go iawn a'r tro cynta i fi helpu gyda'r castio. Roedd bod yr ochr arall i'r ddesg yn y gwrandawiadau yn brofiad rhyfedd iawn ond yn agoriad llygad. Actorion ifanc yn dod i glyweliad heb baratoi'n iawn, fel tasen nhw ddim wir ishe'r job. Ac os glywon ni *Ar Lan y Môr* unwaith glywon ni fe ganwaith! Daeth pedwar â rhywbeth gwahanol a gwreiddiol i'r gwrandawiad. Ôl paratoi hefyd. A dyna pam y castiwyd Geraint Hardy, Elin Llwyd, Victoria Pugh a Rheon Llugwy Jones.

Ro'n i wrth fy modd bod Martyn wedi castio fi fel y 'Dame'. Roedd hyn yn hynod gyffrous ac yn rhoi rhwydd hynt i fi chware gyda'r gynulleidfa. Mae 'na linell foesol ym mhob cynhyrchiad panto – hiwmor gyda *double meaning* a hiwmor cardiau post – ond ddyle neb fynd ymhellach na'r *double meaning* a chroesi'r llinell. Enghraifft berffaith o hyn oedd yng nghanol y sioe yma pan oedd Hansel a Gretel ar goll ac yn gorfod ffeindio'u ffordd adre drwy ddefnyddio'r cerrig hudol. Er mwyn i'r cerrig oleuo'n y nos roedd rhaid i Martyn gael pawb yn y gynulleidfa i'w cyffwrdd. Felly, tra bod Martyn, Geraint ac Elin mas yn yr awditoriwm gyda'r cerrig ro'n i'n dal ar y llwyfan fel y fam yn holi'r oedolion/athrawon os o'n nhw wedi cyffwrdd â cherrig Martyn Geraint. Wrth gwrs, doedd y plant ddim yn deall y *double meaning* rhywiol yn fy nghwestiwn ond roedd yr oedolion – dyna'r gamp.

Doedd popeth ddim yn *plain sailing*, cofiwch. Unwaith ym Mhwllheli gofynnodd Martyn i fi wneud y panto mewn acen ogleddol rhag ofon na fyse'r plant yn fy neall fel arall. Es i'n benwan. Falle fod eu hacen nhw'n wahanol, ond dy'n nhw ddim yn dwp. Un o'n llinellau cynta i oedd gofyn i'r plant pwy oedd yn lico losin. Roedd e am i fi ddweud 'Pwy sy'n hoffi da-da?' Gytunes i wneud ar yr amod ei fod e'n newid teitl y sioe ar y posteri, sef *Martyn Geraint a'r Losin Hud!* Roedd e'n benderfynol, ond ddim mor benderfynol ag o'n i i beidio. Es i mas ar lwyfan Neuadd Dwyfor ac yn fy acen naturiol gofynnes i theatr lawn o blant yr ardal: 'Pwy sy'n lico losin?' Ac ar hynny gododd tua 97 y cant o'r plant eu dwylo. *I rest my case!* Yn anffodus, roedd Geraint Hardy yn eistedd rhwng Martyn a fi pan o'n ni'n cwmpo mas dros y mater hwn a dwi'n chwerthin nawr wrth feddwl am ei wyneb hollol ddiniwed – ddim yn gwybod lle i droi na beth i'w ddweud na'i wneud.

Roedd Aladdin, neu *Martyn Geraint a'r Lamp Hudol*, y flwyddyn ganlynol yn well panto yn fy marn i. Roedd yna gymysgedd o ganeuon pop Cymraeg hen a newydd ac ambell gyfieithiad, caneuon newydd sbon gan Martyn a chaneuon ABC neu 123 wrth gwrs! Roedd y balans yn well o lawer gan fod mwyafrif caneuon ei bantomeims gan amla'n ganeuon ABC ac 123. Ond doedd ffordd Martyn o weithio ar y sioe ddim yn mynd lawr yn dda gyda pherfformwyr profiadol fel Danny Grehan (Abanazar) a Cath Ayers (Aladdin) ac yn anffodus fe barodd hyn ar hyd y daith. Dwi'n siŵr hefyd i Martyn ei chael hi'n anodd gweithio gyda ni fel cast. Piti bod hyn wedi digwydd gan taw dyma sioe broffesiynol gynta Lisa Angharad (Y Dywysoges). Dwi'n dipyn o berffeithydd ac i fod yn onest doedd un olygfa ddim yn gweithio'n theatrig. Yn lle eistedd i drafod sut i'w gwella – ac fe gafon ni sawl syniad syml a da gan Geraint Chinnock a Griff (criw llwyfan) – doedd Martyn ddim ishe newid gan taw prin ddiwrnod oedd cyn y perfformiad cynta. (Dwi 'di bod ar daith gyda chynhyrchiad am dri mis lle mae'r cyfarwyddwr yn newid golygfa ddiwrnod cyn y sioe ola un. Dyw hi byth yn rhy hwyr.)

Roedd yn rhaid aros tan Nadolig 2012 i fi gael rhan mewn panto o safon uchel. Roedd cwmni Evolution yng Nghaint yn cynhyrchu pantos mawr dros Brydain. Eto, fel yn achos Hiss & Boo, ro'n i wedi bod yn ysgrifennu at gyfarwyddwr y cwmni, Paul Hendy, ers tro heb fawr o lwc. Ond tra o'n i'n gwneud *Hansel a Gretel* gyda Martyn Geraint danfones i lun ohona i fel y Dame at fy ffrind Kate Quinnell oedd yn chware rhan Snow White ym mhanto Evolution yn Sheffield. Paul oedd yn cyfarwyddo. Un diwrnod welodd e'r llun ar ddrych Kate yn ei stafell wisgo a holi pwy o'n i. Chware teg i Kate, fe ddwedodd bethe neis iawn amdana i ac fe gofiodd Paul hyn. Ymhen tair blynedd ro'n i'n gweithio iddo yn y panto *Sleeping Beauty* yn y Marlowe Theatre, Caergaint.

Am brofiad anhygoel. Tair wythnos o ymarfer a saith wythnos

ar lwyfan. Fi oedd y Brenin gyda Toyah Willcox fel y wrach, Gareth Gates fel y Tywysog, Katrina Bryan (Nina ar CBeebies) fel y Dylwythen Deg a Ben Roddy fel Nurse Nellie. Dwi ddim yn credu i fi chwerthin gymaint oddi ar y llwyfan ag y gwnes i yn ystod y *run* arbennig yma. Roedd y digrifwr Lloyd Hollett yr un mor ddigri yn y stafell wisgo ag oedd e ar lwyfan. Dyma pam joies i'r job 'ma – er bod 'da ni 13 sioe yn wythnosol roedd e'n deimlad braf cael cydweithio 'da'r cast, y band a'r criw llwyfan. Ro'n i'n edrych mlaen at fynd i'r gwaith bob dydd.

Roedd y diwrnod cynta'n frawychus. Pawb yn cwrdd yn y theatr am *meet and greet*. Dyma'r tro cynta erioed i fi fod yn rhan o gynhyrchiad lle do'n i'n nabod neb. Ond mae byd y theatr yn un od. Erbyn chwech o'r gloch y noswaith gynta ro'n ni i gyd yn nhafarn y Pilgrims Hotel gyferbyn â'r theatr yn siarad ac yn yfed fel tasen ni 'di nabod ein gilydd erioed. Toyah a fi'n siarad am Michael Hallett, ei hasiant hi a 'nghyn-asiant i, a'r ffaith ein bod ni'n nabod a 'di gweithio gydag actor hyfryd o'r enw John Labanowski. (Byse Toyah yn dod i fy stafell wisgo yn aml am sgwrs – ro'n i wrth fy modd yn dod i nabod cantores y bues i'n prynu ei recordiau 'nôl yn yr wythdegau!) Gareth Gates wedi gweithio ar *Les Mis* gyda Rhidian Marc fy nghymydog a hefyd gyda fy nghyd-actor yn *The Hired Man*, Dylan Williams; Katrina fel fi yn gwneud ei phanto cynta yn Lloegr; a Ben Roddy wedi bod yn was ym mhriodas chwaer Emma Walford. Roedd hyd yn oed un o'r dawnswyr, Aran Anzani-Jones, yn dod o Bontypridd ac yn ffrindie penna gyda ffrind i fi, sef Katie Elizabeth Payne a deithiodd gyda fi yn y ddrama *Bred in Heaven*.

Roedd bod bant o adre cyhyd yn chware ar fy meddwl. Dyma oedd y cyfnod hira i fi fod bant oddi wrth Manon a'r bois. Ond fe ymdopes i'n iawn a braf oedd y ffaith i ffrindie fel Billy White, Amanda, Bill Bellamy, Gill, Sioned Wiliam a Debden Clarke deithio mor bell i 'ngweld i yng Nghaergaint. Rwy'n falch hefyd bod Delyth a Rhian wedi dod yr holl ffordd o Gaerfyrddin. Mae pethe fel'na'n codi calon dyn ac yn achosi i'r hiraeth am adre ddiflannu am ychydig.

Fel sonies i, dwi wedi gwneud ffrindie da trwy'r pantos ond ar ddau achlysur des yn ffrindie da â phobol oedd ddim yn gweithio ar y pantos. Wrth deithio gyda *Seithenyn* roedd Phyl a fi gyda Iestyn Garlick yn cael drinc yn y Goron Fach, Caernarfon. Siarad o'n ni'n tri am y straen o 'gynhyrchu', gan ddweud bod ein lefelau *stress* yn uchel iawn. Wel, os do fe! Dyma'r ferch 'ma'n torri ar ein traws a dweud yn swrth: '*Stress?* Dach chi actorion Cymraeg ddim yn gwbod be 'di ystyr y gair!' Wyllties i'n syth gan ddweud wrth y ferch i feindio'i busnes, ein bod ni'n cael sgwrs breifet. I fod yn onest, ro'n i'n disgwyl clowten ganddi ond ches i ddim. Mererid Davies oedd y ferch – neu Rer i'w ffrindie. Un o ferched tîm hoci Porthmadog.

Wel, ta beth, wedi i'r panto orffen aeth Phyl a fi ar daith yn y sioe *Y Plentyn Coll* gyda Catrin Brooks a Phil ab Owain. Tra o'n ni'n y Gogledd aethon ni i weld sioe Bara Caws mewn gwesty yng Nghricieth. Pwy gerddodd mewn ond merched tîm hoci Port. Doedd Phyl na finne ishe trwbwl a gadwon ni'n dawel am sbel tan iddyn nhw'n gweld ni. Ymunon ni â nhw am ddrincs wedi'r sioe a lando lan yn nhŷ un ohonyn nhw yn Port mewn parti *chips*. Ie, chi'n iawn – am un o'r gloch y bore buon nhw'n cwcan *chips* i ni. A'r peth braf am hyn i gyd yw bod Rer a'i ffrind Louie dal yn cadw mewn cysylltiad – a dwi'n falch iawn o hyn. Yr hyn sy'n rhyfedd yw bod Gwyn Elfyn wedi bod yn byw drws nesa i Rer a'i chwaer, Kay, pan oedd e'n blentyn yn Port. Mae'r byd yn fach a Chymru yn llai fyth!

Digwyddodd rhywbeth tebyg tra o'n i'n teithio gyda Martyn yn *Hansel a Gretel*. Ro'n ni'n perfformio ym Mhwllheli ond yn aros mewn gwesty yn Nhremadog ac roedd dŵ mlaen yn y stafell gefn. Aethon ni fel cast i mewn er mwyn cael yfed yn hwyr. Daeth menyw a'i ffrind i siarad â Martyn a fi, a buon ni'n siarad am hir. Ar ôl ffarwelio'r noson hynny feddylies i ddim mwy am y peth tan i focs o gacennau gyrraedd Neuadd Dwyfor. Roedd y fenyw wedi gwneud cacennau i ni fel cast, chware teg iddi. Janet Cooke o Benrhyndeudraeth oedd y gogyddes a bellach ry'n ni'n ffrindie mawr ac yn gweld ein gilydd bob hyn a hyn – naill ai fydd hi'n dod i fy ngweld ar lwyfan neu fyddwn ni'n cwrdd am baned pan ddaw hi a'r plant i Gaerdydd. Mae'n anhygoel sut mae cyfeillgarwch yn dechrau ac yna'n para am oes.

Yn anffodus daw un atgof anhapus iawn i'r meddwl bob tro dwi'n meddwl am deithio ym mhanto *Aladdin* Martyn. Ro'n i'n perfformio yn Galeri, Caernarfon, ac yn edrych mlaen at weld fy chwaer yng nghyfraith, Ffion Haf, a'i phlant, Tomos Sion a Beca Haf. Ges i alwad gan Manon i ddweud taw dim ond Kevin, gŵr Ffion, fyse 'na. Doedd Ffion ddim yn hwylus. Doedd dim problem, ond roedd hi'n drueni na fyse Ffion yn dod. Roedd hi'n gefnogol iawn i fi pan o'n i'n perfformio yng ngogledd Cymru, ynghyd â'i chwaer Fflur a'i merch hithe, Nia Wyn. Ta beth, yn ystod y sioe ro'n i'n siŵr i fi glywed Ffion yn chwerthin a phan edryches i mas tua'r gynulleidfa ro'n i'n siŵr i fi ei gweld hi gyda Tomos a Beca.

Wedi'r sioe ac ym mar Galeri pwy oedd yna'n aros ond Ffion Haf a'r plant. Ro'n i wrth fy modd. *Cyst* ar yr ofari oedd y rheswm am ei hanhwylder, medde Ffion. Doedd hi ddim yn dweud y gwir. Ac wrth edrych 'nôl mae un frawddeg yn dod i fy meddwl o hyd. Pan ddwedes i wrthi 'mod i'n falch ei bod hi 'di dod, dwedodd Ffion: 'Mae'n braf cael chwerthin am *change*.' Roedd hi hefyd yn hapus bod Tomos, oedd dal yn yr ysgol gynradd, yn chwerthin ar jôcs doedd e ddim fod i ddeall!

Rhagfyr 2010 oedd hyn. Bu farw Ffion Haf ar ddechrau Chwefror 2011 yn 46 mlwydd oed. Roedd ganddi ganser yr ofari ond doedd Kevin na hithe ddim ishe sbwylio Dolig y teulu ac felly sonion nhw ddim tan y flwyddyn newydd. Mae'n ddigon caled pan mae rhywun hŷn yn marw – fel fy rhieni – ond pan mae hyn yn digwydd i rywun ifanc a ffit fel Ffion Haf mae e'n wirioneddol dorcalonnus. Un ddireidus fuodd Ffion Haf erioed ac roedd yn berson â synnwyr digrifwch arbennig. Wel, roedd hi'n deall ac yn chwerthin ar y rhan fwya o fy jôcs i ta beth! Fel sonies i'n gynt, des i i nabod Ffion Haf cyn nabod Manon ar gwrs drama'r Urdd. Daethon ni mlaen yn dda ac ro'n i wrth fy modd yn ei chwmni. Dwi'n dal i feddwl amdani hi'n ddyddiol – yn yr un modd â Mam a Dad – gan 'mod i'n gweld ei llun ar ben y silff. Weithiau, smo bywyd yn deg o gwbwl – ac yn bendant dyma un o'r adegau 'ny.

18

'All Eich Gwraig Gymryd e i Gyd?'

ROEDD HI'N OD iawn cerdded o amgylch maes Steddfod Genedlaethol Llandeilo yn 1996 gyda chriw *Pobol y Cwm* yn ffilmio a finne bellach ddim yn rhan o'r gyfres. Wedi dweud hyn, do'n i ddim yn gwybod ai dyna ddiwedd Sgt James. Rhoi *rest* i'r cymeriad oedd y bwriad yn ôl y cynhyrchydd Cliff Jones. Felly pan gafodd fy ffrind William Gwyn swydd cynhyrchydd y gyfres gofynnes iddo fe'n syth a oedd y cymeriad yn dod 'nôl. 'Na,' oedd yr ateb ac ro'n i'n ddiolchgar i Gwyn am ei onestrwydd. Sdim pwynt seboni actorion – gwell 'da fi bobol sy'n *straight*. Reit, gyda *Pobol* mas o'n system roedd hi'n amser symud mlaen.

Er, pan es i weld y cynhyrchydd ddaeth ar ôl William Gwyn, sef Terry Dyddgen-Jones, ynglŷn â mater arall gofynnodd Terry a fysen i'n ystyried dod 'nôl i *Pobol y Cwm*. Ddwedes i na fysen i gan 'mod i wedi dechrau gwneud cynyrchiadau theatr a theledu eraill. Ro'n i'n joio'r amrywiaeth a chael cyfle i gwrdd a gweithio gyda nifer fawr o wahanol bobol. Do'n i ddim yn cael 'ny tra o'n i'n gweithio ar *Pobol y Cwm*. Wrth gwrs, gan fod Terry ei hun wedi cyfarwyddo cyfresi fel *Emmerdale* a *Coronation Street* roedd e'n deall hyn yn iawn. 'Beth am ddod 'nôl am stori, 'te?' ofynnodd e. Ddwedes i y bysen i wrth fy modd, gan wybod bod stori gan amla'n para rhwng mis a chwe wythnos. Syniad Terry oedd dod â Glyn James 'nôl o Gas-gwent fel bownsar mewn clwb nos yng Nghaerfyrddin yn gweithio law yn llaw â Dyff (Dewi Rhys). Ni ddigwyddodd hyn gan iddyn nhw ladd cymeriad Dyff ychydig fisoedd wedi hyn! Ond ro'n i'n ddiolchgar i Terry am feddwl amdana i, yn wahanol i Ynyr Williams, y cynhyrchydd presennol. Nawr, mae bod yn *straight* a bod yn *straight*. Pan glywes i bod Ynyr wedi cael y swydd ebosties i fe i'w longyfarch, gan 'mod i wedi gweithio gydag e o'r blaen ar gyfres o'r enw *Jara* i HTV. Fel ôl-nodyn, ddwedes i tase angen i Glyn James ddod 'nôl i wneud rhywbeth cas i Hywel Llywelyn y bysen i wrth fy modd. Yr ateb ges i oedd nad oedd bwriad ganddo ddod 'nôl â Glyn James yn y dyfodol agos na chwaith yn yr hirdymor. Iawn, fy rhoi i yn fy lle a finne'n gwybod yn union lle ro'n i'n sefyll. Ond yr hyn wylltiodd fi oedd ychydig ddyddiau wedi hyn, pan weles i Ynyr yn Theatr y Sherman. Ro'n i 'di mynd i weld drama gan Gwyneth Glyn gyda Sera Cracroft, Huw Garmon, Dora Jones a Lauren Phillips yn actio ynddi. Ro'n i wrth y bar gyda Manon, Gwyneth Glyn a Buddug Morgan (cyfarwyddwraig y ddrama). Roedd Ynyr yr ochr arall i'r bar a dwedes i 'helo' wrtho. Yna, o fy mlaen i, fy ffrindie a'r lleill oedd wrth y bar fe waeddodd: 'Sori am yr ebost cas ddanfonais i atat ti.' Ddwedes i'n dawel 'nôl: 'Sdim ots, ychan.' (Ro'n i tam bach yn *embarrassed*.) Ond aeth yn ei flaen i ddweud yn uchel: 'Pwy a ŵyr, falle un diwrnod gei di fynd 'nôl i *Pobol y Cwm*.' Un peth sy'n troi arna i yw pobol broffesiynol yn ymddwyn yn amhroffesiynol.

Ta beth, ro'n i eisoes wedi cael *screen test* ar gyfer cyflwynydd newydd y gêm deledu boblogaidd *Sion a Siân*. Wyth dyn ac wyth menyw. Roedd yn rhaid cyflwyno'r rhaglen a chware'r gêm gyda chyplau iawn â chynulleidfa yn y stiwdio. Ges i weithio gyda dwy ferch, Joy Humphries ac Amanda Protheroe-Thomas. Ro'n i wrth fy modd gweithio gydag Amanda gan ein bod ni'n dipyn o ffrindie. Roedd y rheolau wedi newid tam bach a bellach doedd dim rhaid i'r cyplau fod yn briod. Allwch chi ddychmygu ymateb y gynulleidfa 'draddodiadol' yn y stiwdio pan gyflwynodd Amanda bâr oedd yn cyd-fyw? Roedd y twt-twtian yn fyddarol – fel tase'r stiwdio'n llawn o fwdjis! Ddwedes i wrth y gynulleidfa: 'Beth gethoch chi i frecwast heddi? Trill?'

Ta beth, wedi wythnosau o aros ges i'r alwad i ddweud 'mod i wedi cael y job. Ro'n i wrth fy modd. Ond pwy oedd fy nghyd-gyflwynydd? Roedd Amanda wedi derbyn llythyr i ddweud bod

HTV 99 y cant yn sicr taw hi fyse'n cael y swydd ond bod yn rhaid iddyn nhw dderbyn cadarnhad oddi wrth S4C.

Yn y cyfamser ges i alwad i Lanisien i gyfarfod â Chomisiynydd Adloniant Ysgafn S4C, sef Huw Eurig. Roedd Huw am wybod 'mod i'n bendant wedi gadael *Pobol y Cwm* a holodd hefyd a fysen i'n hapus i gyd-weithio â Gillian Elisa. Dwi'n credu 'mod i'n dod mlaen 'da phawb ac yn eitha *easy-going* felly atebes i y bysen i'n gallu gweithio gydag unrhyw un. Ond wnes i ofyn 'Beth am Amanda?' Ateb Huw oedd i S4C gynnal arolwg trwy ddanfon fideos o'r wyth cyflwynwraig i tua 100 o bobol a gofyn iddyn nhw bleidleisio am eu ffefryn a Gill oedd ar y brig. Ffordd od iawn o wneud pethe ond dyna a fu, a Gill oedd fy nghyd-gyflwynydd.

Gan fod peth amser wedi bod ers y gyfres ddwetha o *Sion a Siân* roedd lot o ffys a *photoshoots* ac ati. Roedd e'n gyfnod cyffrous iawn. Rhaid oedd i fi a Gill roi ein stamp ein hunain ar y gyfres a pheidio â dilyn yr hyn a fu eisoes. Un peth da oedd bod Gill a fi wrth ein boddau gydag adloniant ysgafn ac yn ysu am gael dechrau recordio'r gyfres a chwrdd â'r cystadleuwyr.

Aeth pethe'n dda iawn ar y cyfan, dwi'n falch o ddweud, tan i ni gyrraedd y diwrnod ola'n y stiwdio. Yn ystod y gyfres roedd un cwpwl oedd wedi yfed tam bach gormod o win yn y stafell werdd cyn recordio'r rhaglen. Felly ar y diwrnod ola dwedodd Sian Jones (y cynhyrchydd) bod rhaid i ni ail-wneud ail hanner y rhaglen honno gyda chwpwl newydd. Roedd cwpwl ifanc o ochrau Aberaeron gyda nhw'n barod, cwpwl od yr olwg. Hi'n dal â gwallt melyn fel Farrah Fawcett a bronnau fel Katie Price a fe'n fyrrach â gwallt rhyfedd iawn. Yn ôl yr arfer, cael sgwrs gyda nhw cyn mynd i'r stiwdio a fe'n dweud wrtha i ei fod e'n gigydd. Yn y stiwdio o dan y golau ac o flaen y gynulleidfa a'r camerâu dwedes i: 'A chi – ry'ch chi'n fwtsiwr.' Ei ateb oedd: 'Na – dwi'n ddi-waith!' Beth? Am od. Ro'n i'n siŵr ei fod e newydd ddweud ei fod e'n fwtsiwr. Wel, dyna oedd dechrau fy hanner awr mwya chwyslyd wrth gyflwyno'r gyfres. Roedd yn amlwg bod y ddau'n twyllo ac roedd yn rhaid i Sian ddod lawr i'r llawr i'w rhybuddio. Wedi i'r gŵr fod yn y bocs ac i Gill dynnu'r clustffonau daeth ei *toupée* bant hefyd. Buodd hi'n fflyrtio gyda fi gan ddweud hefyd bod ei gŵr yn ddeurywiol a'i fod e'n fy ffansïo i hefyd. Ar ben hyn dechreuodd y gŵr ganu yn y bocs. Do'n i ddim yn gwybod beth oedd yn digwydd a'r unig beth oedd yn mynd trwy fy meddwl oedd 'Sut ar wyneb y ddaear maen nhw'n mynd i olygu'r holl beth?' Yna, o gornel fy llygaid, weles i rywun yn cerdded ata i o'r gynulleidfa – Paul ac Adrian Gregory. Ro'n ni wedi cael ein dal gan *Y Brodyr Bach*!

Wnaethon ni chwe chyfres i gyd a chwrdd â degau o gyplau hyfryd – ambell un yn fwy cofiadwy efallai. Byse Gill a fi yn mynd i westy'r Copthorne gyda'r cystadleuwyr am ddiod wedi'r recordiad. Dwi'n cofio yfed gyda chwpwl priod ifanc a'r wraig yn chware *footsie* gyda fi o dan y ford. Hithe'n eistedd gyda'i gŵr â gwên ar ei hwyneb a finne â golwg syn ar fy ngwyneb yn meddwl 'Beth yffach?!'

Ond cwpwl hŷn sy'n aros yn y cof fwya. Roedd y ddau yn eu saithdegau cynnar ac wedi ennill y jacpot. Yr arferiad oedd cusanu'r cystadleuwyr wedi iddyn nhw ennill. Wel, dim cusan gyffredin ges i gan y fenyw yma o Lanbed. Wrth i fi bwyso mlaen i'w chusanu hwpodd hi ei thafod i 'ngheg – ar gamera! Wedi i ni gwpla recordio roedd yn rhaid i Gill a fi gael llun gyda nhw ar gyfer y wasg. Y cwpwl yn wynebu ei gilydd gyda fi'n sefyll tu ôl iddi hi a Gill tu ôl iddo fe. Roedd e'n atgoffa fi o Stan Ogden, *Coronation Street*, gyda'i drowser yn dod lan i'w frest. Ta beth, dwedodd y ffotograffydd wrthon ni am sefyll yn agosach at ein gilydd, felly bwyses i lan yn agos at y fenyw. Yna fe ddwedodd hi: 'Jiw, smo fi 'di ca'l un o rheina ar fy nghefen ers blynydde!' Mewn sioc ddwedes i: 'Hei – dwi'n ddyn priod.' Ei hateb hi oedd: 'Ond all eich gwraig gymryd e i gyd?'

Ro'n i wrth fy modd yn cwrdd â chystadleuwyr *Sion a Siân* ac ambell un yn dod ag anrheg i'r stiwdio. Mae ffôn fugail arbennig yn y tŷ gyda 'Sion a Siân' wedi ei losgi ar y corn diolch i un cystadleuwr, a dau englyn hyfryd gan R J H Griffiths (Machraeth):

Gill a Ieuan sy'n rhannu – i bara
  Sy'n barod drwy Gymru,
 Yn dyner mae Ieu'n denu
 Sion y gŵr a'i Siani gu.

Gillian sy'n hynod 'joli' – a Ieuan
  Yn wiwlan yn holi
 A Sion a'i gymar Siani
 O'r tu fewn yn sêr TV.

Roedd cyflwyno *Sion a Siân* yn agor drysau eraill ym myd adloniant ysgafn a chafodd Gill a fi ymddangos sawl gwaith ar y cwis adloniant *Sgrin Ti Syniad?* gydag Aled Sam ac, wrth gwrs, *Noson Lawen*. A hefyd dwi'n siŵr taw o ganlyniad i *Sion a Siân* ges i un o'r swyddi dwi wedi ei mwynhau fwya erioed. Aled Glynne oedd pennaeth Radio Cymru ar y pryd a Huw Llywelyn oedd yn gyfrifol am raglenni adloniant yr orsaf. Gofynnodd Huw i fi a fysen i'n fodlon iddo gynnig syniad lle bysen i'n cael chware recordiau o fy nghasgliad personol i. Er bod 'da fi ffefrynnau amlwg fel Sinatra, Sammy Davis Jr, Matt Monro, Tom Jones a Shirley Bassey ma 'da fi gasgliad helaeth o gerddoriaeth eclectig iawn, o Geraint Jarman i Vera Lynn, y Beatles a Des O'Connor! Wel, wrth gwrs 'mod i'n fodlon. Gofynnodd i fi feddwl am ambell syniad y bysen i'n lico'i ddatblygu hefyd. Felly es i adre a meddwl am fformat rhaglen oedd yn ymwneud â phob agwedd o adloniant a *showbiz* ond gyda gogwydd Gymreig iddi.

Dderbyniodd y BBC ddim mo'r syniad am raglen recordiau ond fe wnaethon nhw dderbyn fy syniad i – a dyna sut ddaeth *Showbusnesan* i fod. Penodwyd Daniel Jenkins-Jones yn gynhyrchydd a Sian Alaw a Derfel Williams yn ymchwilwyr. Ro'n i hefyd yn gwneud lot o waith ymchwilio – ro'n i wrth fy modd. Dyma'r union swydd sy'n profi bod *job satisfaction* yn bwysicach nag arian. Dyw radio ddim yn talu'n dda ond, bois bach, ro'n i'n cael pleser pur o'r gwaith. Edrych mlaen yn wythnosol at ddeuddydd yn swyddfa Radio Cymru – croeso bob tro gan Mair Parry Roberts, Meirwen Kingsley a Tomos Morse, a hyfryd hefyd oedd bod yn yr un swyddfa â fy hen ffrind Keith 'Bach' Davies oedd yn eistedd wrth ei gyfrifiadur mewn cadair bren uchel o Mothercare!

Adolygu sioeau, ffilmiau, cyngherddau. Dewis fy ngwesteion fy hun. Dyna oedd yn braf yn fy marn i – gan 'mod i'n nabod y gwesteion a'r adolygwyr yn dda, ro'n i'n gallu trafod pethe'n well. Pan ddaeth Phyl Harries gyda fi i adolygu'r ffilm *Hulk* trodd yr adolygiad yn ddadl, â Phyl wedi mwynhau'r ffilm a finne heb. Yr un peth pan ddaeth yr actores Mair Rowlands gyda fi i'r Grand, Abertawe, i adolygu opera newydd Alun Hoddinott a John Owen, hanes pwll glo y Tŵr ger Hirwaun, Cwm Cynon. Dwi erioed 'di eistedd drwy gymaint o rwtsh yn fy nydd ond roedd Mair yn meddwl bod yr opera'n wych.

Aethon ni i Lundain sawl gwaith i adolygu sioeau'r West End a chael Robin Gruffudd, sy'n byw yn Llundain, i adolygu ar y cyd sawl gwaith. Pan aethon ni i weld sioe gerdd Mel Brooks, *The Producers*, roedd y ddau ohonon ni'n poeni am yr adolygiad gan ein bod ni ffaelu meddwl am un peth negyddol i'w ddweud am y sioe. Ac roedd y ddau ohonon ni'n cytuno ei bod yn biti na allen ni ddarlledu sylwadau un person wrth gerdded mas o'r sioe tu ôl i ni gan iddi daro'r hoelen ar ei phen: 'I've laughed so much I'm fucked!'

Un ro'n i'n parchu ei barn oedd Sioned Mair. Daeth Sioned gyda fi sawl gwaith i Fryste i adolygu sioeau oedd ar fin cyrraedd Cymru, gan gynnwys *Copacabana* a'r clasur *The King and I*. Roedd Sioned bob tro yn dweud ei barn yn onest a gan amla ro'n i'n cytuno. Dim job oedd hyn ond pleser – Sioned Mair, sioe lwyfan, pryd o fwyd a *catch up* – a chael fy nhalu yr un pryd.

Yr actores Ffion Wilkins ddaeth gyda Derfel Williams a fi i adolygu'r sioe gerdd *The Full Monty*. Doedd hi ddim yn sioe dda gan iddi newid lleoliad y ffilm o ogledd Lloegr i America. Do'n ni ffaelu uniaethu â'r cymeriadau oherwydd hyn. Roedd Dora Bryan yn y cast ac mewn tipyn o oed erbyn hyn a do'n i ddim yn teimlo ei bod hi'n gwybod beth oedd hi fod i'w wneud. Ar y trip yma roedd Derfel wedi cynhyrfu gan ein bod ni wedi bwcio bord ym mwyty enwog yr Ivy wedi'r sioe. Ar ôl cyrraedd dyma'r *maître d'* yn ein harwain at gefn y bwyty. Weles i ford wag yn y pellter ond roedd y ford yn sownd mewn bord arall a chwpwl yn eistedd ar y ford yna. 'O na!' meddylies i. 'Ma'n rhaid i ni shario!' Doedd Derfel ddim yn hapus chwaith ond wrth i ni agosáu sylweddoles i pwy oedd yno. Dwedes i wrth Derfel: 'Un o'r Heddlu.' Atebodd ynte: 'Dwi byth yn gwatsiad y *Bill*.' Pwy oedd yna ond Sting (prif leisydd The Police) gyda'i wraig Trudie Styler.

Roedd hwyl i gael yn gweithio gyda Daniel Jenkins-Jones, neu Jenks, ac ynte – chware teg – yn rhoi rhwydd hynt i fi wneud neu drafod beth bynnag ro'n i ishe ar bob rhaglen. Gafon ni fynd i'r BBC yn Llundain gyda Hywel Gwynfryn i weld cyfres ola Ronnie Barker a Ronnie Corbett, *The Two Ronnies Sketchbook* ac i'r Palladium gyda Tara Bethan i weld *Chitty Chitty Bang Bang*, pan oedd hi'n fyfyrwraig yn Tring tu fas i Lundain, a hithe'n dweud 'Un diwrnod fydda i ar y llwyfan mewn sioe debyg' – ac, wrth gwrs, mewn blynyddoedd i ddod buodd hi'n teithio Prydain yn *Joseph*, sioe Lloyd Webber.

Bu Ioan Gruffudd yn westai cyson, ac un diwrnod trefnwyd bwrdd i ni ym mwyty enwog Joe Allen yn Llundain. Y bwriad oedd i Ioan a fi gael sgwrs dros bryd o fwyd. Sian Alaw oedd yr ymchwilydd gyda ni y noson honno. Recordion ni dros awr o sgwrs ond wedyn roedd yn rhaid i Ioan fynd gan fod 'da fe drefniadau eraill. Roedd Sian wedi meddwl y bysen ni'n tri yn mynd am gwpwl o ddrincs ond doedd hynny ddim i fod. Felly aethon ni i Stringfellows, clwb nos yr unigryw Peter Stringfellow – meddwl y byse hynny'n plesio Sian. Y *maître d'* oedd Chris Quinten, oedd yn arfer chware rhan Brian Tilsley yn *Coronation Street*. Doedd 'run ohonon ni'n disgwyl 'ny. Brynes i bobo G&T i ni a gostiodd £15. Do'n i ddim yn disgwyl 'ny chwaith. Arhoson ni ddim yn hir.

Diwrnod cyfan yn dilyn Gethin Jones yn cyflwyno *Blue Peter* a diwrnod yng nghwmni Siân Lloyd yn y London Studios wrth iddi baratoi adroddiad tywydd y noswaith 'ny. Y diwrnod aethon ni i weld Siân fe gwrddodd Jenks â fi yn Llundain ac roedd e'n aros amdana i yng nghyntedd y gwesty fel Godfrey o *Dad's Army*, yr offer recordio mewn bag â'r strap o amgylch ei wddf. Roedd hi bellach yn tynnu am hanner dydd. 'Reit, cyn i ni ddechre – cinio,' medde fi. Atebodd Jenks: 'Weithie, Ieu, pan ti'n neud job fel hyn rhaid i ti anghofio am ginio.' Edryches yn syth i'w lygaid ac ateb: 'Dwi 'di bod yn y busnes 'ma am 18 mlynedd a dim unwaith dw i wedi anghofio am ginio!' Chwerthin wnaeth Jenks a landon ni lan yn McDonalds yn Waterloo. Gafon ni ddiwrnod a hanner gyda Siân ac yna'r noswaith 'ny cael ei chwmni hi a Stifyn Parri ym mharti pen blwydd SWS (Social Welsh and Sexy) yn yr Old Bank of England. Gafon ni eitem arall yn fan 'co.

Daeth Shân Cothi gyda fi i adolygu *The Pirates of Penzance* yn y Savoy Theatre. Anthony Head oedd seren y sioe gyda'r Gymraes Elin Wyn Murphy yn chware Mable. Dechreuodd hi fwrw eira'n drwm felly dyma benderfynu gadael Llundain yn syth wedi'r sioe gyda Marc Griffiths (Marci G) yn dreifo'r car. Roedd y Strand yn bictiwr yn yr eira trwchus. Stopio yn y gwasanaethau yn Reading i gael paned a recordio'r adolygiad fan 'na. Yna Jenks yn cael syniad gwych. Wnaethon ni esgus ein bod ni yng ngwesty'r Savoy yn cael paned o Earl Grey a sanwijes ciwcymbyr ac fe drafodon ni'r sioe a'i hadolygu. Wedi cyrraedd 'nôl i'r BBC fe ddybiodd Jenks bedwarawd llinynnol dros ein sgwrs ac fe allech chi dyngu ein bod ni yn y Savoy yn hytrach na'r *Reading services*! Cyfrwng i'r glust yw'r radio sy'n annog y meddwl a'r dychymyg i weithio drostoch chi. Am gyfrwng gwych. Ro'n i'n eitha trist pan ddaeth *Showbusnesan* i ben wedi chwe chyfres. Ches i ddim eglurhad, jyst dim comisiwn arall – gwahanol iawn i sut glywes i bod *Sion a Siân* yn cwpla.

Mae'r peiriant ateb mlaen gyda ni gartre o hyd a ganodd y ffôn un bore tra bod Manon a fi'n y gegin yn siarad. Aeth y ffôn yn syth i'r peiriant ateb. Do'n i ddim yn gwrando'n iawn ac wedi i'r alwad orffen gwasges y botwm a'r hyn glywes i oedd Emlyn Penny Jones, cynhyrchydd *Sion a Siân*, yn dweud: 'Haia, Ieu. Pens sy 'ma. Jyst i adael i ti wybod dyw S4C ddim eisiau rhagor o *Sion a Siân*. OK? Hwyl!'

Ro'n i'n hollol fud. Clywed gan beiriant ateb fod rhan bwysig o fy mywyd wedi dod i ben. Fel ddwedodd Frank Sinatra wrth Esther Rantzen unwaith, *that's life*!

19

'Os O's Rhywbeth yn Mynd yn Rong, Bagla Hi o 'Na'

SYLWEDDOLES I DDIM ar y pryd y byse Michael Bogdanov a minne'n dod yn gymaint o ffrindie tra o'n ni'n gweithio ar *Cinderella*. Soniodd Phyl yn ystod *Cinderella* fod Bodger yn cyfarwyddo cynhyrchiad newydd o *The Merry Wives of Windsor* gan Shakespeare yng Ngŵyl Llwydlo yn ystod haf 2002. Yn dawel bach roedd wedi gofyn i Phyl – oedd wedi ei gastio'n barod – a fyse diddordeb 'da fi. Atebodd Phyl, heb ofyn i fi, y byse 'da fi ddiddordeb. Glywes i ddim byd. Daeth *Cinderella* i ben ym mis Chwefror. Ffoniodd Bodger fi ym mis Mai i ofyn os o'n i'n gweithio ym Mehefin. Cynigiodd i fi chware Abraham Slender yn y cynhyrchiad. 'I'd like you to play Slender,' medde fe, 'because you're not!' Diolches iddo a dechrau panico. Es i'r atig i chwilio am fy nghopi o'r *Complete Works of Shakespeare* ac ymbalfalu drwyddo i ffeindio'r ddrama ac, yn bwysicach na hynny, fy llinellau. Pan weles i nhw es i'n oer drwydda i. Beth o'n i 'di wneud? Pam wnes i gytuno? Fysen i byth yn gallu dysgu'r geiriau yna – roedd e fel iaith estron. Golles i gwsg dros y peth. Yna ges i syniad. Brynes i gasét o gynhyrchiad gan y BBC a gwrando ar yr actor yn ynganu fy llinellau.

Roedd Bodger wedi mynnu bod yr ymarferion yn cael eu cynnal yng Nghaerdydd. Gan amla roedd cwmnïau Llwydlo yn ymarfer yn Llundain. Doedd pwyllgor Llwydlo ddim yn hapus.

Byse'n rhaid talu mwy i actorion ddod o Lundain i Gaerdydd. Dwedodd Bodger taw ei fwriad oedd defnyddio actorion Cymreig oedd yn byw yn y ddinas. Roedd ymateb y pwyllgor yn Llwydlo yn anhygoel: 'Welsh actors? Will they be able to handle Shakespeare?' Wel – handlo fe wnaethon ni a thorri record *box office* yr ŵyl!

Roedd diwrnod cynta'r ymarfer yn fwy brawychus na'r arfer. Ro'n ni i gyd – tua 20 actor – yn eistedd mewn cylch yn Nhŷ Aberdâr ym Mae Caerdydd yn barod am y *read through*. Pan ddarllenes i 'Mistress Anne Page. She that has brown hair, and speaks small like a woman' stopiodd Bodger fi a dweud 'Ieuan – that is supposed to be a question!' Ro'n i'n teimlo fel tasen i 'nôl yn nosbarth un yn yr ysgol. Ond anadles i'n ddwfn, edrych ar weddill y cast (oedd yn syllu arna i) a dweud 'Don't worry – the question mark will be there on the night!' Gwenodd Bodger a garion ni mlaen i ddarllen.

Roedd dysgu Shakespeare yn anodd y tro cynta, fel brofodd Phyl a fi yn ystod yr ail wythnos o ymarfer. Roedd Bodger wedi gofyn i'r holl gast fod *off the book*, sef wedi dysgu'r llinellau i gyd, erbyn hynny. Roedd pawb wedi dysgu eu llinellau, pawb ond Phyl a fi. Roedd yr olygfa gynta'n iawn 'da fi – ond dyna i gyd. Roedd Phyl, gan ei fod yn chware gweinidog, yn cario Beibl a thu fewn i'r tudalennau roedd ei sgript. Sylwodd Bodger ar hyn a rhoi stŵr i ni'n dau o flaen pawb: 'I've asked everyone to be off the book by today and the only ones who aren't are you, Phyl and Ieu!' Gerddes i i gornel y stafell gyda fy mhen i lawr fel plentyn drwg ond daeth Phyl â gwên fawr i 'ngwyneb i a'r gweddill pan ddwedodd e mewn llais oedd yn pledio: 'Michael – I'm doing my very best!'

Oedd, roedd hwyl i'w gael mewn cynhyrchiad Shakespeareaidd, ac roedd y profiad yn un gwerth chweil. Roedd Llwydlo yn lle hyfryd i weithio a Phyl Harries, Kathryn Dimery a fi'n aros ym mwthyn Mr a Mrs Laurie (anti ac yncl yr actor Hugh Laurie) tu fas i'r dre. Roedd e'n fyd arall – ceirw gwyllt yn rhedeg o flaen y car a gwynt hyfryd o'r gegin wrth i Kath goginio ei chacennau blasus. Daeth un uchafbwynt ar ddechrau'r *run*, yn yr olygfa gynta. Ro'n i ar lwyfan gyda Phyl fel Syr Hugh Evans, Philip Madoc fel Falstaff ac Eve Myles fel Ann Page. Yn rhan Nym, un o fois Falstaff, roedd Jonathan Nefydd. Dyma sut oedd y ddeialog i fod...

SLENDER

By these gloves, then, 'twas he.

NYM

Be advised, Sir, and pass good humours: I will say *marry trap* with you, if you run the nuthook's humour on me; that is the very note of it.

Ond y noswaith arbennig yma, fel hyn aeth y ddeialog...

SLENDER

By these gloves, then, 'twas he.

NYM

Be advised, Sir, and pass good humours: murm baaah rraa mulla roooa nnnw aw waa woo mummmm. And that's it!

Fi oedd i siarad nesa. Shwt wnes i fe, dwi ddim yn gwybod, ar ôl clywed Johnny Nefydd yn mwmblan synau annealladwy ar lwyfan. Wedi camu oddi ar y llwyfan gwmpes i i'r llawr mewn poen – poen chwerthin. Ffaeles i stopio. Yna gofynnes i Johnny beth ar y ddaear roedd e wedi'i wneud. Yr ateb oedd nad oedd e'n canolbwyntio mewn gwirionedd, ac roedd yr adran wisgoedd 'di rhoi bandana newydd iddo fe wisgo. Yr hyn oedd ar ei feddwl oedd shwt olwg oedd ar y bandana newydd. Yna daeth ei dro i siarad. Gofiodd e'r frawddeg gynta ond doedd dim syniad 'da fe beth oedd yn dilyn. Felly, yn lle rhewi, penderfynodd e fwmblan rhywbeth-rhywbeth gan feddwl na fyse'r 1,500 oedd yn eistedd yn yr awyr agored yng Nghastell Llwydlo yn ei ddeall ta beth! Jonathan Nefydd – cymeriad a hanner! Ar ddiwedd y cyfnod, rhaid cyfadde i mi wirioneddol enjoio bod yn rhan o gynhyrchiad Shakespeareaidd. Pwy feddylie, *eh*? Ond ro'n i 'di dysgu lot o law y meistr, Michael Bogdanov.

Hwn oedd yr haf cynta o dri i fi gymryd rhan yng Ngŵyl Llwydlo. Y flwyddyn ganlynol penderfynodd Bodger gynhyrchu dwy ddrama sef *The Winter's Tale* a *The Merchant of Venice*. Solanio o'n i'n chware yn *Merchant* gyda neb llai na Johnny Nefydd fel fy mhartner, Salerio. Yr hyn oedd yn wahanol am y cynyrchiadau yma oedd bod y Frenhines a Dug Caeredin am ddod i'n gweld ni. Do'n nhw ddim am eistedd drwy'r ddwy ddrama gan nad o'n nhw'n hoff o'r theatr, yn ôl y sôn. Felly, un prynhawn roedd perfformiad arbennig iddyn nhw ac 800 o westeion â darnau dethol o'r dramâu. Buodd Phyl a fi'n diddanu'r gynulleidfa cyn i'r cwpwl brenhinol gyrraedd. Credu bod ein hact wedi mynd lawr yn dda a falle taw dyna'r tro cynta i 'Ti a Dy Ddoniau' gael ei chanu yng Nghastell Llwydlo o flaen 800 o Saeson rhonc! Wedi i'r cwpwl gyrraedd cyflwynodd Michael Bogdanov y darnau o'r dramâu, ond doedd dim diddordeb gan Elizabeth. Roedd hi'n brysur yn ymbalfalu yn ei handbag am finten tra bod Bodger yn siarad!

Ar ddiwedd y perfformiad daeth y ddau i gwrdd â'r actorion. Dydw i ddim yn frenhinwr o bell ffordd ond es i drwy gyfnod o freuddwydio'n aml am y Dywysoges Diana! Ta beth, roedd Manon yn poeni pan ddwedes i 'mod i'n mynd i gwrdd â'r cwpwl brenhinol fy mod i'n ei gweld hi fel fy mrenhines i! Chwerthin wnes i. Do'n i ddim yn poeni dam amdanyn nhw ond gytunes i y gelen nhw gwrdd â fi! Byr a hen oedd y Frenhines a dwedodd hi: 'What a lovely location to perform.' Gytunes i a bues i jyst â dweud 'Ludlow used to be ours', gan fod Llwydlo ar un adeg yn brif dref y Cymry. Ond daeth y sylw gore ganddo fe'r Dug, wrth gwrs. 'Who do you play?' medde fe. 'Well,' atebes i, 'I play Solanio in *The Merchant of Venice* and Cleomenes in *The Winter's Tale*.' Yna gofynnodd gwestiwn od: 'How do you know which part to play?' Ffaeles i ateb ac aeth yn ei flaen. Roedd Johnny Nefydd wrth fy ochr gyda'i law mas yn barod i shiglo llaw y Dug ond fe anwybyddodd e Johnny a mynd yn syth at yr actores hyfryd Nickie Rainsford. Falle fod cyfarfyddiad Phyl Harries â'r Dug yn well byth. 'Were you in it?' gofynnodd y Dug. 'Yes,' medde Phyl, 'and I also played the flute in it.' 'Ah, a musician,' medde'r

Dug. 'Escaped over the border, have you?' Roedd Phyl mor fud â finne!

Roedd pob cyfarwyddwr yn Llwydlo am dair blynedd felly 2004 oedd blwyddyn ola Bodger a dewisodd *Twelfth Night* a *Cymbeline* fel ei ddramâu. Dwi'n lico ffordd Bodger o feddwl. Roedd y pwyllgor wedi datgan siom bod cynyrchiadau 2003 yn rhy Gymreig a dyna pam y dewisodd Bodger *Cymbeline*, drama do'n i heb glywed amdani o'r blaen, a dwi ddim yn credu bod y pwyllgor yn ei nabod chwaith. Roedd Shakespeare wedi lleoli ail hanner ei ddrama yn Aberdaugleddau, felly roedd yn rhaid i'r ddrama fod yn Gymreig.

Ar ôl llwyddiant y cynyrchiadau yma yn Llwydlo ffurfiodd Bodger y Wales Theatre Company. Dwi bellach yn Artist Cyswllt i'r cwmni. Ond y siom fwya i fi oedd nad oedd e wedi 'nghastio i yn ei gynhyrchiad cynta, sef clasur Dylan Thomas, *Under Milk Wood*. Wedi pum cynhyrchiad Shakespeareaidd roedd *Under Milk Wood* lot mwy addas i fi. Ond ddim yn llygaid Bodger – a dwi ddim yn gwybod pam hyd heddi. Felly tra bod Phyl a Kath a Johnny Nefydd, ynghyd â Matthew Rhys (fel y llais cynta), yn gweithio ar *Milk Wood* derbynies i ran gan Sgript Cymru yn y fersiwn lwyfan o nofel Bethan Gwanas, *Amdani!*. O ddewis, dwi'n gwybod pa un 'sen i 'di dewis. Ond gwaith yw gwaith a theithio o amgylch Cymru yn chware Gog o'r enw Jac wnes i am yr wythnosau i ddilyn.

Wedi'r haf ola yn Llwydlo fe benderfynodd Bodger ddod â rhai o'r cynyrchiadau 'nôl i Gymru a dyna oedd prosiect nesa ei gwmni – trioleg Shakespeareaidd: *Twelfth Night*, *Cymbeline* a *The Merchant of Venice*. Y bwriad oedd teithio prif theatrau Cymru gyda drama wahanol bob nos a chwpla yn y New Theatre, Caerdydd, gyda'r Sadwrn ola yn gyfle i berfformio'r dramâu i gyd. I wneud pethe'n haws, castiwyd y mwyafrif o gastiau gwreiddiol Llwydlo. Taith bleserus iawn oedd hon gyda rhai o'r *digs* theatrig yn aros yn y cof. Fydda i fyth yn ailymweld ag un gwesty yn Llandudno. Kath Dimery oedd wedi clywed amdano fel lle i bobol theatrig aros. Deg punt y noson, gwely a brecwast. Wel, os gallwch chi alw grŵp cabare The Grumbleweeds yn bobol theatrig roedd y ffrind yma'n iawn achos roedd posteri a lluniau o'r grŵp ym mhobman. Roedd y perchennog – oedd yr un sbit â Ken Dodd – yn gwisgo tracwisg oedd heb ei golchi ers sbel, â staens wy drosti i gyd. Roedd yn rhaid gofyn iddo fe roi *swill* i'r gwydrau cyn yfed o'r bar gan fod cymaint o ddwst arnyn nhw. Amser brecwast roedd yn rhaid eistedd yn yr un man bob bore gan nad oedd e'n newid y *napkins* – roedd un i fod i bara'r wythnos. A phara'r wythnos wnaethon ni – dim ond achos taw £10 y noson oedd e'n godi!

Peth braf ar y daith yma oedd cydweithio unwaith eto â Philip Madoc, actor a hanner – ond amhosib ei gael i brynu drinc i neb. Pan o'n ni yn Llwydlo byse Philip yn mynd â chanie cwrw mewn i'r dafarn gydag e a gofyn i fi fynd i'r bar i 'nôl gwydr gwag! Bysen i'n gweiddi ar draws y bar ar Ron, landlord y Rose and Crown yn Llwydlo, 'Ron, Philip wants an empty glass!' a chwerthin wrth weld Philip yn mynd yn *embarrassed* i gyd.

Tra o'n ni'n perfformio'r olygfa ar y Rialto rhwng Shylock (Philip Madoc), Salerio (Keith Woodason) a fi (Solanio) o *The Merchant of Venice* yn y Grand, Abertawe, digwyddodd rhywbeth doniol iawn. Roedd Philip newydd orffen ei araith enwog 'If you prick us, do we not bleed?' yna, yn lle'r negesydd traddodiadol a gan taw fersiwn 'fodern' oedd y darn, dyma fy ffôn symudol yn canu a fi'n dweud: 'Antonio is at his house, and desires to speak with us both.' Yna, wrth i Tubal (Bill Wallis) gerdded mlaen aeth y gole ar y llwyfan bant a'n gadael yn y tywyllwch. Doedd dim rhagor gyda fi i'w ddweud felly games i o'r llwyfan yn gloi. Er taw dim ond rhyw 20 eiliad o dywyllwch fuodd roedd yn teimlo'n hirach i Philip. Pan ddaeth y gole 'nôl mlaen fe ad-libiodd Philip: 'Ah Tubal, there you are!' Pan ddaeth yr olygfa i ben daeth Philip i fy stafell wisgo i ofyn pam o'n i wedi ei adael ar y llwyfan. Ddwedes i wrtho fe: 'Rheol gynta actio, Phil – os o's rhywbeth yn mynd yn rong, bagla hi o 'na!' Gwenu wnaeth Philip gan wybod y byse fe 'di gwneud gwmws yr un peth!

Braf hefyd ar y daith yma oedd cael gweithio gyda Paul Greenwood. Paul oedd yn chware Antonio yn *Merchant* a Malvolio yn *Twelfth Night*. Roedd Paul wedi bod yn gweithio ar gyfresi fel *Crossroads* a fe oedd y prif gymeriad yn y gomedi sefyllfa *PC Penrose*. Tra o'n ni'n ymarfer yn Abertawe ac yn rhannu tŷ yn y Gŵyr daethon ni i ddeall ein bod ni'n dau'n hoffi cerddoriaeth y Rat Pack (Sinatra, Dean Martin a Sammy Davis Jr) ac ambell noson ar ôl diwrnod hir o ymarfer bysen ni'n dau'n canu i *backing tracks* caneuon enwog y tri. Ffordd arbennig o dda o ymlacio.

Y sioe gerdd *Amazing Grace* oedd cynhyrchiad nesa y Wales Theatre Company, ym Mawrth 2005. Eto, ches i ddim fy nghastio. Erbyn hyn ro'n i'n paranoid 'mod i wedi ypsetio Bodger neu nad oedd e'n meddwl 'mod i'n ddigon da. Ond ro'n i ar fin cwpla taith gyda panto Owen Money pan ges i alwad ffôn oddi wrth Bodger. Roedd yr ymarferion wedi dechrau ac roedd e wedi sylweddoli nad oedd ganddo ddigon o ddynion yn y cast. Roedd e am i fi ymuno. Yn anffodus ro'n i eisoes wedi bwcio wythnos o wyliau i Manon, fi a'r bois ger Cádiz yn Sbaen. Roedd angen gwyliau arna i ar ôl tri mis mewn pantomeim a dyna ddwedes i wrth Bodger. Ro'n i ffaelu credu pan ddwedodd e wrtha i am ddod i'r ymarferion am ychydig, cael wythnos bant yn Sbaen ac yna ailymuno. A dyna wnes i, gan fynd â'r sgript a CD o'r caneuon gyda fi ar wyliau.

Dilyn hynt a helynt Evan Roberts yn ystod Diwygiad 1904/05 oedd *Amazing Grace*, sioe Mal Pope, Frank Vickery a Michael Bogdanov. Ro'n i wrth fy modd yn cael gweithio gyda ffrindie agos fel Beth Robert, Rhian Morgan a Ffion Wilkins. Mae hyn wastod yn fonws ar unrhyw gynhyrchiad. A dyma oedd y tro cynta i fi weithio gyda Shân Cothi a'r unigryw Peter Karrie.

Roedd y sioe'n boblogaidd iawn a'r theatrau'n orlawn, diolch i PR Mal Pope o amgylch y capeli. Er bod y pwnc yn eitha dwys roedd sbort i'w gael ar y llwyfan yn ogystal ag oddi arno. Rhys ap William a fi yn dawnsio a chanu yng nghefn y corws tra o'n ni'n canu 'It's Happening Here' – a 'run o'r ddau ohonon ni'n gwybod holl eiriau na symudiadau'r gân yma hyd at y sioe ola. Ond roedd gwên ar ein hwynebau ym mhob sioe, a wnaeth neb sylwi. *Standing ovations* ym mhobman gyda fy ffrind Bill Bellamy yn dweud ar ôl y noson agoriadol yn Theatr y Grand, Abertawe: 'Good show but I don't know why you got a standing ovation!'

Bill – wastod yn dweud beth sydd ar ei feddwl, chware teg iddo fe.

Yn dilyn y llwyddiant roedd yn rhaid meddwl am *follow-up*. Yn y cyfamser roedd gan Michael glamp o gynhyrchiad i'w baratoi, sef *Hamlet*, drama Shakespeare, yn y Saesneg a'r Gymraeg. Troswyd y sgript yn gelfydd i'r Gymraeg gan Gareth Miles. Ro'n i'n chware Rosencrantz gyda nifer o actorion Cymraeg yn y cast, gan gynnwys Wayne Cater fel Hamlet, Julian Lewis Jones fel Claudius a'r actores ifanc sydd bellach yn wraig i Dafydd Du, sef Rhiannydd Wynne Jones, fel The Player Queen. Ac i feddwl bod yr actores Kath Dimery wedi dysgu Cymraeg roedd ei pherfformiad hi fel Gertrude yn wefreiddiol yn y ddwy iaith.

Ond roedd yna broblemau. Wedi bron i fis o ymarfer daeth Wayne i'r casgliad na fyse fe'n gallu chware Hamlet yn y Gymraeg, felly wythnos cyn i ni agor yn Theatr y Grand roedd yn rhaid i Bodger ffeindio Hamlet arall. Roedd Gareth Bale – actor o Gwm Tawe ac un o'r bobol neisa dwi'n nabod – yn chware rhan lai yn y cynhyrchiad. Gafodd e gynnig y rhan a'i derbyn. Roedd yffach o fynydd gydag e i'w ddringo felly canslwyd yr wythnos gynta yn y Grand i'w alluogi i ddysgu un o'r prif rannau Shakespeareaidd mewn pythefnos. Ac fe lwyddodd, gan ennill tlws gan wefan Keith Morris, Theatre Wales, am ei berfformiad. Dewiswyd y cynhyrchiad gan ddinas Caerdydd ar gyfer eu dathliadau canmlwyddiant. Prynodd y Cyngor bob un tocyn yn y New Theatre a'u rhoi'n rhad ac am ddim i drigolion y brifddinas. Mae chware i dŷ llawn yn brofiad arbennig, ond roedd cael perfformio'r fersiwn Gymraeg i'r 1,000 o bobol a lenwai'r New Theatre yn brofiad nad anghofia i fyth – yn wahanol iawn i'r 27 ddaeth i'r *matinee* Cymraeg yn y Grand, Abertawe.

Gofynnodd Bodger pam nad oedd pobol yn dod i'n gweld ni a fi'n dweud yn onest falle taw achos bod y ddrama'n hir, a hithe'n para tair awr a hanner. Medde fe wrtha i: 'It's not long – it's *Hamlet*!' (Gyda llaw, fersiwn wedi ei golygu oedd ein fersiwn ni – mae'r *Hamlet* iawn yn para pump awr a hanner!) Aeth Bodger yn ei flaen i ddweud ei fod e wedi gweld cynhyrchiad o *Hamlet* gyda Rosencrantz a Guildenstern wedi eu dileu o'r ddrama'n gyfan gwbwl. Gaeodd hwnna 'ngheg i'n eitha cloi!

Ers 'mod i'n blentyn rwy'n dwli ar y ffilm *Oliver!* – er dim cymaint â'r *Sound of Music*, un o fy hoff ffilmiau erioed. Felly pan glywes i bod Bodger wedi castio Fagin ei hun, sef Ron Moody, i chware Scrooge yn ei gynhyrchiad *A Christmas Carol*, ro'n i wrth fy modd. Bwriad Michael oedd mynd â dau gynhyrchiad ar daith yr un pryd, sef clasur Dickens a chlasur Dylan Thomas, *A Child's Christmas in Wales*. Roedd e hefyd yn cynhyrchu taith arall o'r sioe gerdd *Amazing Grace* a, chware teg iddo fe, ges i ddewis rhwng y sioeau Dolig a'r sioe gerdd. Dewises i'r sioeau Dolig, nid yn unig am 'mod i eisoes wedi gwneud *Amazing Grace* ond hefyd i gael cyfle i weithio gyda Ron Moody.

Roedd hyn i brofi'n ddewis annoeth ar ddechrau'r daith. Ar noson agoriadol *A Christmas Carol* derbyniodd Ron 100 o brompts gan yr is-gyfarwyddwraig Erica Eirian. Wel, chware teg, roedd e'n 83 mlwydd oed! Ond pam derbyn cymaint o ran a fe'n gwybod bod ei gof yn pallu? Daeth Bodger â ffrind i'r cwmni, actores arbennig o'r enw Andrea Miller, yn unswydd i eistedd gyda Ron a'i helpu gyda'i linellau. Ond doedd hyn heb lwyddo hyd yn oed, fel brofodd y noson gynta. Y theatr yn llawn, 100 o bobol yn gadael hanner amser, a Ron ei hun yng nghanol y sioe yn eistedd ar flaen y llwyfan a dweud wrth y gynulleidfa: 'Not very good, is it?' Cerddodd Bill Bellamy a fi mlaen i'w gyfarch mewn un olygfa ac roedd Ron yn edrych amdanon ni yn y *wings* pen arall. Roedd yn rhaid i ni besychu i ddangos ein bod ni ar y llwyfan. Trodd Ron i'n gwynebu a dweud yn uchel: 'What? You're coming on from that side tonight?' Dyna'r ochr ro'n i wedi dod mlaen bob tro dros bump wythnos o ymarfer! Er bod y sioe yn hunlle o'r dechrau i'r diwedd, gafon ni *standing ovation*, credwch neu beidio. Neb cweit yn deall pam. O fewn pum munud i'r llen ddisgyn ro'n i yn y car ac ar y ffordd i dafarn y Woodman ar y ffordd 'nôl i'r *digs* yn y Mwmbwls. Tri actor – fi, Nick Goode a Terry Mortimer – yn syllu i'n peintie a'r tri ohonon ni ishe llefain. Y bore canlynol roedd pennawd anferth ar dudalen flaen y *South Wales Evening Post* – 'ACTORS TREAD ROCKY BOARDS'. Ro'n i'n dreifo 'nôl i'r Grand o'r Mwmbwls â llond car o actorion am sesiwn sylwadau a *matinee*. Teimles awydd cryf i gario mlaen tuag at Gaerdydd. Do'n i wir ddim ishe ail-fyw'r hunlle unwaith eto. Ond dyna wnaethon ni. Gwellodd pethe tam bach ond doedd Ron ddim yn berffaith o bell ffordd. Ond pan oedd e'n taro'r nodyn, gelech chi gipolwg ar yr hen Ron Moody a gweld mor dda roedd e'n arfer bod. Doedd Ron ddim ishe cymdeithasu chwaith ond pan gyrhaeddodd y daith y Torch Theatre, Aberdaugleddau, a'r cast yn aros yng ngwesty anhygoel y Druidstone newidiodd pethe. Roedd pawb yn y bar lawr llawr a Ron ar ei ben ei hun yn y lolfa lan lofft. Felly aeth Nickie Rainsford a minne i siarad â Ron a'i berswadio i ymuno â gweddill y cast. Lwyddon ni, ac o fewn ychydig dechreuodd y canu. Ron wrth ei fodd ac yn ffaelu credu ein bod ni'n canu pedwar llais jyst fel'na. Brynodd e ddiod i bawb ac am un y bore fe benderfynodd noswylio. Wrth iddo godi i fynd dechreuon ni ganu 'Reviewing the Situation', un o ganeuon mawr Ron yn y ffilm *Oliver!*. Trodd Ron, yr actor 83 mlwydd oed, mewn i'r Fagin ifanc ar sgrin. Pan gyrhaeddodd waelod y sta'r oedd yn arwain at y lolfa, gyda llafn o olau cryf yn dod lawr tuag ato i greu *silhouette*, fe wnaeth *heel kick*, gwmws yr un peth ag y gwnaeth Fagin yng ngolygfa ola'r ffilm. Waw! Neith hwnna aros yn fy nghof am byth.

Digwyddodd rhywbeth tebyg yng nghanol taith *The Servant of Two Masters* gyda Les Dennis yn chware'r brif ran. Tra o'n ni yn Abertawe gafon ni bryd o fwyd i ddathlu pen blwydd Les a Sue Roderick (oedd yn y cast hefyd). Ar ddiwedd y pryd dechreuodd y canu ac un peth wneith aros yn y cof oedd clywed Les yn canu'r gân 'Mr Cellophane' o'r sioe *Chicago*. Chwaraeodd Les y rhan yn y cynhyrchiad yn y West End.

Buodd Les 'nôl yn y West End wedi i ni weithio gyda'n gilydd, mewn sioe o'r enw *Eurobeat Almost Eurovision*, sbŵff o'r gystadleuaeth enwog gyda Les yn chware'r cyflwynydd gyda Mel Giedroyc. Aeth Kath Dimery, Richard Munday (dau o gast *Servant*) a minne i'w weld. Do'n i ddim cweit yn disgwyl beth ddigwyddodd y noson honno yn y Novello Theatre. Roedd y sioe yn un ryngweithiol. Fel yn *Eurovision*, welon ni sawl grŵp neu ganwr yn canu caneuon addas ar gyfer gwledydd gwahanol gyda'r gynulleidfa yn defnyddio'u ffonau symudol i bleidleisio dros eu hoff gân. Roedd gan y sioe enillydd gwahanol bron bob nos. Ond ar ddechrau'r ail hanner dyma Les a Mel yn dod ar y llwyfan i ddweud wrth bawb stopio pleidleisio a'u bod nhw am ffonio un o'r pleidleiswyr i gael gair. Dwedodd Les, 'Os yw'ch ffôn yn canu o fewn yr eiliadau nesa plis atebwch.' Roedd gan Les ffôn ar y llwyfan a deialodd y rhif. Ro'n i ishe marw pan ganodd fy ffôn i. Wrth gwrs, roedd rhif fy ffôn i 'da Les yn barod! Atebes i'r ffôn. Wrth i fi ateb glywes i fy llais yn atseinio o amgylch y theatr a *spotlight* yn fy ngoleuo. Roedd Kath a Richard yn eu dyble.

'Hello?' medde Les o'r llwyfan yn ei acen Serbo-Croat. 'Who do we have here?'

Atebes i'n swil.

'What was that – your surname?'

Atebes i eto.

'Ah,' medde Les. 'Rhys? In my language, "Rhys" means "strong".'

Aeth yn ei flaen: 'And your first name?'

Atebes i.

'Ieuan?' medde Les. 'In my language, that means "not very"!'

Buodd y gynulleidfa'n chwerthin yn hir. Wrth gael peint wedi'r sioe roedd Les yn meddwl 'mod i ddim yn hapus gyda beth ddigwyddodd – ond i'r gwrthwyneb. Wrth edrych 'nôl roedd hi'n fraint cael bod yn rhan fach o noson lwyddiannus yn y West End.

Ond o ddwy sioe Dolig y Wales Theatre Company, roedd y sioe Dolig arall llawer gwell na'r *Christmas Carol* a rhoddodd lot mwy o bleser i fi, sef addasiad Michael Bogdanov o glasur Dylan Thomas, *A Child's Christmas in Wales*. Roedd Bodger wedi cael Jack Herrick, aelod o'r grŵp Americanaidd y Red Clay Ramblers ac enillydd gwobr Tony am ei lwyddiant ar Broadway gyda'r sioe *Fool Moon*, i gyfansoddi'r gerddoriaeth. Deg yn y cast gyda Dion Davies fel y Dylan ifanc a Russell Gomer fel y Dylan hŷn. Roedd pawb yn y cast, ar wahân i Russ, yn chware plant 10 mlwydd oed.

Piti na deithion ni'r sioe yma ar ei phen ei hun – roedd rhannu'r daith gydag *A Christmas Carol* yn amharu ar y pleser.

Yna, tra o'n ni yn Theatr Brycheiniog glywon ni'r newyddion drwg bod Bodger am stopio'r daith. Roedd y cwmni'n gwneud colled a'r peth calla oedd dod â'r daith i ben. Roedd nifer ohonon ni wedi bancio ar y cyflog am ychydig wythnosau i ddod, felly wedi'r newyddion yma roedd *moral* y cast yn is nag arfer. Tair wythnos o gyflog wedi ei golli. Er hyn, roedd Bodger am i ni weithio'r wythnos yn Llandudno ar ddiwedd y daith. Do'n ni ddim yn hapus am hyn i fod yn onest – ond wedi aildrafod ein cytundebau a'n ffioedd fe gytunon ni. Gwrthododd un actor ac fe ymunodd Danny Grehan â'r cast am yr wythnos ola a gwneud jobyn clodwiw iawn.

Gafon ni barti a hanner yng ngwesty Ron Moody yn Llandudno. Tra ein bod ni'n canu 'You've Got to Pick a Pocket or Two' o'r sioe *Oliver!*, gyda Ffion Wilkins ar y piano – cân roedd Ron wedi bod yn ei chanu ers y chwedegau – fe anghofiodd e'r geiriau! Roedd yn rhaid i ni ei atgoffa!

Chwerw-felys oedd y teimlad pan ddaeth y daith i ben. Rhaid cyfadde, do'n i ddim yn siŵr os o'n i eisiau gweithio i'r Wales Theatre Company eto. Er hyn, ges i gynnig rhan yn sioe nesa'r cwmni, sef *Contender*, sioe gerdd am fywyd y bocsiwr enwog o'r Rhondda, Tommy Farr. Roedd Bodger am i fi chware rhan y Marquis of Bath yn y sioe. Ro'n i am wybod maint y rhan ac ati. Doedd Bodger ddim yn gwybod gan nad oedd e wedi dechrau ysgrifennu'r sgript ond tasen i'n cytuno roedd e'n gaddo y byse hi'n rhan dda. Ac felly, wedi trafod a chael cyngor gan Phyl Harries, fe gytunes i. A dwi'n falch i mi wneud. Dyma un o'r sioeau joies i fwya gyda'r cwmni. Roedd Mal Pope wedi ysgrifennu cân yn arbennig i fy nghymeriad ac roedd gan y cynhyrchiad gast gwych, gyda Mike Doyle fel Tommy Farr a Peter Karrie fel Joby Churchill. Braf hefyd oedd bod Phyl yn aelod o'r cast. Dwi wastod yn hapus pan y'n ni'n gweithio 'da'n gilydd a dyw hynny ddim yn aml iawn dyddie 'ma.

Ro'n i wedi edmygu'r diddanwr Mike Doyle ers amser ac yn y sioe yma fe brofodd ei fod hefyd yn actor dawnus. Doedd ganddo ddim llawer o hyder yn y maes yma ac yn aml byse fe'n dod i'r gwaith yn gynnar i fynd dros y llinellau gyda'i wraig yn y cynhyrchiad, Llinos Daniel. Roedd ymroddiad Mike yn anhygoel a braf oedd gweld bod y cynulleidfaoedd a'r adolygwyr yn ei ganmol i'r cymylau. Daeth teulu Tommy Farr i'n gweld ni yn y Grand a phan ddwedodd rhywun wrth Mike bod plant Tommy Farr yn aros i'w weld yn y bar aeth e draw ond ffaelodd e weld yr un plentyn. Rhaid oedd ei atgoffa bod plant Tommy Farr bellach yn eu chwedegau!

Y flwyddyn ganlynol, sef 2007, fe benderfynodd Bodger droi 'nôl at Shakespeare ac at y clasur *Romeo & Juliet*, gyda Jack Ryder (gynt o *EastEnders*) fel Romeo a Sara Lloyd-Gregory fel Juliet. Ges i gynnig rhan Montague – sef yr un rhan â wnes i gyda Chwmni Theatr yr Urdd flynyddoedd cynt. Er taw tad Romeo yw Montague, dyw hi ddim yn rhan fawr iawn. Felly, unwaith eto, do'n i ddim yn siŵr beth i'w wneud. Roedd taith Brydeinig yn swnio'n dda ond dwi'n un sy'n lico bod yn brysur a theimlo'n rhan o gynhyrchiad. Felly yn ewn iawn gofynnes i os allen i hefyd chware Peter, gwas y Nyrs (Christine Pritchard).

Roedd y ddrama ar y *syllabus* TGAU felly roedd y theatrau'n eitha llawn, a lot o ferched ifanc yn dod jyst er mwyn gweld Jack Ryder. Roedd Jack yn un arall oedd yn bleser i weithio ag e. Fel Les Dennis yn *The Servant of Two Masters*, doedd dim ego yn perthyn iddo fe. Er ei fod yn adnabyddus iawn doedd e byth yn crefu sylw. Ro'n i'n nabod Sara ers iddi gael ei geni, mwy neu lai, gan fy mod i wedi nabod ei thad (Adrian) a'i hwncwl (Paul) ers i fi ddechrau yn y busnes yn 1983. Mae'n actores arbennig a braint oedd cael rhannu llwyfan â hi. Gafon ni groeso gwych yn Blackpool hefyd. Roedd Jack, Sara, Gareth Bale a fi yn aros yn yr Hilton am yr wythnos. Dyma'r unig theatr dwi wedi bod ynddi oedd yn wirioneddol edrych ar ôl y cynyrchiadau. Roedd ganddyn nhw docynnau i ni fynd i nifer o lefydd yn Blackpool yn rhad ac am ddim. Trip lan y tŵr enwog, mynediad am ddim i nifer o glybiau ac, wrth gwrs, mynediad am ddim i weld sioe enwog Blackpool, sef *Funny Girls*.

Yn Blackpool y des i ar draws Whovians am y tro cynta, sef

gwir ddilynwyr y gyfres *Doctor Who*. Roedd 'na ddynion yn sefyll
tu fas i ddrws y llwyfan bob nos gyda lluniau 10 x 8 ohonof fi
yn *Doctor Who* i fi eu llofnodi. Ro'n nhw'n lluniau gwych a do'n
i erioed 'di gweld nhw o'r blaen. Nhw oedd wedi eu printio eu
hunain. Arwyddes i ambell un – ond ro'n nhw 'na bob nos gyda
rhagor o luniau a chloriau DVD y bennod o *Doctor Who* y bues
i ynddi.

Digwyddodd hyn yn ystod y daith nesa hefyd. Roedd sioe
gerdd *The Thorn Birds* wedi cyrraedd y Theatre Royal, Windsor.
Ar y noson gynta roedd y theatr wedi trefnu bwyd i ni yn y bar –
brechdanau a diodydd. Tua hanner nos fe adawodd Phyl Harries
a fi y theatr drwy'r drws llwyfan. Medde Phyl: 'Bydd yn ofalus,
dwi'n credu bo rhywun yn cwato ar bwys y bins!' Wrth i ni agosáu
ymddangosodd dau ddyn a gofynnodd un 'Mr Rhys?' Whovians
oedd wedi bod yn aros i fi ddod mas o'n nhw. Roedd y sioe wedi
cwpla ers awr a hanner a nhwthe 'di bod yn aros yr holl amser 'na
jyst er mwyn i fi lofnodi eu lluniau 10 x 8. Ond mwy am *Doctor
Who* nes mlaen.

Roedd sioe gerdd *The Thorn Birds* wedi bod ar y gweill ers
peth amser a dyma oedd y tro cynta i'r sioe gael ei chynhyrchu.
Bodger yn cyfarwyddo gyda sgript a geiriau'r caneuon gan
Colleen McCullough a'r gerddoriaeth gan Gloria Bruni. Nifer
o actorion y Wales Theatre Company yn y cast a Matthew
Goodgame yn y brif ran, Father Ralph de Bricassart, a Helen
Anker fel Meggie Cleary.

Roedd y nofel, a gyhoeddwyd yn 1977, yn llwyddiant ysgubol
a hefyd y gyfres deledu yn 1983 gyda Richard Chamberlain yn
y brif ran, felly roedd disgwyliadau mawr ar gyfer y sioe gerdd.
Roedd Colleen McCullough a Gloria Bruni gyda ni yn y stafell
ymarfer drwy gydol y cyfnod, felly roedd yn anodd i Bodger newid
dim ar y sgript na'r caneuon. Ond roedd angen. Falle fod Colleen
yn awdures o fri ond doedd hi ddim yn gallu ysgrifennu geiriau
caneuon ac roedd ambell diwn gan Bruni yn fwrn i'r glust. 'You…
you break my heart – Ralph de Bricassart.' Roedd dwylo Bodger
wedi eu clymu gyda'r naill na'r llall yn fodlon ildio a gadael iddo
newid yn ôl yr angen.

Gyda Bogdanov yn cyfarwyddo a David Emanuel yn cynllunio'r gwisgoedd 'sech chi'n meddwl bod cynhyrchiad penigamp gyda ni. Roedd mwyafrif y cynulleidfaoedd wrth eu bodd a bysen ni'n cael *standing ovations* yn aml ond roedd ambell adolygwr yn casáu'r sioe.

'Dull, generic music, obsequious lyrics and cavalier mis-direction create a musical that manifestly fails to do justice to its plot material' – Don Gillan (*Stage Beauty*)

Ac eraill yn ei hoffi...

'The whole cast under Bogdanov are superb at bringing out the intensity and toughness of Australia and provide individually fine performances' – Paul Thomas (*Local London*)

Doedd hi ddim yn berffaith o bell ffordd. Deialog gwan ac ambell gân a dawns uffernol, ond yn lle cwyno'n feunyddiol fel ambell aelod o'r cast penderfynodd Phyl Harries a finne fwynhau'r daith o gwmpas Prydain. Phyl yn teithio yn ei *camper van* a fi yn fy nghar gyda'r actores Kate Quinnell. Mae teithio'n gallu bod yn fwrn weithiau ond gyda chwmni da mae'n haws o lawer. A bonws oedd cael ymweld â llefydd na fysen i'n ymweld â nhw gan amla – Hull, Poole, Bradford, Wolverhampton, Plymouth.

Dyma oedd sioe ola'r Wales Theatre Company achos diffyg nawdd, felly dyna fwy o reswm i joio mas draw. Pan ddechreuodd y cwmni ro'n i'n cael gwireddu breuddwyd, sef perfformio ar lwyfannau'r New Theatre, Caerdydd, a'r Grand, Abertawe. Pan ddaeth i ben ges i wireddu breuddwyd arall, sef perfformio ar lwyfan Canolfan Mileniwm Cymru. Doedd Phyl na fi erioed wedi cael stafell wisgo mor grand na braf ac roedd y Saeson yn y cast yn dweud taw dyma'r lle gore iddyn nhw berfformio. Fel dwi 'di sôn eisoes, mae boddhad yn y swydd yn bwysicach na dim a ges i lot o hynny a'r profiad o berfformio ar lwyfannau theatr gore Prydain.

Yn 2012 atgyfododd Bogdanov y cwmni er mwyn teithio *Elwyn*, drama o Norwy o'r enw *Elling* yn wreiddiol am ddau ddyn sydd wedi bod mewn ysbyty meddwl am amser hir a bellach yn cael eu rhyddhau i fyw gyda'i gilydd mewn fflat yn Oslo. Roedd

Bodger wedi cyfarwyddo fersiwn lwyddiannus iawn yn yr Almaen, lle mae e'n gweithio llawer iawn. Gan ei fod e'n nabod y dramodydd gafodd e ganiatâd i'w haddasu hi ar gyfer cynulleidfa Gymreig a newid prif gymeriad y ddrama o Elling i Elwyn ac Oslo i Gaerdydd. Russ Gomer oedd yn chware Elwyn gyda fi fel ei ffrind, Kelly. Bill Bellamy a Bethan Thomas oedd y ddau arall yn y cast. Gafon ni ymateb ffantastig i'r cynhyrchiad ac ro'n i'n browd iawn o fod yn rhan ohono.

Dyw Bodger ddim yn un sy'n hoffi clyweliadau. Mae'n lico gweithio gyda phobol mae e eisoes wedi gweithio â nhw neu wrando ar argymhellion ei ffrindie. Yr unig adeg wneith e gynnal gwrandawiadau yw pan nad yw e'n gallu meddwl am rywun i chware rhan arbennig. Mae pobol yn gofyn yn aml beth yw'r dechneg iawn gyda chlyweliadau. Dwi ddim y siŵr a oes un. Ges i glyweliad yn Llundain unwaith i gwmni teledu Zenith a chael pob math o brobleme ar y ffordd. Wedi cyrraedd, y cwestiwn cynta ges i oedd shwt o'n i'r diwrnod 'ny. Anghofies i am y clyweliad a jyst dweud heb anadlu bron: 'Don't talk, my train from Cardiff was late, I got on the Tube and it broke down, got into a taxi and the traffic was really bad and I arrive here and had to climb three flights of stairs...' Yna meddylies i: 'O! Dwi mewn clyweliad.' Er hyn, ges i gynnig rhan Cpl. Owens mewn drama ddwy ran i ITV o'r enw *Bomber*, hanes yr uned datgysylltu bomie yn y fyddin. Ces weithio gydag Andrew Lincoln (*This Life*), yr actores Esther Hall â'i llais melfedaidd a'r anhygoel Mark Strong. Mark oedd seren y sioe a fe oedd â'r Winnebago mwya. Roedd ganddo gywilydd bod ei garafán mor fawr a dwedodd wrthon ni, ar ôl iddo newid, taw ei garafán e fyse'r stafell werdd am weddill y *shoot*. Dyn hyfryd. Ro'n i hefyd yn falch bod fy ffrind Karen Elli yn byw yn Llundain. Gan nad oedd y cwmni teledu yn talu costau byse aros yn Llundain yn gostus tu hwnt. Ond daeth Karen fach i'r fei a ches i aros gyda hi a'i ffrind Penny yn eu fflat yn Kilburn am bump wythnos. Cael bywyd braf yn y gwaith ac yng nghwmni Karen.

Cyfweliad arall cofiadwy oedd un gyda'r cyfarwyddwr castio Gary Howe, hen ffrind o ddyddiau coleg. Roedd Gary yn castio cyfres o hysbysebion newydd ar gyfer Pot Noodle. Es i mewn i'r stafell a gweld Gary a gofyn sut oedd e. Do'n i ddim yn disgwyl yr ateb ges i, ond wedi nabod Gary ers cyhyd do'n i ddim yn synnu chwaith: 'Don't talk to me, Ieu, I feel awful. We've got to put our cat down. I thought it was just a cold or something like that but after taking him to the vet we found out it's cancer. I'm devastated. I love that cat. Don't know what I'm going to do without him. Anyway... the audition... You need to do some impro... Pretend you're a miner!'

A dyna ni. Ges i'r job. Un o'r swyddi mwya afiach erioed ond o'r holl swyddi dwi wedi eu cael dros y 30 mlynedd dwetha, dyna'r un sydd wedi talu fwya o bell ffordd. Ffilmio yn Wakefield, tu fas i Leeds, a Shepperton Studios tu fas i Lundain. Hanner ohonon ni yn actorion proffesiynol – actorion fel Karen Elli, Ri Richards, Richard Corgan, Sion Pritchard, Celyn Jones, y digrifwr Mark Watson a Sion Probert. Roedd y gweddill yn fois o'r ffatri Pot Noodle yng Ngwent. Cael ein trin fel baw am dridie lan yn Wakefield tan i fi gyrraedd Shepperton – ac yn sydyn reit newidiodd agwedd y bobol gwisgoedd a cholur tuag ata i.

Wrth gael fy ngholuro dwedodd y fenyw wrtha i taw hi oedd artist coluro personol yr actor Chris Evans pan fuodd e draw yn Lloegr yn marchnata'r ffilm *Fantastic Four*. 'Oh, *Fantastic Four*?' medde fi. 'I'm friends with Ioan Gruffudd who played Mr Fantastic. Known him for years.' Ro'n i'n gallu gweld y syndod ar ei hwyneb – rhyw hic o gefn gwlad yng Nghymru o'n i iddi cyn hyn. Yna aeth yn ei blaen i sôn am weithio i Yorkshire Television a dwedes i wrthi: 'Just been filming a new drama for Yorkshire TV with David Jason in the lead.' Roedd ei hwyneb hi'n bictiwr. Ces i fy nhrin yn hollol wahanol o hynny mlaen; yn sydyn, roedd pawb ishe dod ata i i siarad. Rhyfedd o fyd.

Er bod arian da i'w gael wrth wneud hysbysebion, dy'n nhw ddim yn swyddi *glamorous*. Bues i'n ffilmio hysbyseb yn hyrwyddo Sky Sports gyda Steven Meo yn Greenwich, Llundain. Diwrnod o *shoot* a ffilmio o wyth y bore hyd at chwech y nos. Cymaint o amser i ffilmio hysbyseb 20 eiliad! Do'n i ffaelu gwneud dim yn iawn. Roedd pob gair ddwedes i yn cael ei ynganu'n anghywir, yn ôl y cyfarwyddwr. Roedd pob cam ro'n i'n ei gymryd yn anghywir hefyd. Do'n i ddim ishe bod 'na ac ro'n i'n casáu pob eiliad. Ond wedi i'r hysbyseb gael ei darlledu gafodd Steve a fi wahoddiad i'n *premiere* cynta (ar ran Sky TV). Lan â ni i'r Rhyl ar gyfer *premiere* ffilm Jim Carrey a Renée Zellweger, *Me, Myself & Irene*. Pan gyrhaeddon ni'r sinema a gweld y dorf tu fas a *celebs* o fath fel Tim Vincent (*Blue Peter*), Sarah Vandenbergh (*Neighbours*), Mike Peters (The Alarm) a nifer fawr o'r *Vets in Practice* yn cerdded ar hyd y carped coch penderfynodd Steve a fi fynd rownd y cefn a sleifio i'r sinema heb y ffys a'r ffwdan. Uchafbwynt y noson i fi oedd cael eistedd ar bwys Sada Wilkington, un o gystadleuwyr cyfres gynta *Big Brother* (dwi dal yn ffan mawr o'r gyfres). Uchafbwynt? Trist, dwi'n gwybod, ond, chware teg, ro'n ni yn y Rhyl!

Gwahanol iawn i'r Rhyl oedd Nuremberg yn yr Almaen. Bues i mas fanna am dridie yn ffilmio hysbyseb i deledu'r Almaen. Cymro, Sais a Ffrancwr oedd yn yr hysbyseb i hyrwyddo ailgylchu. Gofynnes i i un o'r criw pam nad o'n nhw'n defnyddio actorion o'r Almaen. Ei ateb e oedd ein bod ni'n rhatach. Hedfan o Heathrow i Munich ac yna dyn yn aros amdana i yn y maes awyr gyda darn o gerdyn gyda 'Ieuan Rhys' arno – gwmws fel y ffilmiau. Doedd dim angen fi ar y set am y deuddydd cynta, felly ges i gyfle i grwydro rownd y ddinas hyfryd yma ym Mafaria. A phan ges i gyfle i ffilmio, prin hanner awr bues i wrthi, yn esgus dreifo lori ailgylchu. Roedd y cyfarwyddwr yn dipyn o dderyn – Sais o Lundain. Roedd hanner y criw o Lundain a'r gweddill o'r Almaen. Pan ddechreuon ni ffilmio wnaeth y cynorthwyydd cyfarwyddo Almaenig ofyn i bawb fod yn dawel: 'Filming... so silence please.' Aeth yn ei flaen: 'Silence... silence.' Ar hyn dyma'r Cocni o gyfarwyddwr yn bloeddio mewn acen Almaenig: 'Or we will have you shot!' Do'n i ddim yn gwybod ble i edrych. Ond diolch i'r drefn, chwerthin wnaeth yr Almaenwyr.

20

'Gadewch i Fi Brynu Drinc i Norwy'

ERS 'MOD I'N ifanc dwi wedi mwynhau canu. Yn aml byse Dad yn chware'r piano (sydd bellach yn fy stydi i yng Nghaerdydd) a finne'n canu. Bysen i'n estyn copïau o ganeuon a chael ambell sesiwn ganu gyda Dad. Pan ddechreues i garu 'da Manon a hithe'n dod i Drecynon byswn i'n mynd â hi i'r rŵm ffrynt a thoncan ar y piano a chanu, gan ddisgwyl iddi hi ymuno'n y gân, ond wnâi hi ddim. Mae hyn bellach yn destun sbort, gan ei bod hi'n ei weld fel peth od i'w wneud.

Dyma un ffordd gadwodd Dad fi i fynd i'r capel pan o'n i yn fy arddegau. Yn aml byse fe'n gofyn i fi ganu yng ngwasanaeth y capel ar fore Sul. Caneuon fel 'Mother of Mine' ar Sul y Mamau, 'Who Will Buy?' o'r sioe gerdd *Oliver!*, 'Diolch i'r Iôr' yn ffefryn a nifer o ganeuon o'r sioe gerdd *Jesus Christ Superstar*. Roedd hi'n werth canu caneuon Andrew Lloyd Webber a Tim Rice jyst er mwyn gweld wynebau'r henoed yn y gynulleidfa! Un bore benderfynes i 'mod i ddim am fynd i'r capel eto. Ro'n i'n 16 oed. Ro'n i newydd ganu solo yn y capel pan ddwedodd y gweinidog, y Parch. Tudor Morgan: 'Piti nad yw pobol ifanc yn credu'r geiriau maen nhw'n eu canu dyddie 'ma.' Roedd e yn llygad ei le – ond byse 'diolch' 'di bod yn neis 'fyd. Es i adre gyda Mam a Dad ac wrth fwyta cinio dydd Sul ddwedes i 'mod i ddim yn credu yn Nuw a fysen i ddim yn mynd i Carmel Bryn Sion gyda nhw fyth eto. Roedd Dad yn iawn am y peth ond doedd Mam ddim yn hapus. 'Thelma,' medde Dad. 'Ma fe'n ddigon hen i neud ei

benderfyniadau ei hunan nawr.' Ges i sioc ond ro'n i'n falch bod
Dad yn deall. Aeth Dad yn ei flaen: 'Ond gwna un peth i fi,' medde
fe. 'Tynna hwnna oddi ar dy wddwg.' Ro'n i'n gwisgo tsiaen arian
â chroes arni (fel un Elvis a Tom Jones!). Dynnes i'r groes – a
dyna ni, diwedd fy nghyfnod i yn y capel. Ac ro'n i'n falch iawn o
hynny hefyd. Fues i ddim yn y capel tan angladd Dad.

Gan nad o'n i'n chware offeryn yn ddigon da tra o'n i'n gwneud
fy Lefel 'A' Cerddoriaeth, penderfynes i ganu fel rhan o'r arholiad
ymarferol a chael gwersi gydag athrawes yn Aberpennar. Yn sgil
hyn ganes i unawd i fechgyn yn steddfod yr ysgol a chredwch neu
beidio des i'n gynta. Y gân oedd fersiwn Gymraeg o 'The Skye
Boat Song', a aeth i frig y siartiau ychydig flynyddoedd wedyn
gyda Roger Whittaker a Des O'Connor.

O gofio am Des O'Connor a'r driniaeth gafodd e gan
Morecambe & Wise dros y blynyddoedd, dyna sut buodd hi i fi.
Daeth fy nghanu'n destun sbort. Fi fyse'r cynta i gyfadde nad fi
yw canwr gore'r wlad – ond dwi'n siŵr taw fi yw'r gore ar ein
stryd ni. (Wedi meddwl, mae Mark Burrows yn byw ar ein stryd
ni, felly wna i setlo am yr ail ore! O, jiw... mae Rhidian Marc
yn gymydog 'fyd... iawn, y trydydd, 'te!) Dwi wrth fy modd gyda
crooners. Sinatra, Sammy Davis Jr, Dean Martin, Matt Monro.
A dyma'r math o ganeuon dwi'n lico canu. Bues i'n ffodus iawn
i weld Frank Sinatra yn fyw yn yr Albert Hall, Llundain. Nawr,
chi'n gwybod 'mod i ddim yn berson crefyddol ond roedd e fel
gweld duw ar lwyfan. Heb os, y cyngerdd gore i fi fod ynddo
erioed. Cerddoriaeth Sinatra ddaeth ag Amanda Protheroe-
Thomas a fi'n agosach fel ffrindie 'fyd gan i fi gael lifft 'da hi
unwaith – reit ar ddechrau ein cyfeillgarwch – a darganfod casét
yr hen Blue Eyes ym mlwch menyg ei char.

Buodd Dyfan Roberts yn fy nynwared ar y teledu – fe a Caryl
Parry Jones yn dynwared fi ac Eirlys Britton fel Kylie a Jason
Cwmderi. Ond dim cweit mor swynol â Minogue a Donovan.
Roedd rhai'n meddwl 'mod i'n *offended* – ond i'r gwrthwyneb.
Roedd cael Dyfan yn fy nynwared yn fraint.

Fel sonies i eisoes, bues i'n gwneud cabare tra o'n i'n y
coleg gyda Hef ac yna ar fy mhen fy hun gyda Martyn Geraint

yn cyfeilio. Ond yn 1988 bues i'n ddigon ffodus i gael dwy gân yn ffeinal *Cân i Gymru*. Fi oedd pia'r geiriau a Fiona Bennett y gerddoriaeth. (Dyma'r eildro i fi gyrraedd y ffeinal. Cyrhaeddodd fy nghân i a Paul Gregory, 'Y Ddinas', y rownd derfynol yn 1986. Canwyd y gân honno gan Llwybr Cyhoeddus.). Y drefn yn 1988 oedd i'r cyfansoddwyr ddewis y cantorion. Roedd Fiona am ganu un o'r caneuon, wrth gwrs, ac ro'n i eisiau i'r Brodyr Gregory ganu'r llall. Roedd Paul ac Adrian yn brysur gyda'u cyfres deledu i HTV ar y pryd a ffaelu bod yn rhan o *Cân i Gymru '88*, felly dyma Huw Jones, y cynhyrchydd, yn cysylltu a gofyn pam na fysen i'n ei chanu fy hun. A dyna wnes i.

'Cân Winnie' (Mandela, dim Pooh) enillodd y flwyddyn honno ond y gân ore'n y ffeinal (yn fy marn i) oedd cân gan Urien Wiliam a Jon Magnusson (mab Magnus a chynhyrchydd *The Graham Norton Show*) o'r enw 'Dyna Pam Rwy'n Gaeth i Ti' a ganwyd gan Sioned Wiliam. Heb os, wedi clywed y gân yma ro'n i'n sicr taw Sioned fyse'n ennill y teitl. Ond na, *Cân i Gymru* oedd hwn a dyw'r caneuon gore byth yn ennill. Daeth Sioned a'i chân yn ola. Y noson 'ny, 'nôl yn y gwesty yn Llandudno ro'n i'n teimlo'n flin dros Sioned a Jon. 'Gadewch i fi brynu drinc i Norwy' gyniges i (gan fod Norwy wastod yn ola yn *Eurovision* bryd hynny). Mae Sioned yn fy atgoffa o hyn hyd heddi.

Ges i alwad oddi wth fois cwmni recordio Fflach yn gofyn a fyse 'da fi ddiddordeb recordio albwm iddyn nhw. Ro'n i wrth fy modd. *Ni Allwn Droi yn Ôl* oedd enw fy nghasgliad cynta, gyda chaneuon gwreiddiol gan Martyn Geraint a Fiona Bennett (a finne'n ysgrifennu'r geiriau), ambell gyfieithiad a chlasur Ryan a Ronnie, 'Blodwen a Mary'. Fi oedd y cynta i recordio yn stiwdio newydd Fflach – garej tŷ Wyn Jones wedi ei throi'n stiwdio. Er i fi gael amser da gyda Wyn a'i frawd Rich lawr yn Aberteifi a chroeso hynod yng nghartre Kevin a Catrin Davies, rhaid cyfadde nad oedd y casét yn un safonol mewn sawl ffordd. Roedd hyd yn oed y lladron yn mynd ag e 'nôl i'r siopau! Ac, wrth gwrs, fe waethygodd y tynnu coes.

Roedd *Y Cleciwr* yn gyfres boblogaidd ar S4C ac yn llawn sgetsys dychanol ac amserol. Un wythnos roedd yna sgets lle roedd John Pierce Jones yn rhoi *Chinese torture* i rywun er mwyn trio ei gael i ddweud y gwir. Hoelen dwym o dan ei ewin? Gwrthod siarad. Trydan yn llifo mewn i'w fraich? Dal yn gwrthod siarad. Pin wedi ei wthio i'w lygad? Dim byd. Ond pan rybuddiodd John Pierce Jones y dihiryn y bydde fe'n ei gloi mewn stafell dywyll gyda chasét Ieuan Rhys yn cael ei chware'n ddi-baid, fe siaradodd yn syth!

Y diwrnod canlynol yn stafell werdd *Pobol y Cwm* daeth Hywel Emrys lan ata i a gofyn 'Weles di'r *Cleciwr* neithiwr?' Ddwedes i 'mod i wedi. 'A ti'n OK amdano fe?' gofynnodd Hyw gan gyfeirio at y sgets. Fy ateb i oedd: 'Wrth gwrs 'mod i'n OK amdano fe – fi ysgrifennodd y sgets!' *If you can't beat them – join them*!

Wedi dweud hyn, roedd y jôcs diddiwedd yn bwrw fy hyder tam bach ond cario mlaen wnes i a recordio casét arall i Fflach, *Y Diddanwr* (casgliad o ganeuon gan Martyn Geraint, Fiona Bennett, Stephen Pilkington a Chris Needs), ynghyd â record tîm pêl-droed Cwmderi (*Ar y Bla'n*). Dyma oedd y tro cynta i fi ysgrifennu'r geiriau a'r gerddoriaeth i'r ddwy gân ar y sengl. Cael sbort yn recordio gyda bois *Pobol y Cwm* a thrwy hyn godi lot o arian tuag at achos da, sef plentyn anabl o ochrau Pontyberem o'r enw Rhodri Tudor. Mae Rhodri bellach yn ddyn ifanc sydd yn amlwg yn joio'i fywyd. Dwi'n falch dweud ei fod e'n ffrind i fi ar Facebook ac yn gefnogwr brwd o'r Swans.

Dechreues i ysgrifennu caneuon pan o'n i'n Rhydfelen. Un o'r cynta oedd teyrnged i Farrah Fawcett: 'Cwmpo mewn cariad 'da ditectif teledu. Ydy hyn yn profi bo fi wedi aeddfedu?' Ysgrifennes i nifer o ganeuon i Fiona Bennett a hefyd i Paul ac Adrian Gregory. Roedd sawl dull o ysgrifennu gyda Paul a fi. Naill ai fi'n mynd lawr ato i Rydaman neu, gan amla, Paul yn fy ffonio ac yn canu'r dôn dros y ffôn i fi ei recordio ar recordydd tâp. Yna fi'n cyfansoddi geiriau i ffitio'r dôn. Daeth sawl cân i'r fei fel hyn a recordiwyd nifer o 'nghaneuon gan y Gregs. Dwi'n falch hefyd i ddweud bod un arall o ddeuawddau poblogaidd Cymru, Rosalind a Myrddin, wedi recordio un o 'nghaneuon, sef 'Gwlith ar Galon Wag'.

O ran y canu, fe newidiodd pethe i raddau pan ges i alwad

oddi wrth fy asiant yn Llundain yn dweud bod gwrandawiad 'da fi ar gyfer sioe gerdd newydd o'r enw *Heathcliff*, sef fersiwn gerddorol o'r clasur *Wuthering Heights* (geiriau gan Syr Tim Rice a cherddoriaeth gan John Farrar). Roedd angen i fi fynd i'r Ambassadors Theatre, Llundain, i ganu un gân gyflym ac un araf i'r cyfarwyddwr Frank Dunlop, y dyn wnaeth gyfarwyddo Richard Burton yn *Camelot* ar Broadway, y cyfarwyddwr cerdd Mike Moran (cynhyrchydd y gân 'Barcelona' gan Freddie Mercury) a Syr Cliff Richard ei hun! Dim pwysau o gwbwl, 'te!

Ro'n i wedi cael nifer o wersi canu gyda Doreen O'Neill ond erbyn hyn roedd hi wedi rhoi'r gore i ddysgu felly es i at athrawes arall, sef Louise Ryan, athrawes Charlotte Church. Dwedes i wrthi beth oedd y dilema a ges i wers gyda hi i baratoi 'Herod's Song' o *Jesus Christ Superstar* ac 'As Long as She Needs Me' o *Oliver!*. Ar ôl un wers ar ddydd Mawrth es i lan i Lundain ar y dydd Mercher. Dwi erioed wedi bod mor nerfus. Ro'n i'n mynd am ran fach yn y sioe, sef tad Heathcliff. Beth oedd yn chwerthinllyd am hyn oedd taw Cliff Richard ei hun oedd yn chware Heathcliff a fe 21 mlynedd yn hŷn na fi! Tra o'n i'n aros yng nghyntedd y theatr daeth Cliff mewn ac ymddiheuro ei fod e'n hwyr. Roedd dau yn canu o 'mlaen i a'r piti oedd 'mod i'n gallu clywed nhw o'r cyntedd gan ei bod hi'n theatr eitha bach. Doedd hyn ddim yn beth da i'r nerfau. Roedd gan y ddau hyn leisiau canu anhygoel ac ro'n nhw'n gweithio yn y West End ers amser. Daeth fy nhro i. Penderfynodd Cliff taw 'Herod's Song' oedd e am ei chlywed a rhoddes y gerddoriaeth i'r pianydd – doedd e ddim yn arbennig chwaith, dim cystal â Louise. Aeth pethe'n ffradach. Ro'n i mor nerfus dechreuodd fy ysgwyddau godi ac wrth i hyn ddigwydd ro'n i'n creu tensiwn yn fy ngwddwg – doedd hyn ddim yn dda. Ar ddiwedd y gân dyma Cliff yn dweud yn Gymraeg 'Diolch yn fawr'. Gofies i'n sydyn am fy niwrnod gyda Sioned Lewis Roberts yn Nolwyddelan lle roedd gan Cliff dŷ haf.

Wrth reswm, ges i ddim mo'r job ond ar y ffordd adre i Gaerdydd benderfynes i gael gwersi canu gyda Louise yn wythnosol. A dyna fu am flynyddoedd. Wrth i Louise fy nysgu daeth fy hyder 'nôl – dysges i gymaint ganddi. Dyw canu ddim yn rhwydd. Mae angen ymarfer, gwaith paratoi, dysgu sut i frawddegu ac i anadlu yn y mannau cywir – popeth do'n i ddim wedi bod yn eu gwneud. Wrth edrych 'nôl mae'n biti 'mod i heb gwrdd â Louise cyn i fi recordio gyda Fflach.

Ers 'ny dwi wedi bod mewn sawl sioe gerdd gyda'r Wales Theatre Company a threulio dau haf hyfryd iawn yn gwneud tymor haf Canolfan y Celfyddydau, Aberystwyth. *Fiddler on the Roof* oedd y cynta yn 2006. Fi oedd Lazar Wolf, y cigydd, gyda Peter Karrie fel Tevye, y brif ran. Roedd y cast yn hyfryd ac yn cynnwys pobol sydd wedi dod yn ffrindie mawr fel Debden Clarke, Sarah Harvey a'r anfarwol Andrea Miller. Mae Debden yn actores o ochrau Llundain ond roedd gwraig ei brawd o ogledd Cymru ac yn swog gyda fi yn Llangrannog. Sawl gwaith sy ishe dweud bod y byd yn fach? Ro'n i wrth fy modd gyda'r sioe yma. Roedd gen i ddeuawd fywiog gyda Peter ('To Life') a ches fyw gyda Llinos Daniel mewn fflat moethus yn y marina drwy gydol yr haf.

Ro'n i 'di gweithio 'da Llinos o'r blaen yn Llwydlo ac ro'n ni'n dod mlaen yn dda. Mae'n berson llawn hwyl ac yn bleser bod yn ei chwmni. Ble bynnag yn y byd mae'n actio neu'n canu â'i thelyn mae hi wastod yn cofio fy mhen blwydd ac yn danfon *voicemail* ohoni hi'n canu 'Pen blwydd Hapus i Ti' mewn llais operatig dros ben llestri. Er ei fod yn achlysur blynyddol dwi'n dal yn chwerthin yn uchel ac yn hir. Dwi'n dweud o hyd bod Cymru yn fach ac wedi dod i nabod Llinos ffeindies i mas taw ei hwncwl (brawd ei thad) yw Rhys Daniel, fy athro celf yn Rhydfelen. Bu partner Llinos, Mike Evans, yn rheolwr ar Ryan ac ry'n ni'n aml yn sgwrsio am fy arwr. Un o uchafbwyntiau fy mywyd oedd pan wahoddodd Mike fi i gymryd rhan mewn cyngerdd arbennig lawr yn Abertawe i ddathlu 35 mlynedd ers recordio'r clasur *Ryan at the Rank*. Cynhaliwyd y noson yn yr un stafell ag y recordiodd Ryan y record. Bellach mae'r Top Rank yn Oceana ond yr un stafell oedd hi. Ges i'r fraint o gyd-arwain y noson gyda Kevin Johns (Swansea Sound) ac yn well fyth ces ganu ambell un o ganeuon Ryan gyda'i fab, Arwyn.

'Nôl yn Aberystwyth, dyma'r tro cynta i fi ddod ar draws dyn moel a bola cwrw o ogledd Lloegr o'r enw Anthony Williams. Fe oedd coreograffydd y sioe. Ar y diwrnod cynta ro'n i ar ddeall taw cwrdd am unarddeg yn y Ganolfan oedd y bwriad – coffi a chacen tra o'n ni'n dod i nabod y cast ac yna darllen drwy'r sgript yn y prynhawn. Newidiodd y trefniadau ac aethon ni'n syth ar ôl cinio i ymarfer y gân a'r ddawns agoriadol, 'Tradition'. Fel hyn aeth y sgwrs gydag Anthony:

'Where's your dancing gear?' gofynnodd.

'What dancing gear?' atebes i

'You must always carry your dancing gear with you.'

'I don't have any but I have an old T-shirt and tracksuit bottoms in the flat.'

'I hope you have dancing shoes as well.'

Ro'n i ishe gofyn wrtho fe: 'Do I look like a bloody dancer?' Wnes i ddim ond es yn fy mlaen i ddweud 'mod i ar ddeall taw *meet and greet* oedd yn y bore a *read through* yn y prynhawn. Yn swrth gofynnodd i fi pwy ar wyneb y ddaear oedd wedi dweud 'ny wrtha i. Pan atebes i taw'r cyfarwyddwr, Michael Bogdanov, oedd wedi dweud wrtha i dros frecwast, gan ei fod e'n rhannu fflat gyda Llinos a fi, newidiodd wyneb Anthony yn syth. Yn amlwg roedd e 'di trio bwlio fi o'r eiliad gynta achos taw dyn fel'na oedd e. Ond pan ddeallodd e 'mod i'n rhannu gyda Bodger wnaeth ei agwedd newid a throdd at aelod arall o'r cast i'w ddefnyddio fel *whipping boy*.

Wedi sesiwn pedair awr o ddawnsio soled i 'Tradition' aeth Llinos a fi 'nôl i'r fflat at Bodger. Gerddes i mewn yn boenus – roedd fy nghoese'n perthyn i rywun arall! Yn hollol ddifrifol, ddwedes i 'mod i'n bwriadu tynnu mas o'r sioe – dim o achos Anthony ond achos 'mod i ddim yn credu y bysen i'n gallu gwneud y sioe, yn enwedig y dawnsio. Chwerthin wnaeth Bodger a dweud wrtha i am beidio â phoeni. Roedd Anthony Williams 'di camddeall. Dim sioe *tits and teeth* oedd *Fiddler* a dyna oedd Anthony yn trio ei greu.

Gafodd Bodger air gyda'r coreograffydd yn y bore i ddweud wrtho nad oedd e 'di gwrando'n iawn ar ei ganllawiau ac y byse'n rhaid iddo fe ail-wneud y rwtîn agoriadol. Nawr, byse mwy o barch 'da fi tuag at y boi tase fe 'di cyfadde ei fod e 'di gwneud coc-yp. Ond na – beth ddwedodd e oedd taw prawf oedd y pedair awr o ddawnsio'r prynhawn cynt i weld pwy oedd yn dda neu beidio, a'i fod e nawr yn mynd i wneud coreograffi iawn i'r gân 'Tradition'! Allen i ysgrifennu paragraffau am y dyn yma ond dwi ddim ishe'ch diflasu. Dyna i gyd ddweda i yw nad fi yw'r unig berson sydd ddim yn meddwl llawer o'r coreograffydd hwn.

Yn anffodus, wedi'r cynhyrchiad fe gafodd swydd fel cyfarwyddwr cyswllt y Wales Theatre Company. Do'n i ddim yn hapus gyda'r penodiad ond doedd dim allen i ei wneud. Daeth Bodger i ddeall erbyn y diwedd y math o foi oedd e.

Anthony oedd y coreograffydd ar fy ail sioe i Aberystwyth, sef *My Fair Lady*. Heb os, dyma oedd un o'r sioeau dwi wedi eu mwynhau fwya. Fi oedd yn chware rhan Doolittle, sef tad Elisa. Roedd rhaid trio meistroli acen Gocni – er bod y sgript yn nodi bod mam Doolittle o Gymru, felly roedd hi'n iawn slipo mewn i acen Gymraeg yn achlysurol! (Dyna'n esgus i ta beth!) Roedd dwy gân wych 'da fi, sef 'With a Little Bit o' Luck' a'r ffefryn 'Get Me to the Church on Time'. Rhaid cyfadde i Anthony drefnu'r ddwy gân yn dda i fi o ran dawnsio, gyda help Bodger. Syniad Bodger oedd i weddill bois y cast gario fi bant o'r llwyfan gan ddala fi uwch eu pennau. Doedd Anthony ddim yn meddwl y byse hyn yn bosib, ond roedd Bodger yn gwybod yn well. Felly ar ddiwedd 'Get Me to the Church on Time' roedd yn rhaid i Danny Grehan, Paul Tate, Dan de Cruz a Daniel Stockton godi fi uwch eu pennau a 'nghario fi bant. Roedd hyn yn plesio'r gynulleidfa yn fawr ac yn gwneud fi'n falch iawn o fod yn y sioe.

Roedd hon yn sioe bwysig i fi o ran cyfeillgarwch. Mae ffrindie'n hanfodol i fy mywyd i – y rhai sy 'di bod 'na ers amser maith a'r rhai newydd dwi'n gwneud o ddydd i ddydd. Ond dim ond rhai sy'n dod yn ffrindie agos ac yn ffrindie da. Wnes i ddwy ffrind agos newydd yr adeg yma. Ro'n i'n rhannu fflat – yr un fflat ag y buodd Llinos a fi'n ei rannu yn ystod *Fiddler* – gyda Dan de Cruz, actor o Lundain. Roedd ei gariad ar y pryd yn dod aton ni bob penwythnos. Fizz oedd ei henw, neu Felicity Skiera, actores o ochrau Efrog yng ngogledd Lloegr. O'r cyfarfyddiad cynta ddaethon ni mlaen fel tasen ni'n nabod ein gilydd erioed

– arwydd da o gyfeillgarwch fyse'n para. Ac mae'n cyfeillgarwch ni wedi para'n hirach na'i pherthynas â Dan. Hyd yn oed pan o'n nhw ar fin gwahanu, fi oedd yn y canol yn trio sortio pethe mas. Dyna mae ffrindie'n gwneud a dwi'n falch bod Fizz bellach yn ffrind arbennig.

Roedd Bodger wedi castio dwy actores i chware Eliza Doolittle. Elin Llwyd oedd un. Ro'n i'n nabod Elin yn iawn ers sioe gerdd *The Hired Man* yn y Torch Theatre, Aberdaugleddau, ychydig cyn *My Fair Lady*, ac fe fu Elin yn canu'n aml 'da fi yng Nghastell Caerdydd. Ond roedd yr Eliza arall yn enw newydd, Kate Quinnell o Gaerdydd. Roedd Kate yn wych fel Eliza – a dyma oedd ei sioe broffesiynol gynta wedi iddi raddio o Brifysgol Aberystwyth. Gwnaeth Anthony ei job gynta hi'n anodd a hyn ddaeth â Kate a fi'n agosach. Bellach ry'n ni'n ffrindie penna a dwi mor falch o gael nabod actores mor dalentog. Trwyddi hi ges i *look-in* gyda chwmni Evolution a chael gwneud panto yng Nghaergaint. Buon ni'n teithio gyda'n gilydd yn *The Thorn Birds* ac yng ngwanwyn 2013 buon ni gyda'n gilydd unwaith eto yn gweithio i gwmni theatr Communicado o Gaeredin ar *The Government Inspector* (cyd-gynhyrchiad â Chanolfan y Celfyddydau, Aberystwyth). Dyma un o'r ychydig swyddi dwi heb joio gant y cant, ond gwnaeth cael cwmni Kate ar daith bethe'n llawer haws a mwy pleserus. Jâms Thomas oedd yr unig actor arall ro'n i'n nabod yn y cast, ac mae Jâms yn actor da ac yn gymeriad a hanner. Mae teithio o dre i dre ac o theatr i theatr yn gallu bod yn ddiflas oni bai bod y bobol iawn yn y cast. Do'n i ddim yn teimlo'n agos at ambell actor felly ro'n i'n falch bod Kate a finne'n rhannu *digs* theatr ar hyd y daith ddeufis o gwmpas Prydain.

Roedd un gân yn y cynhyrchiad yma, sef anthem y Tsar, ac roedd angen ei chanu yn Rwseg. Anghytunes i gydag un actores oedd ishe i ni ganu hi'n berffaith gyda phawb yn anadlu a brawddegu yr un peth. Pentrefwyr cyffredin o'n ni o bentre bach yn Rwsia yn canu'r anthem, nid Only Men Aloud, felly fy marn i oedd y dylen ni ei chanu mewn dull ffwrdd-â-hi.

Dwi wrth fy modd yn canu ac yn gwneud sioeau cerdd a

phantos ond bellach yr unig ganu unigol dwi'n ei wneud yw wrth weithio yn fy swydd ran-amser fel MC yng ngwleddoedd Cymreig Castell Caerdydd.

Phyl a Mags Harries sy'n gyfrifol am drefnu'r adloniant i'r nosweithiau yma ac maen nhw'n boblogaidd iawn, yn enwedig â thwristiaid. Pedwar cwrs, digon o win ac adloniant Cymreig o 'Delilah' i 'Dafydd y Garreg Wen' ac o 'Moliannwn' i 'Big Spender'. Ers 2000 dwi wedi bod yn gweithio fel arweinydd y nosweithiau yn croesawu twristiaid, cyflwyno pob pryd bwyd a diddanu rhwng y cyrsiau. Phyl, wrth reswm, yw'r prif MC ac yna mae tri neu bedwar o arweinwyr eraill wrth law: fi, Alun Saunders, Nia Rhys Williams a Catherine Ayers. Nosweithiau difyr yw'r rhain, i fod yn onest – wel, ar y cyfan. Gall ambell dwrist fod yn od ac mae rhai'n dweud rhywbeth tebyg i hyn: 'My grandfather was from Wales. His name was Jones. Do you know the family?' Tra o'n i'n cyflwyno'r cwrs cynta un noson gofynnes: 'Do you know what's in a Glamorgan sausage?' Atebodd un Americanes yn hollol ddifrifol: 'A Glamorgan!' Weithiau – a dim ond weithiau – dwi'n ei cholli hi. Un noswaith roedd yr Americanes fach 'ma'n clico'i bysedd yn aml i drio tynnu fy sylw. Ar ôl i fi ei hanwybyddu am gyfnod, gariodd hi mlaen i glico'i bysedd. Es i draw ati yn y diwedd a theimles enaid Basil Fawlty ynof. 'Do you have things like leprechauns in Wales?' gofynnodd hi. 'No,' atebes i. 'Just irritating little American women who click their fingers all the time!' Diolch i'r drefn bod ganddi synnwyr digrifwch, gan iddi chwerthin yn uchel ar fy ymateb hy!

Mae'r nosweithiau yma'n bach o arian pan dwi'n 'gorffwys' ac yn gyfle i berfformio a chanu. 'Delilah' yw'n ffefryn i – gyda symudiadau rhywiol Tom hefyd. (Sori os y'ch chi'n bwyta wrth ddarllen hwn!) Heb os, un o'r digwyddiadau mwya digri oedd pan fu'r delynores Eluned Henry yn cyfeilio. Yn ystod y noson ry'n ni'n gwneud fersiwn newydd o'r clasur 'Franz o Wlad Awstria'. Yn ein fersiwn ni, 'Bryn o Ben Wyddfa' yw'r gân – cyfle gwych i ddenu twristiaid lan ar y llwyfan i wneud y stumiau ar gyfer y cwymp eira, ci San Bernard, dafad ffyrnig, y tad gyda'r dryll ac ati. Un noson, wrth ganu'r gân gydag Eluned ar yr allweddellau, cwmpodd y stand i'r llawr, gyda'r allweddellau'n dilyn y stand. Yr hyn wnaeth i ni gyd chwerthin nes ein bod ni'n dost yw na wnaeth dwylo Eluned adael yr allweddellau. Roedd hi yn ei dwbwl yn eistedd ar y stôl ond yn dal i chware'r allweddellau ar lawr! Odw, dwi'n joio gweithio yn y castell.

Sonies i eisoes taw panto *Snow White* oedd yr ola i Dad fy ngweld i ynddo. Wel, y sioe gerdd *Amazing Grace* oedd yr ola i Mam. Doedd Mam ddim 'di bod yn dda am sbel ac roedd hi wedi bod mewn a mas o'r ysbyty'n gyson. Ond fel syrpréis i fi daeth hi gyda ffrindie ei chapel i Theatr y Grand, Abertawe, i weld y sioe am hanes Evan Roberts. Y capel oedd popeth i Mam, a hyd yn oed yn ei hwythdegau roedd hi mor fishi ag erioed. Ond pan benderfynodd hi roi'r gore i bethe, fel bod yn drysorydd clwb ieuenctid a *mothers and toddlers* y capel, daeth newid byd iddi.

Daeth hi i Gaerdydd i'n gweld ni un dydd Sul a chael cinio a the da. Roedd Mam yn eitha ffysi am ei bwyd ac yn aml fyse hi ond yn bwyta tamed bach. Ond y Sul yma gafodd hi lond plât o ginio dydd Sul a the da hefyd. Roedd Mam wrth ei bodd yng nghwmni Cai a Llew. Dwi'n siŵr ei bod hi – fel fi – yn pitïo bod Dad heb fyw i weld fy mhlant. Yn aml byse Mam yn eistedd gyda Cai tra'i fod e'n darllen stori iddi o un o'i lyfrau.

Es i a Mam 'nôl i Aberdâr ac i Dan y Mynydd tua saith o'r gloch y noswaith 'ny. Roedd CD Peter Karrie mlaen yn y car a Mam yn joio mas draw. Wedi cyrraedd y tŷ gofynnodd Mam i fi wneud copi o'r CD iddi ac wrth fynd i'r tŷ dwedodd 'Dwi wedi joio heddi.' Dyna'r geiriau ola ddwedodd Mam wrtha i. Fore trannoeth, am naw o'r gloch, fe wnaeth glanhawraig Mam ei darganfod ar lawr yn ei llofft wedi marw ar ôl cael trawiad ar y galon. Roedd hi'n 86.

Roedd angladd Mam yn wahanol i un Dad. I ddechrau, doedd Mam bellach ddim yn aelod o Garmel Bryn Sion gan fod nifer o'r aelodau wedi troi'n erbyn y gweinidog a gofyn iddo fe adael. Roedd Mam yn meddwl y byd o'r gŵr felly gadawodd hi a nifer eraill o'r aelodau gyda'r bwriad o ddechrau capel arall rywle yn Nhrecynon. Heb gapel doedd dim modd cynnal angladd, felly yn y cartre angladdau ar Harriet Street, Trecynon, y cynhaliwyd yr angladd.

Unwaith eto ro'n i wrth fy modd bod fy nheulu a'm ffrindie wedi dod i'r angladd. Fy nghefndryd, Richard ac Alun, yn hapus iawn, iawn i weld Amanda Protheroe-Thomas! Do'n nhw ddim yn gwybod ein bod ni'n ffrindie penna. Ond do'n i ddim yn meddwl lot o'r gwasanaeth angladdol. Llawer rhy grefyddol i fi, ond dwi'n siŵr byse Mam 'di joio. Gwnaeth hyd yn oed Gwyn Elfyn ddweud ar ddiwedd y gwasanaeth: 'Jiw – ro'dd hwnna'n *heavy*!'

Un o'r pethe ddwedodd y gweinidog wnaeth wylltio fi. Y nonsens arferol bod Mam mewn lle gwell ac ati. Na – roedd Mam 'di marw a'i chorff mewn bocs pren o 'mlaen i. Yna aeth yn ei flaen i ddweud, tase Mam yn cael y dewis i ddod 'nôl i'r ddaear y byse hi'n gwrthod gan fod y lle roedd hi ynddo bellach gan gwaith gwell na'r lle roedd hi o'r blaen. Am nonsens llwyr. Roedd y gwasanaeth yn llawn rwtsh fel hyn.

Yn nhafarn y Welsh Harp yn Nhrecynon wedi'r amlosgfa yn Llwydcoed daeth menyw ddiarth lan ata i a Gwyn Elfyn wrth y bar: 'You two are no strangers to the pantry, eh?' Hyd yn oed yn angladd Mam roedd rhywun dierth yn cael *go* arna i am fy mhwysau!

Roedd yr wythnosau nesa yn anodd gan fod rhaid i fi a Manon a Delyth a'i merch Rhian glirio tŷ Mam. Roedd Mam yn waeth na fi am gadw pethe. Gymrodd e sawl ymweliad â Than y Mynydd i glirio'r tŷ i gyd. Roedd stwff Dad yna hefyd, wrth reswm.

Mam oedd fy nghyswllt ola ag Aberdâr. Gyda Mam 'di mynd a Than y Mynydd ar werth deimles i rhyw wacter. Roedd cyfnod mawr o fy mywyd wedi dod i ben. Wrth ddreifo o Drecynon i Gaerdydd roedd yn rhaid pasio ysgol Ynyslwyd, oedd bellach yn wag, gyda byrddau pren yn gorchuddio'r ffenestri, ac yna safle ysgol Rhydfelen yr ochr arall i Bontypridd, wedi ei bwrw i'r llawr. Ges i deimlad mawr o dristwch gan feddwl bod fy ngorffennol yn prysur ddiflannu. Er taw Manon a'r bois a Chaerdydd oedd fy mywyd i bellach roedd yn anodd meddwl ymlaen. Ond mae atgofion melys fy ngorffennol yn fy nghalon o hyd, a thra eu bod nhw'n fyw bydd y dyfodol yn iawn. Dylai pawb gofio o le ddaethon nhw. Fysen i ddim y person ydw i heddi heb fy magwraeth yn Nhrecynon. Er i mi fyw yng Nghaerdydd yn hirach na fues i yn Aberdâr, crwt o Gwm Cynon fydda i am byth.

21

'Mrs Evans o Drecynon'

ER TAW GYRFA yw actio, mae'n un lle gall unigolyn wireddu breuddwydion. Fel sonies i ynghynt, roedd cael camu ar lwyfannau'r New Theatre a'r Grand yn freuddwyd ers fy mhlentyndod. Roedd cael bod mewn ffilm fawr yn y sinema hefyd yn freuddwyd a ddaeth yn wir. Un freuddwyd arall o ddyddiau plentyndod oedd cael bod yn *Doctor Who*.

Tra o'n i'n teithio gyda *Hamlet* gofynnodd Wynford Ellis Owen beth o'n i'n wneud nesa. Doedd dim byd yn y dyddiadur ond dwedes i y bysen i'n lico cael pennod o *Doctor Who*. Roedd Wynff yn credu tasen i'n ysgrifennu gant o weithiau 'Wnes i fwynhau gweithio ar *Doctor Who*' y byse fe'n dod yn wir. Mae sawl un yn credu yn y dull yma o feddwl yn bositif. Dw i ddim, yn anffodus. Falle dylen i ddarllen y llyfr *The Secret* a thrio'r cyfrinachau rywbryd.

Ta beth, wedi fi gwpla taith *Hamlet* ges i alwad gan fy asiant yn dweud bod y BBC wedi cysylltu a chynnig rhan i fi yn *Doctor Who*. Rhan fach iawn ond roedd yn wyth diwrnod o waith dros gyfnod o bythefnos. Dwi erioed 'di bod mor ecseited. Pan ddaeth y gyfres 'nôl gyda Christopher Eccleston ro'n i wedi dweud wrth fy asiant y bysen i'n fodlon bod yn anghenfil dim ond i gael *Doctor Who* ar fy CV.

Roedd y cyfarwyddwr Euros Lyn wedi bod yn westai ar *Showbusnesan* ac ar ôl i ni recordio'r cyfweliad fe ddwedes i wrtho 'mod i'n ffan mawr o'r gyfres. Dwi'n credu i Euros gofio hyn achos ges i ddim gwrandawiad, dim ond cael cynnig yn syth. Y gwir oedd taw *extra* oedd i fod i chware rhan Crabtree, plisman *plain clothes* a phartner Detective Inspector Bishop (Sam Cox), ond roedd gan Crabtree lawer i'w wneud yn y bennod, gan gynnwys llorio'r Doctor (David Tennant) gyda'i ddwrn de. I fod yn saff roedd Euros eisiau actor a dwi mor ddiolchgar iddo am fy newis i.

Ffaeles i ddweud wrth Cai a Llew am y job, gan eu bod nhw'n ffans mawr hefyd a byse nhw ishe dod i'r gwaith gyda fi. Felly am bythefnos buodd Manon a fi'n siarad mewn côd o'u blaenau. Roedd llofft Cai fel cysegrfan i *Doctor Who* a'i elynion ac mae e hyd yn oed wedi galw'r gath yn Tennant!

Yn y bennod arbennig yma – *The Idiot's Lantern* – ry'n ni'n teithio 'nôl i Fehefin 1953 ac yn gweld Mr Magpie (Ron Cook) yn gwerthu setiau teledu rhad gan ei fod wedi ei ddal yn wystl gan The Wire (Maureen Lipman). Mae hi'n danfon pelydrau o'r sgriniau i ddwyn wynebau ac ynni o eneidiau'r gwylwyr. Rhaid i'r Doctor achub miliynau o wylwyr sydd o dan fygythiad cyn iddyn nhw wylio seremoni coroni Elizabeth II.

Roedd fy niwrnod cynta ar leoliad yn afreal. Ffilmio ar stryd yn ardal Cathays o Gaerdydd lle roedd y cynllunwyr wedi troi stryd gyfan yn stryd ar gyrion Llundain yn y pumdegau. Cwrdd â David Tennant – do'n i ddim yn gwybod llawer amdano bryd hynny, gan taw hon oedd ei gyfres gynta'n chwara'r Doctor. Ond ro'n i'n gyfarwydd â Billie Piper, trwy ei rhan fel Rose Tyler yn y gyfres flaenorol a'i gyrfa fel cantores bop.

Roedd y stiwdio bryd hynny lawr yng Nghasnewydd a phan gyrhaeddes i ro'n i fel plentyn mewn siop losin. Wrth agor drws y stiwdio y peth cynta weles i o 'mlaen oedd tu fewn Tardis y Doctor – cynllun newydd syfrdanol gan Edward Thomas. Ro'n i'n nabod Ed yn iawn, dyn dymunol iawn a gynlluniodd set *Amazing Grace* i'r Wales Theatre Company. Cerddes i rownd y gornel oddi wrth y Tardis a gweld sawl ciosg ffôn coch ac ambell goeden dderw blastig, ond roedd y sioc fwya mewn rhes – chwe Dalek. Es i 'nôl i fy mhlentyndod yn gloi a chofio cael cymaint o ofon y creaduriaid. A dyma fi bellach yn sefyll o flaen hanner dwsin ohonyn nhw!

Wrth i'r diwrnodau fynd yn eu blaenau ro'n i yn fy elfen. Cyfle unwaith eto i weithio a rhannu sawl sgwrs gyda'r hoffus

Margaret John oedd yn chware Grandma Connolly yn y bennod. Ro'n i newydd weithio gyda Maggie ar bennod o'r gomedi sefyllfa *High Hopes*. 'The last time I saw you,' medde Maggie, 'was on top of Caerphilly Mountain with a sheep falling from a helicopter onto your head!' Peidiwch â gofyn!

Sonies i wrth y fenyw colur fod Cai a Llew yn dwli ar *Doctor Who* a dwedodd hi wrtha i am ddod â'r bois ar y set. Bydde'n rhaid i fi ofyn caniatâd yr ail gyfarwyddwr cynorthwyol ond dyle fod popeth yn OK. Lwcus 'mod i heb sôn wrth y bois achos ddigwyddodd e ddim. Roedd dau ddyn wedi ennill diwrnod ar y set ac wedi ysgrifennu am yr hyn welon nhw'n cael ei ffilmio ar y we. Doedd Phil Collinson, y cynhyrchydd, ddim yn hapus gan fod cyfrinachedd y gyfres yn hynod bwysig. Gwaharddwyd unrhyw un rhag dod ar y set o hynny mlaen.

Sonies i wrth David Tennant dros ginio. Roedd wedi dweud wrtha i eisoes taw gwylio *Doctor Who* yn blentyn wnaeth iddo fe ishe bod yn actor. Rhyfedd o fyd, *eh*? Roedd David yn pitïo nad oedd Cai a Llew yn gallu dod i'r set ac wrth iddo adael y ford gofynnodd beth oedd enwau'r bois.

Yn hwyrach y diwrnod 'ny daeth cnoc ar ddrws fy Winnebago. David oedd yna gyda dau lun ohono fe ei hun fel y Doctor, un wedi ei arwyddo i Cai a'r llall i Llew. Doedd dim rhaid iddo wneud hynny. Ro'n i wrth fy modd, a'r bois hefyd. A dyna ddangos y math o berson yw David Tennant. Wna i fyth anghofio 'ny.

Mae clywed David Tennant ac Edward Thomas yn dweud pethe neis amdana i ar yr adran 'Commentary' ar *box set* yr ail gyfres yn fraint – cymaint o fraint â chael fy ngwneud yn un o '*top trumps*' *Battles In Time – Doctor Who*.

Un arall o fy ffoff raglenni teledu erioed yw *Only Fools and Horses*, felly pan ffoniodd fy asiant i ddweud bod 'da fi gyfweliad ar gyfer drama i Yorkshire Television o'r enw *Diamond Geezer* gyda Syr David Jason yn y brif ran ro'n i'n ecseited bost. Es i mewn i'r gwrandawiad yn Llundain a theimlo'n gartrefol yn syth o flaen y cyfarwyddwr Paul Harrison a'r cynhyrchydd David Reynolds. 'You're a big lad,' medde Paul. 'Bet you look good in a frock.'

Ro'n i lan am ran Jenx, trawswisgwr oedd yn y jêl gyda chymeriad David Jason. Ddwedes i wrth Paul 'mod i wedi gwisgo fel menyw o'r blaen yn fersiwn Michael Bogdanov o *Cinderella*. Do'n nhw ddim yn credu bod Bodger wedi cyfarwyddo panto traddodiadol, gan ei fod yn fwy cysylltiedig â'r clasuron. Roedd Jenx yn canu yn y ddrama felly ro'n nhw am glywed fy llais i. Ma 'da fi gân 'lwcus', sef clasur o'r sioe gerdd *The Sound of Music*, 'Edelweiss'. Ganes i bennill iddyn nhw yn Saesneg a phennill yn Gymraeg. Ro'n nhw'n hapus. Dweud wedyn y stori am y cyn-Arlywydd Ronald Reagan yn meddwl taw 'Edelweiss' oedd anthem genedlaethol Awstria!

O fewn hanner awr i adael y swyddfa ges i'r alwad i ddweud 'mod i wedi cael y rhan. Alla i ddim disgrifio'r teimlad anhygoel pan mae rhywbeth fel hyn yn digwydd. Dwi wrth fy modd pan dwi'n cael cynnig unrhyw job ond roedd cael actio gyda David Jason yn rhywbeth arall.

Ffilmio yn Leeds a Lincoln fuon ni ac o'r diwrnod cynta un des i mlaen yn dda gyda David. Un rheswm am hyn oedd fy mod i wedi gweithio gyda'i gyn-bartner Myfanwy Talog a buon ni'n siarad lot amdani hi a hefyd am yr adegau pan fyse fe'n dod lawr i Gaerdydd gyda Myfi tra oedd hi'n ffilmio *Teliffant* ac ati. Roedd David yn nabod Philip Madoc yn dda 'fyd, felly pan nad o'n ni'n ffilmio roedd 'da ni ddigon i siarad amdano.

Dwi'n gwybod yn iawn bod pawb yn wahanol ond dwi'n bersonol yn meddwl ei bod hi'n bwysig cael uchelgais. Wedi treulio dros 30 mlynedd fel actor proffesiynol, ac wedi gwneud nifer fawr o bethe diddorol yn ystod y cyfnod hwnnw, dyw'r breuddwydio ddim yn pylu ac mae uchelgeisiau'n bodoli o hyd.

Mae'n ffrindie i'n gwybod, heb os, taw un uchelgais fyse cael rhan fach yn *Coronation Street*. Dwi wedi dilyn a mwynhau'r gyfres ers dwi'n cofio. Byse cael bod yn rhan o gyfres mor eiconig yn wefr. Dwi'n nabod ambell un sydd wedi bod ynddi – fel Sue Roderick, Huw Garmon a Huw Llyr Roberts – a dwi'n eiddigeddus ohonyn nhw. Dwi wedi cael y fraint o ymweld â'r 'Stryd' ddwywaith. Unwaith gyda *Showbusnesan* pan gyflwynes i wobr y sebon ore i Charles Dale, yr actor o Ddinbych y Pysgod oedd yn y gyfres ar y pryd. Tra o'n i'n cyfweld ag e, pwy gerddodd tuag aton ni a dweud 'Hello'? Neb llai na William Roache, sef Ken Barlow ei hun. Y tro arall oedd pan fues i'n cyflwyno *O'r Stryd i'r Sgrin* i Radio Cymru, cyfres oedd yn mynd tu ôl i'r camerâu ar setiau nifer o sebonau Prydain. Ges i gyfle i holi Sally Dynevor sy'n chware Sally Webster yn y gyfres. Dyma fenyw â'i thraed ar y ddaear. Dyna i gyd wnaeth hi am y pum munud cynta oedd dangos lluniau priodas ffrind iddi lle roedd ei merched yn forynion. Roedd Sian Alaw, cynhyrchydd y gyfres, yno ac yn fwy *star-struck* na fi. Pan ofynnes i i Sally os allen i dynnu llun ohoni hi a fi roedd Sian yn crynu gormod y tro cynta, a doedd yr ail lun ddim llawer gwell!

Er i mi ymddangos yno mewn sawl cynhyrchiad arall, mae'n dal yn uchelgais cael bod yn rhan o banto naill ai yn y New Theatre, Caerdydd, neu'r Grand, Abertawe. Dwi'n siŵr taw yn y theatrau yna ddales i'r *bug* theatr, wrth wylio Ryan yn Abertawe a phobol fel Stan Stennett yng Nghaerdydd.

Yn ddiweddar daeth recordiad i'r fei o banto ola Ryan yn y Grand. Ro'n i yn y gynulleidfa ar ddechrau 1977. Doedd e ddim yn recordiad proffesiynol ond roedd yn ddigon da i wrando arno. Roedd yr atgofion yn llifo. Ond daeth pwl o hiraeth a thristwch pan glywes i Ryan yn tynnu coes Mam o'r llwyfan. Fi oedd wedi trefnu'r trip o'r capel i Abertawe ond gan taw dim ond 15 oed o'n i, enw Mam oedd ar y rhestr fel y trefnydd. Roedd yn arferol – traddodiad sy'n wir hyd heddi – i seren y sioe enwi'r partïon yn y gynulleidfa a 'Mrs Evans o Drecynon' oedd un ohonyn nhw. Roedd parti arall o Aberdâr 'fyd a gofynnodd Ryan i Mam os oedd hi'n mynd i ymuno â'r lleill am barti a photel o *gin*!

22

'Allet Ti Beswch!'

SMO CHI BYTH yn gwybod be sy rownd y gornel fel actor, o ble daw y job nesa, a pha fath o job fydd hi. Ond dros y blynyddoedd dwi wedi cael cyfle i fod yn rhan o gynyrchiadau amrywiol iawn. Ffilmiau fel *Darklands* a chyfresi teledu fel *Mortimer's Law* gydag Amanda Root a *Rough Justice* i'r BBC yn Llundain. Roedd *Rough Justice* yn gyfres oedd yn dramateiddio digwyddiad arbennig yn ymwneud â thorcyfraith, a stori am ladrad mewn swyddfa bost ger Abergele oedd y stori yma. Roedd fy nghymeriad i yn gymeriad di-Gymraeg o Abergele ond yn y gwrandawiad roedd fy acen ddeheuol yn iawn tan i fi ofyn a fysen nhw'n lico i fi wneud y darn yn yr acen leol. Doedd y BBC yn Llundain ddim yn sylweddoli bod acen Gymreig wahanol yn ochrau Abergele. Roedd fy hen ddarlithydd llais yng Ngholeg Cerdd a Drama Cymru – John Wills – yn iawn. Dwedodd e, yn y byd mawr oedd ohoni, taw dim ond un acen Gymreig fydde angen arna i. Rhaid i fi gyfadde bod hyn yn fy ngwylltio. Tasen i'n gwneud drama am fywyd Manceinion fyse nhw byth yn gadael i'r actorion actio mewn acen Birmingham. Felly dries i 'ngore i ddynwared acen Abergele. I ddweud y gwir, dynwared fy nghyfaill Cadfan Roberts wnes i, a dyna a fu. Acen ddeheuol oedd gan weddill y cast – Steve Speirs yn chware'r ditectif a Rhoda Lewis fel y bostfeistres. Dyma ddau o 'mhlentyndod – Steve o gyrsiau drama Ogwr a Rhoda o *The Corn is Green* yn 1977.

Fues i'n ail-greu am ychydig wedi *Rough Justice*. Roedd *Crimewatch* yn gyfres boblogaidd ond daeth cyfres yn ei sgil, sef *Crimewatch File*, 40 munud o ddrama yn dangos sut lwyddodd yr heddlu i ddal y dihirod. Roedd Manon a fi eisoes wedi bwcio gwyliau i Wlad Thai ac yn edrych mlaen yn fawr pan ges i alwad gan fy asiant i fynd i Lundain am gyfweliad. (Roedd fy asiant yn dweud o hyd taw'r ffordd ore o gael gwaith oedd bwcio gwyliau.) Pan ges i'r swydd roedd yn rhaid trafod gyda Manon gynta, gan fod y ffilmio gwmws yr un pryd â'r gwyliau. Do'n i ddim am wrthod y rhan, gan fod y ddrama'n cael ei dangos ar y rhwydwaith a fi oedd yn chware'r prif dditectif. Dwi'n siŵr bod Manon ishe sgrechen ond, na, derbyniodd y sefyllfa'n dda. Ond beth am y mil o bunnau ro'n ni wedi talu am y gwyliau? Mam gafodd y syniad, chware teg iddi. Roedd hi wedi bod yn dost – yn colli ei hana'l yn aml – ac wedi bod i'r ysbyty am driniaeth. Cynigiodd ei bod hi'n cael nodyn doctor i ddweud hyn ac na allen i adael y wlad rhag ofon i rywbeth ddigwydd. Gafon ni 90 y cant o'n harian ni 'nôl. Diolch, Mam.

Ges i gynnig rhan mewn drama unigol i deledu Granada o'r enw *Rhinoceros*. Robson Green oedd yn chware rhan y cyn-seren bêl-droed Michael Flynn. Roedd yn dod yn ôl at ei gyn-wraig (Niamh Cusack) wedi i'w mab, Danny, oedd yn ei arddegau a chanddo anghenion arbennig, fynd ar goll wrth fynd ar y trên ar ei ben ei hun o Lundain i goleg yng Nghymru.

Gweithiwr ar y trac o'n i. Ffonies i Mam i ddweud wrthi: 'O – dwi'n lico Robson Green,' medde hi cyn yngan y geiriau arferol, 'Odyn nhw'n talu ti?' Eglures i unwaith eto eu bod nhw, ond iddi beidio â chynhyrfu gormod gan taw dim ond dwy olygfa oedd 'da fi, un gyda dwy linell a'r llall heb yr un. 'Jiw, paid poeni,' medde Mam. 'Allet ti beswch!'

Wrth gwrs, roedd Mam fel *mini-celeb* yn Aberdâr yn datgan wrth bawb taw hi oedd 'mam Sgt James' ac ati. Ond roedd un adeg pan oedd hi'n difaru bod yn fam i fi. Ro'n i'n ffilmio drama unigol i BBC2. *Nice Girl* oedd enw'r ddrama, wedi ei chyfarwyddo gan Dominic Savage – drama am anawsterau bod yn rhiant yn eich arddegau. Doedd dim sgript – dim ond braslun o'r stori. Ni fel actorion fyse'n creu'r ddeialog yn fyrfyfyr. Do'n i ddim 'di sylweddoli bod golygfa garu gyda fi yn y ddrama. Roedd Joanna (Joanna Griffiths) yn fam 19 oed oedd yn cysgu gyda Mark (fy nghymeriad i) jyst achos bod tam bach o arian gyda fe. Tase corff da 'da fi fysen i ddim yn poeni am ei ddangos ar gamera, ond do'n i ddim am i neb weld fy nghorff i gan 'mod i'n gwybod y byse pawb yn chwerthin am y rhesymau anghywir.

Roedd yr olygfa'n peri cymaint o boen meddwl i fi fel y ffaeles i gysgu y noson cyn saethu'r olygfa. Pallodd Dominic ddweud sut oedd e'n mynd i'w saethu hi tan y funud ola. Yfodd Jo a fi botel o win rhyngddon ni cyn i ni ffilmio. Yna dwedodd y cyfarwyddwr y bysen i'n gallu cadw fy mocsers mlaen gan na fyse'r camera'n gweld hanner gwaelod fy nghorff ac y galle Jo gadw ei nicers mlaen, ond roedd yn rhaid iddi dynnu ei bra. Fi oedd ar y top! (Piti mawr dros Jo.) Yn lle *action* dwedodd Dominic: 'Right – go for it.' Mae ffilmio golygfa garu yn un o'r pethe lleia rhywiol allwch chi wneud. Gan fod Dominic ishe defnyddio'r gole naturiol oedd yn dod drwy ffenest y llofft ym Mhort Talbot, a dal y gole o dan fy mraich i oleuo wyneb Jo, roedd e gwmws fel chware gêm o Twister. Ond es i amdani fel y mynnodd y cyfarwyddwr a gobeithio nad o'n i'n edrych fel ffŵl.

Ta beth, pan ddarlledwyd y ddrama dros Brydain gyfan ychydig fisoedd wedyn dwedes i wrth Mam pa bryd oedd y dyddiad a'r amser darlledu. Do'n i ddim yn sylweddoli y byse hi'n dweud wrth bawb yn y capel 'mod i mewn drama ar BBC2 am naw o'r gloch. Pan ffones i drannoeth doedd hi ddim yn hapus, nid yn unig am yr iaith gref ond am y ffaith ei bod hi 'di gweld ei mab yn cael secs ar y teledu – a bod pawb yn y capel yn gwylio! Gwahanol iawn i *Pobol y Cwm* a *Sion a Siân*!

Mae'n od weithiau fel mae pobol yn cael rhannau mewn cynyrchiadau. Roedd Phyl Harries a fi'n cael cinio ym mwyty Cibo ym Mhontcanna pan ddaeth Eryl Huw Phillips, y cyfarwyddwr teledu a chyfaill o ddyddiau Rhydfelen, mewn am fwyd. Cawson ni sgwrs ac ati am ein dewis oddi ar y *menu* a bant ag e gyda'i PA i ford arall. Wrth i ni adael wedi'r pryd fe ddwedodd Huw y byse fe'n cysylltu â ni ynglŷn â phrosiect oedd ganddo. Doedd Phyl na fi'n meddwl y byse fe'n cysylltu o gwbwl – ond chware teg, mi wnaeth. Y prynhawn hwnnw ffoniodd ni'n dau i gynnig rhannau mewn ffilm roedd e'n ei chynhyrchu i S4C o'r enw *Y Delyn*, hanes effaith cau y pyllau glo ar deuluoedd yn y Cymoedd.

Cyn dechrau ffilmio ges i gyfarfod gyda chyfarwyddwr y ffilm, hen gyfaill o ddyddiau *Pobol y Cwm*, sef Robin Davies-Rollinson. Soniodd e taw enw 'nghymeriad i oedd Bobby Shafto, stiward y clwb rygbi lleol. Roedd ganddo gariad ifanc pert (Lowri Steffan) ond roedd ganddo gyfrinach. Roedd e'n hoyw ac yn cael perthynas gyda chapten y tîm cynta. Roedd yna olygfa ar ddiwedd y ffilm pan oedd Bobby yn cael ei ddal gyda'r capten yn y stafell wisgo gan ei brif elyn, sef cymeriad Nick McGaughey. Roedd yn rhaid i fi gusanu'r capten ac roedd Robin am wneud yn siŵr bod hyn yn OK 'da fi cyn 'mod i'n derbyn y rhan. Wel, do'n i erioed 'di cusanu dyn o'r blaen ond gan ei fod yn rhan o'r stori doedd 'da fi ddim problem. Ond wrth ffilmio roedd problemau. Y gynta oedd bod Phyl Harries wedi dod â'i gamera fideo y diwrnod 'ny i ffilmio'r olygfa ei hun. Gafon ni wared o Phyl o'r set yn eitha cloi! Yr ail beth oedd 'mod i, unwaith eto, yn borcyn a'r merched gwisgoedd 'di creu hanner *jockstrap* â Velcro arno i gwato "nhalent' i, fel petai. Ond wrth edrych 'nôl, y broblem fwya oedd y boi oedd yn chware capten y tîm rygbi. *Extra* oedd e a doedd e ddim yn gwybod beth oedd o'i flaen pan ddaeth e i'r gwaith y diwrnod 'ny. Pwr dab â fe. Byse unrhyw olygfa garu yn codi ofon ar *extra* ond meddyliwch fod ganddo olygfa garu GYDA FI!

Dwi'n siŵr i fi hala ofon arno am weddill y ffilmio, gan 'mod i'n wincio arno bob hyn a hyn. Cyn i'r ffilm gael ei darlledu dwedodd Eryl Huw wrtha i bod yr olygfa wedi ei thorri gan nad oedd S4C yn meddwl ei bod hi'n angenrheidiol i'r plot. Pam na fysen nhw 'di gwneud y penderfyniad 'ny pan ddarllenon nhw'r sgript? Fel yn achos *Nice Girl*, ffaeles i gysgu'r noson cyn ffilmio, ro'n i'n poeni gymaint!

Dafydd Huws oedd yn gyfrifol am sgript *Y Delyn*. Roedd yr arddull yn fy atgoffa o'r hen Ealing Comedies a dwi'n credu bod y cymeriadau yn rhai arbennig o dda ac y byse'r *Delyn* 'di gallu bod yn gyfres ragorol. Ond doedd hi ddim i fod. Yr un peth gyda dwy ffilm wnes i flynyddoedd lawer wedyn gyda merch Dafydd, Catrin Dafydd. Buodd Catrin yn helpu Ruth Jones i ysgrifennu *Ar y Tracs*, sef hynt a helynt y bobol oedd yn gweithio ar y trên rhwng Abertawe a Llundain. Yn fy marn i roedd yn syniad da a'r sgriptiau'n arbennig. Ed Talfan oedd yn cyfarwyddo. Sion Evans oedd enw 'nghymeriad i a fe oedd yn edrych ar ôl y swyddfa yng ngorsaf drenau Abertawe ac roedd 'da fe *soft spot* am Ingrid, y ferch o Wlad Pwyl oedd yn edrych ar ôl y caffi. Ruth ei hun oedd yn chware Ingrid. Mae Ruth yn actores boblogaidd iawn a chafodd lwyddiant mawr gyda *Gavin & Stacey* a *Stella*. Roedd y ddwy ffilm Gymraeg yn boblogaidd hefyd a dwi'n ffaelu deall na fyse cyfres wedi ei chomisiynu'n syth. Dwedodd Carolyn Hitt yn y *Western Mail*, wedi darlledu'r ffilm gynta, ei bod hi wedi mwynhau'n fawr a'i bod yn annog y di-Gymraeg i wylio'r ailddarllediad. Roedd hyn, medde hi, fel dyddiau Ryan a Ronnie pan oedd rhaglen deledu Gymraeg yn gallu denu Cymry Cymraeg a'r di-Gymraeg i wylio gyda'i gilydd. Mae ambell benderfyniad o'r top yn ddryswch llwyr i fi weithiau.

Gan nad ydw i ar y teledu gymaint ag o'n i ar un adeg, y cwestiwn sy'n cael ei ofyn yn aml yw 'Wyt ti'n dal i actio?' Y gwir amdani yw nad ydw i wedi stopio ond gan fod y rhan fwya o 'ngwaith i yn y theatr bellach smo pobol yn ymwybodol o hynny. Ers tair blynedd dwi wedi bod yn gweithio i gwmni theatr Frapetsus Productions o Abertawe, cwmni bach sy'n cael ei redeg gan Jack Llewellyn a Tom McLeod. Ro'n i wrth fy modd iddyn nhw ofyn i fi fod yn eu cynhyrchiad *Bred in Heaven*. Dilyniant i *Grand Slam*, ffilm enwog BBC Cymru, oedd *Bred in Heaven* gyda Sion Probert yn atgyfodi'r cymeriad unigryw Maldwyn Novello Pugh. Gafon ni daith a hanner gyda Di Botcher, Russ Gomer a Katie Elizabeth Payne. Roedd y theatrau'n llawn a braf oedd gweld taw dynion oedd mwyafrif y gynulleidfa. Ro'n i'n falch bod John ac Elin Hefin wedi dod i'n gweld ni yn Theatr Mwldan, Aberteifi, gan taw John oedd yn gyfrifol, ynghyd â Gwenlyn Parry, am y *Grand Slam* gwreiddiol. Ac ro'n i'n fwy balch fyth pan ddwedodd John ei fod e 'di joio mas draw. Clod os buodd clod erioed. Prawf hefyd o boblogrwydd y ffilm wreiddiol oedd y byse Maldwyn yn cael cymeradwyaeth wresog wrth yngan y geiriau yma bob nos: 'I'm here, I'm there, I'm everywhere – so beware!'

Yn fy marn i mae angen mwy o'r math yma o gynyrchiadau yn

y Gymraeg. Mae pobol fel Frank Vickery a nawr Jack Llewellyn wedi profi bod hiwmor naturiol, *down to earth* Cymreig yn boblogaidd. Fe brofodd y cwmni hyn gyda'r cynhyrchiad nesa hefyd, sef *Whose Coat is That Jacket?* gan Jack Llewellyn unwaith eto. Hanes teulu o Drimsaran oedd hwn – tad a mam, sef fi a Sara Harris-Davies, a'r meibion Jack a Rhys Wadley. Roedd y mab hyna yn y ddrama yn briod â Saesnes (Terri Dwyer gynt o *Hollyoaks* a *Loose Women*) nad oedd yn hapus â bywyd yn Nhrimsaran. Er ei fod yn ddarn trymach na *Bred in Heaven* roedd digon o hiwmor Cymreig ynddo – jôcs clwb rygbi am ogleddwyr a Saeson ac ati. Eto, cafwyd ymateb da ym mhobman a, chredwch fi, does dim byd gwell na chlywed llond theatr yn chwerthin.

23

'Ieu yw e, Nage Desperate Dan!'

ER YR HOLL uchafbwyntiau yn fy mywyd, yr hyn sy'n fy ngwneud i'n fwya hapus yw teulu a ffrindie. Mae ambell ffrind wedi fy siomi ar hyd y daith ond mae hynna'n eitha naturiol yng nghwrs bywyd, sbo. Ond gyda'r siom daw lo's ac orie o drio ymresymu ynglŷn â'r sefyllfa, gan ofyn sut gallai pobol fod yn gymaint o ffrindie ar un adeg ac yna'n ddieithriaid llwyr.

Un o'r rhain oedd Fiona Bennett. Daeth ein cyfeillgarwch i ben achos chwant Fiona i lwyddo. Roedd hyn yn bwysicach iddi hi na chyfeillgarwch a ddechreuodd pan o'n ni'n dau yn 11 oed. Roedd Fiona a fi wrthi'n recordio sengl Nadolig i gwmni Sain pan ofynnodd Dafydd Iwan i ni'n dau recordio CD – albwm gyfan o'n caneuon. Roedd hyn yn hynod gyffrous, a buon ni'n trafod caneuon posib ac ati yn y car ar y ffordd adre i Gaerdydd. Ond yn gynta roedd yn rhaid hyrwyddo'r sengl 'Sion Corn yn Galw Draw' gyda slot ar *Heno* a sesiwn arwyddo yn Woolworths Aberystwyth.

Ar fore'r sesiwn arwyddo yn Aber daeth Fiona draw i'r tŷ i ddweud bod Dafydd Iwan wedi gofyn iddi recordio cryno-ddisg ei hun. Ro'n i wrth fy modd ac fe wnes ei llongyfarch. Aeth hithe yn ei blaen i egluro nad o'n i'n deall, a taw'r sefyllfa oedd ei fod am iddi hi recordio CD ar ei phen ei hun yn hytrach na CD gyda fi. Do'n i ddim cweit yn deall. Ychydig ddyddiau 'nôl roedd Dafydd wedi gofyn i ni recordio gyda'n gilydd. Pallodd Fiona adael i fi ffonio Dafydd a dechreues feddwl bod rhywbeth o'i le bryd hynny. Do'n i ddim yn hapus o gwbwl ond lan i Woolies yn Aber â ni.

Tra o'n ni yn Woolworths daeth nifer o fen'wod lan ata i i siarad ac i brynu'r casét. Men'wod canol oed oedd *fan base* Sgt James yn dueddol i fod, ond o fewn dim daeth y ferch ifanc benfelen 'ma ata i a dweud yn Saesneg: 'You're Sgt James from *Pobol y Cwm* – I'm a huge fan of yours. What are you doing in Aberystwyth?'

Ddwedes i 'mod i 'na i hyrwyddo sengl Nadolig Fiona a fi.

'Oh, I must buy a copy,' medde hi. 'But will you sign it please? I can't believe you're here, I can't believe that I've met you. I watch *Pobol y Cwm* every Sunday with subtitles and you're my favourite character.'

Arwyddes i'r casét ac aeth y ferch ifanc yn ei blaen. Wel, ro'n i'n hedfan yn y cymylau erbyn hyn – wrth fy modd bod rhywun ifancach na hanner cant yn lico fi. Aethon ni yn ein blaen i werthu ac arwyddo casetiau ac yna, ymhen tua chwarter awr, weles i'r ferch benfelen yn cerdded 'nôl tuag ata i yn cydio ym mraich dde y dyn 'ma. Suddodd fy nghalon. Y dyn ar ei braich oedd neb llai na PHYL HARRIES! Roedd Phyl ar daith gyda phanto Dafydd Hywel ac un o ddawnswyr y sioe oedd y ferch. Efe, Phyl, oedd wedi trefnu'r holl beth! Ro'n i'n *gutted*. Ond o leia roedd hi 'di prynu casét!

Roedd hynna'n ddoniol, rhaid cyfadde – yn wahanol i beth oedd i ddilyn. Yn ystod yr amser y bues i lan yng nghartre rhieni Manon yn Llanwnda dros y Dolig drefnes i alw yn stiwdio Sain lawr yr hewl a chael gair gyda Dafydd Iwan ynglŷn â sefyllfa'r CD. Daeth y gwir i'r fei. Yn ôl Dafydd, Fiona oedd wedi ei ffonio ar ôl ei gynnig gwreiddiol i ddweud ei bod hi'n dymuno recordio CD ar ei phen ei hun. Roedd Dafydd wedi dweud wrthi na fyse hi'n gallu recordio CD unigol a CD gyda fi, felly roedd y penderfyniad yn nwylo Fiona. Yr hyn ddwedodd Fiona wrtha i wedyn oedd ei bod hi am recordio'n unigol ond ei bod hi am wneud cabare gyda fi, sef manteisio ar boblogrwydd Sgt James a *Pobol y Cwm*.

Ers hyn, prin dwi wedi gweld Fiona – person oedd yn rhoi gyrfa a llwyddiant personol o flaen cyfeillgarwch agos oedd wedi para 19 mlynedd. Siomedig iawn.

Ond pwy sy angen ffrindie fel'na ta beth? Dwi'n gwybod bod fy ffrindie agos yn ffrindie da. Mae 'mywyd i'n gyfoethocach gyda phobol fel Phyl Harries fel cyfaill. Dwi'n siŵr allen i lenwi cyfrol arall gyda hanesion Phyl a fi ar deithiau theatr, mewn cabare, ar daith gyda chwmni Canol y Ffordd neu ar ein tripiau pêl-droed. Fel yr adeg pan o'n ni ar daith 'da'r panto *Seithenyn* a Phyl a fi'n rhannu stafell yn y Llew Aur, Trefdraeth. Bobo wely sengl, cofiwch! Yn gwmws fel Laurel and Hardy. Trio dihuno Phyl i fynd lawr i frecwast a fe'n dweud nad oedd angen. Estynnodd e am y ffôn a holi'r *landlady*: 'Allwch chi ddod â *breakfast in bed* i Ieu a fi, plis?' Ma ishe wyneb! Ond o fewn 20 munud roedd y *landlady* yn cnocio'r drws gyda brecwast twym ar bobo hambwrdd! Gwplodd y cywilydd ddim fanna – gofynnodd Phyl iddi lenwi'r tecell i wneud paned o de i ni'n dau. Ac fe wnaeth hi 'fyd! Dim ond Phyl 'se'n gallu cael *get away* â hyn!

Drefnon ni gyngerdd yn Theatr Ardudwy, Harlech, gyda Hogia Llandegai yn *top of the bill*. (Roedd cyngherddau Canol y Ffordd wastod yn dilyn fformat y theatrau 'Variety' – y prif artist oedd yn perfformio ddwetha.) Yr act agoriadol oedd grŵp o Lanuwchllyn, sef Merched y Machlud. Rhaid i fi watcho beth dwi'n dweud fan hyn achos roedd un o fy ffrindie gore, Janice Roberts, yn un o'r cantorion. Yr hyn diclodd Phyl a fi oedd bod ganddyn nhw leisiau canu swynol iawn ond roedd y cyfeilydd yn mynnu defnyddio allweddellau Bontempi *off-white* â phedwar batri maint 'D' yn eu gyrru. Roedd *baby grand* ar y llwyfan ond mynnodd y cyfeilydd sticio 'da'r Bontempi! Ddwedes i wrth Phyl am wisgo siaced liwgar a throwsus du ar gyfer ein hact. Roedd 'da fi siaced werdd ar y noson. Ar ôl cyrraedd y stafell wisgo fe wisgodd Phyl ei siaced – un felen lachar. 'Ma hon yn newydd, Ieu,' medde Phyl. 'Faint ti'n credu dales i amdani?' Dyfales i o £75 lawr at £25. Yna dwedodd Phyl: 'Na – dales i £3.' Do'n i ffaelu deall sut galle fe 'di prynu siaced mor neis am cyn lleied o arian. Yna drodd Phyl rownd. Roedd rhwyg yr holl ffordd lawr y cefn. 'Ti ffaelu gwisgo honna ar lwyfan,' medde fi wrtho. 'Paid poeni,' atebodd Phyl. 'Fydda i ddim yn troi 'nghefn at y gynulleidfa!' A wnaeth e ddim chwaith.

Y deyrnged ore allen i ei rhoi i Phyl yw taw fe yw'r brawd ges i fyth mohono. Ers dod i'w nabod yn y coleg dwi ddim yn credu i ni gwmpo mas unwaith. Mae e'n mynd ar fy nerfau yn aml ond smo ni erioed 'di cwmpo mas. Mae gwraig Phyl, Mags – Telynores Llwchwr, oedd yn un o fy athrawon Cerddoriaeth i yn Rhydfelen – a fi yn galw fe'n 'Phyl never wrong' achos dyw e byth yn credu ei fod e'n rong, er ei fod e weithiau! Mae Mags a Phyl 'di bod yn dda i fi dros y blynyddoedd. Pwy 'se'n meddwl, ond mam Mags, Meira Rees, oedd athrawes ganu fy nhad! Roedd mab Mags, Matthew, er ei fod yn ifancach na fi, yn gyd-ddisgybl yn Rhydfelen. Fi oedd ei swyddog bws a bues i'n bloeddio arno'n aml: 'Matthew Thomas – ishte lawr a bydd dawel!' Yn ddiweddar ffeindies i mas fod un o ffrindie gore Mags, Terry Johns, yn gyn-ddisgybl i Dad yn y Boys Gram yn Aberdâr. Fe oedd yn chware'r corn Ffrengig yng ngherddoriaeth angladdol Darth Vader yn y ffilmiau *Star Wars*. Braf gweld ei fod e'n canmol Dad yn ei hunangofiant gan ddweud na fyse fe 'di cyrraedd yr uchelfannau ym myd cerddoriaeth oni bai am 'Gethin Evans'.

Roedd Phyl a Mags 'na i fi pan aned Cai yn Ysbyty Llandoche ar gyrion Caerdydd ar Fehefin y 13eg, 1999. Pan gyrhaeddon ni'r ysbyty yn gynnar yn y bore fe gwrddon ni â'r fydwraig ifanc bert, Nerys Thomas. Roedd Manon yn meddwl taw dyma oedd ei chyfle hi i serennu tan i Nerys ein cyfarch drwy ddweud: 'Ti'n ffrindie 'da Phyl Harries, on'd wyt ti?' Doedd Manon ffaelu credu'r peth. Roedd y fydwraig yn actores broffesiynol ar un adeg ac yn y ffilm *Gadael Lenin*, a Phyl yn athro Drama iddi yn Ystalyfera. 'Da hi oedd un o'r dywediadau gore dwi 'di clywed erioed. Roedd Manon mewn cryn dipyn o boen a gofynnodd hi i Nerys os oedd y boen yn gwaethygu wrth eni'r babi. Ateb Nerys oedd: 'Rho fe fel hyn – ma fe fel cachu ffrij!'

Ganed Cai. Wrth ddreifo adre o'r ysbyty y noson 'ny ffonies i Phyl i ofyn a oedd e ffansi peint i ddathlu. Ges i wahoddiad i fynd i'w dŷ yn Ninas Powys, oedd yn handi gan ei fod e'n agos i Landoche. Ar ôl y llongyfarch halodd Mags Phyl a fi mas i'r ardd gyda bobo botel o Budweiser tra'i bod hi'n cwcan rhywbeth bach i fi. Ar ôl tua hanner awr aeth Phyl i'r tŷ a dyna i gyd glywes i o'r gegin oedd Phyl yn dweud wrth Mags: 'Mags, myn – beth yw hwnna? Ieu yw e, nage Desperate Dan!' Roedd Mags wedi llenwi llond plât anferth â byrgers, sosejis, *chips*, pys ac india corn. Dyna gymeriad Mags. Pryd bynnag dw i'n galw, mae wastod croeso anferth yn aros amdana i.

Cofio Mags yn dweud wrtha i unwaith: 'Ti'n gwbod, Ieu, pan ma Math ni [y mab] yn dod gatre a rhoi cwtch i fi… jiw, dwi'n gallu teimlo ei fysls e. Andrew wedyn [Andrew Teilo, y mab yng nghyfraith]… pan ma fe'n rhoi cwtch i fi, dwi'n gallu teimlo'i fysls e. Ond ti'n gwbod, Ieu, ma cysgu 'da Phyl fel cysgu 'da cwshin!'

Cyn iddi droi'n gyflwynwraig deledu, coluro artistiaid ar gyfer *Heno* oedd Amanda Protheroe-Thomas. Dyna pryd gwrddes i â hi gynta. Yr hyn ro'n i'n lico amdani oedd y ffaith ei bod hi'n cofio'r sgwrs gafon ni y tro dwetha fues i ar y rhaglen, er i fisoedd basio rhwng fy ymddangosiadau. Pan oedd Amanda yn sgwrsio wrth goluro, dim siarad wast oedd e, roedd hi wir yn cymryd diddordeb. Ymhen amser daethon ni'n ffrindie da trwy ffrind i ni'n dau. Mae Amanda yn un dda am wrando a chynnig cyngor gwerth chweil – ac yn gallu troi gwg yn wên bob tro.

Wedi cwrdd â'i rhieni, John y Lla'th a Gwenda, alla i weld bod y fagwraeth roddon nhw iddi wedi talu ar ei chanfed a'u caredigrwydd nhw wedi ei basio mlaen at eu merch. Mae 'di codi cywilydd arna i hefyd. Wrth wylio panto'r Grand un flwyddyn a Jonathon Morris (*Bread*) fel Buttons yn gofyn i'r plant chwilio o dan eu seti am yr allwedd fyse'n agor drws y seler i adael Cinderella (Melinda Messenger) yn rhydd, ymunodd tua 500 o blant yn y fenter yma ynghyd ag un oedolyn – Amanda!

Hi hefyd oedd y rheswm i fi orfod mynd i'r tŷ bach am y tro cynta erioed yng nghanol gwylio sioe. Aethon ni i Lundain i weld dau ffrind, Noel Sullivan a Matthew Goodgame, yn y sioe *Grease*. Wel, wedi sawl botel o win gyda'r bwyd ym mwyty Amalfi, Soho, coctêl neu ddau drws nesa a sawl G&T ym mar y theatr, do'n i ffaelu dala rhagor ar ôl hanner awr o'r sioe. Gan amla, fi sy'n gwylltio gyda phobol sy'n codi yng nghanol sioe i fynd i'r tŷ bach! Wedi'r sioe aethon ni i Paddington i ddal y trên. Diflannodd Amanda a daeth yn ei hôl tua chwarter awr yn ddiweddarach gyda bag plastig o Sainsbury's. Yn y bag roedd caniau o G&T a bag anferth o grisps. Roedd yn rhaid i ni redeg am y trên nawr. Os do fe, aeth Amanda'n ffradach a chwmpo fel seren fôr ar ben y bag ar blatfform Paddington. Dylen i 'di helpu hi i godi – ond ro'n i'n chwerthin gormod, ac yn chwerthin mwy pan weles i'r crisps bellach yn friwsion mân. O leia roedd y caniau G&T yn OK. Caniau? Ie! Teithio mewn steil!

Dwi'n edmygu Amanda yn fawr. *Grafter* os buodd un erioed. Beth bynnag mae hi'n wneud, boed yn cyflwyno ar y teledu, ymddangos mewn digwyddiad elusennol neu arwain sesiwn hyfforddi bersonol, mae hi wastod yn rhoi cant y cant. Byse lot yn gallu dysgu wrth ddilyn esiampl Amanda – dwi'n trio 'ngore.

Mae rhai pobol yn meddwl ei bod hi'n amhosib i ddyn a menyw fod yn ffrindie platonig. Ond dyw hi ddim, credwch chi fi. Buodd siarad yn Aberystwyth pan oedd Beth Robert a fi'n teithio o amgylch Cymru gyda *Sioe Lwyfan Phyl a Ieu*. Roedd Beth yn canu yn y sioe, ac mae ganddi lais hyfryd. Ta beth, buon ni'n bwyta *fish* a *chips* yn y stafell gefn yn siop Lloyds yn Llanbed ar y ffordd adre, ac erbyn i ni gyrraedd 'nôl i Gaerdydd roedd si ar led ein bod ni'n cael affêr. Ddwedes i wrth Beth a do'n i ddim cweit yn barod am ei hymateb. Medde hi: 'Wel, neith e ddim drwg i dy *street cred*!'

Yn ystod y daith yma buon ni'n perfformio yn Neuadd Tregaron. Phyl a fi, Beth, Toni Caroll a Karen Elli, a Catrin Brooks fel ein rheolwr llwyfan. Aros, wrth gwrs, yng ngwesty'r Talbot. John McCarthy, dyn o Fanceinion oedd bellach yn byw tu fas i Gaerdydd, oedd ein technegydd. Roedd John yn lico'i beint a phob man bysen ni'n mynd byse fe'n gofyn i'r dafarn leol pryd o'n nhw'n cau. Wel, doedd John ddim yn gyfarwydd â statws eiconig y Talbot a gofynnodd i Graham, y landlord, 'When do you close?' Cafodd yr ateb mwya ffantastig gan Graham: 'Christmas!'

Cyn i Beth gwrdd â Paul, ei gŵr, bysen ni'n mynd mas yn aml i'r theatr neu'r sinema. A phan fyse Beth yn dweud hynny wrth ei mam, byse hithe wastod yn gofyn 'Ody Manon yn mynd hefyd?' Dwi ddim cweit yn siŵr beth oedd ei hymateb pan fyse Beth yn dweud 'Na.'

Buodd Beth a finne'n canfasio yng Nghastell-nedd o blaid Cynulliad i Gymru cyn y refferendwm, ynghyd â John Pierce Jones, Lisabeth Miles, Karl Francis a Peter Hain. Nawr, dw i ddim yn foi sy'n gallu siarad yn dda am wleidyddiaeth ond dwi'n gwybod be dwi'n ei gredu. Felly ddwedes i wrth Beth am siarad gan ei bod hi'n gwneud hynny'n dda. Ond daeth cyfle i fi siarad gydag ambell aelod o'r cyhoedd. Fel hyn oedd y sgwrs:

Fi: 'Can I ask you how you intend to vote in the referendum tomorrow?'

Dyn: 'Aye – I'm voting "no".'

Fi: 'No? Oh, I see... So you're a Tory?'

Dyn: 'Don't you call me a bloody Tory!'

Fi: 'Well, you must be if you're voting "no". All the other parties in Wales are in favour of a Welsh Assembly.'

Dyn: 'Don't you call me a Tory!'

Ro'n i'n amlwg wedi ei wylltio, a charies i mlaen 'da'r dacteg hon weddill y prynhawn. Pan ddaeth y canlyniadau, pa ardal oedd wedi cael y ganran ucha o bleidleisiau 'Ie'? Ardal Castell-nedd. Sgwn i faint o'r rheina oedd wedi newid eu meddyliau achos 'mod i 'di galw nhw'n Dorïaid?!

Er bod llais canu hyfryd gan Beth, smo ni'n clywed digon ohono. Ry'n ni wedi gwneud sawl gig 'da'n gilydd, gan gynnwys un gyda Beth, fi a Karen Elli yng nghlwb rygbi'r Hendy. (Mae Karen bellach yn adnabyddus i blant y wlad fel Heini ar Cyw, S4C.) Roedd Beth, wrth gwrs, yn chware Lisa yn *Pobol y Cwm* a hi oedd lesbian gynta'r gyfres. Fe wnaeth Robert Croft fostio mas i chwerthin pan ofynnes i Beth (fel Lisa) 'Beth yn union yw lesbian?' Fe bwyntiodd hi at ferch bert yn y gynulleidfa a dweud ei bod hi'n ei ffansïo hi. 'Jiw,' medde fi. 'Dwi'n credu 'mod i'n lesbian hefyd!'

Gwrddes i â Karen Elli am y tro cynta pan ddaeth hi i glyweliad ar gyfer *Cwm Glo*. Roedd Graham Laker, y cyfarwyddwr, wedi gofyn i fi ddarllen gyda nifer o actoresau oedd i chware'r ferch ifanc yn y cynhyrchiad. Daeth Karen i'r stafell yn cario tua 10 bag siopa gan ddweud: 'Wel, gan bo fi lan yng Nghaerdydd man a man i fi wneud tam bach o siopa, *eh*.' Feddylies i'n syth bod hon yn dipyn o gymeriad. Ac mae Karen *yn* dipyn o gymeriad. Twten fach o Lanelli â chwerthiniad heintus sy'n gwisgo *turn-ups* yn ei nicers. Dim hi gafodd gynnig y rhan ond fe ddaethon ni'n ffrindie. A beth bynnag ry'n ni 'di wneud gyda'n gilydd dros y blynyddoedd – teithiau haf S4C, teithiau ysgolion, cabare – mae hi wastod yn rhoi mwy na chant y cant i'r prosiect. Fel Brwcsi.

Catrin 'Brwcsi' Brooks – prif leisydd Catsgam ac un gafodd ei swydd broffesiynol gynta gyda Phyl a fi yn ein panto *Seithenyn*. Daethon ni'n dipyn o ffrindie dros y blynyddoedd. (Merched y 'coffi list' mae Phyl yn galw'r rhain gan 'mod i'n cwrdd ag Amanda, Beth a Catrin yn aml am goffi.) Bues i'n gweithio sawl gwaith gyda Brwcsi ar sioeau ysgol Canol y Ffordd. Hi oedd fy merch yn y ddrama *Y Plentyn Coll* ac fe deithion ni Gymru a chwrdd â chymeriadau. Mewn un ysgol yng Ngwent ro'n i wedi gwisgo fel tincer a chyn i'r stori ddechrau byse Brwcsi, Phyl a minne yn mynd i siarad gyda'r plant am bum munud i egluro beth oedd yn digwydd. 'Ieuan ydw i,' medde fi wrth un grŵp o blant. 'Fi sy'n whare'r Tincer yn y sioe chi ar fin gwylio.' Yr ymateb annisgwyl ges i gan un plentyn saith mlwydd oed oedd: 'You look stupid!' Ddim mor annisgwyl â'r ymateb gafodd Phyl y diwrnod 'ny. Wrth iddo fe siarad â'r plant ddwedodd un: 'Have you killed a dog? Have you killed a rabbit? I have.' Symudodd Phyl mlaen yn gloi at y grŵp nesa.

Dechreuodd yr hwyl yn Ysgol Gynradd Penarth cyn y perfformiad. Bloeddiodd y prifathro ar y plant oedd yn rhy agos i'r man perfformio: 'Reeeeeiiit! Joni Bach, os ei di'n agosach at y llwyfan fyddi di yn y sioe!' Ro'n ni'n giglo tu ôl i'r llwyfan, ond pan neidiodd Brwcsi ar fy nghefn yn ystod y sioe – a neidio ddwy linell yn rhy gynnar – do'n i ddim yn barod amdani. Gwmpes i i'r llawr fel broga'n cael ei wasgu gyda Brwcsi ar fy nghefn. Daeth llinell *ad-lib* i fy mhen yn syth a meddylies na fyse neb yn sylwi. Ond roedd ein cyfarwyddwr cerdd, Phil ab Owain, yn ei ddyble yn llefain chwerthin. Pan agores i 'ngheg i ddweud fy llinell ffaeles i gario mlaen gan 'mod i 'di dechrau chwerthin hefyd. Aeth y sioe lawr tyle o'r foment 'ny. Aeth Canol y Ffordd fyth 'nôl i'r ysgol 'ny.

A'r wers fan hyn? Peidiwch â neidio ar gefn rhywun tan bod yr amser iawn wedi cyrraedd! Ddweden i bod y ffrindie yma i gyd yn debyg i raddau. Gallwn ni fynd am fisoedd heb weld ein gilydd ond yr eiliad ry'n ni 'nôl yng nghwmni'n gilydd ry'n ni'n cario mlaen fel tase hi'n ddoe. Arwydd o gyfeillgarwch da, ddweden i. Pan ddathles i fy mhen blwydd yn hanner cant dyma oedd y tro cynta i fy ffrindie agos ddod ynghyd am bryd o fwyd – wel, pawb ond Phyl, oedd yng Nghlwyd yn gwneud panto. Noswaith braf mewn bwyty lawr ym Mae Caerdydd. Hyw, Sgrots, Billy White, Amanda, Beth, Brwcsi a Karen Elli. Perffaith.

24

'Ia – Fo Ydy O!'

HEB OS, FY ffrind gore un yw Manon. Anodd credu 'mod i yn
y chweched yn Rhydfelen pan ddechreuon ni fynd mas 'da'n
gilydd. Daeth hi lan fel stiwdant o Gaerdydd i Rydfelen i fy
ngweld i ym mhanto'r chweched. Daeth hi i un o bartis pen
blwydd fy ffrindie ysgol a gynhaliwyd yng nghlwb Bumpers
yng Nghaerdydd a chyrraedd mewn ffroc print llewpart, tebyg
i un o ffrocie Bet Lynch. Smo pethe 'di bod yn fêl i gyd dros y
blynyddoedd ers inni gwrdd yn Steddfod 1980 – dwi ddim yn
credu y gall unrhyw berthynas fod yn berffaith. Ond ers i ni
gwrdd ry'n ni 'di cael bywyd llawn a hapus gyda'n gilydd. Fyse
bywyd yn ddim hebddi.

Mae Manon wedi cael nifer o swyddi ers i ni gwrdd. Gofalwraig
yn Sain Ffagan, *air hostess* gydag Airways International Cymru,
PA gyda BBC Radio Cymru. Do'n i ddim yn hapus pan oedd hi am
adael y BBC i fynd 'nôl i'r Brifysgol. Meddwl am ansicrwydd fy
swydd i o'n i a do'n i ddim yn cymryd *Pobol y Cwm* yn ganiataol.
Poeni sut bysen ni'n ymdopi tase hi'n stiwdant a fi mas o waith.
Dwi'n un sy'n poeni am bethe fel 'na o hyd a dwi'n dal i wneud hyd
heddi. Ond wrth edrych 'nôl dwi'n gweld bod fy ymateb yn hollol
anghywir, a dwi'n falch iawn o'i llwyddiant wedi iddi ddilyn cwrs
Cymraeg ym Mhrifysgol Caerdydd ac ennill gradd BA ac ôl-radd
MA. Erbyn hyn mae Manon yn Uwch-Gyfieithydd i Lywodraeth
Cymru, Caerdydd, ac yn mwynhau'r swydd yn fawr.

Ar ôl dod adre o'r gwaith – pan dwi adre – fyddwn ni'n cael
sgwrs yn y gegin dros baned a theisen ac yn rhannu hanesion
y dydd. Roedd hyn 'di digwydd yn ddyddiol am amser hir tan
un diwrnod pan ofynnodd Llew yn ddirybudd: 'Dad? Ti'n mynd

yn *bored* pan ma Mam yn siarad am ei gwaith?' Bostes i mas i chwerthin a doedd Llew ffaelu deall beth oedd mor ddoniol. Roedd e wedi taro'r hoelen ar ei phen. Wrth gwrs 'mod i ishe gwybod am y pethe difyr oedd wedi digwydd yn ystod y dydd ond mae tueddd 'da Manon – ac fe wneith ei theulu gytuno â fi – i sôn am bob manylyn bach.

Ar un adeg roedd diddordebau tebyg gyda Manon a fi – Steddfodau, gigs Cymraeg, sinema, theatr. Ond dros y blynyddoedd mae ein diddordebau wedi newid yn anffodus. Er 'mod i'n lico'u cerddoriaeth, smo fi bellach ishe mynd i weld Bryn Fôn na Sibrydion yn canu yng Nghlwb Ifor Bach a dawnsio lawr y ffrynt. Mae Manon yn dal i wneud. Yr unig gigs Cymraeg fydda i'n eu mynychu dyddie 'ma yw'r rhai dwi'n eu cyd-drefnu gyda phwyllgor Clwb y Diwc yn Nhreganna.

Anaml iawn fyddwn ni'n mynd i'r theatr gyda'n gilydd bellach. Y rheswm penna, yn amlwg, yw cost tocynnau. Ar un adeg byse Manon yn dod gyda fi i weld popeth ro'n i ishe weld, boed yng Nghaerdydd, Bryste neu Lundain. Buodd yn rhaid iddi eistedd drwy sioe un-dyn tair awr o hyd gan un o fy arwyr, Syr Bruce Forsyth, yn y Palladium, Llundain. Dyw Manon ddim yn un o ffans Brucie. Doedd dim teledu ganddyn nhw pan oedd hi'n blentyn, felly fuon nhw ddim yn eistedd o'i flaen fel teulu ar nos Sadwrn. Dydy *Bruce Forsyth and the Generation Game* yn golygu dim iddi hi. Er hyn, ro'n i'n falch bod hi gyda fi'r noson honno, nid yn unig yn cadw cwmni i fi ond hefyd i aros am awr i'r diddanwr ddod mas o'r *stage door* i fi gael ei gyfarfod. Pan ddaeth Brucie mas gofynnes iddo am lun. Fe gytunodd, a dyma Manon yn cydio'n y camera. Gafodd Brucie sioc gan 'mod i'n glamp o ddyn, dros fy mhwysau ac yn colli 'ngwallt, a Manon yn edrych yn ifanc ac yn bert. 'Gosh!' medde fe. 'Is she with you?' *Charming!*

Sonies i'n gynt am Steddfodau a pham nad wy'n gymaint o ffan. Ar ben y rhesymau hyn mae'r ffaith bod Manon yn mynnu aros yna mewn pabell. Dwi'n gwybod taw mewn pabell gwrddon ni, ond ers sbel mae meddwl am gysgu mewn pabell yn hala fi'n oer. Bues i'n perfformio mewn drama i Gwmni 3D yn Steddfod y Bala yn 2009 ac roedd cael aros am noson mewn gwesty gyda

Billy White yng Nghorwen yn fendigedig. Bues i sawl noson yng ngharafán Fflur, a doedd hynna ddim yn ddrwg. Ond am noson fues i gyda Manon a'r bois yn y tent! Nid yn unig bod y *blow-up bed* yn fflat fel pancosen erbyn y wawr, ond roedd fy nillad yn oer ac yn damp diolch i wlith y bore. Hollol afiach.

Un o'r ychydig ddiddordebau sy'n dal i'n plesio ni'n dau yw trafaelio. Ers ein mis mêl ar ynys Creta ry'n ni'n fwy mentrus a bellach dy'n ni ddim yn dibynnu ar gwmni gwyliau i wneud y trefniadau. Ar un adeg bysen ni'n cael gwyliau teuluol gyda chwaer Manon, Fflur, ei gŵr Elfed a'u plant Nia Wyn, Dafydd a Sion. Er nad oedd plant gyda ni ar y pryd roedd y digwyddiad blynyddol yma'n un hapus iawn a fuon ni'n ymweld â llefydd egsotig fel Taunton a Bakewell. Bakewell oedd y lle wrthododd Fflur ddod gyda ni i gyd am ddarn o darten enwog y dre, a phawb yn chwerthin gan ei bod hi'n ffaelu deall pam ar y ddaear ro'n ni ishe bwyta *Bakewell tart* yn Bakewell! Hefyd ar y gwyliau 'ma ffaelodd Elfed, fi na'r plant stopio chwerthin pan aeth Manon a Fflur ar reid yn Alton Towers. Roedd hi'n reid gloi iawn a dyna i gyd glywon ni oedd Fflur yn sgrechen 'Dwi'n mynd i farw!'

Wrth reswm, mae hi'n gostus teithio dramor ac roedd y mannau gwyliau cyn geni'r bois tam bach yn bellach o Gymru. Dewis am yn ail bob haf oedden ni. Manon yn dewis llefydd fel yr India, yr Aifft ac Israel a fi'n dewis America (dair gwaith!). Roedd y naill yn parchu dewis y llall, er ddweden i bod Manon lawer mwy mentrus na fi. Yr Aifft yng nghanol Awst? Twym iawn.

Mae unrhyw fath o deithio'n apelio. Wrth ysgrifennu'r bennod yma dwi ar daith yn yr Alban gyda chynhyrchiad *The Government Inspector* gan Nikolai Gogol ac yn aros mewn tŷ hyfryd ger Loch Leven yn Fife ac yn rhyfeddu at harddwch naturiol y wlad hynod hon.

Mae ymweld â llefydd gwahanol yn rhoi pleser anferthol i fi a dwi'n falch bod Manon yn teimlo'r un peth. Bob penwythnos bysen ni'n cael trip i'r fan a'r fan – y Cotswolds, Rhydychen, Caerfaddon. Jyst neidio yn y car a bant â ni. Dwi'n un am jyst dreifo yn fy mlaen a gweld lle ni'n cyrraedd tra bod Manon yn un am gynllunio bob un trip!

Wrth edrych 'nôl roedd ein taith dramor gynta ar ôl ein mis mêl yn arwyddocaol iawn. Dyma oedd y tro cynta i ni ymweld â'r wlad gwmpon ni mewn cariad â hi. I bentre Eidalaidd ar arfordir Amalfi o'r enw Maiori aethon ni. Doedd y gwesty ddim yn arbennig i fod yn onest a doedd dim llawer o Saesneg yn y pentre – peth da ar un llaw ond, ar y llaw arall, roedd pethe'n anodd pan drion ni archebu cornet a chael sanwij hufen iâ. Yn naturiol roedd ymweld â llefydd cyfagos fel Amalfi, Positano a Ravello yn braf iawn a chael ymweld â Capri yn wych – harddwch a chrandrwydd yr ynys, a'r man lle bu'r ddiddanwraig Gracie Fields yn byw ac y bu hi farw.

Tra ar y gwyliau hwn daeth newid byd i fi. Yn yr orie mân un noson godes i yn methu anadlu'n iawn a fy mrest yn teimlo'n dynn. Ddihunes i Manon i adael iddi wybod. Ro'n i'n meddwl 'mod i'n cael trawiad ar y galon. Daeth hyfforddiant Manon fel *air hostess* i'r fei a mynnodd 'mod i'n eistedd ac yn trio peidio cynhyrfu. Meddylies i: 'Am le i farw... neb yn siarad yr un iaith â ni 'ma!' Ond dim trawiad mohono ond *indigestion*. Roedd tywydd yr Eidal yr haf hwnnw yn dwymach na'r arfer ac felly bues i'n yfed yn gyson... dŵr *fizzy*, lager, Coke ac ati. Roedd y nwy o'r diodydd yma 'di casglu tu fewn i fi a dyna pam roedd fy mrest yn dynn. Ond y peth da am hyn yw taw dyma pryd benderfynes i roi'r gore i smocio am byth. Ges i gymaint o ofon yn yr Eidal, fe roies i'r gore i smocio yn agos at 40 y diwrnod o fewn dim i fynd adre – a hynny gyda help fideo stopio smocio Larry Hagman. Ie, J R Ewing ei hun!

Ry'n ni wedi ymweld â'r Eidal sawl gwaith ers 'ny, a rhai tripiau yn well na'i gilydd. Rimini yn afiach – fel Blackpool gyda haul – a dyna pam wnaethon ni dreulio'r rhan fwya o'n dyddiau ar dripiau mas o Rimini neu yn yr hyfryd San Marino. Teithio am bedair awr ar fws i ymweld â Rhufain am y diwrnod a rhyfeddu at faint a hanes y Coliseum a Sgwâr San Pedr. A gwylltio hefyd ar faint o *con* yw'r cwmnïau gwyliau. Taith i Rufain gan ymweld â ffatri ddiemwntau ar y ffordd heb gael ymweld â'r Sistine Chapel! Rheswm arall pam mae teithio'n annibynnol yn llawer gwell.

Roedd Mam yn rhyfeddu ein bod ni wedi mwynhau diwrnod

yn Fenis a dwedodd: 'Ych a fi – ma'r lle'n drewi!' Fel hyn oedd Mam pan oedden ni'n mynd i deithio. Dweud wrthon ni am fynd â chotie glaw i'r Eidal ganol Awst gan y bydde'r trip i'r Blue Grotto ar ynys Capri yn oer ac yn wlyb. Pan aethon ni i'r India ymateb Mam oedd: 'Pam chi ishe mynd fanna? Be chi'n mynd i fwyta?'

Er taw'r Eidal yw un o fy hoff wledydd, y wlad ro'n i'n joio ymweld â hi mas draw oedd America. Roedd America yn ffefryn ers 'mod i'n grwt yn gwylio'r ffilmiau. Fel sy'n wir am nifer fawr o bobol, i Florida yr aethon ni ar ein hymweliad cynta. Cael dreifo dramor am y tro cynta (do'n i ddim wedi mentro dreifo yn yr Eidal!). Rhyfeddu at y wlad oedd ar y blaen ym mhopeth, ond oedd heb glywed am lysieuwyr, gan i Manon gael sanwij gaws a chidnabêns fel ei phryd Americanaidd cynta.

Er nad oedd plant 'da ni ar y pryd, roedd cael ymweld â'r parciau thema yn lot o sbort. Roedd Manon wedi prynu dillad newydd yn Disneyland ac wrth ei bodd ei bod hi'n ffitio mewn i ddillad plentyn hŷn – tan i bobol ddechrau edrych yn od arni ac iddi ddarganfod ei bod hi'n gwisgo dillad Minnie Mouse!

Roedd pob un o'n hymweliadau ag America yn wahanol. Roedd LA yn anferthol a thra o'n i yno ges i gyfle i ganu yn yr enwog Hollywood Bowl. Ganes i un o'r caneuon oddi ar fy nghasét cynta i Fflach. Cofiwch – doedd neb arall 'na, jyst Manon a fi! Mae gweld golygfeydd enwog yn fy nghynhyrfu ac ro'n i am weld yr arwydd 'Hollywood' sydd ar ochr Mount Lee yn LA. Doedd Manon ddim yn deall pam o'n i ishe gweld y llythrennau enwog. Ond rhyfeddu wnes i pan ddreifes i'n weddol agos atyn nhw.

Roedd cerdded o amgylch Beverly Hills, heb wneud fawr o siopa, yn brofiad hefyd. Ond pan aethon ni i weld y Chinese Theatre ar Hollywood Boulevard digwyddodd dau beth wneith aros yn y cof. Y cynta oedd gweld seren ar bafin y stryd i Phyl Harries (wel, i fod yn fanwl gywir, i 'Phil Harris', sef llais Baloo yn *The Jungle Book*) ac yr ail oedd beth ddigwyddodd pan barces i'r car. Un car arall oedd wedi parcio 'na ac aethon ni i roi arian yn y peiriant ond ddigwyddodd dim byd, felly gerddon ni o 'na i ymlwybro o amgylch Hollywood. Ar ôl dychwelyd daeth y dyn du anferthol 'ma tuag aton ni a dweud bod arnon ni dair *dollar* iddo fe am barcio. Gan fod y dyn mor fawr do'n i ddim ishe dadlau ond, wrth gwrs, doedd dim ots 'da Manon a dechreuodd hi ddweud ein bod ni wedi trio rhoi *dollars* yn y peiriant ond bod dim 'di digwydd, felly ei fai e oedd y ffaith nad oedd ei beiriant yn gweithio. Mynnodd y dyn eto bod yn RHAID i ni dalu'r arian a Manon yn dal i wrthod talu'r un *cent*! Roedd y ddau'n dal i ddadlau pan estynnes i dair *dollar* cyn i'r dyn estyn am ddryll! Iawn, dwi'n hollol *pathetic* ond roedd e werth tair *dollar* jyst i fynd o 'na'n fyw.

Tra ar y gwyliau yma wnaethon ni ymweld â Las Vegas a San Francisco hefyd – a Vegas yn hollol anhygoel, fel Disneyland i oedolion. Cael aros yn y Golden Nugget mewn stafell oedd yn fwy nag ambell westy a chael cyfle i weld sioeau fin nos – *Dawn featuring Tony Orlando* ('Tie a Yellow Ribbon Round The Ole Oak Tree'), Engelbert Humperdinck, a'r uchafbwynt oedd sioe Donald O'Connor a Debbie Reynolds, aduniad sêr *Singin' in the Rain*. Rhyfeddu at faint y theatrau. Roedd y theatr lle welon ni Donald O'Connor a Debbie Reynolds mor fawr â Chanolfan y Mileniwm ond roedd y theatr yn rhan o westy enwog. Hedfan o Vegas i'r Grand Canyon dros argae Hoover. Teimlo'n dost yn yr awyren fechan, achos yr hedfan a'r Americanes oedd yn cnoi *gum* ac yn siarad yn uchel er taw dim ond wyth ohonon ni oedd 'na. Er mor anhygoel o brydferth oedd y Grand Canyon, roedd yn drist meddwl bod y brodorion wedi cael eu symud oddi yno i wneud lle i'r dyn gwyn.

San Francisco oedd y trydydd lle ar y daith yma. Cymaint o bethe i'w gweld a phont y Golden Gate a charchar Alcatraz yn uchafbwyntiau. Cael cwrdd ag un o gyn-garcharorion Alcatraz, Leon 'Whitey' Thompson, oedd yn gyfrifol am ddwyn o fanciau dros 15 o weithiau. Roedd e 'na – credwch neu beidio – yn arwyddo ei hunangofiant. (Dim ond yn America!) Roedd un uchafbwynt arall hollol annisgwyl. Tra o'n ni'n edrych mewn deli ger Pier 39 yn San Francisco be weles i ar y silff ond potel o Felinfoel! Roedd yn rhaid ei phrynu. A dyna wnes i a mynd 'nôl i'r gwesty i'w hyfed ar y balconi gan edrych dros y bae ar garchar Alcatraz.

Heb os, fy hoff ddinas yw Efrog Newydd. Lle prysur a chynhyrfus ond â Central Park yn fangre dawel yn ei chanol. Roedd Broadway i fi fel siop losin i blentyn. Wedi cyrraedd, gweld arwydd neon ar gyfer *Victor/Victoria* gyda Julie Andrews, a minne'n meddwl taw hysbysebu'r ffilm o'n nhw tan i fi weld bod y sioe yn y theatr gyda Julie Andrews yn y brif ran. Heb drafod 'da Manon es i mewn yn syth i brynu tocynnau. Roedd hi'n sioe gerdd/gomedi wych a Julie Andrews yn rhyfeddol. Aros gefn llwyfan iddi ddod mas wedi'r sioe. Pwy ddaeth mas o ddrws y llwyfan ond neb llai na Debbie Reynolds. 'I remember you in Vegas,' medde hi wrtha i. Wel, naddo siŵr, ond roedd hi yn y gynulleidfa y noson honno hefyd. Daeth seren y sioe mas ychydig wedyn yn cario ei chi a cherddodd yn syth i gar mawr du oedd yn aros amdani, a bant â hi i ganol prysurdeb y ddinas.

Digwyddodd rhywbeth od ar Broadway y noson ganlynol. Ro'n ni newydd weld sioe Andrew Lloyd Webber, *Sunset Boulevard*, ac roedd Manon a fi'n cerdded i gyfeiriad ein gwesty pan weles i hanner dwsin o ferched ifanc pert yn cerdded tuag aton ni. Anodd peidio ag edrych gan eu bod nhw i gyd mor ddeniadol. Syllodd un ohonyn nhw arna i gan bwyntio ata i. 'O jiw,' meddylies i. 'Dwi 'di syllu arnyn nhw'n rhy hir – trwbwl.' Ond na – agorodd ceg y ferch a dwedodd: *'Pobol y Cwm!'* Ro'n i'n hollol fud. Yn hollol *gobsmacked*! 'Shw mae?' ddwedes i gan gerdded yn fy mlaen. Doedd Manon ffaelu deall pam nag o'n i 'di stopio i siarad â nhw. Chwech o ferched o ogledd Cymru. Ces i ormod o sioc a cherddes yn fy mlaen. Felly, os taw chi oedd un o'r merched 'ny, mae'n wir ddrwg 'da fi. Yr un wythnos, wrth dalu bil y gwesty yn Efrog Newydd clywes lais o'r tu ôl i mi: 'Smo Glan Davies gyda chi heddi, 'te?' Cwestiwn od – pam fyse Glan yn dod ar wyliau i Efrog Newydd gyda fi a 'ngwraig?

Dreifo o fanna i Provincetown yn Cape Cod, New England. Fi'n hollol naïf unwaith eto wedi cyrraedd a gweld nifer o faneri lliwgar yn lliwiau'r enfys. 'Jiw,' medde fi wrth Manon. 'Ma carnifal neu rwbeth 'di bod 'ma!' Do'n i ddim yn ymwybodol o'r ffaith bod mwyafrif poblogaeth Provincetown yn hoyw. Baneri hoyw oedd yn cyhwfan, nid rhai carnifal! Arhoson ni'r noson gynta mewn gwely a brecwast gyda chwpwl hoyw yn rhedeg y lle. Roedd y brecwast yn gofiadwy am y rhesymau rong. Un ford oedd yno ac roedd Manon a fi'n ei rhannu hi gyda dau bâr hoyw. Wrth gwrs, dechreuodd y sgwrs ac un yn gofyn i ni o le o'n ni'n dod. Ninne'n ateb. 'Oh,' medde un. 'I have a friend in Wales in a place called Bridgend. Do you know it?' Atebes i 'mod i'n gyfarwydd â Phen-y-bont ac nad oedd e'n bell o Gaerdydd. Es yn fy mlaen i ofyn beth oedd ei ffrind yn ei wneud ym Mhen-y-bont. 'Oh – he makes rubber clothing,' oedd yr ateb. Daeth y sgwrs yna i ben!

Anaml dwi'n gweld pobol dwi'n nabod dramor. Ond fe weles i Emma Walford a'i theulu mewn maes awyr yn Sbaen, ac fe deithiodd y ddau deulu 'nôl ar yr un awyren! Yn aml fysen ni'n bwmpo mewn i bobol oedd yn fy nabod i dramor. Ro'n i mewn siop grefftau yn India pan glywes i lais yn dweud 'Didn't expect to see someone from Cwmderi in India!' (Rhaid ei bod hi heb glywed am Gwm-Dehli!) Er mor hyfryd yw gweld cyd-Gymry dramor, mae e'n dal i fod yn sioc pan mae dieithryn yn siarad â chi yn ddirybudd.

Ar noson ola ein gwyliau yn Nhwrci roedd Manon a finne'n eistedd wrth ford ar y traeth ger Bodrum yn sipian bobo goctêl a gwylio'r haul yn machlud. Rhamantus iawn. Tan i'r crwt 'ma ddod lan at y ford, edrych arna i'n syn a bloeddio ar ei ffrindie: 'Ia – fo ydy o!' O fewn eiliadau roedd tua 10 o fechgyn wedi amgylchynu'r ford. Cyn i ni fynd ar wyliau roedd tîm pêl-droed *Pobol y Cwm* 'di bod i chware gêm yn erbyn tîm Llanrwst. Bois Llanrwst oedd y rhain, ar eu gwyliau yn Nhwrci, a braf oedd eu gweld nhw unwaith eto – am ychydig funudau ta beth!

Tra 'mod i'n teithio, rhaid dweud 'mod i wrth fy modd gyda phobol y gwahanol wledydd. Mae'r bobol yn aros yn y cof gymaint â'r golygfeydd godidog. Tra o'n i'n cerdded drwy'r *bazaar* yn Cairo dyma ddyn yn dechrau gweiddi pan bases i ei siop: 'Look – pregnant man!' Rhaid cyfadde bod hyn wedi gwneud i fi chwerthin. Roedd hiwmor pobol India yr un peth. Tra o'n i'n cerdded drwy farchnad awyr agored dyma ddyn yn trio gwerthu crysau-T i fi: 'Better than Asda,' medde fe cyn dweud, 'And we do them in XXXL as well!'

'Nôl yn Cairo, wrth edrych mewn siop oedd yn gwerthu nifer o hetiau *fez*, wedi i fi drio sawl un mlaen dwedodd y perchennog wrtha i 'You're from Britain, eh?' Shwt oedd e'n gwybod hyn? Wel, yn ôl y perchennog, dim ond Prydeinwyr oedd yn mynd mewn i'w siop, gwisgo *fez* a dweud 'Just like that!' Dwi'n siŵr y byse Tommy Cooper, y cawr o ddigrifwr o Gaerffili, wrth ei fodd.

Weithiau doedd Manon ddim yn siŵr ai bod yn ddigri oedd rhai neu bod yn haerllug. Tra o'n ni yn Pompeii yn yr Eidal aeth Manon i brynu hufen iâ a daeth hi 'nôl gan ddweud bod y gwerthwr yn dweud pethe od iawn wrthi a hithe ddim yn ei ddeall. Es i at y dyn. Gofynnes i Manon beth oedd e wedi ddweud a hithe'n ateb ei fod e wedi gofyn o le oedd hi'n dod a hithe'n ateb 'Wales'. Dechreuodd y dyn floeddio rhywbeth yn debyg i 'Cheeanraash... Cheeanraash'. Yr hyn yr oedd y gwerthwr hufen iâ yn trio'i ddweud oedd 'Ian Rush... Ian Rush' – un o brif bêl-droedwyr Cymru ar y pryd, wrth gwrs!

Yr hyn sy'n fy ngwylltio ar wyliau yw'r 'Brits Abroad'. Yn Nhwrci, unig sgwrs rhai ohonyn nhw oedd gofyn faint o'n i 'di yfed y noson cynt a pha dîm pêl-droed ro'n i'n ei gefnogi. Tra o'n ni yn yr India benderfynon ni aros dros nos mewn cwt bambŵ ar un o draethau ysblennydd Goa. Roedd fel y traeth yn hysbyseb siocled Bounty. Ond roedd gang mawr o Loegr yn aros yno hefyd ac roedden nhw ishe chware bingo fin nos ac eistedd rownd y tân yn canu caneuon fel 'Who the F**k is Alice?' Gan fod Manon a fi wedi gwrthod ymuno â nhw doedd neb yn siarad â ni drannoeth!

Tra o'n ni yn Cairo aethon ni ar drip i weld Memphis (dim cartre Elvis ond prifddinas hynafol Aneb-Hetch) a mwynhau yn fawr. Wrth ddod 'nôl ar y bws dwedodd y tywysydd ein bod ni ar y ffordd i fwyty Eifftaidd traddodiadol ond fe gwynodd y Saeson gymaint fe landon ni lan yn Pizza Hut. Canol Awst ac roedd hi'n uffernol o dwym. Manon a fi'n eistedd yn Pizza Hut yn Cairo a gwmws yr un fwydlen â Pizza Hut Queen Street, Caerdydd. Rhaid bod y tywysydd wedi dweud wrthyn nhw bod llond bws o Brits ar y ffordd achos roedden nhw'n chware caneuon ar system sain y bwyty. Y piti yw taw caneuon fel 'Jingle Bells' a 'We Wish You a Merry Christmas' oedden nhw!

Roedd Manon yn breuddwydio am fyw dramor neu o leia bod yn berchen ar dŷ dramor. I fod yn onest, do'n i ddim yn rhannu'r freuddwyd yma tan i fi sylweddoli bod bywyd yn rhy fyr, a gan nad oedd Manon erioed wedi difetha 'run o fy mreuddwydion i y dylen i fod yn gefnogol iddi hi. Felly dyma ddechrau chwilio am dŷ yn yr Eidal. Buon ni draw sawl gwaith. Ardal Puglia yn y de i ddechrau, gan fod y rhaglen deledu *A Place in the Sun* wedi dweud bod tai rhesymol ar gael yn yr ardal yma. Ond doedd dim un oedd yn ein plesio – er bod Cai a Llew wrth eu boddau gydag un tŷ â tho hollol fflat – lle da i chware pêl-droed. Wedi wythnos yn yr ardal aethon ni adre heb weld yr un lle delfrydol. Ar ein hymweliad nesaf â'r Eidal yn chwilio aethon ni fwy i'r gogledd i ardal Lucca yng ngogledd Tuscany a ffeindio tŷ. Ond roedd y perchnogion – o Loegr – yn gwrthod derbyn 'run ewro yn llai na'r pris roedden nhw'n gofyn a gollon ni'r tŷ.

Nid dyna'r unig beth i ni golli. Tra o'n ni'n ymweld â Lucca, dinas hyfryd tua hanner awr o Pisa ac awr o Florence, aethon ni i weld siop gelf. Dechreuodd Llew chware lan felly amser am *chat*. Ddwedes i wrtho os na fyse fe'n bihafio na fyse fe ddim yn cael arian poced ac fe redodd e mas o'r siop i gwato. Doedd hyn ddim yn beth newydd. Daethon ni mas o'r siop a doedd dim sôn amdano. Arhoson ni iddo ddychwelyd am 10 munud. Dim byd. Dechreuon ni chwilio amdano o amgylch y sgwâr, lle roedd nifer o siopau bach a llefydd bwyta. Roedd Lucca yn orlawn gan fod gŵyl animeiddio ymlaen yng nghanol y ddinas y diwrnod hwnnw. Wedi chwilio o amgylch y siopau a'r bwytai doedd dal ddim golwg ohono fe. Co ni *off*, meddylies i, gan fod hyn 'di digwydd eisoes yn Disneyland Paris pan redodd Llew bant ar ôl Buzz Lightyear a ffaelon ni ffeindio fe am dri chwarter awr. Yn un o siopau Disneyland oedd Llew bryd hynny, yn cario dol Buzz Lightyear yn ei ddwylo. Tair blwydd oed oedd e!

'Nôl yn Lucca roedd amser yn mynd yn ei flaen a dal dim golwg o Llew. Wedi hanner awr aethon ni i ddweud wrth yr heddlu, ond doedd dim llawer o Saesneg gyda nhw a dim llawer o Eidaleg gyda ni. Eu cyngor i ni oedd i gario mlaen i chwilio. Aeth Manon un ffordd a Cai a fi'r ffordd arall. Mae dinas Lucca fel *maze*. Doedd dim traffig yng nghanol y ddinas, dim ond nifer fawr o strydoedd cul a throellog. Roedd chwilio amdano bron yn amhosib gan fod cynifer o bobol yn Lucca y diwrnod 'ny. Gwmws fel Westgate Street ar ddiwrnod gêm rygbi rhyngwladol. Ar ôl awr ro'n i'n poeni'n ofnadw. Doedd dim llawer o amser ers i Madeleine McCann gael ei herwgipio ym Mhortiwgal. Ro'n i'n trio peidio panico gan fod Cai 'da fi. Dyna i gyd oedd ar ei feddwl e oedd ei fod e ishe *lightsaber* fel y rhai yn *Star Wars*. Roedd rhai o gymeriadau'r ffilm yn cerdded o gwmpas y ddinas ac ambell stondin yn gwerthu teganau oedd yn gysylltiedig â'r ffilm. Eglures i wrtho bod ei frawd bach ar goll ac ymateb Cai oedd: 'Dwi'n gwybod 'ny – ond dwi dal ishe *lightsaber*!'

Trodd yr awr yn ddwy a'r ddwy awr yn dair. Dal dim golwg ohono fe. Trio dal y panic a'r dagrau 'nôl, gan obeithio bysen ni'n ei weld rownd y gornel nesa. Roedd Manon a fi'n cysylltu trwy ffonau symudol. Es i 'nôl at yr heddlu gyda gweinyddes o fwyty cyfagos yn cyfieithu drosta i. Awgrymodd yr heddlu y dylwn i fynd 'nôl i'r car, gan feddwl byse Llew 'di mynd i fanna. Ond gan fod Lucca fel *maze*, do'n i ddim yn siŵr ble oedd y car hyd yn oed – ac roedd Cai yn dal i fynd *on* ac *on* ei fod e ishe *lightsaber*! Erbyn i fi gyrraedd y car a gweld nad oedd Llew yna roedd dros dair awr wedi pasio ers iddo redeg o'r siop gelf. Roedd Manon wedi mynd i brif orsaf yr heddlu yn Lucca gan ei bod hi'n dechrau tywyllu. Roedd hi wedi bod yn rhoi'r manylion i gyd i'r heddlu a nhwythe wrthi'n printio posteri gyda llun Llew arnyn nhw (llun *passport* oedd ym mhwrs Manon) pan gerddodd plisman mewn i'r swyddfa yn dal llaw Llew! Wedi i Manon fy ffonio ruthres i draw i'r un sgwâr â'r siop gelf i weld y 'mab afradlon'. Tair awr waetha fy mywyd. Ro'n i mor hapus i'w weld e. Dales i fe'n dynn cyn i ni gyd fynd i fwyty cyfagos i gael *pizza* a hufen iâ anferth.

Roedd Llew yn iawn ond yn frwnt ac wedi bod yn pitïo nad oedd 'da fe arian yn ei boced achos roedd e ishe bwyd! Yr hyn ddigwyddodd oedd iddo redeg o'r siop gelf i gwato oddi wrthon ni trwy un o byrth y sgwâr. Ei fwriad oedd cerdded wedyn i'r porth nesa a dod 'nôl mewn i'r sgwâr ond roedd y porth nesa ar gau a thra oedd e'n chwilio am borth arall fe aeth e ar goll. Dwi'n lico bod y bois yn annibynnol, ond dim cweit mor annibynnol â hyn. Wna i fyth anghofio sut ro'n i'n teimlo y diwrnod 'ny, a phob tro ry'n ni'n mynd 'nôl i Lucca ry'n ni'n atgoffa Llew – mewn ffordd ysgafn – o'r tair awr waetha erioed.

Ar y pryd ro'n ni'n pedwar yn aros mewn tŷ tu fas i Lucca yn Nozzano gyda Dorothy D'Addio. Roedd hi a'i merch, Poppy, yn byw yn y fflat o dan ein tŷ ni a gafon ni groeso gwych yna a bellach ry'n ni wedi dod yn dipyn o ffrindie. Buodd hi'n help i ni 'fyd gan ei bod hi'n wreiddiol o ochrau Caerfaddon ond o dras Eidalaidd.

Roedd yn rhaid mynd 'nôl unwaith eto i'r Eidal cyn i ni ddod o hyd i'r tŷ i ni. Roedd y bois bellach yn danto mynd i weld tŷ ar ôl tŷ ar ôl tŷ. Ond erbyn hyn ro'n nhw'n gyfarwydd â'r Eidal ac roedd y ddau yn mynd i chware pêl-droed ar gae *astroturf* y pentre (mae gan bron bob pentre gae pêl-droed) tra oedd Manon a fi'n edrych o gwmpas y tai. Rhai'n neis, rhai'n afiach, rhai'n rhy fach o lawer ac ro'n ni erbyn hyn yn meddwl na fyse'r trydydd ymweliad yn llwyddiant chwaith. Roedd un tŷ ar ôl i'w weld. Casa Aprile oedd enw'r tŷ, mewn pentre o'r enw Vergemoli. Dyma oedd yr un oedd yn plesio ac o fewn ychydig fisoedd ni oedd pia'r tŷ bach yn y pentre Eidalaidd hwn. Er ein bod ni'n gallu aros ynddo mae dal angen lot o waith – bathrwm a chegin newydd a chelfi iawn i bob stafell. Ond dwi'n siŵr y daw'r rheini gydag amser. Pentre bach ar ben mynydd yn nhalaith Lucca yw Vergemoli, rhwng Pisa a Florence. Does dim llawer yn y pentre dim ond caffi/bar, eglwys, swyddfa bost a thua 300 o bobol yn byw yno. Ond mae'n ddigon i ni.

Dwi'n gobeithio nad dyma ddiwedd y teithio. Mae'n rhwydd mynd i Vergemoli ar wyliau bob tro, ond mae llawer o lefydd yn y byd ry'n ni'n dal ishe ymweld â nhw. Cytunodd Manon a fi taw trip teuluol i Awstralia oedd y ffordd ore i ddathlu ein pen blwyddi yn hanner cant. Cyfle i ymweld ag Anna, fy nghyfnither o'r Hendy, a'i meibion, Dylan a Morgan, gan taw yn Cairns maen nhw'n byw ers blynyddoedd maith. Daeth prosiect yr Eidal ar draws y cynllun hwnnw, ond mae Awstralia yn dal i fod yn wlad lice'r ddau ohonon ni fynd iddi – rywbryd.

25

'Lle Dwi 'Di Mynd yn Rong?'

MAE EDRYCH 'NÔL dros fy mywyd hyd yn hyn wedi bod yn bleserus ac yn ddiddorol. Mae e 'di gwneud i fi feddwl lot 'fyd. Dwi ddim yn credu y bysen i'n newid dim. Wel, falle 'sen i ddim 'di gwario gymaint pan o'n i'n ennill arian da ar *Pobol y Cwm* – hala, hala hala – dyna'r unig beth dwi'n difaru 'wneud. Dwi ddim yn un da am safio arian. Hala fe'n syth gan fod dim dal be ddeith yfory.

Dwi mor ddiolchgar i Mam a Dad am y ffordd ges i'n magu. Trueni na chafon nhw fyw yn hirach er mwyn gweld Cai a Llew yn tyfu. O leia gafodd Mam gyfle i'w gweld nhw'n ifanc. Heb os, uchafbwynt fy mywyd yw cael bod yn dad. 'Sen i'n onest, dwi'n meddwl yn aml am y ffaith 'mod i'n llawer hŷn na thadau cyffredin. Roedd Manon a fi yn 37 yn cael Cai ac yn 39 pan ddaeth Llew i'r byd. Do'n i ddim ishe bod fel fy rhieni i ond dyna ddigwyddodd – dim ond tair blynedd yn iau na'r oed oedden nhw yn fy nghael i y ces i 'mhlentyn ifanca. Pan briodon ni yn 24 oed doedd 'run ohonon ni'n barod i setlo lawr a chael plant. Priodi, ie, ond dim plant. Roedd ein bywydau ni'n dau yn llawn rhwng joio ein hunain ar benwythnosau – Clwb Ifor Bach gan amla – a gwyliau ac ati. Do'n ni ddim yn barod i fod yn rhieni. Nawr, ac ers geni'r bois, nhw sy'n hawlio'n sylw ni i gyd. Wel, hynny yw, pan nad y'n nhw'n chware eu gêmau cyfrifiadurol!

Trueni bod Dad heb weld yr hyn dwi wedi ei gyflawni ar ôl gadael *Pobol y Cwm*. Er nad o'n i'n sylweddoli gymaint ar y pryd, buodd Dad yn ddylanwad mawr arna i. Pan oedd fy ffrindie yn trio'r 11+ i fynd i Ysgol Ramadeg y Bechgyn a finne ishe eu dilyn dwedodd Dad: 'Gwranda – dwi'n gweld digon ohonat ti gartre, dwi ddim ishe gweld ti yn gwaith 'fyd!' Nid dyna oedd y gwir, wrth gwrs – ishe i fi gael addysg Gymraeg oedd e. 'Se fe'n falch 'mod i wedi cael gwersi canu ac yn falch o'r holl sioeau cerdd dwi 'di gwneud.

Dwi yn yr oed bellach lle mae actorion ifanc yn gofyn am gyngor, a dwi'n fodlon helpu unrhyw un. Mae cymaint o dalent ifanc anhygoel yng Nghymru a thu hwnt a braf yw gweld 'ny. Yn ystod gwanwyn a haf 2013 ces i'r fraint o weithio gyda chriw o fyfyrwyr o Goleg Brenhinol Cerdd a Drama Cymru mewn dau weithdy pum niwrnod – gweithdy ar gyfer sioe gerdd newydd o'r enw *Rasputin: Ripples to Revolution* gan Peter Karrie o dan gyfarwyddyd Angharad Lee. Ro'n i wedi'n syfrdanu gyda'u talent ac yn hapus i feddwl bod yr hen goleg yn dal i annog y talentau ifanc hyn. Roedd rhai o'r myfyrwyr yn cydweithio â fi yng ngwleddoedd Cymreig Castell Caerdydd 'fyd. Mae'n goleg a hanner erbyn heddi ac yn well o lawer na phan fues i 'na yn yr wythdegau.

Flynyddoedd lawer yn ôl gofynnodd Ioan Gruffudd am gyngor pan o'n ni yn *Pobol y Cwm* 'da'n gilydd. Roedd e wedi cael cynnig rhan Jeremy Poldark yn y ddrama deledu *Poldark*, ond doedd e ddim yn gwybod beth i'w wneud gan fod *Pobol y Cwm* 'di cynnig cwpwl o benodau iddo hefyd. Ddwedes i wrtho fe'n syth i fynd am *Poldark*, 'mod i'n siŵr y byse BBC Cymru yn deall yn iawn. Dyna wnaeth e, ac fel maen nhw'n dweud, *the rest is history*. Ffoniodd e fi unwaith tra o'n i'n gwneud sioe o gwmpas ysgolion cynradd de Cymru o'r enw *Hosan Lawen Santa* gyda Karen Elli a Karen Wynne. Fi oedd yn chware Siôn Corn yn y sioe. Ro'n i newydd gwpla sioe gynta'r bore ac yn cael hoe tu ôl y set cyn yr ail sioe. Ro'n i wedi tynnu'r farf wen ac yn whysu stecs yn y wisg goch a'r *wellies*. Ffoniodd Ioan am sgwrs, gan ddweud ei fod e gyda'i wraig, Alice, yn torheulo ar y traeth ger eu cartre yn America. O gofio taw fi oedd wedi rhoi cyngor iddo unwaith, fe ddwedes i wrtho: 'Dwi mewn ysgol gynradd yn y Cymoedd wedi gwisgo fel Siôn Corn... Ioan, lle dwi 'di mynd yn rong?'

Un o rinweddau Ioan, heb os, yw bod ei draed yn soled ar y ddaear. Cafodd Manon a fi wahoddiad ganddo i fynd i ddau *premiere* yng Nghaerdydd – *King Arthur*, lle roedd e'n chware Lancelot â Keira Knightley fel Guinevere, ac, wrth gwrs, *The Fantastic Four*. Roedd parti wedi'r ffilm gynta yng Ngwesty Dewi Sant ym Mae Caerdydd lle dwedodd ei fam-gu nad oedd hi wedi mwynhau'r ffilm gan fod gormod o ymladd a'r gerddoriaeth yn rhy uchel! Roedd parti'r *Fantastic Four* yng nghartre rhieni Ioan yn Llandaf. Roedd llond y lle 'na – ffrindie ysgol a ffrindie o'r byd actio. Beth oedd yn hyfryd am y noson oedd bod Gill, mam Ioan, wrth y drws yn croesawu pawb i'r tŷ ac yn gwisgo ffedog Merched y Wawr. Croeso Cymreig ar ei ore gan Gill a Pete, ac er taw Ioan oedd Mr Fantastic y noswaith 'ny ro'n i'n credu bod yr holl barti – gan ei fod mor *down to earth* – yn ffantastig.

Un peth da am fod yn actor yw nad oes dim ymddeol i fod. Mae'r anhygoel Syr Bruce Forsyth yn dal i weithio yn 85 oed – yr un peth â Stan Stennett. Weles i Des O'Connor yn ddiweddar yn y Palladium yn Llundain yn chware'r dewin yng nghynhyrchiad Lloyd Webber o *The Wizard of Oz*. Roedd e newydd gael ei ben blwydd yn 80. Fel y dywed yr hen ddywediad, 'Old actors never die – they just drop apart!' Dwi byth ishe ymddeol.

Tra bo fi'n sôn am y Palladium, ro'n i'n teithio 'nôl i Gaerdydd yn ddiweddar ar ôl ymweld â'r theatr hynod hon yn Llundain, wedi bod i weld ffrind mewn cynhyrchiad o *A Chorus Line*. Ro'n i wedi cael noson wrth fy modd ac yn trio dadansoddi pam ro'n i'n joio mynd i'r theatr gymaint. Des i i'r casgliad ei fod e fel math o gyffur. Naw gwaith mas o ddeg dwi'n teimlo'n dda yn mynd ac yn dod o'r theatr. Doedd Manon ffaelu deall pan ddechreuon ni fynd gyda'n gilydd pam oedd rhaid mynd i'n seti tua 20 munud cyn i'r sioe ddechrau ac yna bysen i jyst yn eistedd 'na yn edrych o 'nghwmpas heb ddweud dim – yn sugno'r awyrgylch unigryw i fewn. Dwi wir yn cael *buzz* pan dwi'n mynd i wylio sioe/drama/cyngerdd – un o'r ychydig bethe

265

sy wedi para ers o'n i'n blentyn bach. Dwi mor ddiolchgar i Mam am fynd â fi i weld y sioeau yna yng Nghaerdydd.

I fi, dyw pethe heb newid ers y dechrau yn 1983. Mae'r ansicrwydd – o ble daw'r job nesa? – yn bodoli o hyd. Fel dwedodd Eirlys Britton wrtha i unwaith, 'Smo ti'n ca'l *promotion* yn y job 'ma, wyt ti?' Er nad yw actor yn cael dyrchafiad, bob nawr ac yn y man daw job sy'n debyg i ddyrchafiad. Roedd 2013, fy negfed blwyddyn ar hugain fel actor proffesiynol, yn argoeli i fod yn flwyddyn eitha da. Cwpla'r panto yng Nghaergaint ym mis Ionawr ac yna teithio Prydain am dri mis gyda chynhyrchiad *The Government Inspector*; drama Dafydd Llewelyn, *Heb Fwg Heb Dân*, i Gwmni 3D yn cael ei pherfformio fel rhan o Ŵyl y Barri yn Neuadd Seiri Rhyddion y dre; nifer fawr o nosweithiau yn diddanu twristiaid yng Nghastell Caerdydd; teithio drama newydd gan gwmni Frapetsus o Abertawe ym mis Hydref; ac, i gwpla'r flwyddyn, panto gyda Stephen Mulhern yn Crawley.

Ges i alwad wrth fy asiant ym mis Mehefin 2013 i ddweud bod y National Theatre yn Llundain am fy ngweld ar gyfer cynhyrchiad o ddrama Alan Bennett o'r enw *People*. Do'n i ddim yn meddwl y bysen i'n gallu gwneud y job gan 'mod i eisoes wedi cytuno i weithio i gwmni Frapetsus, felly'r bwriad oedd mynd i'r cyfweliad jyst er mwyn cwrdd â'r cyfarwyddwr, Drew Mulligan, a chyfarwyddwr castio'r National, Wendy Spon. Aeth y gwrandawiad yn dda a'r ddau yn gwneud i fi deimlo'n gartrefol tu hwnt. Wythnos yn union wedi'r gwrandawiad ffoniodd Debi, fy asiant, i ddweud bod y National am gynnig y rhan i fi. Dechreuodd fy llaw, oedd yn dal y ffôn, grynu. Dydy galwadau fel hyn ddim yn dod yn aml. Dyma'r un teimlad â chael cynnig *The Englishman Who Went Up a Hill*, *Diamond Geezer* a *Doctor Who*. Dwi'n cofio meddwl, ydy hyn yn digwydd go iawn? Ro'n i mor hapus. Dwi'n siŵr bod gweithio i'r National Theatre yn uchelgais i nifer o actorion ac am sbel wedi'r alwad wreiddiol ro'n i'n disgwyl i Debi ffonio 'nôl i ddweud eu bod nhw wedi gwneud camgymeriad. Do'n nhw ddim. Fi oedden nhw ishe i chware rhan Bruce yn y cynhyrchiad ac i fod yn rhan o gast oedd yn cynnwys Siân Phillips, Selina Cadell a Brigit Forsyth.

Ond gyda'r gorfoledd a'r hapusrwydd daeth y broblem o orfod dweud wrth gwmni Frapetsus nad o'n i ar gael bellach ar gyfer eu cynhyrchiad. Tynnodd hyn y gwynt mas o fy hwyliau. Er taw Debi wnaeth yr alwad wreiddiol i'r cwmni i'w hysbysu, teimles i bod rhaid i fi eu ffonio i ymddiheuro hefyd. Wrth reswm, doedden nhw ddim yn hapus. O fod yn wirioneddol wrth fy modd, es i i fod yn isel fy ysbryd achos yn y bôn dwi ddim yn lico siomi neb – ond roedd cynnig y National yn un na allen i ei wrthod. Dwi'n gobeithio y gwneith cwmni Frapetsus ddeall hyn yn y dyfodol. Roedd yn rhaid i fi dynnu mas o gynhyrchiad *Heb Fwg Heb Dân* yn Steddfod Dinbych 'fyd, ond roedd Cwmni 3D a William Gwyn, y cyfarwyddwr, yn deall yn iawn.

Roedd gweithio a theithio i'r National yn brofiad a hanner. Bod gyda Siân Phillips ar lwyfan bob nos fel cael *masterclass*. Ac Alan Bennett – yr athrylith o ddramodydd – mor hyfryd. Fe ddwedodd yn un o'r sesiynau ymarfer cynta, 'I'd just like to thank you all for agreeing to be in it.' Gymrodd e ddim llawer i fi gytuno i fod yn ei ddrama! Yna daeth e lan ata i wedi ein *run* gynta a dweud 'Ieuan, I'm glad you're playing Bruce as Welsh.' Gan nad ydw i'n dda gydag acenion atebes i 'Alan, so am I!'

Wedi dros 30 mlynedd yn y busnes mae fy mreuddwydion yn dal yn fyw. Dwi heb wneud nifer fawr o bethe dwi ishe eu gwneud a byddaf yn bwrw mlaen i'r dyfodol ac yn ymdrechu i wireddu pob uchelgais. Dros y cyfnod yma dwi wedi bod yn ffodus i fod yn rhan o gynyrchiadau arbennig o dda, ac ambell gynhyrchiad oedd ddim cystal. Ond prin iawn yw'r adegau pan dwi ddim wedi joio. Dwi'n dal wrth fy modd yn gweithio. Theatr neu deledu. Radio neu ffilm. Cynyrchiadau bach neu fawr – dwi'n dal i joio mas draw. A dwi'n gwybod pan fydda i ddim yn joio – wel, dyna'r amser i roi'r ffidil yn y to. Mae rhai'n dyheu am fod yn sêr, yn enwog, yn gyfoethog – ond dwi 'di dyheu am fod yn actor ers 'mod i'n ifanc, ac wedi 30 mlynedd, actor ydw i'n dal i fod.

'Allet ti beswch!' oedd cyngor Mam un tro. Ro'n i wedi cael y job yna gyda Robson Green, ac un olygfa heb linell ynddi. Mae meddwl 'nôl am ei geiriau bellach yn golygu llawer mwy i fi. Doedd dim 'da fi i'w ddweud yn yr olygfa, felly cynigiodd

Mam 'mod i'n gwneud rhywbeth. Dyna'n union yw fy agwedd i at fywyd yn gyffredinol. Os nad oes dim byd yn digwydd, dim ond fi all wneud i rywbeth ddigwydd. Ac o wneud hyn mae bywyd yn well o lawer. Felly, diolch i Mam, edrychaf ymlaen at weddill fy mywyd, gan obeithio y gwna i gario mlaen i 'beswch' am amser hir iawn.

Diolchiadau

Diolch i Manon, fy ngwraig, am ei chymorth parod wrth i fi baratoi'r hunangofiant a hefyd am ei chyngor call. Diolch i'm teulu a'm ffrindiau am f'atgoffa o ambell stori a digwyddiad. Dwi'n ddiolchgar hefyd i nifer o bobol am sawl llun yn y gyfrol hon.

IRh

Hefyd o'r Lolfa:

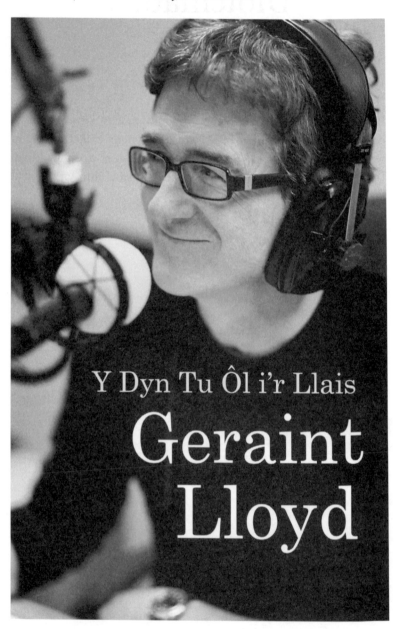

Y Dyn Tu Ôl i'r Llais

Geraint Lloyd

£9.95

Brychan Llyr

Hunan-anghofiant

£9.95

Am restr gyflawn o lyfrau'r Lolfa, mynnwch
gopi am ddim o'n catalog
neu hwyliwch i mewn i'n gwefan
www.ylolfa.com
lle gallwch archebu llyfrau ar-lein.

TALYBONT CEREDIGION CYMRU SY24 5HE
ebost ylolfa@ylolfa.com
gwefan www.ylolfa.com
ffôn 01970 832 304
ffacs 832 782